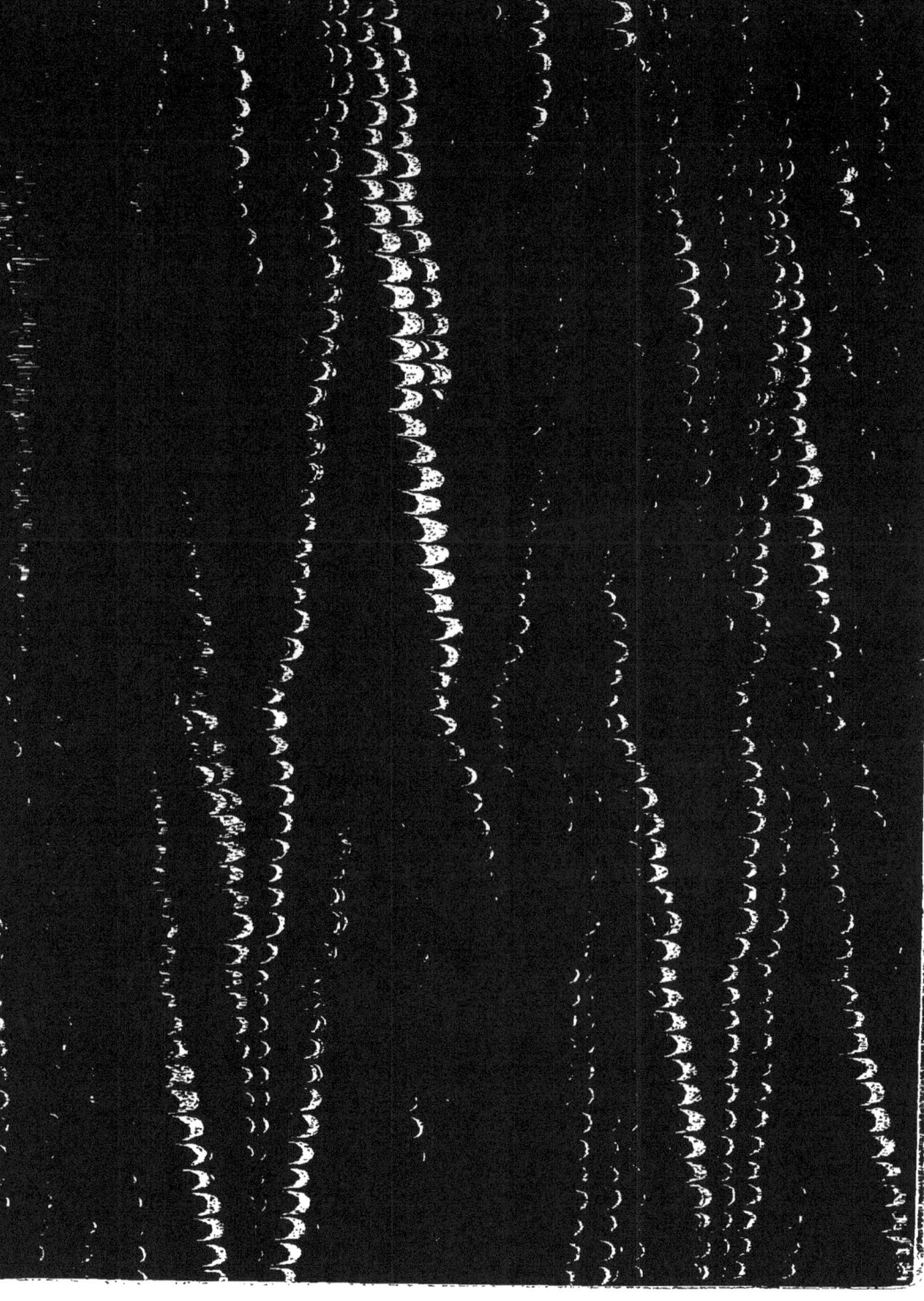

de Goncourt

LES
ANCIENNES MAISONS
DE PARIS
SOUS NAPOLÉON III

PAR

M. LEFEUVE

MONOGRAPHIES PUBLIÉES PAR LIVRAISONS
SUIVANT L'ORDRE ALPHABÉTIQUE DES RUES

ET SUIVIES

D'UNE TABLE DE CONCORDANCE

TOME I

LIVRAISONS 1 A 15

PARIS

ACHILLE FAURE, LIBRAIRE-ÉDITEUR

23, BOULEVARD SAINT-MARTIN, 23

—

1863

Liv. 1
LES ANCIENNES MAISONS

Des rues de l'Abbaye, d'Aguesseau, des Amandiers-Popincourt, des Amandiers-Saint-Jacques, d'Amboise, d'Amelot et de l'Ancienne-Comédie, de la cour d'Aligre et de l'impasse d'Amboise (place Maubert).

NOTICES FAISANT PARTIE DE L'OUVRAGE INTITULÉ :

LES ANCIENNES MAISONS DE PARIS SOUS NAPOLÉON III,

PAR M. LEFEUVE,

Monographies publiées par livraisons séparées en suivant l'ordre alphabétique des rues.

RUE DE L'ABBAYE,
Ancien palais abbatial de Saint-Germain-des-Prés.

Le tapissier de l'Opéra n'a pas besoin de quitter ses magasins, qui sont rue de l'Abbaye, et il peut se passer de lustre, de rampe, d'accessoires et de conventions pour avoir devant soi un beau décor, le palais abbatial de Saint-Germain-des-Prés, toujours debout sur ses marches de pierre usées. Aujourd'hui, cet édifice est la propriété d'un particulier ; la Socété impéiriale et centrale d'agriculture y tient son bureau, ses séances, depuis une douzaine d'années ; enfin une imprimerie typographique dispose du rez-de-chaussée, et c'est vraiment un démenti pour un célèbre mot de Victor Hugo, qui se borne à faire de l'effet, et que chacun sait par cœur : « Ceci tuera cela. » Les pages d'impression peuvent très-bien vivre en bonne intelligence avec les plus belles pages d'architecture, et on eût bien pu dire : Ceci abritera cela. L'artiste Fauginet a également ses ateliers dans le palais, comme naguère Gigoux, Pradier et Péron. Ce dernier, à ce qu'il paraît, est mort célibataire, dans les appartements méconnaissables de l'ancien abbé de Saint-Germain, après y avoir passé quarante-cinq ans sur les quatre-vingt-un qu'avait duré sa vie.

Le jardin du seigneur ecclésiastique existe encore, et l'on y aperçoit les types en plâtre des statues de Mansard et de Massillon, qui semblent avoir froid dans le palais déchu et sécularisé. Mais ces arbres séculaires, par malheur, ils ne parlent pas. Ils nous toucheraient profondément, ces irrécusables témoins, s'ils déposaient de tout ce qu'ils ont vu lors des massacres de septembre. La prison de l'Abbaye avait une sortie sur ce jardin ; des bancs étaient posés des deux côtés, sous les acacias encore verts, pour la commodité des spectateurs privilégiés, et chaque fois que la porte de la geôle s'ouvrait, l'odieux public, friand d'un sanguinaire spectacle, applaudissait aux grimaces de l'horreur, aux contorsions de l'épouvante, avant que le massacre eût fait une victime de plus.

Il est vrai que le dernier abbé de Saint-Germain était un roi, Casimir, roi de Pologne, qui avait abdiqué ; mais les anciens droits régaliens de la communauté avaient porté ombrage à Louis XIV, avant que la nation elle-même s'en émût, et l'abbé couronné n'avait pas eu de successeur.

Cette fin avait, du reste, quelque rapport avec l'inauguration de la résidence personnelle de l'abbé. C'est Charles de Bourbon qui avait fait bâtir, en 1586, le palais de ces puissants seigneurs ayant un droit de justice non moins étendu que redouté. Ce prince de l'Église fut salué pendant deux grands mois, quatre ans plus tard, immédiatement après la mort de Henri III, d'un nom fait pour porter malheur : il fut proclamé roi de France, sous le nom de Charles X, par le duc de Mayenne, et le parlement de Paris appuya d'un arrêt parfaitement confirmatif son élévation éphémère, au mois de mars 1590. Il faillit même répudier l'Église, épouse dont le nom divin répugne à partager les couronnes royales ; on négocia pour lui un mariage, ridicule à cause de l'âge du fiancé, et qui nécessitait doublement les dispenses de Rome, avec la veuve du duc de Guise. Mais le cardinal, au mois de mai, mourait prisonnier à Fontenai, après avoir fait battre la monnaie à son effigie, et, quatre années ensuite, Henri IV ayant dit que Paris valait bien une messe, le parlement rayait de tous les actes ce nom de Charles X, fatalement prédestiné en France à la couronne d'épines ou du martyre.

Les terrains domaniaux de l'Abbaye furent vendus, comme biens nationaux, les 18 et 24 thermidor an v, le 1er thermidor an vii et le 18 prairial an viii. Toutefois, il reste à notre époque de quoi réédifier, par la pensée, les vastes bâtiments que les religieux occupaient, et qui environnaient la vieille basilique encore survivante, et la prison qu'on vient de jeter bas. De l'entrée seigneuriale, il subsiste un pilier au coin de la rue Jacob et de la rue Furstemberg ; c'était un porche à grande arcade, avec un pont-levis sur le fossé qui enveloppait l'ensemble de ces immenses constructions. L'entrée de la rue Saint-Benoît est encore un passage public.

Les n°s 4 et 6 de la rue de l'Abbaye actuelle n'ont pas changé de physionomie : c'était l'habitation des officiers, des palefreniers. Langlumé, lithographe connu, Challamel, éditeur de livres d'art, et Raynaud, professeur à l'École polytechnique, ont demeuré au n° 4, avant M. Baltard, architecte distingué du temps où nous vivons. Quant au n° 6, où demeure M. Féburier, des fragments de sculpture curieuse, et délicate comme une broderie, débris de la galerie du cloître, y sont rassemblés avec soin. Les caves de ces deux maisons communiquent encore avec celles du grand bâtiment n° 3, souterrain qui eût pu contenir autant de vin qu'un entrepôt. Même rue, le n° 10 est une partie bien conservée de l'antique édifice conventuel. Sous la porte cochère, il y a sculptée la Passion de N. S. Jésus-Christ.

Il reste encore un autre monument de la grandeur de la communauté, c'est l'*Histoire de l'Abbaye de Saint-Germain-des-Prés*, par le bénédictin Bouillart. La maison religieuse a été supprimée en 1790, et le percement des rues nouvelles a eu lieu trois années après. Le 11 brumaire an x, on dénommait rue de la Paix la rue dite aujourd'hui de l'Abbaye.

RUE D'AGUESSEAU,

Nos 11, 15, 18, 20, 22.

Presque toutes les maisons de la rue d'Aguesseau, l'une des plus aristocratiques parmi les petites rues de Paris, datent du règne de Louis XVI. M. Rohault de Fleury père était déjà propriétaire, sous le gouvernement consulaire, de celle où demeure encore son fils, une des notabilités de l'architecture; il n'a fait qu'ajouter un corps de bâtiment, sur le derrière, à son hôtel. Une seule des maisons importantes est de création récente : elle tient l'angle de la rue du Marché. En revanche, il y a quelques hôtels, dont l'établissement remonte à peu d'années après la mort de Louis XIV.

Par lettres-patentes, l'an 1723, l'ouverture de cette voie publique fut autorisée sur les terrains dépendants de l'hôtel d'un très-grand écrivain et orateur, le chancelier d'Aguesseau. A cette époque, le régent imaginait de faire enregistrer au grand conseil la fameuse bulle *Unigenitus*, à l'occasion de laquelle d'Aguesseau, avocat général à la fin du grand règne, avait encouru la disgrâce, en résistant à son entérinement en parlement. Mais une fois chancelier, il avait modifié ses opinions en ce qui regardait le jansénisme. Le magistrat

Pérelle, au grand-conseil, résistait à son tour ; le chancelier s'en étonna : — Où donc, maître Pérelle, lui dit-il, avez-vous puisé vos idées, contraires au sentiment de la raison ? — Dans les plaidoyers, dit Pérelle, de feu l'avocat d'Aguesseau.... Le cardinal Dubois ne tarda pas, au reste, à exiler de nouveau dans ses terres le garde des sceaux, qui ne revint aux affaires qu'en 1737, lorsqu'il y eut bien des maux à réparer qu'il eût pu prévenir. Saint-Simon n'a su s'empêcher de rendre justice à cet homme d'Etat, ami de Boileau et de Racine, dont Louis XV reconnut justement les services par une pension de retraite de 100,000 livres, et en subvenant, à sa mort, à la décoration du mausolée qui fut violé, brisé sous la Terreur, mais rétabli sous le Consulat. Aujourd'hui la noble famille des d'Aguesseau est fondue dans celle des Ségur.

Les écrivains d'avant 89 ne citent que deux hôtels appartenant à la rue d'Aguesseau : ceux d'Armaillé et de la Marck. Le comte de la Marck-Aremberg, étant d'une famille souveraine en Allemagne et princière en Belgique, dont le prince de Ligne fait partie, jouissait de la protection de la reine Marie-Antoinette ; il fut choisi par elle pour être l'intermédiaire secret entre la cour et Mirabeau. La comtesse de la Marck, fille du duc de Lauraguais, était elle-même une grandeur de plus dans la maison. Lorsqu'on était admis chez elle, rue d'Aguesseau, c'était à croire que les huissiers-priseurs y avaient tout vendu à la criée.

Mme de la Marck était seule, dans un grand fauteuil, qui faisait exception dans un salon entièrement démeublé, et selon la qualité de la personne qu'on annonçait, elle faisait avancer par ses gens un fauteuil, une chaise, un tabouret, ou rien du tout : ce dernier cas était le plus fréquent.

Au coin de la rue de Suresnes se trouve le petit hôtel du marquis de l'Aigle, famille alliée à celle de Broglie. En face est l'hôtel d'Espagnac, appartenant à M. de Gerbois, et occupé par la légation de Bavière. Le baron Sahuguet d'Espagnac, auteur des *Mémoires du maréchal de Saxe*, était gouverneur des Invalides sous Louis XV. Cette maison était liée avec celle de Calonne. Le baron d'Espagnac actuel est grand connaisseur en peintures ; dans un accès de folie, son gendre est allé se jeter par-dessus les tours Notre-Dame, quinze jours après son mariage. Le général Roguet, et le lieutenant-général comte de Girardin, ancien grand-veneur de Charles X, ont habité aussi le haut de la rue, pendant que M. le comte de Monbreton demeurait vers le milieu. M. Berger, ancien préfet de la Seine, est le propriétaire du grand hôtel en face la rue du Marché, que son beau-père, M. Biennais, a acheté vers 1812. Le 5 pluviôse an x, cette maison appartenant à la ci-devant comtesse Cropte de Saint-Abre, ayant le citoyen Lemitre pour procureur fondé, était donnée à bail à la Ville de Paris pour servir de siége à la mairie du 1er arrondissement. En ce temps-là Molinos était l'architecte de la Ville, et le maire avait nom Huguet de Montaran. 1343 était le numéro de la maison.

COUR D'ALIGRE,

Ancien hôtel Schomberg-d'Aligre.

Mme de Courchamp et M. Creuze sont aujourd'hui propriétaires de cet ancien hôtel Schomberg-d'Aligre, de la rue Saint-Honoré, près de la rue de l'Arbre-Sec, dans lequel, chaque dimanche, un bal attire les commis du quartier. C'est une espèce de cité ouvrière actuellement que la cour d'Aligre. Il y a longtemps que le petit commerce et la petite fabrication se partagent l'occupation de cette propriété, qui fut d'abord l'hôtel Schomberg, ouvrant sur la rue Baillet et sur la rue Saint-Honoré. Schomberg, maréchal de France, commandait les troupes allemandes au service de la France pendant les guerres religieuses et celles de la Ligue, sous Charles IX, Henri III, Henri IV. Le duc du même nom, son fils, également maréchal de France, épousa Marie de Hautefort, fille d'honneur de Marie de Médicis et célèbre par sa beauté, ainsi que par l'amour platonique inspiré par ses charmes à Louis XIII. Le comte de Schomberg, sous Louis XV, était un gentilhomme instruit et spirituel, lié avec les gens de lettres, surtout avec d'Alembert et Voltaire ; il allait à Ferney, il était maréchal-de-camp. La comtesse de Schomberg, pour laquelle eut de l'amour le maréchal de Kellermann, finit d'une manière plus modeste. M. de Schomberg, son mari, était un tyran domestique, jaloux non seulement de ceux qui faisaient la cour à sa femme, mais encore des oiseaux qu'elle élevait innocemment en leur apprenant ses chansons. Elle avait, par exemple, un serin que le comte ne craignit pas de faire rôtir en la forçant à prendre sa part de ce festin, rappelant celui de Gabrielle de Vergy. Si les grandes familles commencent comme le Nil, dont on ne connaît pas trop bien les sources, il est juste d'ajouter qu'elles finissent un peu comme le Rhin, dont l'embouchure s'égare dans les sables. Mme de Schomberg est morte à Sainte-Périnne, dans un état d'obscurité qui contrastait avec ce que son nom avait de mémorable.

L'hôtel Schomberg-d'Aligre a été occupé par Etienne-François d'Aligre, né en 1726, président à mortier et premier président du parlement de Paris, de 1768 à 1788. Le grand-conseil y a tenu ses séances assez souvent.

RUE DES AMANDIERS-POPINCOURT.

Parmentier. — Mme de Genlis.

On se trouve assez d'accord, chose trop rare, sur l'étymologie du nom de cette voie publique : c'était, sous le règne de Louis XIII, un chemin qui s'engançait avec sinuosités dans une plantation d'amandiers. Il s'était érigé en rue avec le temps, lorsqu'une décision ministérielle du 23 messidor an IX, signée *Chaptal*, fixa le minimum de sa largeur à dix mètres : M. Lazare nous l'indique dans son *Dictionnaire des rues de Paris*.

Le 17 décembre 1813, un agronome, célèbre par sa philantropie et qui a doté l'ancien monde du plus précieux trésor du Nouveau-Monde, la pomme de terre, mourait dans la maison n° 20.

C'était un grand chercheur que Parmentier, et ses écrits nombreux témoignaient d'une bonne volonté qui lui tenait lieu de style et de talent comme écrivain. — Je voudrais au moins, disait-il avec une modestie qui, au fond, était du génie ; je voudrais faire l'office de la pierre à aiguiser, qui ne coupe pas, mais qui dispose l'acier à couper... Parmentier n'avait pas trouvé le temps de se marier ; mais l'amertume du célibat lui avait été épargnée par les soins affectueux d'une sœur, qu'il eut le chagrin de perdre dans une des dernières années de sa vie. Il avait été aux armées inspecteur du service de santé, et il avait dans ces fonctions contracté l'habitude d'une franchise carrément bourrue, qui ne rendait que plus touchantes la bienveillance constante et l'humanité tendre faisant tomber ce masque de brusquerie. Deux neveux lui prodiguaient les marques d'attachement et les consolations durant sa suprême maladie, suite d'affection chronique de poumons. Au moindre instant de relâche, dans les douleurs de l'agonie, leur oncle les interrogeait, avec une anxiété plus pénible que son propre mal, sur le sort des blessés que l'empereur, dans sa mémorable retraite, avait laissés forcément derrière soi.

Adam, sculpteur, auteur du Centaure de marbre qui contribue à l'ornement du jardin des Tuileries, a séjourné au n° 22 avant la grande révolution. Il a vendu cette propriété à M. Nast père, qui y a établi une manufacture de porcelaine, honorée de médailles d'argent et d'or aux expositions de l'an VI et de 1819. M. Nast fils, adjoint au maire de son arrondissement, était un fabricant que le bon goût des formes de ses produits érigeait en artiste; mais il était classique, et il ne voulut pas sacrifier aux idoles à l'époque où le système renaissance vint à l'emporter; il se retira des affaires, et la propriété fut affermée, en 1852, à la ville de Paris et aux hospices, pour en faire une école primaire de jeunes filles et une maison de secours, sous la direction de respectables sœurs.

Un peu plus bas, au n° 28 de la même rue des Amandiers, on retrouve la Folie-Genlis, au bout d'une avenue peu fastueuse, qui la dérobe aux yeux comme par un reste de pruderie assez bien placée. Sous le portail sont fixés sur le mur les bas-reliefs en plâtre de la statue de la place des Victoires; le fondeur Carbonneau a eu ses ateliers dans la maison, et il a également laissé à la porte de son jardin deux lions, modèles qu'il a coulés en bronze, aussi bien que la statue de Louis XIV, et qui ont été fondus là.

Aujourd'hui la Folie-Genlis est divisée, mais ce n'est pas en infiniment petits. Les n°⁸ 30 et 32 offrent encore une habitation assez vaste avec deux grands jardins qui en faisaient partie. Le n° 28 comporte : 1° l'ancien pavillon du jardinier, érigé en maison bourgeoise, flanqué d'une loge, ancienne salle de bain, avec rideaux en plâtre figurés sur une façade qui joue la tente dressée en camp volant, et entouré de plantations agréables ; 2° deux autres pavillons, de construction gothique, édifiés sous le premier empire par Carbonneau. L'un de ces pavillons sert de logement et d'atelier à un fabricant de marbres artificiels ; l'autre est entièrement tapissé de lierre qui grimpe toujours, comme l'échelle de Jacob ; on n'en voit plus que les fenêtres ogivales, qui semblent des yeux ouverts par le moyen-âge sur le nôtre. Tous deux sont encadrés par un petit parc, dont la plupart des arbres ont assisté aux promenades et aux ébats de l'auteur des *Veillées du château*. La spirituelle femme, auteur de cet ouvrage, veillait souvent. Le corps de bâtiment qui donne sur la rue et qu'habitent maintenant des ouvriers, est antérieur au vivant du comte de Genlis, dont ce spacieux et aimable domaine fut la petite maison de faubourg, avant d'être la même chose pour sa jeune et illustre femme. L'intérieur de l'hôtel était enrichi de peintures et de sculptures merveilleuses. Un petit temple grec, orné de statues, figurait dans ses dépendances. Il y avait un parloir en glacé, dont l'entrée était défendue par un guerrier armé ; la lance de ce guerrier, mue par un ressort, tombait et était présentée pour faire honneur aux visiteurs admis.

La comtesse habitait le Palais-Royal comme *gouverneur* des fils du duc de Chartres ; elle y retrouvait ces appartements du régent, dont la décoration, jusqu'alors conservée telle quelle, rappelait plus de folles nuits que la petite maison du comte, quelque bien roué qu'il eût été, n'avait pu en compter, près de la barrière Popincourt. Mme de Genlis avait aussi, pour ses élèves, un château à Bercy, un château à Saint-Leu, dans lequel elle apprit un jour qu'on démolissait la Bastille. C'étaient ses menus-plaisirs qui siégeaient rue des Amandiers, où elle recevait des gens de lettres, son cousin, le comte de Tressan, le chevalier Gluck et Buffon, qu'elle voyait avec autant de plaisir qu'elle avait voué de haine à Voltaire, à la Dubarry et à tant d'autres philosophes ou courtisans. Avec 100,000 livres de revenu que lui valaient les éducations princières, la comtesse se passa d'abord d'écrire des livres pour les vendre, et elle se contentait alors, pour commencer, des intrigues politiques, arrangées, dérangées incessamment par celles de l'amour. De première force sur le clavecin et sur la harpe, elle jouait aussi la comédie avec aisance, et puis, elle dansait à ravir ; que s'il y avait déjà dans ses menuets un peu de carmagnole, c'est sans doute qu'elle prévoyait tout. Est-il un exercice du corps dans lequel elle n'excellât pas, en changeant au besoin de sexe? Les tendances satiriques de son esprit lui faisaient un mérite de celui qui manquait aux autres ; aussi en avait-elle à revendre, de la satire par fines allusions, dès que la nécessité l'y contraignait. Le moyen, après tout, de conserver de l'ordre dans ses affaires, lorsqu'on s'occupe si fort de celles des autres !

L'adroite princesse, que ses envieux prenaient pour un démon, avait ses jours de dévotion, de retraite, et s'essayait au métier d'ange, avec la même vivacité et autant d'entraînement réel au couvent qu'au milieu des tourbillons du monde. Heureuses, d'ailleurs, les pécheresses qui ont leurs heures de remords, de repentir, de pénitence ! Certainement sensible à l'excès, comment la spirituelle Mme de Genlis fût-elle restée sourde à ces avertissements qui tombent du ciel au plus fort des orages du cœur, après la rosée des plaisirs ? En sortant d'un bain de lait à la surface couverte de feuilles de rose, la comtesse tout à coup demandait un cilice, et elle songeait à entrer en religion, en consultant là-dessus son directeur. Parfois auss l'esprit du siècle allait la chercher dans la retraite, jusque chez les religieuses de la Roquette, et lui soufflait les plus frivoles conseils. Une nuit, par exemple, elle s'échappe furtivement de la cellule temporaire qu'elle occupe, par pénitence, dans la pieuse et hospitatière maison de la Roquette, voisine de la Folie-Genlis ; elle s'introduit à pas de loups dans les cellules des plus vieilles religieuses, endormies d'un juste sommeil. Le lendemain matin, ces bonnes vieilles sœurs vont en toute hâte à matines, avec du rouge et des mouches sur les joues, qui leur valent maints sarcasmes et une confusion détestable.

La chronique scandaleuse va encore plus loin, elle prétend que les princes d'Orléans, à peine entrés dans leur adolescence, prirent leurs jours de congé dans la petite maison des Amandiers, et que leur hôtesse, obligeante jusqu'au bout, leur livrait la clef d'un passage qui les menait secrètement chez les plus jeunes des religieuses de la Roquette. Le fait est que dans le jardin de M. Sarrasin, fabricant de marmorine, il existe encore de nos jours une grotte, ancienne glacière du château, avec un souterrain, qui prend le mieux du monde la direction de l'ancienne résidence des sœurs. Au-dessus de cette ouverture, se retrouvent un rocher et les vestiges d'un kiosque, fort joli autrefois, et vers lequel se dirigèrent, dit-on, bien des nymphes légères, en costume encore plus léger. Honni pourtant qui mal y pense !

RUE DES AMANDIERS-SAINT-JACQUES,
Ancien collége des Grassins.

Une jolie gravure à deux compartiments se trouve dans le tome III d'une *Histoire civile, ecclésiastique, physique et littéraire de Paris*, écrite par Poncelin, en 1781. Le haut représente la cour du collége des Grassins, avec des écoliers jouant, courant, sautant à la corde, devant une chapelle, à belle rosace sur la façade, bénite jadis par un évêque de Digne, sous l'invocation de la Vierge. A la partie inférieure de l'image, paraît la porte même de l'édifice, et cette porte a survécu, avec son corps de bâtiment, à la chapelle, aux salles d'étude, aux élèves sautant à la corde. On peut encore la voir, rue des Amandiers, 12, telle qu'elle était à une époque où elle comptait déjà comme un des vieux portiques du quartier des écoles.

En 1300, on appelait rue de l'Allemandier, et en 1386, des Allemandiers, celle qui dès l'an 1392, prit le nom de rue des Amandiers-Saint-Jacques. Les évêques de Nevers y avaient un hôtel, dans ces temps reculés. Pierre Grassin, sieur d'Ablon, conseiller au parlement, fondait le collége de son nom en l'année 1569, vers l'époque où Robert de Guast, principal évincé du collége de Coqueret, par suite d'un procès purement universitaire, venait de renouveler la maison de Sainte-Barbe, fondée tout près de là par Jean Hubert en 1430. Le testament du conseiller consacrait à son œuvre 30,000 livres d'abord, et puis 60,000 autres, pour le cas où son fils unique viendrait à mourir sans enfants. Ce fils cessa de vivre assez jeune et sans postérité, non sans avoir montré sa soumission aux volontés suprêmes de son père. Mais Thiéry Grassin, avocat, frère du conseiller au parlement, et ennemi des substitutions héréditaires, éleva des prétentions contraires. Il fallut un arrêt du parlement, chargeant le prévôt des marchands et les échevins de procéder à l'achat d'un terrain, avec la qualité d'exécuteurs testamentaires commis, pour que Thiéry, de guerre lasse, vînt à résipiscence, s'exécutât de bonne grâce. Thiéry Grassin choisit lui-même une partie de l'ancien hôtel d'Albret, le 26 avril 1571, et il ouvrit le collége des Grassins. Qui plus est, il y mit du sien, en léguant quelque rente et sa bibliothèque au principal et aux boursiers. Ses livres furent gardés avec une pieuse prédilection dans la chapelle tant que le collége subsista ; c'étaient, au reste, des éditions médiocres des Pères de l'Église et de quelques auteurs mystiques.

La maison des Grassins se composait, à l'origine, d'un principal et de six grands boursiers, étudiant en théologie, ayant déjà subi un examen, et de six petits boursiers d'humanités et de philosophie. Chacun des grands boursiers, suivant le vœu du testateur, avait à surveiller les études de deux élèves de la catégorie suivante. C'était un commencement d'enseignement mutuel, dont Pierre Grassin était le créateur. L'archevêque de Sens avait à nommer ces boursiers, et il devait les prendre de préférence parmi les pauvres écoliers de son diocèse. Il fallait que le principal fût docteur-régent licencié, ou au moins reçu bachelier en la faculté de théologie de Paris.

En vertu de lettres-patentes du mois de mai 1696, la fondation faite en faveur des pauvres écoliers irlandais fut transférée aux Grassins ; mais cette disposition additionnelle ne fut que temporaire. Les Irlandais passaient au collége des Lombards quatorze années après. Les Grassins d'alors étaient pauvres, malgré des libéralités nouvelles dont ils avaient été l'objet. Le nombre de leurs bourses avait naguère été croissant ; mais un arrêt du parlement en suspendit douze d'un seul coup pour qu'ils missent ordre à leurs affaires. Un quatrième membre de la famille Grassin, seigneur d'Arci, directeur général des monnaies de France, tint à prouver que bon sang ne ment jamais, en ajoutant au bienfait de ses aïeux ; les finances du collége s'en ressentirent favorablement ; toutefois, les bourses supprimées ne purent pas être rétablies. Le traitement du principal avait été réduit à 300 livres ; celui du procureur-gérant, à 100. Le collége ne possédait plus que cinq petites maisons et 216 livres de rentes sur les aides et gabelles. Il fallait donc user de parcimonie. Le supérieur-majeur de la maison était toujours l'archevêque de Sens ; son aveu était nécessaire pour que les dépenses imprévues excédassent par an 300 livres, et le censeur, officier révocable, avait besoin de la signature du principal pour toute somme à payer qui dépassait 30 livres, ainsi que pour toute action à intenter en justice. Grâce à ces précautions sévères, les bâtiments furent remis en état, et il y eut même, vers 1780, une somme de 10,000 livres, économisée par deniers, qu'on put placer sur les états du Languedoc.

Les études, quant à elles, florissaient rue des Amandiers, quel qu'en fût le revenant-bon. Aux Grassins, appartient l'honneur de l'initiative en ce qui regarde l'impression du livret de la distribution des prix. Pour exciter l'émulation des classes, le principal fit imprimer les noms de tous les lauréats de sa maison, depuis 1747 jusqu'à 1780, et sans y oublier les accessits; les lettres étaient d'or pour distinguer le prix d'honneur. Outre les huit chaires ordinaires, le collége était fier d'en avoir une de grec, fondée par le sieur Dairaux, principal, et qui était à la nomination du tribunal de l'université de Paris.

Il faut citer Chamfort, charmant esprit, parmi les écoliers auxquels il fut donné d'acquérir aux Grassins ce qu'il faut pour devenir un homme de lettre goûté! Un docteur de la faculté de Navarre, nommé Morabin, y obtint en effet une bourse pour cet enfant pauvre, dont il avait été le premier instituteur. Comme Chamfort était né en Auvergne, il eût dû se voir préférer un élève des environs de Sens; mais Morabin jouissait directement de ce crédit particulier qui n'échappe nulle part au secrétaire d'un lieutenant de police.

Aujourd'hui, les hospices possèdent, dans cette petite rue des Amandiers-Saint-Jacques, une partie des dépendances de l'ancien collége; sur une autre partie de son jardin s'est ouverte la rue de l'École polytechnique. C'est dans le fond de la maison qu'ont été faits par M. Leullier les premiers essais de bouillon en tablettes.

On rapporte que Pichegru, au mois de janvier 1804, s'y réfugia chez le nommé Leblanc, qui le trahit et le fit arrêter rue de Chabannais. Le général Pichegru, conspirant le retour des Bourbons et la mort du premier consul, avait Moreau et Cadoudal, comme chacun sait, pour principaux complices.

IMPASSE D'AMBOISE (PLACE MAUBERT),
Nos 4 et 6.

Plus d'un procès a révélé qu'il y a beaucoup plus d'empoisonneuses que d'empoisonneurs. Ainsi, parmi les crimes sans nombre, dont les annales prouvent que notre sexe est beaucoup plus pervers que l'autre sexe, on en trouve deux, rien que deux, dont les femmes ont en quelque sorte le monopole : l'infanticide, l'empoisonnement. A notre époque encore, il y a plus d'une fille d'Ève qui, faute de fruit défendu, cherche à connaître les substances dont l'usage n'est permis qu'en pharmacie ou en chimie. On en voit de fort attentives, suivre le cours de M. Chevreul, sur les bancs de l'amphithéâtre du Jardin-des-Plantes, et remarquez un peu comme leurs yeux brillent lorsque le savant maître fait circuler une fiole nouvelle entre les mains de ses élèves de tout âge! Il y a environ un siècle, la propriétaire d'une maison dont il ne reste que de tristes débris, impasse d'Amboise, 4 et 6, aurait pu être nommée à une chaire de toxicologie. Elle avait pour complices deux autres femmes, fabricant et vendant des essences vénéneuses. La partie volatile, les gaz que dégageait leur marchandise, finirent par tuer raides ces Locustes; du moins, on les trouva empoisonnées, comme trois rats, dont la mort n'entraîne pas grand deuil.

Ce cul-de-sac (car cet ancien mot est fort juste, quoi qu'en dise Voltaire, qui prétend qu'une impasse ne ressemble ni à un sac, ni à l'autre partie du mot) ce cul-de-sac d'Amboise tient la place d'un antique hôtel du même nom, antérieur au siècle XIV, et du collége grec ou de Constantinople, fondé en l'année 1206 et réuni en 1420 au collége de la Marche.

RUE D'AMBOISE.

La chaste Suzanne. — Deux harems. — Schwartz et Blain.

Des lettres-patentes, datées du 14 octobre 1780, ont autorisé le percement de cette voie de communication sur des terrains appartenant au duc de Choiseul-Amboise. Louis XVI, qui a signé cet acte, avait mis fin à l'illustre disgrâce de ce ministre de Louis XV, exilé à Chanteloup, près d'Amboise, en 1770. Les dix maisons riveraines dont se compose la rue d'Amboise sont alignées et d'une construction identique remontant à fort peu d'années avant la grande disgrâce qui, à son tour, enveloppa toute la cour, la noblesse et le clergé en masse.

Les combles du n° 7 ont été le théâtre d'un petit drame peu connu, sous le Directoire. Une jeune femme, qui brodait et faisait du filet pour vivre et nourrir un enfant, logeait dans une mansarde, après avoir été séduite par le fils d'un conseiller au parlement, à 14 ans, âge qui serait celui des amours s'il nous fallait en croire les vers mignons de Parny, de Dorat et d'autres poètes. La jeune fille n'avait connu que pendant vingt-quatre heures le fils du magistrat; c'était le 13 juillet, veille de la prise de la Bastille, et depuis lors aucune visite, aucune lettre ne lui avait appris ce qu'était devenu l'auteur du seul souvenir qui lui rappelât cet amour d'un seul jour. Quelle que fût sa détresse, elle avait refusé les secours accordés aux filles-mères ; elle était parvenue à élever sa petite fille, en ne quittant la fine aiguille d'acier, quand ses yeux, mouillés de pleurs, se fatiguaient d'en suivre l'agile mouvement, que pour saisir l'aiguille et le moule de buis qui servaient à multiplier, sans frais de lumière, pendant une partie de la nuit, les larges mailles de ses filets de commande.

Suzanne était son nom ; on l'appelait *la chaste Suzanne*, dans le quartier, parce qu'elle refusait d'écouter deux vieillards, espèces de satyres, qui occupaient la mansarde voisine : l'un était allumeur de réverbère, l'autre savetier ; les gens de la maison croyaient tous fermement que l'un des deux finirait par changer de camarade de chambrée, parce qu'ils gagnaient l'un et l'autre de bien meilleures journées qu'elle. On finit par se faire effectivement à l'odeur du vieux cuir et de l'huile à quinquet, à force d'habiter, sous les toits, près des gens qui en distribuent ; mais, en réalité, c'était la vertu de Suzanne qui la tenait en garde contre toutes les entreprises que d'autres aspirants, en meilleure odeur, eussent pu faire. Elle aimait un fantôme, dans l'espoir d'un revenant. Il se pouvait que son amant eût reçu dans la mêlée un coup mortel en se rendant près d'elle, avec l'idée de ne plus la quitter ; dans ce cas-là, elle croyait devoir à sa chère mémoire d'éternels sacrifices. Si, au contraire, l'exil, le voyage, la prison peut-être, retardait un rapprochement ardemment souhaité de part et d'autre, ne devait-elle pas se tenir, constamment prête pour le retour, ce qu'elle était le premier jour?

Un soir elle revenait, avec sa fille endormie sur ses bras, du boulevart où demeurait, dans une échoppe, le marchand de filets qui lui donnait de l'ouvrage ; elle s'arrêta devant une maison, à l'entrée de la rue d'Amboise, où elle venait de voir entrer un homme, le menton enfermé dans une large cravate, les cheveux débouclés, la démarche avinée ; elle avait cru reconnaître le fugitif dans cet incroyable à bottes molles, à collet et à long habit, qui avait devant elle franchi les premières marches de l'escalier fuyant. Retourner dans sa chambre, y coucher son enfant et revenir seule, fut pour Suzanne l'affaire d'un moment. Cette maison n'était autre que le plus ancien des sérails qui cachent une cinquantaine de houris picardes, bordelaises et normandes, derrière les jalousies toujours tombées d'une partie de la rue. On habilla de soie à grands ramages, on décolleta et on farda Suzanne, sur sa demande. Une fois dans le salon, ce qu'elle entendait dire, ce qu'elle voyait faire à ***, qui ne la reconnut pas, lui inspira un tel dégoût pour cet homme, coutumier des galanteries faciles, passagères et bestiales, auquel elle avait voué sa vie entière comme à un dieu, qu'elle retourna dans sa mansarde, sans prendre le temps même d'essuyer le rouge de ses joues. C'était la première fois qu'elle rentrait tard, le portier lui en fit ses compliments en riant.

Le lendemain matin les deux vieillards regardaient par un trou, qu'ils avaient pratiqué avec une vrille pour assister chaque jour à la toilette de l'ouvrière. Son enfant et elle se taisaient. On enfonça la porte. Toutes les deux étaient mortes ; un réchaud plein de cendre blanche, fraîchement éteinte, disait comment.

Quant au séducteur ***, il est mort conseiller à la Cour royale de Paris, sous le gouvernement de Louis-Philippe. Une semaine avant de passer, il avait galamment acheté et inauguré un lit en noyer, dans une chambre louée pour une toute jeune ouvrière, dont il eût pu être le bisaïeul. Cette jeune fille pleura sincèrement l'ancien séducteur de Suzanne, qui lui avait promis une commode.

Faute de conclusion morale, il résulte au moins du récit des infortunes de Suzanne, que la maison de la dame Petit date de plus d'un demi-siècle. La fille qui attend au coin des rues n'a pas plus de peine à prendre un autre état, qu'une maison de filles à changer de destination. Des hommes sérieux et parfaitement placés ne craignent pas d'employer les économies de leur famille, la dot future de leurs petits-enfants, à l'acquisition en bonne forme d'un immeuble où l'amour s'achète en détail, et d'en percevoir les loyers, par conséquent exorbitants. Il y aurait de l'excès à nous montrer plus prudes que les familles honnêtes de notre temps, et à ne pas toucher un seul mot, par exemple, d'un lupanar voisin, dit des Anglaises, lesquelles sont recrutées exclusivement en Alsace. Quelque vingt ans avant que ce fût un harem, cet immeuble ne coûta que 6,000 fr. en or à un propriétaire; c'était au temps des assignats. Un serrurier du voisinage a prêté 45,000 fr. pour le meubler, depuis que l'impudicité y bat monnaie et fait aller tous les commerces. Indépendamment de ces sérails, dont le Coran est un cahier des charges que leur impose la police, il y a eu rue d'Amboise des maisons de jeu clandestines, que l'autorité a fait clore; il y a eu aussi bien des tables d'hôte à femmes, et le tout donnait à cette rue un caractère particulier, qu'elle n'a pas entièrement renoncé à revêtir.

Des tailleurs distingués ont leurs ateliers dans les combles et leurs comptoirs dans les appartements de plus de la moitié des étages. Schwartz et Blain n'habillent guère ceux qui se déshabillent de l'autre côté de la rue; ces deux maisons, depuis 1816, ménagent aux gens du monde, en les parant, des bonnes fortunes véritables.

RUE AMELOT,
N° 10.

En face de l'ancien grenier à sel était l'ancienne poudrette, maison qui date de 1700 et qui subsiste encore rue Amelot, n° 10 : autrefois, la toiture était de chaume tout bonnement.

Le Dictionnaire des rues de Paris nous rappelle qu'en mai 1777, des lettres-patentes de Louis XVI autorisèrent le percement de ladite voie de communication. Ce fossé de de la ville, auquel les arbres du boulevart servaient de balustrade, fut comblé pour lui faire un lit, matelassé de pavés ensuite.

Amelot, ministre des affaires étrangères, auquel on attribue, peut-être à tort, la captivité de Latude, passe également pour avoir dit un mot digne de ses prédécesseurs : — S'il n'y avait pas de lettres de cachet, je ne voudrais plus être ministre, le roi m'en priât-il les mains jointes... Il est de fait que ce mot fut l'arrêt de mort de la Bastille. Louis XVI pourtant n'abusait guère des lettres de cachet, et l'écroulement de la vieille prison d'Etat, longtemps prise en patience par la noblesse, à laquelle avant tout elle était réservée, n'a nullement empêché le ci-devant ministre d'être mis en prison sous la Terreur. Les geôles changent de nom et de physionomie comme les gouvernements ; mais il y en avait plus encore sous la dernière république qu'au temps de la Bastille, prison du bon plaisir, ou plutôt citadelle de la raison d'Etat. Amelot est mort incarcéré, en 1794.

RUE DE L'ANCIENNE-COMÉDIE,

Nos 4, 5, 12, 13, 14, 18 et 21.

Les rues ouvertes, les maisons élevées sur l'ancien emplacement de l'abbaye de Saint-Germain-des-Prés sont toute une région, ou pour le moins une petite ville dans la grande. Les fossés des chanoines avaient été creusés, sur certains points, à la place des fondements de l'ancien mur d'enceinte de Paris, sous Philippe-Auguste. Ainsi, la rue de l'Ancienne-Comédie portait à juste titre, de 1560 à 1688, le nom de rue des Fossés-Saint-Germain-des-Prés. C'est alors que les comédiens du roi, achetant le terrain occupé par le jeu de paume de l'Étoile, y ouvrirent une salle de spectacle, bâtie sur le dessin de François d'Orbay, le 18 avril 1689, par la représentation de *Phèdre* et du *Médecin malgré lui*. Les jansénistes du collége Mazarin, n'ayant pu volontiers s'accommoder du voisinage d'un théâtre, avaient peu de temps auparavant obtenu l'éloignement des comédiens qui jouaient dans la rue Mazarine; diverses tentatives avaient été faites par les exilés avant de trouver enfin à s'établir sur l'emplacement du jeu de paume. La troupe y joua la comédie jusqu'en 1770, époque où, comme la salle menaçait ruine, les acteurs allèrent occuper celle des Tuileries.

Le sol n'est pas tout ce qui reste de cette ancienne Comédie française, champ de bataille qui rappelle tant de victoires, et dont les morts sont immortels. La lice où ont eu lieu les plus beaux engagements de l'esprit national n'est plus ouverte aux jeux de la scène; mais un marchand de papier en gros en fait partir des milliers de rames, chargées de la propagation, par l'impression, des découvertes incessantes de la pensée, et Horace Vernet y fixe sur la toile les pages les plus brillantes de notre histoire. Les quatre murs de la vieille salle sont debout. Gros, dans la force de son talent, alors que sa compoition était d'une puissance incomparable, et que son dessin hardi donnait à la peinture tout le relief de la statuaire, demeurait n° 14, dans cette maison même, où tant de chefs-d'œuvre dramatiques avaient déjà trouvé la gloire que revendiquaient ses toiles. On était loin de soupçonner alors que l'amertume de la critique pût à la fin empoisonner, abréger la vieillesse du baron Gros, le rival de David.

D'autres numéros de cette rue, la plus vivante peut-être de tout le faubourg Saint-Germain, ont à payer à notre ouvrage quelque tribut de documents. Le 18, est l'ancien hôtel Lafoudrière, qui date de 1750, et où le restaurant Pinson, mis en honneur par George Sand, rivalise depuis longues années avec les petits couverts que dresse en plus grand nombre le restaurant Dagnaux, quelques portes plus bas. Le 4 est décoré des deux panonceaux d'un notaire; sa construction a pour contemporaine précisément celle du Pont-Neuf; quinze ans avant la fin du XVIe siècle, on mettait à la place des plaques de cuivre actuelles le buste du roi qui régnait, Henri III. Destouches, l'auteur dramatique, y demeurait passagèrement en l'année 1727, c'est-à-dire au moment de la représentation du *Philosophe marié*, et néanmoins Destouches avait accoutumé de vivre dans un petit domaine, près de Melun, depuis que le régent, son protecteur, n'existait plus. Le 5 fut habité, sous le premier empire, par un autre glorieux que celui de Destouches, je veux dire par l'archi-chancelier Cambacérès, avant qu'il ne demeurât à l'Élysée. Le général baron Feuchères a eu le 12 pour résidence.

Au 21, il y avait un jeu de boules; il s'étendait dans le passage du Commerce, qui n'était autrefois qu'une partie du fossé des moines de l'abbaye voisine, et qui ensuite servit de point de repaire à bon nombre d'échoppes ambulantes, comptoirs ou magasins de petit commerce, transfuges de la foire Saint-Germain. Une imprimerie, sous les auspices de Robespierre, fut installée dans cette maison, et le savant médecin Guillotin l'habita. Or, on se figure à tort que ce dernier inventa l'instrument dont la révolution popularisa tant l'usage. Guillotin, député aux Etats généraux, votait avec les modérés, et il ne fit que recommander, par un motif d'humanité, la décapitation pour appliquer la peine de mort, et l'emploi d'une machine, connue déjà en Italie, pour diminuer les souffrances du patient. Emprisonné au fort de la Terreur, il n'évita que par hasard de profiter lui-même d'une découverte abrégeant la décollation, et qui lui était attribuée. Un vaudevilliste remarquait plaisamment, dans cette affreuse circonstance, qu'on n'est jamais trahi que par les siens, et que si Guillotin devait passer sous la guillotine, c'était une revanche prise à bon droit sur Hugolin, qui avait mangé ses enfants. Le docteur, au demeurant, s'attristait on ne peut plus de voir son nom attaché pour toujours à une arme de bourreau, qui se dressait et retombait si souvent. La seule institution dont fut réellement l'auteur cet homme passionné pour son art, c'était l'association médicale qui existe sous le nom d'Académie impériale de médecine.

Quant au café Procope, c'est une curiosité à voir, indiquée sur les agendas des étrangers un peu lettrés qui visitent la capitale. Existe-t-il toujours ce lieu de rendez-vous célèbre? Y entend-on causer les voltairiens de ce temps-ci et ceux qui, comme Piron, frondent toujours l'Académie, avec des héritiers de la verve gauloise du bonhomme La Fontaine et des observateurs comme Sainte-Foix? Quelles réputations y a-t-on faites, ou défaites, hier soir? Malheureusement les étrangers s'abusent, et le café Procope d'à présent a perdu ses brillantes traditions, comme bureau d'esprit. Le XIXe siècle semble enragé de penser beaucoup moins que l'autre, et il parle encore moins, afin d'avoir l'air absorbé dans un état de réflexion profonde, même lorsqu'il est assis fort à l'aise dans ce vieux café. Si deux amis s'y interrogent tout haut, c'est de ce que fait à la Bourse telle valeur. Ce qu'on peut dire de mieux de ces salles d'une grandeur moyenne, c'est qu'elles ne ressemblent pas encore à ces halles centrales à boire et à fumer, pleines de dorures, de velours et de haillons, qui comptent vingt à trente billards, et où je défie qu'on ait jamais causé. François Procope, un Sicilien, était un des marchands de café établis en plein vent à la foire Saint-Germain ; il n'ouvrit sa maison illustre qu'en 1689, en face de la Comédie, et il ne tarda pas à trouver des imitateurs. Sous Louis XV, il y avait déjà six cents cafés environ à Paris. Zoppi, sous le consulat, ajouta au café Procope une sorte de salon littéraire, qui eut également sa vogue.

Paris. — Imprimerie de Pommeret et Moreau, 17, quai des Augustins.

Liv. 2
LES ANCIENNES MAISONS

Des rues d'Angoulême-Saint-Honoré, d'Angoulême-du-Temple, d'Anjou-Dauphine, d'Anjou (au Marais), d'Anjou-Saint-Honoré et d'Antin, de la place d'Angoulême et du quai d'Anjou.

NOTICES FAISANT PARTIE DE L'OUVRAGE INTITULÉ :

LES ANCIENNES MAISONS DE PARIS SOUS NAPOLÉON III,

PAR M. LEFEUVE,

Monographies publiées par livraisons séparées en suivant l'ordre alphabétique des rues.

RUE D'ANGOULÊME-SAINT-HONORÉ.

Mlle Contat. — Mme de Luçay. — Un Anglais.

Le comte d'Artois, duc d'Angoulême et fils de France, était devenu propriétaire de l'ancienne pépinière de l'ancien chemin du Roule, lorsque Louis XVI permit à son jeune frère, en 1777, d'y ouvrir une rue sous son invocation ducale. Précisément, à cette époque, l'actrice Louise Contat était reçue à la Comédie-Française ; le comte d'Artois lui fit bâtir, à l'angle des Champs-Elysées, un magnifique hôtel, avec jardin, qui est toujours debout, et qu'habite le baron Roger. La grâce et la finesse de la Suzanne du *Mariage de Figaro* s'alliaient, chez cette belle personne, à la noblesse de maintien, à l'élégance coquette de Célimène. Mademoiselle Contat faisait des vers, qui ne furent pas publiés ; du reste, elle épousa un Parny, neveu du poète Parny. La reine fit prier cette comédienne distinguée, en 1789, de jouer *la Gouvernante*, rôle qu'elle apprit en vingt-quatre heures, ce qui lui fit dire au foyer le joli mot suivant : — Le siége de la mémoire est dans le cœur... Mademoiselle Contat a cessé de vivre sous l'Empire.

Le n° 40 de la rue d'Angoulême est un hôtel bâti pour la comtesse de Luçay, première dame d'atours de l'impératrice Marie-Louise : il appartient maintenant à madame la marquise de Préaulx. Madame de Luçay a inauguré également, en y résidant, un château élevé vers le même temps dans la vallée de Montmorency, et habité maintenant par S. A. I. la princesse Mathilde.

Une cité ouvrière occupe, de l'autre côté de la rue, les anciennes dépendances d'une maison dans laquelle s'est exploitée une taverne anglaise à l'usage des nombreux jockeys et grooms de ce quartier à grandes guides. D'autres quartiers marchent, celui-là roule : on y compte plus d'Anglais que de Français, et plus de chevaux que d'hommes, plus de phaétons et de wurtz que de maisons. L'origine de ce n° 45, dont M. Glorian, fumiste, est propriétaire, remonte à plus d'un demi-siècle. C'est justement un fils d'Albion qui fit bâtir l'hôtel, naguère isolé. Ses excentricités étaient connues dans tous les boxs du voisinage : il était allé au Brésil avec un bâtiment chargé de marchandises, pour y gagner d'un seul coup un million ; par malheur, dès qu'il eut embarqué son nouveau trésor pour retourner en Angleterre, le spleen voulut être du voyage; pour combattre ce spleen, il but et il joua tant à bord, qu'il y dépensa deux millions, dont une partie sur parole.

Sous la première république, sous le premier empire et sous la seconde république, on a appelé cette rue, rue de l'Union. Quelque temps même, après juillet 1830, on essaya de la baptiser rue de la Charte; mais l'ancien nom depuis a prévalu, et en effet il nous rappelle une galanterie princière, toute française, sous les auspices de laquelle est placée une rue pour ainsi dire britannique.

PLACE ET RUE D'ANGOULÊME-DU-TEMPLE.
Le chevalier de Crussol. — Chapard. — Le vin du ministre de la Guerre.

Les Crussol sont une ancienne famille, identifiée à celle d'Uzès. Alexandre-Emmanuel, chevalier de Crussol, capitaine des gardes du comte d'Artois, et administrateur du grand-prieuré de France, dont ce prince était grand-prieur, présida à l'ouverture des rue et place d'Angoulême, au Marais, sur des terrains appartenant au Temple. La place était le lit de l'ancien fossé de la ville. Le premier pavé fut posé aux dépens du grand-prieuré, et il fut déclaré que les constructions y seraient exemptes du logement des gardes-françaises et suisses, ainsi que des droits de voirie. La rue n'était pas encore toute bâtie, lorsqu'un riche financier s'y installa dans son hôtel, n° 8. Il ne reste plus qu'une partie du jardin attenant à cette propriété; un nouveau corps de bâtiment s'est élevé sur l'autre partie.

La place d'Angoulême figure la moitié d'une tour creuse ; deux bâtiments réguliers la composent, qui se séparent pour livrer passage à la rue. L'une de ces deux maisons est l'ancien hôtel du général Saint-Hilaire ; dix soldats pourraient monter de front son escalier. Mme Morin y a fondé ensuite, à l'enseigne du *Capucin du Marais*, un restaurant, que tient depuis longtemps Chapard, son gendre. Chicard y a donné quelques-unes de ses fêtes nocturnes, dans le temps qu'a duré la régence de ce dernier des princes du carnaval. Les repas et les bals de noces demeurant la spécialité de la maison, le violon et la trompette Sax s'y font entendre plusieurs fois par semaine, et les nids d'amour du quartier, habité notamment par les jeunes actrices des théâtres du boulevart, ont ainsi, toute la nuit, un orchestre qui gazouille et se tait, par intermittences, pour y rendre le sommeil léger et purement accessoire.

Pendant plusieurs années, le restaurant Chapard avait une succursale à l'école de natation du quai d'Orsay; c'est lui qui défrayait de verres d'absinthe et de bifsteacks les consommateurs en caleçon et en peignoir de ces bains en Seine courante. Le maréchal de Saint-Arnaud, n'étant encore que ministre de la guerre, était l'un des Tritons les plus assidus que Chapard y servît. Le vin que préférait le maréchal et dont il vidait deux flacons, n'était rien moins que du Saint-Pérey. D'autres affectionnent ce vin à l'état mousseux et frappé; plusieurs le veulent sec, mais frappé : Saint-Arnaud le demandait sec, sans robe de glace. De là vient qu'aujourd'hui encore, dans les repas de corps du salon-rond et dans les déjeûners en tête à tête, chez Chapard, l'amateur est compris à demi mot, dès qu'il dit au garçon : — Servez-nous une bouteille du vin du ministre de la guerre.

RUE D'ANJOU-DAUPHINE,
Nos 2, 3, 8, 13.

En 1607, cette petite rue s'ouvrit, ou du moins reçut le double nom de prince et de princesse, qui la fait rue hermaphrodite. Plusieurs de ses maisons existaient déjà de longue date, notamment le n° 8, qui, depuis 1788, est le siége de la Société polymatique, et qui passe pour avoir appartenu jadis à la reine Blanche. On voit encore, sous le n° 13, le passage souterrain qui conduisait Marguerite de Bourgogne à la tour de Nesle. Au surplus, tout est vieux dans cette ruelle, excepté une partie des ouvrières brocheuses qui l'habitent, et cette profession est la seule à Paris où l'on trouve encore des grisettes ; les maisons du moins y sont faites pour inspirer le drame et la romance. Le 3, ne fut-il pas un lieu de rendez-vous pour Henri IV et la belle Gabrielle? Cette maison, qui fait le coin de la rue Dauphine, a gardé rue d'Anjou l'entrée secrête de l'auguste vert-galant. En 1714, on comptait, rue d'Anjou-Dauphine, 10 maisons éclairées seulement par 2 lanternes, comme pour favoriser encore le mystère et l'amour nocturnes, malgré Mme de Maintenon. Du côté du Pont-Neuf, à l'autre revers de la même rue Dauphine, on voit, au-dessus de la boutique du graveur, un Hercule en terre cuite, qui porte un monde en cuivre ; ce travail n'est pas si mauvais qu'on ait bien fait de tout couvrir de couleur verte. C'est un marchand de draps qui, à la fin de l'autre siècle, s'est gratifié de cette enseigne.

RUE D'ANJOU (AU MARAIS),
N°s 6, 8, 17.

L'explorateur zélé que nous avons dû envoyer cinq ou six fois rue d'Anjou, au Marais, n'y a trouvé qu'une seule maison neuve, et c'est précisément le n° 7, où l'on prétend qu'était l'hôtel Bertin. D'autres écrivains, il est vrai, le placent au n° 20, qui n'a jamais existé dans la rue. Soubise, prince de Soubise, quelle est la porte dont ton carrosse prenait si souvent le chemin, dans cette petite rue d'Anjou ? Il est certain que Lemierre, Marmontel, Cailhava, le marquis de Bièvre, l'évêque d'Orléans, Mlle Raucourt, la Guimard, et bien d'autres, étaient les familiers de l'hôtel des Parties casuelles, où M. et Mme Bertin donnaient la comédie bourgeoise. Ce trésorier, commissaire général des finances, avait une maison tout aussi éventuelle que les contributions dont le recouvrement le regardait : il recevait un peu de tout, voire même un fort adroit filou qui, en un tour de main, vola un soir toutes les boîtes à mouches de ces dames et toutes les tabatières des invités, réduits à priser au cornet. Il serait fort possible, quoi qu'on dise, que les Bertin eussent été au n° 6. Au surplus, le 3 et le 5 datent de 1626, époque de l'ouverture de la rue, et ont été construits par un échevin, sur un terrain ayant appartenu aux Blancs-Manteaux. Il n'y avait encore que 14 maisons et 8 lanternes dans la rue en l'année 1714. De ces 14 maisons, une seule est signalée sans nom particulier, planche 15, dans ce plan de Paris, fait par La Caille, qui reproduit ses bâtiments, ses cours et ses jardins, le tout bordé précisément par la ruelle de Beauce, faisant suite à la rue de Sourdy. C'est là qu'on trouve aujourd'hui deux hôtels, n° 6 et n° 8, qui très-probablement ne faisaient qu'un dans l'origine. L'ancien Paris a légué au nouveau la ruelle petite et noire de Beauce, qu'il garde précieusement sous plusieurs grilles, dont les clefs sont confiées à un portier-conservateur, payé par les propriétaires riverains.

Le parrain de la rue était Gaston de France, duc d'Anjou, fils de Henri IV, roi qui avait voulu ouvrir une place à l'endroit où Louis XIII fit percer cette rue et plusieurs autres. Mais ensuite, pendant un demi-siècle, on l'appela rue de Vaujour, du nom de la famille qui occupait l'hôtel. Le 16 mai 1667, la baronnie de Vaujour, en Anjou, était érigée en duché-pairie en faveur de Mlle de la Vallière et de Marie-Ange, légitimée de France, sa fille, qui dans la suite fut mariée au prince de Conti. Le duché-pairie de Vaujour passa alors à Louis-César La Baume Le Blanc, marquis de la Vallière, qui obtint en 1723 de nouvelles lettres d'érection en duché-pairie, sous le nom de la Vallière, pour lui, ses enfants et ses descendants mâles; ce la Vallière avait demeuré dans la rue, qui avait repris le nom d'Anjou, dès qu'on avait tenu à ne plus mettre en vue celui de Vaujour.

Aussi bien le n° 8 appartenait, en 1696, au comte de Nogent, maréchal-de-camp et lieutenant-général; sa femme était née de Caumont Lausun; une de ses filles enfin épousa le marquis de Biron. Pierre Thomé, écuyer, trésorier général des galères de France, prêtait de l'argent à ce Nogent sur deux maisons, sises rue d'Anjou. A une époque moins éloignée, M. de Sartines fréquentait cet hôtel: sa femme, une du Plessis, était parente de M. de Mongelas, qui y vivait. Depuis environ quarante ans, il est possédé par M. et Mme Cosson Saint-Charles, qui l'ont mis sur le meilleur pied; c'est une des plus belles seigneuries, à présent, de l'ancien bailliage du Temple.

Le n° 17, qui peut lui-même avoir été le siége des Parties casuelles, est à coup sûr celui d'un des plus anciens magasins d'épiceries de Paris. Sous le règne de Louis XVI, une jeune fille était femme de chambre chez la marquise qui demeurait en face; le marquis l'éleva jusqu'à lui, et puis en régala un garçon perruquier, dont il fit son mari, en les établissant l'un et l'autre dans les épices. Le peuple, qui n'était pas toujours de l'avis du marquis, trouva cependant, après lui, que l'épicière était un beau brin de femme; la preuve, c'est qu'il fit d'elle une déesse de la Liberté, à la fête de la Raison. La déesse qui parut ainsi, dans un char attelé de huit bœufs, en tunique blanche, en bonnet phrygien, en cothurnes, vit encore; Dame! elle a bien ses quatre-vingt-deux ans. On la nomme Mme veuve Prévost, et l'épicier-chocolatier a laissé son nom sur la porte.

RUE D'ANJOU-SAINT-HONORÉ.

Les Polignac. — Le marquis de Louvois. — Les d'Esclignac. — La doyenne des femmes de qualité. — Monville et Philippe-Égalité. — Le dernier d'Aligre. — Madame de Nicolaï. — La princesse de Baufremont. — Helvétius. — Madame de Lavoisier. — Loewenhielm.

Cette rue prend sa source en face de l'hôtel Thélusson, sème de très-beaux hôtels sur ses deux rives et va se jeter rue de la Pépinière, entre une caserne et un chemin de fer. En temps de révolution, si le peuple prend la caserne, les paisibles habitants de la rue d'Anjou, dite autrefois des *Morfondus*, prennent aussitôt le chemin de fer. Jamais le faubourg Saint-Honoré n'a aimé les insurrections... à faire; mais une fois les pavés remis en place, il va porter sa carte chez les séditieux de la veille. Il a une si grande habitude d'approuver et de conserver, quant à lui, tout ce qui existe, malgré ses sympathies particulières pour les gouvernements qui donnent les plus beaux bals de cour, qu'il a failli garder la République. Le président Marrast, que toute la rue d'Anjou croyait d'abord le neveu du Marat de 93, avait si bien fait les honneurs de sa table et de ses violons, qu'on en était venu à lui passer beaucoup de choses, postérieurement au fauteuil de M. Dupin. Le faubourg Saint-Germain, en général, n'est qu'un dépôt de recrutement pour le faubourg Saint-Honoré, quartier qui, à très-peu d'exceptions près, n'a jamais eu l'ennui de regretter quoi que ce fût. Le faubourg Saint-Germain se regrette lui-même, à ce qu'on dit aux Tuileries ; c'est toujours une différence.

Les hôtels séculaires qui se trouvent dans la rue d'Anjou, bâtie en 1649, sont plus nombreux que ceux dont fit mention le *Tableau de Paris*, de Saint-Victor, au commencement du présent siècle. Il n'y est parlé, en effet, et encore sans aucun détail, que des hôtels Baufremont, la Belinaye, Créqui, Contades, Nicolaï, la Rivière et Rouault. Au lieu de sept, il en est trente debout, sans compter les maisons de construction moderne. Où trouver, dans une telle région, un escalier qui ne soit pas de pierre, une rampe dépourvue de ses arabesques de vieux fer, une fenêtre sans ornement dans le goût de la Renaissance ? Les plus minces portiers, les plus chauves, se laissent appeler suisses, comme sous la Restauration; ils reçoivent leur facteur à travers leur propre œil-de-bœuf, dont les chroniques, au jour le jour, ne sont pas plus discrètes que celles de Versailles autrefois. Que dis-je! un digne vétérinaire saigne ses malades, d'une main sûre, dans un bâtiment armorié.

Numéro 4 est l'hôtel Polignac. Armand, frère de Jules de Polignac, le ministre, y a demeuré, aussi bien que la comtesse Diane de Polignac, laquelle avait autant d'esprit que sa belle-sœur était belle. Cette comtesse gouvernait en quelque sorte toute la cour de Louis XVI, excepté la personne de M. de Vaudreuil qu'elle avait toujours sous la main. On disait du prudent et noble personnage qui vivait avec Diane :

> Monsieur de Vaudreuil
> N'a pas de taie dans l'œil.

Les jaloux ajoutaient à ce menu refrain sans conséquence : — Mais il a de la poussière sur ses lunettes.

Magendie, physiologiste éminent, est mort à l'hôtel d'à côté, en 1854. Cette ancienne résidence des Lafayette offre, comme celle des Polignac, un aspect rassurant sur le sort de ceux qui l'habitent, et bien des sculptures estimables. C'est aussi la maison mortuaire du général Lafayette.

Numéro 12 est actuellement M. le marquis de Louvois, ci-devant comte de Lasalle : le nom du grand ministre allait s'éteindre si le dernier marquis de Louvois, qui était l'un des plus fervents habitués du théâtre de l'Opéra-Comique, n'avait pas adopté M. de Lasalle. Au reste, feu M. de Louvois s'est trouvé en famille, de toute façon, rue d'Anjou : Mme de Souvré, mère de la marquise de Louvois, a occupé un autre hôtel dans la rue, passé celle de la Ville-l'Évêque.

En face des Louvois est la mairie du 1er arrondissement. M. Frottin a doublement le droit de finir ainsi tous ses actes : « Fait en l'hôtel de la Mairie. » Nous regrettons vivement que cet édifice soit municipal et rentre, par conséquent, dans la catégorie des monuments publics, qui ne sont plus sous notre coupe. Tout ce qui est la propriété de la Ville ou de l'État reste en dehors du titre de ce que vous tenez entre les mains, mon cher lecteur, ma bien-aimée lectrice. Pour que je satisfisse légalement votre louable curiosité, il faudrait que l'édifice s'appelât toujours l'hôtel Contades. Un soir effectivement, il y a dix ans, et bien qu'un drapeau tricolore flottât déjà, depuis dix ans, au seuil de cette gentilhommière, on y dansa, par extraordinaire, comme la veille de l'émigration, vers la fin du siècle dernier. Aussi bien ce magnifique bal par souscription, qui rapporta 30,000 fr. aux pauvres, était l'un des plus beaux de tout un règne qui allait, lui aussi, le lendemain, finir en exil. Le doyen des maréchaux de France, de 1789 à 1793, était le marquis de Contades, né en 1704, fils d'un lieutenant-général ; le tribunal de la Connétablie se tenait chez lui, rue d'Anjou. Ses deux petits-fils ont servi dans l'armée de Condé ; l'un d'eux est mort en 1833, à Angers, maréchal-de-camp, pair de France.

Entre la rue de Suresnes et celle de la Ville-l'Évêque étaient les d'Esclignac, dans un hôtel appartenant aux d'Espagnac, qui s'étaient réservé le petit hôtel y attenant, rue de la Ville-l'Évêque. Rien n'y est changé à l'extérieur depuis le règne de Louis XVI. Le duc d'Esclignac, dont le père avait épousé une princesse légitime de Saxe, était par cette alliance cousin-germain des rois Louis XVI, Louis XVIII et Charles X, tous trois fils d'une dauphine de France, née princesse de Saxe. En 1818, l'avénement du ministère Decazes devait être signalé par la promotion d'une fournée de pairs de France appartenant au parti libéral, et dont faisaient partie MM. Lanjuinais, Boissy-d'Anglas et Fabre, anciens représentants du peuple. — Je signe votre liste, dit Louis XVIII au nouveau gérant responsable du pouvoir aux termes de la Charte; seulement j'y mets une condition, c'est que le nom de mon cousin d'Esclignac figure au-dessus du seing royal..... Tout semblait assurer alors une vie heureuse à la grande dame épouse du nouveau pair : elle avait la beauté, la considération, une bonne santé tout à fait plebéienne, avec des parents rois et princes, et 500,000 livres de rente. Mais voyez quel revers avait cette médaille si richement et si bien frappée! La duchesse d'Esclignac, depuis que les journaux avaient un peu agrandi leur format, ne pouvait plus en lire un seul sans y rencontrer le récit d'un événement fréquent alors qui défrayait la rédaction, et on accusait même le *Constitutionnel* de tirer le même sinistre à plusieurs exemplaires sur la foi de correspondants imaginaires ; la duchesse, puisqu'il faut tout dire, avait peur des serpents de mer, et plus encore peur des chiens enragés. Elle n'avait pas tardé, dans sa frayeur, quotidienne comme les grands journaux, à se défaire de tout le personnel de la meute du duc son mari, réduit à suivre, les jours de chasse, les chiens de Monsieur, comte d'Artois. Par malheur on ne lui cacha pas que les chats eux-mêmes avaient à redouter les atteintes de l'hydrophobie : défense aux femmes de chambre de Mme la duchesse de conserver près d'elles le plus soyeux, le plus petit des angoras. Les puces aussi, ajoutèrent des savants, et Mme d'Esclignac eut enfin une raison plausible pour ne plus recevoir dans ses salons un seul député libéral.

Aussi bien l'hôtel d'Esclignac avait et a encore pour vis-à-vis l'hôtel de Rivière, dont on vante la distribution à l'intérieur, et surtout une salle à manger en stuc blanc, toute récente, qu'on dit un chef-d'œuvre. Il y a encore plusieurs membres de la famille Rivière, rue d'Anjou, mais plus haut. Dans tous les cas, Mercier de la Rivière, économiste bien famé, a séjourné dans l'une ou l'autre maison. Ce conseiller au parlement, échappé par bonheur aux proscriptions, mourut en 94, dans un âge avancé. Comme il avait dû faire un Code pour les Russes, Grimm et l'abbé Galiani, dans son intimité, l'appelaient Solon.

Passez la rue de la Ville-l'Évêque, vous trouvez, n° 33, une maison de qualité, s'il m'est permis d'emprunter son langage au siècle qui l'a vu bâtir. La maréchale Maison, née Allemande, et dont la villa, pour l'été, se trouvait à Aix-la-Chapelle, a occupé cet hôtel, ainsi que la duchesse de Rozan, et en dernier lieu le général Ventura. Le 35 a été construit pour Mme de Malesherbes, et habité plus tard par Mme la comtesse de Straffort. Si vous laissiez une carte de visite à la porte d'après, elle serait à l'adresse de Mme Kisséleff, baronne, si ce n'est princesse, qui rend diplomatiques les salons qu'elle fréquente, et qui ne demeure en effet pas trop loin de Mme la princesse de Liéven. Mme la princesse de Belgioioso y demeurait avant. Le 36, le 38 sont également du siècle précédent, et appartiennent à la reine douairière de Suède, pour la réception de laquelle tout est prêt constamment, mais qui, depuis trente ans, remet toujours son voyage à l'année suivante. M. le comte de Clary, sénateur et cousin de l'empereur, est mort dernièrement dans cette ancienne demeure de Bernadotte.

Toutes ces maisons sont historiques ; si par hasard l'histoire n'y entrait pas absolument, des mémoires en sortaient, authentiques ou apocryphes. La veuve du lieutenant-général marquis de Créqui avait rue d'Anjou cet hôtel, que le prince de Talleyrand acquit ensuite, et qu'habite actuellement encore un Talleyrand. Le duc d'Alberg, prince allemand, sénateur français, membre du gouvernement provisoire en 1814, y a également demeuré après Mme de Créqui. Comme la marquise a vécu plus de cent ans, qu'elle a aimé les lettres et légué en mourant une bibliothèque considérable à MM. l'abbé Ricard et Pougens, on n'a pas manqué de publier ses prétendus mémoires après sa mort. Le fait est que Louis XIV et Mme de Maintenon avaient aimé le maréchal de Tessé, père de la marquise, et au contrat de mariage de laquelle ils avaient signé. On n'en vendit que mieux, pendant l'émigration, l'hôtel et tous les biens de la vieille marquise de Créqui, excepté cependant des bois, rapportant 25,000 livres, que l'Etat conserva. Joséphine parla un jour de ces bois au premier consul, en lui apprenant que la noble centenaire venait de rentrer à Paris avec 1,200 pauvres livres de rente. Napoléon autorisa alors Joséphine à lui présenter Mme de Créqui. Celle-ci ne craignit pas de lui dire tout net, aux Tuileries : — « J'ai été présentée céans à plusieurs reines, avant de l'être à Marie-Antoinette, mais je ne me doutais pas que sa cour dût être la dernière cour. — Madame, répondit le premier consul, visiblement piqué de cette franchise, si vous avez connu Louis XIV, le régent, Louis XV et Louis XVI, c'est flatteur, c'est fort honorable. Et Cartouche ? il est impossible que vous ne l'ayez pas connu... » Le rouge monta alors, par extraordinaire, au visage de la centenaire, qui à son tour était piquée au vif. Après cette escarmouche, qui les laissait quittes l'un envers l'autre, Napoléon fit rendre à la marquise ses forêts.

Dans une autre circonstance, avant de passer à l'étranger, Mme de Créqui avait montré une superbe qui eût pu lui coûter la vie. Ses cuisines avaient eu pour chef le frère de sa femme de chambre, laquelle avait eu une fille. Cette fille, qui, dès l'enfance, promettait d'avoir de l'esprit, et tint parole, plut à Roland, jeune avocat, qui l'épousa. Mme de Créqui de s'écrier tout aussitôt : — Voilà un avocat qui laisse tomber son bonnet dans la lèche-frite... A la Révolution, l'avocat se fit journaliste libéral, sans attaquer le roi, qui le nomma garde des sceaux. C'est ainsi qu'une femme de mérite, fille d'une camériste, alla demeurer place Vendôme, en ajoutant au nom de son mari celui de la Plâtière. Une fois chancelière de France, Pauline imagina de rendre visite à la marquise, qui avait l'habitude de recevoir son monde étendue sur un canapé. Mme Roland s'assit au pied de la dormeuse de la doyenne des femmes de qualité, qui lui dit tout à coup : — « Pauline, sonnez votre mère, j'ai besoin d'elle... » Mme de Créqui donna ainsi à la noblesse française une ennemie, qui pourtant hésita à se déclarer, et qui plus tard mourut en hostie expiatoire pour un parti déchu, qui la regardait presque comme une servante infidèle.

Ensuite vient l'hôtel de Monville. Le baron Boissel de

Monville, né à Paris en 1763, mais d'origine normande, fut conseiller au parlement à vingt-deux ans, et ce jeune magistrat, ami du duc d'Orléans, ne tarda pas à résister à l'autorité royale. Philippe-Egalité, en mars 93, vint prendre le baron dans un cabriolet, et ils s'en furent dîner aux Folies de Chartres. Il y avait sur la table une sole frite, que le prince arrosait de citron, avec lenteur et distraction, car il était préoccupé de l'ingratitude populaire, épée suspendue sur sa tête. — « Laissons ce poisson, mon cher prince, disait Monville; ce n'est bon que chaud, levons-nous de table... » Mais le duc d'Orléans persista à goûter la sole, ce qui laissa le temps à ses ennemis du moment de le faire arrêter, au dessert. Le baron seul parvint à prendre la fuite ; il se réfugia à Fontenay, où il vécut, sous la Terreur, de l'état d'ingénieur-mécanicien. Décoré en 1810, comme officier de la garde nationale, il finit par être pair de France, sans trop sortir, comme homme politique, du camp de l'indécision. Son nom se rattache aussi à la Société des prisons, qu'il a eu l'honneur de fonder.

Numéro 43, hôtel d'Aligre. Il a appartenu à Mme des Bourdons, mère de Mme de Bourzac, femme d'un émigré fanatique dont l'opinion se résumait ainsi : « Le peuple a tué Louis XVI, tuons donc le peuple. » Vers 1810, le marquis d'Aligre se rendit acquéreur de son hôtel, dont il fit un palais. On n'ignore pas que ce financier peu regrettable ne dépensait que le revenu de son revenu et capitalisait le reste ; outre tous ses hôtels, il avait bien des terres, et notamment la moitié de la Beauce. Grand désespoir de penser qu'après lui cette fortune-là serait divisée : il avait une fille pourvue de quatre filles. Il eût également voulu, sous la Restauration, pour l'honneur du nom de ses ancêtres, qui avaient marqué dans la robe, que ses enfants n'en eussent pas porté d'autres que celles de la magistrature ; mais vains regrets ! et de guerre lasse, il s'adressa à Louis XVIII pour être autorisé à créer certain majorat conditionnel, au profit de son petit-fils, encore à naître, à la charge, pour ce petit-fils, de s'appeler, par ordonnance royale, d'Aligre-Pommereux et non Pommereux tout court. Il ambitionnait d'être le père du fils d'un autre, en le baptisant d'avance ; le roi ne l'écouta que d'une oreille. Pressé de répondre, Louis XVIII préféra changer le tour de la conversation, en parlant de Chartres, où le marquis avait de riches propriétés et qui avait besoin d'un hôpital. — « Et mon majorat, sire ? disait d'Aligre chaque fois qu'il obtenait une audience de Sa Majesté ! — Et l'hospice de Chartres ? » lui objectait le roi... Le marquis se décida enfin à fonder douze lits pour l'hospice, et il obtint de même une partie de ce qu'il demandait.

Nous n'y suffirions pas s'il fallait raconter toutes ses d'aligreries. Il songeait toujours à la mort, car il modifia quatre-vingts fois ses volontés testamentaires, et il ne quittait pas les médecins, ces avant-coureurs de l'ouverture des testaments. Il n'allait au spectacle qu'accompagné de deux jeunes disciples d'Esculape, l'un tenant pour Galien et l'autre pour Hippocrate, ce qui faisait du dernier d'Aligre un personnage des intermèdes de Molière. Il mourut enfin rue d'Anjou, et, le testament ouvert par M. Debelleyme, renvoyé chez Me Delaloge, commençait par ces mots, types de tendresse paternelle : « Je retire à mes héritiers naturels tout ce que la loi me permet de leur ôter, et je lègue... » Il léguait trois millions à des hôpitaux, à des pauvres et à ses maîtresses, et bien des procès aux avoués. Sa vie n'avait été qu'un testament, divisé en quinze lustres. On a vendu une partie de ses biens, mais la liquidation de sa succession ayant toute l'importance d'une liste civile, il y a encore un homme d'affaires qui habite seul le domicile mortuaire.

La marquise de Nicolaï, femme elle-même de beaucoup d'esprit, avait l'hôtel placé en face de celui de Créqui. Bien avant la révolution littéraire de 1830, elle aimait la vieille poésie de Ronsard et de Dubartas, autant que celle de Malherbe. L'ambassade de Hollande succéda à Mme de Nicolaï et ouvrit là une chapelle protestante. Le fameux général Moreau acheta la propriété un peu avant d'être exilé. Mme de Staël, dit-on, donna le conseil à l'empereur Alexandre de consulter Moreau, qui déclara la France vulnérable seulement par la Suisse, et mourut en 1813, après avoir ainsi facilité la rentrée des Bourbons à la suite des armées alliées. La générale Moreau fut en effet traitée comme maréchale par Louis XVIII.

Puis, c'est l'hôtel de Mme de Peyre, fille de Mme Pater, une des plus jolies femmes du règne de Louis XV. Cette dernière s'était mariée trois fois; elle avait eu trois filles remarquables par la beauté; Mme de Peyre se trouvait réellement le Régent de cet écrin splendide.

Le 42 fut le séjour des Baufremont, mais la propriété du président d'Aligre, époux d'une descendante d'Omer Talon. Ce magistrat céda pour 100,000 livres la jouissance viagère de l'hôtel à la princesse de Baufremont. Mme de Boissy, femme de l'ancien pair et sœur du dernier des d'Aligre, hérita de l'immeuble. Les chiffres de la princesse T. B. étaient encore sur la porte il y a peu d'années. Après cet hôtel principal, il y avait son annexe achetée plus tard par M. de Boissy, qui en fit supprimer la porte. Sous ce toit est né un auteur, M. le comte de Saint-Geniès, qui a fait jouer des pièces sous la Restauration, publié divers livres et écrit dans le *Figaro*. Mme de Saint-Geniès, sa mère, recevait la bonne compagnie et était liée avec Mme de Nicolaï. C'était d'ailleurs une maison d'artistes, avant la première République : Dufrénoy et sa femme, musiciens attachés à la maison d'Orléans; d'Hancarville, graveur; Schmesca, basse; Eckard, dessinateur et musicien, en faisaient une académie assez brillante.

Pour remettre à leur place les notables familles d'un

siècle qui n'est plus, rue d'Anjou, il faut citer aussi l'hôtel de M. de la Belinaye, qui émigra en laissant dans ses caves une quantité d'argenterie. Sur la dénonciation du suisse, tout le trésor fut confisqué par le comité révolutionnaire. Le député Quinette et M. Wesweler, consul de Portugal, ont habité cette maison, habilement restaurée par MM. Brouty et Duvert, architectes. M. de Tracy, ancien ministre, est chez soi, une porte plus loin; les Bouville, émigrés, y avaient précédé son père, le savant Destutt de Tracy.

Et à présent, c'est le tour de l'hôtel de Meun, qui va nous parler d'Helvétius. Fermier-général à vingt-trois ans, il se démit de sa place, valant 100,000 écus de rente, pour se marier avec la nièce de Mme de Graffigny, et puis pour faire de l'esprit sur l'*Esprit*. Helvétius ne logea rue Sainte-Anne qu'une partie de sa vie; le reste s'écoula rue d'Anjou et dans sa terre de Voré, dans le Perche. Il avait à la cour la charge de maître d'hôtel, lorsqu'il écrivit sur l'*Esprit*, et ce livre méritait bien que la Révolution décernât des apothéoses à son auteur; on y lisait mille choses comme celle-ci : « Tout devient légitime et même vertueux pour le salut public. » Il était un des familiers du salon de Mme Geoffrin, un rendez-vous de beaux-esprits. Il faisait une pension de 3,000 livres à Saurin, une de 2,000 à Marivaux et la guerre aux Jésuites, dont il était l'ancien élève, et qui finirent, du reste, par obtenir la rétractation de ses attaques contre la religion. Tirant l'épée comme Saint-Georges, il dansait comme Javillier de l'Opéra, qu'une fois même il remplaça. Enfin il payait de mine au point que la Gaussin, au foyer de la Comédie, refusa d'un autre financier 600 beaux louis, en promettant de lui en donner 200 lorsqu'il ressemblerait à Helvétius. Son hôtel de la rue d'Anjou passa à la comtesse de Meun, l'une de ses filles, mère d'un pair de France, puis à Mmes de Seygnelay et de Béthune. L'autre fille d'Helvétius devint Mme d'Andlaw. Mais ce philosophe opulent était mor d'une goutte rentrée en 1771, laissant dans la douleur sa veuve, qui se retira à Auteuil, où Turgot et Francklin voulurent l'épouser, où le général Bonaparte préluda, assure-t-on par la conquête de son cœur à des victoires immortelles sur un théâtre différent.

Que si nous tenons à être complet, n'oublions pas l'hôtel de Mme de Lavoisier, plus tard Mme de Rumfort, et née Mlle de Chazelles. L'illustre savant Lavoisier était aussi un fermier-général qui ne laissa pas de fortune; cette circonstance ne fait-elle pas son éloge? Au n° 74 est maintenant la légation de Suède et de Norwège; M. de Loewenhielm, qui fut embassadeur de Suède pendant près de 40 ans, ne put se décider à mourir ailleurs qu'à Paris, après l'expiration de son mandat.

QUAI D'ANJOU.
Hôtels Lambert, Marigny, Lausun, etc.

Le quai d'Anjou et d'Alençon est sous l'invocation des princes Valois, fils du roi Henri II. On n'y comptait absolument que 20 maisons il y a un siècle et demi, et pourtant il avait la même longueur que de nos jours; il allait de la pointe de l'île Saint-Louis à la barrière des huissiers-priseurs et sergents à verge, qui dépendait du grand Châtelet et qui était posée sur le pont, près du quai d'Anjou.

L'hôtel Lambert est toujours son point de départ, et qui ne connaît pas cette résidence du prince Czarstoriski? Les uns ont lu le livre d'Eugène Sue qui a pour titre l'*Hôtel Lambert;* les autres ont dansé chez la princesse Czartoriska, au profit de la cause de l'émigration polonaise, dont le prince est le noble chef; les dames enfin, qui aiment les bains froids, n'ont rien eu de caché pour la pointe de l'île, où a jeté l'ancre un établissement particulier qui s'est appelé *Bains de l'hôtel Lambert*. Toutefois, peu de personnes savent quel fut le Lambert fondateur de l'hôtel de l'île Saint-Louis, et on pense d'abord au chanteur Lambert, contemporain de Boileau.

Or, l'ancien châtelain de cette partie de l'île est messire Lambert de Torigny, un président. L'hôtel a été élevé sur les dessins de Levau, architecte, qui a commencé l'église de l'île Saint-Louis. Il n'y a sur le quai, à proprement parler, que des fenêtres et une terrasse, d'où la vue se projette sur les deux bras de la Seine tenant embrassée l'île Louviers, où les gentilshommes d'autrefois venaient vider leurs querelles à main armée. La porte est rue Saint-Louis-en-l'Ile; au fond de la cour, un escalier à deux rampes se bifurque; au milieu, le célèbre Lesueur a peint en grisaille un fleuve et une naïade; au-dessus s'élève un attique avec pilastres ioniques supportant un fronton sculpté. On doit également à Lesueur les ornements d'un cabinet de bains merveilleusement historié, situé en haut de la maison, et d'une vaste antichambre ovale; mais le temps a encore mieux respecté la magnifique galerie dont Lebrun, son rival, a été le décorateur. Il y avait à l'hôtel Lambert d'autres ouvrages de Lesueur, ainsi un *Apollon écoutant les plaintes de Phaéton*, qui figure actuellement au Luxembourg, et les *neuf Muses*, qu'on retrouve au musée du Louvre. On cite encore une toile du Bassan, représentant l'*Enlèvement des Sabines*, des paysages de Patel et d'Hermans, des tableaux de Romanelli et de François du Perrier, des sculptures de Van-Ostad, comme ayant vu le jour chez le président Torigny.

Le fermier-général Dupin et le marquis du Châtelet-Laumont ont succédé au président, puis le fermier-général Delahaye, à la mort duquel ont été vendues une partie des œuvres d'art. M. de Montalivet, ministre de l'intérieur sous le premier Empire, a acheté la propriété, qui a été ensuite un dépôt des lits militaires. En mai 1842, l'ancien hôtel a été mis en vente; la Ville en a offert 175,000 fr., dans l'intention d'y transporter sa bibliothèque; la princesse Czartoriska a surenchéri de 5,000 fr., et une restauration complète a signalé sa prise de possession.

Numéro 5 est le petit hôtel de Marigny, qui n'est pas sans nous rappeler un personnage du drame de la Tour de Nesle, vivant au temps de Marguerite de Bourgogne. Mais le marquis Poisson de Marigny, frère de Mme de Pompadour, protecteur généreux des arts, a été nommé surintendant des bâtiments du roi Louis XV, vers 1760, qui très-probablement a vendu ou légué cet hôtel au chevalier Lepeultre, comte de Chemillé. Ce dernier, dont les affaires n'étaient pas des meilleures, est parti pour l'île de France, en laissant la comtesse, sa femme et fille de la comtesse de Choiseul, aux prises avec un créancier, sieur de Siry, marquis de Vignolles, seigneur de Saint-Eugène, et pourvu d'autres titres encore, notamment d'un titre régulier pour faire vendre l'hôtel Marigny, le 3 juillet 1779. Léonard Fray de Fournier, maître en chirurgie, et Louis Pincot, ancien officier de la chambre du roi, s'en sont rendus les adjudicataires. La famille de Pincot en est restée propriétaire jusqu'en 1843.

La boulangerie commune de la ville de Paris a un bureau n° 7, maison qui faisait partie autrefois de l'hôtel Lambert. Le 11 et le 13 ne sont pas moins anciens que presque tous les bâtiments du quai d'Anjou; ils offrent l'apparence, en outre, d'avoir été construits ensemble. Louis Lambert de Torigny, capitaine de cavalerie, et fils sans doute du président Lambert, a vendu le n° 13 à Fougeroux, écuyer, conseiller-secrétaire du roi, « maison, couronne de France et de ses finances, » trésorier général et payeur des rentes de l'Hôtel-de-Ville. Un des fils de celui-ci, conseiller royal, grand-maître des eaux et forêts, en a traité avec Ledreux, greffier au parlement, dont la fille a vendu l'immeuble, en 1825, à M. Recusson de Borneville, ancien marchand de toiles, qui avait néanmoins des prétentions plus ou moins fondées au titre de comte. La petite-fille de M. de Borneville est actuellement propriétaire de cette maison, qu'habitent des artistes de mérite : MM. d'Aubigny, peintre, Geoffroy de Chaume, statuaire, Alfred Gérente, peintre sur verre, et Prévost, graveur. Les escaliers, les corridors sont ornés comme ceux d'un musée, et le fait est qu'ils mènent à des ateliers où se recrutent les musées.

Puis on lit au-dessus d'une porte, non loin d'un merveilleux balcon :

Hôtel de Lausun, 1657.

On entre dans une cour spacieuse, et on trouve cette autre inscription :

Hôtel de Pimodan.

La famille du marquis de Lavallée de Pimodan, originaire de Lorraine, a été de robe et d'épée. Un de ses membres habite près de Sainte-Valère, qui, avait épousé sous la Restauration la fille d'un pair de France. Depuis qu'il n'y a plus de Pimodan dans l'île Saint-Louis, autrefois île Notre-Dame, diverses notabilités ont pris leur place quai d'Anjou. Un recueil de nouvelles, qui porte le nom de cet hôtel, où il est né, nous rappelle que Roger de Beauvoir a essayé de vivre comme sous Louis XV, dans ce manoir du temps de Louis XIV, orné toujours à l'intérieur, quoique dans un goût plus moderne, comme pour recevoir l'époux secret de Mademoiselle, petite-fille de Henri IV.

Lausun n'avait que vingt-cinq ans, et il n'était que comte, lorsqu'il entra dans son hôtel tout neuf. Il avait trop d'esprit pour se piquer de littérature à une époque où les grands airs, les bonnes fortunes, l'ambition, la raillerie et la témérité n'allaient guère aux gens de lettres. Mais il était si bien fait, quoique petit, si beau joueur, quoique malheureux au pharaon, et si opiniâtre, quoique blond, qu'il devait arriver à tout, sauf à passer par la citadelle de Pignerol. Brillant colonel de dragons, il fut pris dans la société de la comtesse de Soissons, par le roi, qui bientôt n'eut pas de favori plus influent. Mme de Montespan et Louvois l'empêchèrent, il est vrai, en se liguant, de traiter sur le pied de couronne à couronne, avec la famille de ce roi, qui passait tant pour absolu. Le tome II du duc de

Lausun, c'est-à-dire sa rentrée en grâce sous les auspices du roi Jacques, le ramena quai d'Anjou, et il y épousa M{}^{lle} de Durfort, fille du maréchal de Lorges, après la mort de M{}^{lle} de Montpensier. Seulement, dans les dernières années de sa vie, il demeurait près du couvent des Petits-Augustins ; il y mourut nonagénaire, le 19 novembre 1723.

Quant aux maisons 23 et 25, qui ont quatre puits, elles étaient jadis divisées en quatre petits hôtels et sont bâties sur pilotis. Le n° 39, où se tient une école de filles, n'est pas le cadet de cette famille d'hôtels ; dans la cave est gravé le millésime de 1680. Le 35 a été édifié pour le carrossier de Louis XIV ; les 27, 29 et 31, patrimoine de M. Lelong de Dreneu, émigré, ont été vendus comme bien national, ainsi que plus d'un hôtel du quai d'Anjou.

RUE D'ANTIN,

N{}^{os} 1, 3, 5, 7, 9, 10.

La partie neuve de la rue d'Antin fut percée en 1840 sur des terrains de l'ancien hôtel Richelieu ; la rue Neuve-Saint-Augustin sépare le côté neuf de l'autre, qui fut ouvert l'année 1713. Louis-Antoine de Pardaillan de Gondrin, duc d'Antin, lieutenant-général, gouverneur de l'Alsace, surintendant des bâtiments de la couronne, naquit en 1665, mourut le 2 décembre 1736.

L'hôtel n° 10 est la propriété de M. Charles Potron, auteur de jolies comédies, qui la tient de ses parents; on y remarque un joli balcon, d'une serrurerie à l'avenant, dans la deuxième cour, ainsi qu'un escalier dont le caractère prouve qu'on y montait, le duc d'Antin vivant. Le comte Français de Nantes, un des hommes marquants du règne de Napoléon Ier, fondateur et directeur des droits réunis, a habité l'hôtel de 1827 à 1832; il y était visité souvent par le général Merlin, Joseph Droz, Tissot, Lebrun, Casimir Delavigne. La toque à plumes, le manteau de cour et le frac tout brodé de conseiller d'Etat allaient le mieux du monde au comte Français, dont le portrait en pied, peint par David, prouve qu'il ne se contentait pas de briller par ce qu'on acquiert. Vis-à-vis est le n° 9, qui fut construit en 1718 par Le Duc, architecte, moyennant le prix convenu de 60,000 livres, tout compris, pour Prévost, écuyer, sieur de Prévalon, argentier de la grande-vénerie du roi. Ce noble homme se maria deux fois; il eut pour héritier un gentilhomme de la chambre, ancien capitaine au régiment de Dampierre, sieur de Lavau, qui vendit la propriété à Nantouillet, comte de Marly-la-Ville; confisquée sur cet émigré, elle passa à M. Thion de la Chaume père, alors notaire, et il y a, au surplus, tout un demi-siècle que des panoncceaux de cuivre brillent à la porte.

Le 7, ainsi que la maison qui est derrière et qui donne sur la rue Louis-le-Grand, était l'hôtel d'Antin, à l'apogée du règne de Louis XIV. Propriétaire du château de

Petit-Bourg, ce courtisan faisait abattre des forêts avant même qu'on eût aperçu les bûcherons, pour que le roi eût plus belle vue. M. de Launay tient cette propriété, comme héritier testamentaire, de la sœur de M. Périer, qui l'acheta sous la Restauration : un printemps perpétuel est l'unique locataire de M. de Launay. Un fameux fabricant de fleurs artificielles, Constantin, a pris à bail l'ancien hôtel d'Antin, et c'est là que se renouvelle incessamment le miracle des roses, inauguré par une sainte, reine de Hongrie. Les conférences diplomatiques ne font rien sans que les fleurs, nées rue d'Antin, aient été consultées, et parfois effeuillées, sur le front ou sur la causeuse de maintes femmes politiques, par les rois, les ministres et les ambassadeurs de toute l'Europe. Du temps où Rome commandait, Cinéas portait dans les plis de sa robe la paix ou la guerre ; depuis que c'est Paris, toutes les jolies femmes ont hérité de la robe de Cinéas. Elle m'aime, un peu, beaucoup, passionnément ou pas du tout : on revient à ce jeu naïf dans les salons de l'aristocratie, tout comme dans les jardins de la vallée de Montmorency, à la seule exception que tout le sort du monde artificiel soit forcé d'en dépendre. On a donc eu raison, faut-il le dire? de publier, il y a trois ans, la biographie de Constantin et celle du prince de Metternich. Ce fleuriste est un Portugais, qui ne parle pas encore la langue du pays qui l'a francisé ; mais il sait le langage des fleurs, qui a cessé d'être un idiome exclusivement oriental. On trouve dans ses salons le *Portrait de la princesse de Penthièvre et de Philippe-Egalité enfant*, peint par Mignard, deux portraits dont l'auteur est Velasquez, et puis Molière et la duchesse de Chaune, sans compter les peintures vivantes qui viennent y choisir leur cadre.

Au demeurant, une partie des terrains de la rue avaient été le bien de Jean-Jacques Baillard des Combeaux, docteur en Sorbonne, prieur de Saint-Julien-Latour, et celui-ci avait vendu, en 1729, à l'architecte Gabriel, un des auteurs de l'Ecole militaire, de quoi faire bâtir le n° 5 de la rue. Le même propriétaire avait également possédé la partie mitoyenne de la rive droite de la rue Louis-le-Grand. La comtesse Vaufleury de Malter eut ensuite ce n° 5, puis mademoiselle Bidauld, puis le propriétaire actuel, et ce qui prouve qu'on y vit mieux, c'est qu'on chercherait en vain un autre possesseur de cet hôtel, qui ne fut jamais sans maître. M. le marquis de Mondragon avait le 1 et le 3, et le pourtour jusqu'au 6 de la rue Louis-le-Grand ; la Révolution fit tout vendre, excepté bon nombre de glaces qui restèrent au palais de Saint-Cloud, et l'hôtel principal dont on fit la mairie du second arrondissement, et qui fut restitué à M. de Mondragon en 1815 : la mairie n'y resta vingt ans de plus qu'en payant son loyer. Le n° 1, restauré dernièrement avec beaucoup de goût, ne porte plus du tout son âge.

Paris. — Imprimerie de Pommeret et Moreau, 17, quai des Augustins.

LIV. 3
LES ANCIENNES MAISONS

De l'avenue d'Antin et des rues de l'Arbalète, de l'Arbre-Sec, de l'Arcade,
d'Argenteuil, d'Arras-Saint-Victor et d'Astorg.

NOTICES FAISANT PARTIE DE L'OUVRAGE INTITULÉ :

LES ANCIENNES MAISONS DE PARIS SOUS NAPOLÉON III;

PAR M. LEFEUVE,

Monographies publiées par livraisons séparées en suivant l'ordre alphabétique des rues.

AVENUE D'ANTIN,

Le petit Moulin - Rouge.

Le duc d'Antin faisait planter en 1723, dans les Champs-Elysées, l'avenue qui porte son nom. Tous ceux qui ont connu les parages de l'allée des Veuves se rappellent qu'ils ne volaient pas leur détestable renommée. Il y a vingt ans encore, les réverbères y étaient rares, les femmes ne s'y hasardaient pas même en plein jour, et les hommes y couraient le soir plusieurs dangers : si quelque habitant de Chaillot revenait du spectacle par les Champs-Elysées, c'est qu'il avait sous son carrick deux pistolets chargés et amorcés. Le dimanche, néanmoins, il y avait plusieurs bals dans l'avenue d'Antin, et ces guinguettes, bien ou mal famées, étaient surtout la poésie d'un vilain monde, qui n'a pas cessé d'exister, mais dont les plaisirs aujourd'hui, pris en commun avec ceux du monde qui vaut mieux, ont le défaut de coûter plus cher à ceux-ci, qui paient pour ceux-là. Actuellement la dupe et le fripon, le ponte et le grec, l'amant payant, quelquefois plus suspect que son rival payé ; tous ces gens-là semblent d'accord et boivent dans le même verre, ont les mêmes goûts et les mêmes femmes en public, et se fondent si bien l'un dans l'autre, dans les centres de réunion, qu'ils créent pour une police décuplée un embarras nouveau, celui du choix. Le rond-point avait autrefois le bal de Flore, où florissait le militaire ; et l'avenue d'Antin avait le bal d'Isis, lieu plus champêtre où l'on s'occupait à traduire, à abréger, en la mettant en scène au son d'un orchestre glapissant, accompagné du choc des verres, une églogue de Virgile bien connue dans tous les colléges :

Formosum pastor Corydon ardebat Alexin.

Puis il y avait le bal des Nègres, où des quinze-vingts jouaient du violon ; celui d'Idalie, pour les bonnes, et d'autres assemblées dansantes dans des caves, car il fallait descendre une échelle pour y arriver. Celles-là, dit-on, étaient le repaire de gens qui, dans l'avenue, n'auraient pas hésité à demander la bourse ou la vie au ministre ou préfet de la police. C'était un lieu de franchise et d'asile, où le mouchard le mieux payé regrettait son ancien état et fraternisait de nouveau avec ces mêmes voleurs, qui ne craignaient d'être arrêtés qu'en plein jour et partout ailleurs. Le bal d'Isis était situé où se trouve le restaurant du *petit Moulin-Rouge* depuis bientôt vingt ans.

Bardout, restaurateur actuel, a pour ancêtres du côté maternel Amant, le créateur du *Moulin-Rouge*, qui existait avant à la place du jardin Mabille : le bail du patriarche de cette tribu d'échansons était signé par Mme de Pompadour. Tout est par conséquent de création moderne, avenue d'Antin, si ce n'est les arbres et l'établissement Bardout, où la piquette d'abord, puis le bourgogne et le champagne coulent à flots depuis un siècle. Le restaurant actuel est une petite maison à l'usage de tous ceux qui aiment la table, ou à table. Par malheur aujourd'hui les gens qui soupent ne vivent pas tous aussi vieux que le fondateur de l'avenue. C'est qu'on ne soupe plus tous les soirs, et que la division infinie de l'aisance, la multiplication des affaires qui y mènent, rendent la vie de ceux qui soupent de trois jours l'un, beaucoup plus courte qu'elle n'est bonne. Sur deux tables dressées sous la treille des brillants cabarets actuels, ou dans leurs cabinets particuliers, il y en a toujours une où l'on s'étourdit sur une perte, une appréhension, un regret, une chance, une déception, une trahison ou un remords, et dont la carte à payer n'est que l'escompte. La plupart des dîners y sont commandés et payés de fort bonne grâce, mais par des gens qu'ils privent de quelque chose, ou que leur ivresse précède au lieu de suivre. J'ai vu un dîneur solitaire assis devant une bouteille couchée dans son panier, et qui semblait ravi du vin de Chambertin qu'il en faisait jaillir en la penchant; on admirait cet amateur encore jeune, mais dont l'enthousiasme promettait, et il parlait tout seul comme s'il eût fredonné la vieille chanson du chambertin. Tout à coup il pâlit, et ses lèvres s'injectent de sang : il venait de mordre la mousseline de son verre en s'écriant : — Mon père me vole ma part de la fortune de ma mère, et mon frère, qui calcule l'avenir, en est bien aise!

RUE DE L'ARBALÈTE,

N°s 11, 28, 29, 30, 32, 33, 35, 39, 39 bis et 44.

En face la rue des Postes est une pension de demoiselles dans un bâtiment où la rumeur publique dit qu'autrefois a demeuré un évêque, et qui paraît avoir été construit à la fin du XVIe siècle, époque où chaque maison particulière avait son enseigne, et où l'une d'elles fit nommer de l'Arbalète une rue qui jusque-là avait été dite des Sept-Voies, après n'avoir été à l'origine que le cul-de-sac des Patriarches. Nous avons consulté les souvenirs de Germelle, appariteur de l'École de pharmacie, qui habite là depuis 1811;

mais ce vétéran de la rue a perdu un peu la mémoire depuis qu'il a failli perdre la vie à deux reprises en juin 1848. Les insurgés vinrent à l'École pour qu'on leur fît de la poudre-coton, et l'ignorance ou plutôt le mauvais vouloir du bon Germelle les engagea à brûler l'édifice ; par bonheur cette menace n'eut pas le temps de se réaliser. Arrivèrent les soldats, qui avaient franchi des barricades et escaladé les murs du jardin. Germelle, pris pour un insurgé, fut sommé de livrer ses complices, et, malgré ses dénégations pleines de bonne foi, il resta un quart d'heure sous le canon d'un fusil chargé.

Près de l'École de pharmacie, il y a aussi une maison haute, à laquelle une statuette, dans une niche, valait le nom de *l'Image de la Vierge*. Le 29, plus haut en montant, fut bâti par l'ordre d'un prélat, qui y installa une jeune femme ; c'est encore une tradition, et qui nous fait songer au cardinal Dubois, à l'évêque d'Orléans et au cardinal de Rohan, qui ne se gênaient pas pour avoir des maîtresses avouées et à leurs gages, dans un temps où c'était n'en pas avoir que de n'en pas afficher plus d'une. Il y a des tilleuls dans l'avenue ; un assez joli jardin étale des fleurs, des fruits et du gazon au pied de la maison, dont les plafonds jadis étaient élevés, et où il reste vestige d'une chapelle, qui aujourd'hui est une double salle à manger. On y a dit la messe en cachette pendant la Révolution ; l'architecte Petit-Radel en a été le propriétaire en 1816. Quant à la dame qui, à l'époque de la fondation, avait donné des fêtes dans cette maison, illuminée la nuit et fréquentée par des gens qui dormaient le jour, elle a fini fort misérablement ; ses voisins l'ont vue vendre des allumettes sur un pont.

La porte du 33 est du règne de Louis XIV ; mais les titres de la propriété, jadis environnée de jardins magnifiques, remontent au XIIIe siècle ; c'était la maison de campagne de la congrégation des Génovéfains. Le 35 a été bâti pour la comtesse de Bussy, avant la Révolution. Le 39 date aussi des Génovéfains, et on retrouve au 39 bis l'arcade d'une vieille porte, contemporaine de Charles VI. Là s'établirent des filles de Sainte-Agathe ou du Silence, puis un moment des dames de Port-Royal. Les sœurs de la Croix y tiennent aujourd'hui une maison de refuge pour les bonnes sans place, qui a été dirigée avant elles par la sœur Géré.

La sœur Géré a quitté la maison des bonnes, en conservant la haute main sur un autre établissement, où des domestiques mâles sont abrités et nourris à peu de frais. Le siége en est rue des Anglaises, n° 3, rue dont le nom rappelle un ancien monastère où des Anglaises priaient en vain pour que la religion de Marie Stuard devînt celle des successeurs d'Elisabeth. De plus, l'ancienne boulangerie du couvent de la Providence, édifice carré quelque peu vermoulu, comme tout ce qui le touche, est affecté au logement des vieux serviteurs à la retraite. A côté de cette boulangerie est une petite chapelle, encore debout avec son toit qui forme un angle aigu ; elle va reprendre, grâce à la sœur Géré, son antique destination, et pourtant les élèves du collége Rollin y jouaient la comédie il y a dix ans, exercice dont la tradition leur a été léguée par l'ancienne université de Paris. La chapelle principale des religieuses de la Providence est aujourd'hui une fabrique de coton ; dans cette église, saint Vincent de Paul a dit sa première messe. Près du couvent, en ce temps-là, était la ruelle des Marionnettes, coupe-gorge où les gardes-françaises dégaînaient pour le point d'honneur, au grand effroi des religieuses voisines, qui finirent par obtenir de Louis XVI la permission de s'arrondir de ce côté, en cloîtrant la ruelle aux coups de sabre. Le couvent fut vendu révolutionnairement à Laffon de Ladébat, membre du conseil des Cinq-Cents, républicain du parti de l'ordre qui fut déporté à Cayenne au 18 fructidor. Mais, avant son exil, Laffon avait vendu ces vastes bâtiments et jardins à Roussel, un des quatre directeurs du Trésor public. Mlle Roussel en hérita ; elle mourut comtesse de l'ordre de Sainte-Anne de Bavière et princesse, ayant épousé un an avant sa fin, à Rome, le prince Colonna di Chiarcia, parent du comte Colonna Waleski, ministre actuel des affaires étrangères. L'abbé Veyssières, légataire de la défunte, précéda à ce titre, comme propriétaire, M. Vaillant, au nom duquel se gèrent aussi d'autres immeubles, dans un bureau établi rue des Postes, le théâtre Saint-Marcel et le marché des Patriarches. Sous le règne de Louis XVIII, les dames du Sacré-Cœur occupèrent la façade des numéros 28, 30 et 32, avant d'aller rue de la Santé ; à présent, un des corps de l'ancienne maison conventuelle, qui avait obtenu une concession d'eau d'Arcueil, est une buanderie où se blanchit le linge de plusieurs colléges de Paris.

Une des plus intéressantes parmi les vieilles maisons de Paris est encore rue de l'Arbalète, au 44 ; située près de l'ex-rue des Marionnettes, elle dépendait aussi de l'ancien monastère, et sans doute comme logis de la supérieure. Un écu couronné est encore sur la porte, et ses trois fleurs de lys ne furent effacées qu'à la révolution de 1830 : celle de 89 s'était contentée de les masquer. Derrière cet hôtel était le cimetière du couvent, et c'est pourquoi, comme le laboureur de Virgile, les maçons trouvèrent des ossements il y a deux ans, en y jetant les bases d'un corps de bâtiment. Lorsque la supérieure bénédictine cessa d'y résider, on appela cette maison *la Cour de Saint-Benoît*, et quelques priviléges lui restèrent. Au-delà de cette porte, qui mérite d'être regardée comme un petit monument populaire de franchise, les artisans qui n'avaient pas de maîtrise travaillaient librement, sans que les jurés des métiers de Paris pussent les inquiéter en franchissant le seuil de cet asile.

RUE DE L'ARBRE-SEC,

Maisons Techener, Harel, Mahé, Marié, Carcel, Béry des Mousquetaires, du Cheval-Blanc, etc.

La rue de l'Arbre-Sec fut appelée quelquefois de l'Arbre-Sel, mais *vicus arboris siccæ* dès le XIIIe siècle. Son nom lui venait de l'enseigne d'une maison qui existait encore près l'église au temps de Sauval, l'ancien historiographe de Paris. M. l'évêque avait dans cette rue une grange et un four, entre le cloître Saint-Germain et le cul-de-sac de Court-Bâton ; on les appelait le Four-l'Evêque, et par corruption For-l'Evêque, dénomination postérieure d'une prison où, sous Louis XV, on enfermait les comédiens récalcitrants. La reine Brunehaut, à l'âge de quatre-vingts ans, fut tirée à quatre chevaux, au milieu de la rue de l'Arbre-Sec, sur une place qui resta ensuite un lieu patibulaire, de la juridiction épiscopale, jusqu'en 1636. La croix qui s'y dressait était dite du Trahoir, du Tiroir. Sous le règne de François Ier, en 1529, une fontaine s'ouvrit près de la croix. Des bouchers, des fruitiers, dans les temps ordinaires, faisaient leur commerce tout autour. Le voisinage du Louvre n'empêchait pas la place d'être un point de rassemblement les jours d'émotion populaire. Nous trouvons en effet qu'en l'année 1505, une sédition y avait éclaté à l'occasion de la mort d'une marchande, que le curé

de Saint-Germain-l'Auxerrois n'aurait pas voulu enterrer avant de savoir si elle avait légué quelque chose à l'église. On fait remonter aussi au règne de Charles VI un autre attroupement local, compliqué de rumeurs et de violences, à propos des contributions qui s'augmentaient. C'est pour cela sans doute qu'en 1536 on transporta la croix, la fontaine et la place à l'angle de la rue Saint-Honoré, où François Myron, prévôt des marchands, avait fait pratiquer, trente ans plus tôt, un réservoir des eaux d'Arcueil. Ce qui n'empêcha pas la Fronde de faire des siennes rue de l'Arbre-Sec, et ce fut là que le cardinal de Retz, menacé de la lance d'un rôtisseur en pleine barricade, eut la présence d'esprit de lui dire, quoiqu'il ne l'eût jamais connu :
— Ah! malheureux, si ton père te voyait.... Le rôtisseur le prit pour un ami de sa famille. L'an 1776, sous Loui XVI, il fut édifié, sur les dessins de Soufflot, le pavillon carré, flanqué de consoles à têtes marines, qu'on voit encore et qui fit un monument de la fontaine dont l'eau limpide n'avait plus à laver le sang des suppliciés.

Or, admirez, je vous en prie, l'obésité grossière, mais respectable, de la maison du marchand de vin, en face la fontaine de Soufflot : ce ventre de pierre rebondi a déjà digéré cent quarante ans au moins de construction. A deux pas de là est le n° 52, et remarquez son vieux balcon, chef-d'œuvre de serrurerie, dont le dessous est aussi un petit chef-d'œuvre de sculpture. La porte est haute, et deux grands berceaux de caves feraient encore distinguer sous terre, faute de mieux, l'ancien hôtel bâti pour le sommelier de Louis XV. Trudon, marchand de bougies du roi, qui vint après, habita ensuite la maison pendant quarante années ; mais sa fabrique était à Antony. Le 54 appartenait alors au même propriétaire, qui le donnait en location à des particuliers sans notabilité ; il a été revendu et rebâti il y a quinze ans. Trudon, par l'échevinage, après avoir quitté le commerce, arriva au titre d'écuyer. Dans ses anciens appartements demeure aujourd'hui M. Techener, libraire, collectionneur de livres curieux de tous les siècles, même du nôtre, et dont l'établissement a été fondé place du Louvre, en 1824, dans une maison actuellement démolie. Il n'est pas étonnant que ce libraire, artiste en bibliographie, n'ait pu cesser de vivre en face du palais des rois, qu'en se mettant en quête d'une maison à couleur historique, construite pour leurs fournisseurs.

En 1800, le sieur Harel, fabricant de fourneaux et de fours portatifs, qui a rendu de signalés services à la cuisine économique, a fondé également un établissement qui a gardé son nom au n° 50, bien qu'un autre fournier lui ait succédé. La porte d'à côté est surmontée d'une coquille à écusson ; la rampe de l'escalier principal de cette maison porte sur une remarquable balustrade, deux étages durant. C'est l'ancien hôtel Saint-Roman. Un M. de Saint-Roman a été page de S. M. Charles X ; un autre a figuré, comme pair de France, parmi les ultrà-royalistes. Mme de Saint-Roman, devenue veuve, a épousé en secondes noces un cousin, qui, pour la seconde fois, lui a donné le même nom; ses fils se sont défaits de la maison. N° 46, on trouve dans la cour, à la hauteur du second étage, un boulet de canon, avec cette date, *mars* 1814 : c'est une carte de visite qu'ont déposée là les alliés, de la hauteur des buttes Montmartre. Au 44, autre date : 1760. Tel est le titre de noblesse de Mahé, marchand de vin qui y réside; cette maison débite le même liquide, avec ténacité, depuis un siècle. Les frères Chériot, fabricants de tabac avant l'établissement du monopole, étaient au n° 51. Martin Saint-Martin, père de Mme Daigremont, conseiller à la table de marbre, habitait le 35 avant 1789, et cet immeuble est encore la propriété de M. Daigremont, un grand amateur de tableaux.

Passons la rue de Rivoli, nous trouverons au n° 22 un bâtiment dont la façade est réparée sur la rue de l'Arbre-Sec, et dont l'aile la plus ancienne se replie sur la rue Baillet. C'était jadis le domicile d'un étuviste; ses chambres à laver n'étaient pourvues que de baignoires en bois, avec un fond de bain en linge blanc pour les raffinés. Quant aux personnes qui payaient le moins cher, elles s'immergeaient tout simplement dans la moitié d'un vieux tonneau, consolidé avec des bûches pour éviter le retour du roulis, ou pour mieux dire du mouvement de tangage :

on était là comme dans un esquif de sauvage, mais il fallait s'y faire petit, comme la noix dans sa coquille. De plus, les étuvistes prenaient plaisir à couler un seul bain pour deux personnes, mari et femme, sans qu'on eût vérifié leur contrat de mariage à la porte ; on doublait le prix des deux bains en pareil cas, et il fallait moitié moins d'eau pour le seul qu'on eût à servir : c'était le plus clair du profit. Les Marié, qui sont tapissiers au même endroit depuis 1802 de père en fils, logent dans la ci-devant maison de bains. Au 18, le soleil se lève ; Carcel du moins, cet autre Phaéton, a voulu ravir au soleil de quoi faire luire sa lampe, dont la réputation va encore plus loin que celle des érudits qui pâlissent la nuit à sa lueur, et Carcel a ouvert son magasin là en 1801. Au 16, qui date aussi de loin, s'est installé, lors de la rentrée des Bourbons, un restaurateur, connu sous le nom de Courbec de tous les étudiants de son époque, et il alla dans d'autres parages, en laissant rue de l'Arbre-Sec le sieur Béry, qui y traite à prix fixe, ainsi que plusieurs de ses voisins, les avocats et les médecins sans robe, les poètes qui ne visent qu'au paletot, des employés et des solliciteurs, qui y retrouvent par bonheur bien des fonctionnaires disgraciés. L'impasse des Provençaux, qu'il ne faut pas confondre avec feu le cul-de-sac de Court-Bâton, paraît immédiatement après, et elle n'a pas volé cet air de vétusté qui fait reculer le soleil de cette intéressante fissure, où il est remplacé par une senteur stagnante de moisissure bien chère aux antiquaires. Cette impasse doit son nom à une enseigne qui, elle aussi, était encore visible en 1772. Un sieur Arnoul de Charonne y demeurait, dès l'an 1293 ; d'où il vient que, par extension, le cul-de-sac a été quelquefois appelé *d'Arnoul-le-Charron*. Les Charonne, au surplus, n'étaient pas rares dans la rue. Sur une troisième impasse, aujourd'hui supprimée, un Jean de Charonne avait pignon, et ce pignon devint un cabaret à l'enseigne de *la Petite-Bastille*.

L'autre côté de la rue, dans le voisinage de l'église, était en grande partie occupé par le cimetière qui y attenait. Il y a vingt ans, lorsqu'on a fait l'égout, n'a-t-on pas découvert des têtes de morts et des reliques? Néanmoins, le n° 3 était debout sous Henri IV, et c'est par tradition ressuscitée à propos d'un roman que cette maison ou celle d'en face se dit *l'hôtel des Mousquetaires*. Dans cette petite hôtellerie à balcon passent pour avoir couché autrement qu'à la nuit des mousquetaires du xvi° siècle ; on va jusqu'à prétendre que le comte Annibal de Coconas, gentilhomme piémontais, Boniface La Mole et d'Artagnan, du vivant de Catherine de Médicis, ont fréquenté notoirement ces parages. Alexandre Dumas se récrierait à juste titre si nous logions des hommes qui sont devenus ses héros dans la maison n° 5, qui n'a qu'un étage, qu'une fenêtre. Mais il se peut fort bien que le cruel comte de Coconas, qui n'a laissé sa tête en Grève que le 30 avril 1574, ait été arrêté au n° 19, lors de la mort de Charles IX. Saint-Germain-l'Auxerrois a été criblé de balles, pendant la nuit de la Saint-Barthélemy, et d'Artagnan ne pouvait pas être loin. Coconas, aussi bien, n'était-il pas l'amant de la duchesse de Nevers, qui résidait tout près?

A coup sûr, il subsiste un cheval en plâtre, au n° 19, enseigne posée en 1618. Ce cheval blanc était fort décemment moulé; mais les révolutions, si elles ne décapitent que les saints et les rois, en effigie ou autrement, ont ôté au coursier, contemporain de la Fronde, les jambes de devant et la queue. Il y a seulement dix ans qu'un badigeonneur auvergnat, que nous regrettons de laisser anonyme, a pris de la terre glaise à poignée pour restituer au cheval blanc grisonnant deux fois plus de queue et de train de devant qu'il n'en fallait : c'était au principal ajouter par trop d'intérêts ; l'intention n'en était que plus louable. Que dit-on? la maison elle-même est menacée de démolition ; sa profondeur peut faire que la mairie du 4e arrondissement, dont la translation place du Louvre est décidée, coupe à son tour à la maison le train de derrière et la queue, en expropriant jusqu'au cheval.

RUE DE L'ARCADE,

Hôtel Tournon. — Hôtel Soubise.

Le comte de Tournon, préfet sous Napoléon Ier, puis gouverneur de Rome et sénateur, était un de ces fonctionnaires, gens de qualité disposant d'une grande fortune, que l'empereur se plaisait à faire voyager, parce qu'ils représentaient le pouvoir avec distinction, en répandant l'aisance et en se rattachant à d'autres traditions précieuses sur quelque point qu'ils fussent dirigés. Rue de l'Arcade, 57, est mort M. de Tournon, dans les premières années du règne de Louis-Philippe. Mme la comtesse de Tournon, née Mlle de Pansemont, est demeurée en possession de cet hôtel de famille qui, autrefois, attenait à l'hôtel de Soyecourt. Mais n'abusons pas trop de l'occasion qui nous est présentée de vous parler des Soyecourt du moyen-âge : l'un a été tué à Crécy le 26 août 1346, et l'autre à la bataille d'Azincourt en 1415. Celui qui a été gouverneur de Clermont en Beauvoisis, capitaine de la ville de Compiègne et chambellan du roi, descendait de l'un et de l'autre preux, morts l'épée haute.

Le n° 22 est comparable à une femme parée pour le bal, qui, sous une jupe de gaz toute moderne, laisserait voir le damas de soie à grands ramages et à lames d'or d'une robe de gala héréditaire. L'édifice est princier malgré ses proportions peu étendues; le corps de bâtiment du fond de la cour présente quatre colonnes doriques surmontées d'un frontispice sculpté avec goût et vigueur. Entrez, vous voilà l'hôte de M. le marquis de Lubersac dont la famille, bien connue, est originaire de la Bretagne. Avant les Lubersac, les Castellane y séjournaient. En remontant encore, nous trouvons là le prince de Soubise pour qui l'hôtel fut édifié sous Louis XV. Nous n'ignorons cependant pas que Soubise, en l'année 1697, a acheté l'hôtel de Guise dont se compose en grande partie le palais actuel des Archives impériales. L'hôtel de la rue de l'Arcade restait au magnifique seigneur comme annexe et petite maison. C'est probablement là que furent inventées ces côtelettes à la purée d'oignons qui simplifient singulièrement le blason d'une maison illustre sur les cartes des restaurateurs. Mais une cerise porte bien le même nom qu'un Montmorency.

Charles de Rohan, prince de Soubise, né en 1715, fut maréchal de France et ministre d'Etat, sans rendre d'éclatants services comme capitaine, comme conseiller de la couronne. Mais où Louis XV eût-il trouvé un plus aimable courtisan? Sans cet opulent roué, entreteneur incessant de filles d'Opéra, le vaudeville historique serait resté impossible sur nos théâtres de genre, qui ne lui ont ménagé pourtant ni les couplets ni les situations bien ridicules; c'étaient de froids ouvrages, en général, que ces sortes de vaudevilles qui se ressentaient de la poudre à frimas toutefois l'esprit n'y manquait pas, et ils ont rapporté à leurs auteurs de quoi vivre, même après sa mort, aux dépens d'un fastueux et infatigable protecteur qu'avaient eu les gens de théâtre. Ses prodigalités, il est vrai, couvraient d'or plus de femmes que de manuscrits ; or, on croit volontiers en France que les bouchons chassés par le champagne élèvent le niveau de l'esprit, et il a abreuvé d'aï à petits traits, mais incessamment répétés, toute une génération de courtisanes qui faisaient boire de son vin à une génération de gens d'esprit, prompts à reprendre ailleurs l'initiative. Partout où a coulé le champagne à flots, baissez-vous : il y aura tout au moins un vaudeville à ramasser, si ce n'est un auteur, sous la table.

Le prince des vaudevilles poudrés, s'il revivait, serait assurément ravi d'apprendre qu'un de ses hôtels a le rang de palais et que l'autre se porte à merveille. Il était plus glorieux encore que voluptueux. Le mariage de sa fille avec un Condé, l'avait allié à la famille royale, et il prenait malgré les princes du sang, le titre de *très-haut et très-excellent prince* qui était de leur apanage. Le jésuite Georgel a établi, dans un mémoire, l'égalité de prérogatives des Soubise avec celles des ducs et pairs. La cour, d'ailleurs, a été divisée sur les prétentions du beau-père de M. de Condé. Mme de Pompadour, ayant fait le mariage, se rangeait du côté du prince. Ce qui n'empêcha pas Soubise, un peu plus tard, d'aller faire sa cour, un des premiers, à Mme Dubarry. En ce temps-là il était l'amant de la comtesse de Lhopital, qu'il engagea à recevoir chez elle, pour commencer, la nouvelle favorite. Bientôt il fut l'ami de ce mauvais sujet de Dubarry, frère de la comtesse, et il eut la faiblesse de marier une de ses parentes avec le petit vicomte Dubarry, son neveu. Cette parente était justement Mlle de Tournon, dont la famille habite la rue de l'Arcade.

Quand le médecin Bordeu eut fermé les yeux de Louis XV, le prince de Soubise fut le seul de ses favoris qui suivit le roi à Saint-Denis.

La rue qui nous occupe tire son nom moderne d'une espèce de pont reliant les deux jardins des religieuses de la Ville-l'Evêque. Elle conduisait la Guimard, dans les carrosses de Soubise, aux Porcherons, dont elle était assez voisine. On la prenait aussi pour se rendre au quartier dit de Pologne; c'est pourquoi, pendant plus d'un siècle, on l'a appelée rue de Pologne.

RUE D'ARGENTEUIL,

Le citoyen Mutius. — L'Agrafe avalée. — La maison de Perlet. — La Prison. — La Prévôté. — La maison des deux Corneille, etc.

N'aime-t-on pas mieux à monter qu'à descendre, dans les rues comme dans la vie? C'est le mauvais côté de la cinquantaine qui en est cause. Mais si les numéros commencent pour les rues du côté de la Seine, c'est l'autre sens que prennent bien des livres, qui ont pour domicile mortuaire le parapet des quais de Paris, comme pour montrer aux auteurs malheureux le chemin du désespoir qu en a conduit quelques-uns à se coucher, par assimilation, dans le même lit que la rivière. L'eau de nos ménages vient de la Seine, mais elle y retourne en tapinois, après avoir baptisé, lavé, abreuvé deux millions d'hommes altérés; là tout commence, même le baptême, et tout finit, jusqu'à la goutte suprême d'eau bénite de l'extrême-onction. Il ne s'en évapore qu'une partie aussi faible, aussi rare et réduite, que la gloire des écrits filtrée au fond des encriers, et elle va se confondre avec ce que les poètes appellent la part de Dieu, dans les nues d'où il sort quelquefois des tempêtes, ces ablutions du ciel. Le bas de la rue d'Argenteuil, bien qu'il soit le côté des plus gros numéros, est celui que nous choisissons pour entrer dans cet ancien chemin, toujours montueux, des vignerons et des moines d'Argenteuil. Jusqu'en 1667, le marché aux chevaux était situé entre les rues d'Argenteuil, des Moineaux et des Orties-Saint-Honoré; c'était l'embarcadère général de Paris, à une époque où, au lieu de prendre un chemin de fer, les voyageurs achetaient souvent une mule ou un cheval, qu'ils revendaient fourbu en revenant. Il y avait quarante maisons et onze lanternes, rue d'Argenteuil, au commencement du xviiie siècle.

Le n° 50 est un ancien hôtel, dans lequel un misérable, ancien valet de pied de Monsieur, comte de Provence, a eu son Parc-aux-Cerfs, en 1793; ce jacobin, vanté pour le civisme dont il faisait parade, n'était pas un de ces hommes voués à leurs risques et périls à la brusque régénération des lois, des idées et des mœurs; on ne peut plus voir en lui qu'un malfaiteur, qui n'avait pour excuse aucune représailles à exercer. Son nom était Martial, auquel il avait substitué celui de citoyen Mutius. Il se tenait à l'affût, le soir, dans la Galerie de Bois, dans le passage Feydeau, et il y volait des petites filles dont il dénonçait le père en toute hâte à la Commune de Paris, comme agent des complots liberticides. Au 48, autre hôtel, autres particularités. Un ci-devant baron, chevalier de Saint-Louis et ancien partenaire au jeu de l'ambassadeur d'Angleterre avant la guerre d'Amérique, y naviguait pourtant en apparence dans les eaux révolutionnaires; il portait une large cocarde et achetait des habits de rencontre pour afficher moins d'aristocratie. Un jour de fête, il dînait à midi, dans la rue, bien qu'il fît très-froid, sur une table dressée devant sa porte; et, comme c'était d'usage dans ces agapes populaires, il offrit un couvert à un lampiste qui passait, ainsi qu'à son voisin Mutius. L'agrafe de son collet était mal attachée, car elle tomba dans son assiette à soupe, et il eut beau tousser, tousseras-tu, un hoquet ne la fit entrer que plus avant dans son gosier, et de là dans son estomac déjà délabré quelque peu. Le lampiste et Mutius d'en rire, ce qui empêcha le baron de demander un vomitif: il garda tout ce qu'il avait pris. On s'aperçut seulement le lendemain que l'agrafe du collet, vendu par un marchand de vieux galons, était pleine de vert-de-gris. Le ci-devant chevalier de Saint-Louis était mort dans d'épouvantables spasmes, au petit jour.

Les 43 et 44 datent d'environ 1740. Le 36 fut bâti pour le serrurier de Louis XVI, et ce monarque lui-même fabriquait des serrures avec une sorte de passion. Le château des Tuileries n'était pas éloigné de l'hôtel de ce fournisseur dont le roi prenait les avis, et qui révéla, après le 10 août, le secret de l'armoire de fer contenant les papiers du souverain. Le 35 fut la propriété, pendant presque tout le siècle dernier, de la famille d'Hautefeuille; en ce temps-là, nous eussions trouvé le comte de Dufort, conseiller du roi, président en sa chambre des comptes, au n° 28, qui fut vendu à Fouet, marchand mercier, avant la République, et qui avait pour enseigne : *A la Grande-Barbe.* Le chiffre 25 fait reconnaître une habitation qui a été construite en grande partie avec des pierres provenant de la démolition de la Bastille. On y voyait encore de hautes bornes, il y a quinze années, qui avaient fait partie du même convoi de matériaux. L'acteur Perlet et son épouse, Virginie Tiercelin, auraient sans doute préféré que les débris du For-l'Évêque eussent servi à l'édification de cette maison, dont ils furent les possesseurs. Les comédiens devanciers de Perlet n'étaient jamais incarcérés dans l'aristocratique citadelle des hommes d'Etat et des écrivains qu'on craignait ; de telles pierres ne pouvaient lui rappeler qu'un donjon jeté bas avec retentissement par des gens qui, pas plus que lui, n'avaient eu à craindre d'entrer (ce qui les avait acharnés encore plus contre cette prison).

Par exemple, des comédiens furent parfois mis sous les verrous dans la rue d'Argenteuil elle-même. Le 19 n'était-il pas une succursale du For-l'Evêque, d'abord comme geôle de la juridiction épiscopale, et puis comme pénitencier disciplinaire des acteurs et actrices ayant manqué aux devoirs de leur état? C'est qu'alors on se fût bien gardé d'arrêter de la même manière, et d'emprisonner dans le même endroit, Béranger, l'archevêque de Pradt, Vidocq et Mlle Mars, si cette grande comédienne eût oublié un soir que son nom était sur l'affiche. Cette unité pénitentiaire, qui est de création moderne, n'a dégradé ni le poète, ni l'homme d'Etat, ni l'artiste; mais elle a élevé assurément le malfaiteur par profession, qui actuellement tient un peu des trois autres, et devient, à l'occasion, personnage à leur place et à leur détriment, captivant l'attention publique. De tels progrès philosophiques coûtent cher peut-être, mais ils sont des progrès quand même. Toujours est-il qu'il y a eu de véritables oubliettes dans la maison dont nous parlons; des anneaux solidement scellés dans six pieds de mur ont été retrouvés dans les caveaux, ainsi que des têtes de morts dans des basses-fosses, et quelques-uns de ces chefs avaient conservé leur chevelure jusqu'en 1847, bien qu'ils eussent pu appartenir à des contemporains, nobles ou vilains, de Catherine de Médicis.

Le 17 est l'ancien hôtel du prévôt de ladite prison; il a aussi ses deux berceaux de caves, qui autrefois faisaient corps, c'est sans doute, avec les cachots d'à côté. Provenchères de Villiers, premier valet de chambre de la garde-robe de Monsieur, en était le propriétaire avant 89, et l'habitait comme simple particulier. Dans un salon à trois croisées, il y a eu des peintures, et il reste des boiseries sculptées qui déposent en faveur de l'état de fortune de Provenchères de Villiers.

Pendant que de la prévôté on veillait sur des prisonniers qui quelquefois étaient voués à l'oubli total, il y avait néanmoins, comme un bon ange à côté du mauvais, un couvent de religieuses au n° 18, en face du 19, et les sœurs par des souterrains communiquaient aussi avec les oubliettes, comme pour y recueillir des plaintes, comme pour y adoucir des maux. Ce bâtiment remonte lui-même à six cents ans, bien que sa porte soit moins ancienne; elle offre sur le devant des têtes de clous d'une facture vigoureuse, dont les pointes sont recourbées comme des griffes à l'intérieur, où une croix est restée fixée. La boutique actuelle d'une crémière servait autrefois de parloir. Les numéros 16 et 14 de la même rue, le 13 et le 15 de la rue de l'Evêque ne faisaient qu'un jadis avec ce n° 18, qu'un autre souvenir a surtout rendu historique. C'est là qu'est mort Pierre Corneille. En 1824, une inscription a été mise aux frais de Louis-Philippe, alors duc d'Orléans, sur la façade, et la voici :

Le grand Corneille est mort
dans cette maison le 1er octobre 1684.

Dans la cour se répète cette légende au-dessus d'un buste de l'auteur dramatique, qui eût été salué assurément avec transport par tous les comédiens qui avaient eu huit jours ou un mois à passer dans la prison de vis-à-vis. Au-dessous de cette belle tête, de laquelle est sorti armé de pied en cap notre théâtre national, on lit encore :

Né a Rouen en 1606.
Le Cid en 1636.

Je ne dois qu'à moi seul toute ma renommée.

Voilà donc où a fini Corneille à soixante-dix-huit ans, doyen de l'Académie française, et qu'importent les reproches adressés par les réalistes de tous les temps à tous les portraits du grand homme ! Les mémoires de son époque disent, il est vrai, qu'il avait l'air d'un simple marchand de rouenneries ; nous ne l'en voyons pas moins, et Dieu merci ! la tête haute, au milieu de ces personnages qui, depuis leur mise à la scène, servent de modèles aux hommes politiques, aux plus braves et aux rois aussi. L'auteur du *Cid* laissait Thomas, son frère, qui depuis longtemps logeait au-dessus de lui, et les deux frères avaient épousé les deux sœurs, sans jamais partager les biens de famille. On se rappelle même que l'aîné des deux frères ouvrait souvent avec une tête de loup le judas qui donnait dans l'appartement du cadet, et qu'il lui criait : « Eh ! Thomas, passe-moi donc une rime en *ince*... » Pierre Corneille laissait aussi trois fils ; les deux aînés furent tués officiers de cavalerie, et le troisième obtint, comme prêtre, le bénéfice d'Aigue-Vive, près de Tours.

D'autres maisons suivent bien, qui ont la vétusté pour elles ; mais nul titre de notoriété ne les recommande. En voici une, n° 8, dont Louis XV aurait l'âge à peu près, s'il n'était pas mort, et nous y avons vu dans la cour une tête sculptée, qui nous a paru de noblesse. Nous nous trompions toutefois, car c'est une figure en bois, qui joue la pierre, grâce au badigeon ; faute de se trouver dans l'ali-

gnement, elle a quitté pour venir là un magasin de la rue
Saint-Denis, où le visage était couleur de chair et la barbe
toute argentée : un mercier l'avait pour enseigne. De la
maison n° 4 disposait le marquis de Maupas, père du sénateur ; il était attaché à la cour, Charles X régnant.

RUE D'ARRAS-SAINT-VICTOR,

Ancien collége d'Arras.

Tête-Christ ! par la Mort-Dieu ! n'est-ce pas le cas de revenir aux jurons les plus pittoresques du moyen-âge ?
Ventre-Saint-Gris ! serait déjà un anachronisme. Voilà une
rue montueuse qui date de Philippe-Auguste, comme
fossé si ce n'est comme rue, et dont plusieurs maisons
sont antérieures à celles du haut à main gauche, ancienne
caserne sous le bon roi Henri. Une bonne partie de la rue
est étayée pour la sûreté des passants. Le 25, le 27 et le
28 sont les aînées, dit-on, des reliques de pierre enchâssées
dans ce coin intéressant du vieux Paris. Un peu plus bas
le 13 et le 15 ont été une tuerie à l'usage des bouchers,
avant de servir de résidence à une communauté de filles de
la paroisse de Saint-Nicolas-du-Chardonnet qui tuaient
en elles le péché. Il y avait encore, vers 1825, une chapelle
grillée dans une cave, nos 9 et 11, et cette chapelle commu-

niquait avec les souterrains de la Pitié. Derrière ces édifices modestes qui sont plusieurs fois séculaires, apparaît encore à merveille l'enceinte de Philippe-Auguste, large rideau de pierres devenues rochers, et qui a pour embrasses des fleurs plantées par les voisins dans les fissures, des herbes grimpantes nées du temps. La rue d'Arras a été nommée d'abord rue des Murs à cause de ce voisinage, puis rue du Champ-Gaillard, à cause des gaillardises dont les clercs débauchés du xvie siècle la rendaient le théâtre. Au coin de la rue Traversine était le cimetière de Saint-Nicolas ; aussi, en 1825, trouva-t-on sous le sol assez de cadavres pour en remplir plusieurs tombereaux. Un maçon aperçut des boucles aux oreilles d'un mort, en un clin-d'œil il en orna les siennes.

Mais, avant de se jeter rue Saint-Victor, la rue d'Arras nous montre à gauche la vieille porte assez grandiose d'un hôtel refait sous Louis XVI pour servir à l'évêque d'Arras. Le pavillon attenant à cette porte n'a été, selon nous, que restauré pour le prélat ; nous avons vu des meubles, notamment un fort joli coffre à papiers de famille, qui ont été acquis avec l'immeuble depuis la rentrée des Bourbons, et ce coffre était certainement du style Louis XIII. Là siégeait bien l'ancien collégé d'Arras, dont les dépendances étaient bornées du côté du cimetière par une maison à l'image de saint Pierre, et du côté de la rue Saint-Victor par une autre maison dite *du Sauvage du roi*. Nicolas le

Canderlier, abbé de Saint-Waast d'Arras, l'avait fondé antérieurement à l'année 1332, en vue d'écoliers pauvres à choisir dans le diocèse d'Arras ; cet abbé avait ainsi appliqué à un usage recommandable ses propres économies et celles des personnes pieuses dont il était le mandataire et le dépositaire. Dans le principe, ce collége n'avait provision que pour les officiers chargés de le conduire et pour quatre, puis pour huit boursiers, touchant chacun 75 livres tournois.

Douze messes, qui devaient être dites le premier jour de chaque mois, furent fondées dans la chapelle de l'établissement, par Jean Waast, tout au commencement du XVIe siècle ; cette fondation reposait sur la grande île d'Asnières, plantée en saules et en osiers, qui avait quatre arpents, et qui, affermée jusqu'en 1760, rapportait 54 livres de rente. L'an 1751, une éclaircie fut pratiquée dans le feuillage des arbres de cette île, aujourd'hui réunion de guinguettes, par ordre du lieutenant de police d'Argenson, pour relier par la vue son domaine d'Asnières avec celui de son prédécesseur La Reynie. Le collége avait, outre cela, un petit fief en province et quelques prés à Clichy-la Garenne.

En 1580, Mathieu Gourdin est principal d'Arras, lorsqu'il s'élève une contestation au sujet des limites de la propriété de Paris, et ce n'est que le prélude de difficultés plus sérieuses. Les boursiers croient être propriétaires fonciers ; mais les abbé et religieux de Saint-Waast ne les considèrent que comme usufruitiers d'un bien appartenant à leur maison. Les guerres de religion ruinent le collége d'Arras, avant qu'on ait statué sur ces difficultés. La nation de Picardie, au nom de l'Université de Paris dont elle fait partie, somme bientôt, par lettre, les moines de Saint-Waast, qui appliquent à leur profit tous les revenus du collége, de pourvoir aux bourses vacantes. En effet, la maison est réparée en 1612 ; mais des prêtres anglais l'occupent gratuitement de 1613 à 1642, époque où les études reprennent leur cours, tant bien que mal.

Au reste, ce petit collége n'avait jamais été de plein exercice, et, en 1713, le recteur de l'Université s'aperçut de nouveau que les bourses scolastiques servaient encore d'appoint aux bénéfices monastiques; en vertu d'un arrêt du parlement, le recteur séquestra les biens et revenus de fondation. Ce nouvel interrègne classique dura environ quarante ans. Lorsque l'administration des petits colléges fut réunie à celle de Louis-le-Grand, en 1763, les revenus de celui d'Arras s'élevaient à 1,866 livres, et ils furent du double plusieurs années après.

RUE D'ASTORG,

Le colonel du Royal-Comtois.—Le marquis de Carabas.

Louis d'Astorg d'Aubarède, marquis de Roquépine, connu d'abord sous le nom de comte de Barbazan, entra, pourvu seulement du grade de cornette dans le régiment de Toulouse en 1785, et il n'acheta qu'ensuite le régiment de Nivernais; puis il fut colonel du Royal-Comtois en 1747. Quinze ans après, il était maréchal-de-camp et lieutenant-général. Son hôtel aujourd'hui est le séjour du général de Goyon, qui fait partie de la maison de l'Empereur; c'est le n° 31 de la rue d'Astorg, qui a été ouverte plus de vingt ans avant la fin du dernier siècle.

Le n° 14 est la sortie de l'hôtel du marquis d'Aligre, rue d'Anjou, et ce nom de d'Aligre, on le retrouve successivement dans un grand nombre de beaux hôtels; son ubiquité nous rappelle un des charmants contes de Perrault. A qui ces prés, ces bois, ces fermes, ces cours d'eau, ces villages et ces paysans, et ces châteaux? Au marquis de Carabas, toujours au marquis de Carabas.

Autrefois ce n'était qu'une rue à deux hôtels, mais sur leurs dépendances ont été construites d'autres maisons, notamment l'hôtel de Mouchy. Après 89, elle s'est continuée jusqu'à la rue de la Pépinière sous le nom de rue Maison-

Neuve, puis elle s'est prolongée au-delà, et elle y a pris la place d'un chemin montant; cette rampe conduisait à un lieu parfaitement infect où se jetaient encore les immondices il y a vingt ans, et où les chiffonniers s'abattaient, ainsi que les corbeaux, au grand chagrin des rats qui y vivaient grassement et y multipliaient pendant la nuit.

Sénateurs, députés, ambassadeurs et magistrats sont encore fort à l'aise dans l'ancienne rue proprement dite; c'est à peine si le commerce y touche, à peine si l'on y trouve, des voitures, de belles fleurs, soit à acheter, soit à louer et une pension de dames anglaises qui, peut-être, ont grandi sans changer de place, car c'était dans le principe un pensionnat de demoiselles. Le haut de la rue est, au contraire, le siège de grands établissements industriels, voisins de l'abattoir du Roule.

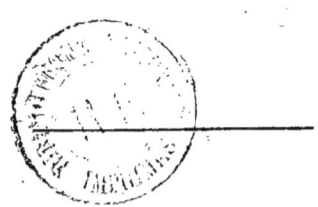

Paris. — Imprimerie de Pommeret et Moreau, 17, quai des Augustins.

Liv. 4

LES ANCIENNES MAISONS

Des rues Aubry-le-Boucher, Aumaire, Babille, de Babylone, du Bac, de Bagneux et Baillet.

NOTICES FAISANT PARTIE DE L'OUVRAGE INTITULÉ :

LES ANCIENNES MAISONS DE PARIS SOUS NAPOLÉON III,

PAR M. LEFEUVE,

Monographies publiées par livraisons séparées en suivant l'ordre alphabétique des rues.

RUE AUBRY-LE-BOUCHER,

Nos 2, 10.

L'enseigne actuelle du marchand de vin, à l'angle de la rue Saint-Martin, n'est pas nouvelle; c'est un chapeau de cardinal, dont la couleur seule se rapporte à la marchandise qu'on y vend : les canons de l'Église et ceux qu'on sert sur le comptoir ne sont équivalents que pour des chantres. Des cardinaux, par exemple, fussent entrés avec plus d'aisance dans le magasin d'étoffes auquel a succédé le commerce de vin en détail, et qui déjà s'était placé sous l'éminente invocation. Par un motif qu'expliquerait le séjour d'un trésorier royal, ou d'un changeur, ou d'un prêteur, la même maison s'appelait d'abord « des Monnoyes. » Au XVIIe siècle, Génard, conseiller du roi et quartinier de l'Hôtel-de-Ville, en était le propriétaire; Jean-Bart y jeta l'ancre également, à ce que publie la renommée, et le fait est que des insignes maritimes s'y faisaient remarquer naguère, qui pouvaient fort bien être le rémous de la navigation de l'illustre marin, dans ces parages de la grand'ville.

Le 10 est, lui aussi, une maison sur le retour. D'où venait-elle? de l'usure et de la galanterie à petite mesure. Une femme à tout le monde s'y retira, comme locataire, en 1739; elle s'appelait Glorieuse Famichon, et elle prêtait à la petite semaine aux nécessiteux du quartier les quelques milliers de livres qu'elle avait amassés par sols et par deniers, tout en demeurant rieuse et désintéressée pour se féaux seigneurs, les gens du guet. Glorieuse Famichon, une fois bourgeoise de Paris, faisait volontiers vendre à la criée les nippes des débiteurs qui payaient mal, après s'être elle-même habillée et déshabillée pour la plupart de ces mêm petites gens, qui d'une façon nouvelle étaient la proie patiente du même oiseau.

La rue Aubry-le-Boucher doit son nom au boucher Aubry, et sa fondation au siècle XIII. Dans un accord passé entre Philippe-le-Hardi et le chapitre de Saint-Méry, en 1273, elle est intitulée, *vicus Alberici Carnificis*.

RUE AUMAIRE.

Abbaye. — Le Presbytère. — Maisons Paulmier, Vittoz, Le Tellier, Derchen, Labarthe, etc.

Là où passe la rue Beaubourg se dressait naguère la
ɔûte Aumaire, milieu de la rue du même nom, et ce n'é-
iit qu'une des anciennes arcades de la plantureuse abbaye
e Saint-Martin-des-Champs, qui possédait nombre de bé-
éfices, de droits seigneuriaux et de terres dans le dépar-
ment actuel de Seine-et-Oise. Les jardins attenants au
ɔuvent émaillaient, égayaient, assainissaient ce quartier
ɔpuleux, d'où ils ont disparu avec les priviléges monas-
ques, mais où le génie moderne devait en quelque sorte
s rétablir. Les boulevarts et les places plantés d'arbres,
ɔuvellement créés ou à créer, succèdent en effet, sur presque
ıus les points, à des maisons entassées l'une sur l'autre,
ɪi avaient pris la place des cultures attachées à des hôtels
ı à des monastères. On aère la grande ville par réaction,
ɪtôt que par révolution. Les plans de Paris au moyen-
ʒe déposent en faveur de la sagesse primitive de nos pères,
ıisqu'on y revient à grands frais, sous peine d'étouffer
ɪe partie de l'espèce humaine qui a déjà perdu, depuis
ɪ'elle s'accumule sur les bords de la Seine, plusieurs pou-
ɜs de sa taille, la force de ses dents et la durée de sa che-
ɜlure. Il n'y a que les hommes de changés, il faut en con-
ɜnir ; les choses tiennent à tourner dans les mêmes

cercles, serait-ce par ironie ? Par exemple, au lieu de l'abbaye, on ne retrouve plus dans cette rue Bailly, dont l'existence date légalement de 1765, et réellement de 1780, qu'un grand nombre d'artisans, casés dans les cellules des moines. Les édifices conventuels y sont encore debout, sans se relier, et sur chaque palier quatre petites chambres, toutes pareilles, fidèles à leur fenêtre à coulisses, se présentent dans chaque escalier. Plus d'un barbon contemporain a pu voir la cour Saint-Martin, dénomination collective de la rue Bailly et des rues voisines ; plusieurs grilles faisaient alors du ci-devant monastère une cité ouvrière, toute semblable à celles que croit inventer notre époque de réminiscences. Sous la Révolution, on avait commencé par emprisonner là les banqueroutiers, comme pour les confier à la garde de la population laborieuse du quartier, qui figurait directement parmi les créanciers des marchands en déconfiture.

La rue Aumaire était déjà connue au xiiie siècle ; le maire de l'abbaye, portant aussi le titre de bailli, l'habitait, et de là son nom. Le maire donnait ses audiences dans une maison qui comptait, on peut le croire, parmi les 44 maisons qu'avait la rue en 1714, et qui sait même si elle a disparu ? Il est probable au moins que la démolition a épargné respectueusement trois boutiques plus obscures, dans lesquelles l'*Almanach des arts et métiers* de 1769 nous annonce un peu tard que Dardet, Hule et Michel donnaient à manger à raison de 8, de 6, et qui plus est de 4 sols. La rue Aumaire a gardé de bien vieilles maisons, à côté de celles qui ne sont que vieillottes. Le n° 50 lui-même, qui date de 1848, affecte par ses sculptures un aspect fort sénile, qui trompe l'œil d'autant mieux que l'air et la poussière des barricades, et peut-être aussi la fumée des poêles à frire du voisinage, l'ont noirci avant l'âge.

La petite place du Cloître-Saint-Nicolas se carre après le n° 50, devant l'église Saint-Nicolas-des-Champs, sur laquelle l'abbé Pascal a imprimé une notice historique. La porte carrée et sculptée du presbytère est d'une vétusté vénérable et irrécusable. Au-dessus d'une arcade, de la même taille que celles de l'ancien cloître, apparaît un cadran solaire avec cette inscription admirable par sa concision, et qui compare Saint-Nicolas au soleil, l'un réglant les heures, l'autre les mœurs :

> SOL MOMENTA
> NICOLAUS MORES
>
> 1666

Au rez-de-chaussée de cette petite maison, sous la bibliothèque de M. le curé, est maintenant une chapelle qui dépend de l'église. Son toit irrégulier lui donne à l'extérieur un aspect pittoresque ; à l'intérieur, les ornements des portes, et notamment de celle de l'ancienne salle d'audience presbytérale, qui est voisine de la chapelle, remontent à l'époque de la Renaissance.

Le 49 nous représente un ancien hôtel, qui est de robe, s'il a appartenu à quelque magistrat du temps passé, avant d'être restauré pour M. Paulmier : son toit tient un peu de la toque, et ses fenêtres des plis d'une toge. La maison d'après est notable par des paysages peints sur bois, qu'on doit attribuer à Watteau ou à Boucher, pour la plupart, et qui ornent aujourd'hui le magasin d'un grand commissionnaire en marchandises. Toutes les portes sont chargées d'une imposte ; les cheminées n'ont rien de moderne, premièrement parce qu'elles ne fument pas, et puis parce qu'elles portent le cachet du temps de Louis XV. Les balustres de l'escalier étaient en fer assez solide pour servir d'appui à plus d'un siècle, et assez riches pour conduire à l'appartement d'un grand seigneur. Une tête sculptée fait sentinelle au-dessus de la porte cochère, que les connaisseurs apprécient. La famille Vittoz possède depuis longtemps cet ancien hôtel, qui, dit-on, a été créé pour le fameux duc de Roquelaure ; mais d'autres attribuent sa fondation à la famille de Roncherolles. Autre escalier à rampe remarquable, dans un hôtel dont le chiffre est 40. Il y a à chaque étage, et surtout au premier, du côté de la cour, des arpions admirables. Cette résidence fut, sous l'ancien régime, celle d'un marchand de vins en gros. Le Tellier, ancien chapelier, en fit l'acquisition sous la première république. Le colonel Arnould, son gendre, vint après, et il était parent du célèbre général Daumesnil, dit la Jambe de bois.

D'autres vieilles maisons, serrées comme des capucins, mais qui ne sont pas de cartes, apparaissent aux navigateurs qui remontent le courant de la rue Aumaire jusqu'au n° 1, voisin du vieux passage de Rome, qui était autrefois un repaire de lazzarones. Cette maison encore très-solide a pour enseigne, depuis un temps immémorial : *Au roi de Sardaigne*. C'est depuis 150 ans qu'on y vend du vin. Dercheu, qui en débite de nos jours, et qui gère la maison, comme principal locataire, eut une barricade pour devanture pendant les journées de juin 1848, et les balles, non contentes de lui briser 70 vitres, servirent de foret à ses tonneaux, qui, une fois vides, tenaient lieu de civières aux cadavres. Il avait arraché un fusil tout fumant des mains d'un ouvrier, père de famille, son locataire ; lorsque la barricade fut prise d'assaut, ce fusil fut trouvé, et on le chargea pour ôter la vie à Dercheu. Une blanchisseuse et un sergent de la garde nationale le sauvèrent, en le reconnaissant plus mort que vif, et dans ces jours néfastes, le marchand de vin l'avait déjà échappé belle plus d'une fois.

N'oublions pourtant pas le n° 22, dont la façade est d'une construction sénile. Les Labarthe, maîtres couvreurs de père en fils depuis cent ans, en furent les propriétaires, mais n'y sont plus que locataires. Par bonheur, il y a dans Paris un grand nombre de bâtiments sur lesquels Labarthe peut dire, sans que l'immeuble lui appartienne : — Ceci est mon toit.

RUE BABILLE.

Elle a été percée, sur l'emplacement de l'hôtel de Soissons, en même temps que cinq autres rues, rayons de la Halle au blé, en vertu de lettres-patentes qui portaient la date du 25 novembre 1762. Laurent-Jean Babille, écuyer, avocat au parlement, a rempli les fonctions d'échevin, cette année-là et la suivante, sous la prévôté de Camus de Pontcarré, seigneur de Viarmes, père de la dernière marquise d'Aligre.

En 1793, il y a eu le café Moreau, n° 3, où l'on ne conspirait pas du tout le retour aux idées rétrogrades ; l'austérité de mœurs qu'on affichait alors empêchait qu'on y jouât aux cartes des demi-tasses ou du vin, mais parfois on y jouait des têtes, comme représailles de la Saint-Barthélemy, dont le point de départ avait été justement l'hôtel de Soissons.

Dans la maison d'en face, contemporaine aussi du percement de la rue Babille, et dont la petite allée obscure sent le passé, nos pères ont vu longtemps une maison de filles.

En 1847, ces courtisanes de la Halle aux farines étalaient encore en plein jour, à leurs fenêtres sans rideau, leur gorge nue, premier appel, et puis elles frappaient au carreau, avec un dé, seconde invitation ; mais le soir, c'était beaucoup mieux : on allait agripper le passant, jeune ou vieux, les deux extrêmes se touchent, et les forts de la Halle du sexe féminin l'entraînaient de gré ou de force.

RUE DE BABYLONE.

Mariage ducal. — Les ducs de Châtillon et de Damas. — Notre-Dame-de-la-Paix. — Caffarelli. — Garnerin. — Cossé-Brissac. — L'abbé Michon.

Des conjectures portent les chroniqueurs à attribuer le nom de cette voie publique à un évêque de Babylone *in partibus*, Bernard de Sainte-Thérèse. Elle s'appelait d'abord la rue de la Fresnaye, puis rue de Grenelle ou de la Maladrerie, jusqu'en 1669. En 1714, on n'y comptait que deux maisons et point de lanterne; le reste était le cours de la ville, puis la barrière et la plaine de Grenelle. Des lettres-patentes du 18 février 1720 ordonnèrent qu'elle fût continuée jusqu'au nouveau rempart ; quarante-cinq ans plus tard, ses constructions étaient bornées par la rue du Bac, d'un côté; par celle Vanneau, de l'autre. Le comte de Provence acquit un terrain par delà. La caserne Babylone fut bâtie, vers l'année 1780, pour les gardes-françaises. La rue de Babylone, en 1810, figurait parmi celles dont les numéros étaient rouges. Saint-Victor, dans son *Tableau de Paris*, cite les hôtels de Damas, de Châtillon, de Barbançon et de la Queueille, comme y existant en 1809. La Tynna, dans son *Dictionnaire des rues de Paris*, publié en l'année 1812, parle de l'hôtel Barbançon, et il ajoute : « Actuellement hôtel de Caraman, au n° 18. »

Les Caraman et les Chimay descendent du célèbre Riquet, fondateur du canal du Midi. Mme Tallien, qui joua un si beau rôle sous le Directoire, a épousé en secondes noces le prince de Chimay ; le duc de Caraman, président du cercle des Echecs, et homme de lettres, a obtenu plus récemment la main de la fille du duc de Crillon. Le jour de cette union, ou du moins de sa signature, a révélé que le beau-père de M. de Caraman se souvient du noble écusson qui a été encore rehaussé par un illustre vers :

Pends toi, brave Crillon, l'on a vaincu sans toi.

M. de Crillon ne reçut les notaires que comme ces tabellions du temps passé, qui frayaient avec les baillis, et il oublia totalement que ces officiers ministériels, confesseurs de toutes les fortunes, sont devenus par là des personnages importants et de véritables directeurs de conscience, depuis que la fortune est presque tout, et que les abbés ne dictent plus les testaments. C'est tomber de Charybde en Scylla, diront à cela les rétrogrades ; mais après celle des notaires, quelle est donc bientôt l'influence qui dominera sur les actes de la vie civile? probablement le tour viendra des changeurs du Palais-Royal. Les notaires des familles Crillon et Caraman, disions-nous, furent accueillis sans qu'on leur fît avancer deux fauteuils. — Mais il est difficile d'écrire debout, risqua timidement le plus hardi... On leur fit donc passer deux tabourets. Ce diminutif leur suffit, et ils s'en consolaient peut-être en ruminant le succulent parfum de truffes qu'avaient exhalé les cuisines à leur passage dans la cour. Or, quand le contrat fut signé, et que la mort de chacun des assistants eut été bien prévue, et pour ainsi dire préparée, M. le duc de Crillon salua les deux notaires, et la famille alliée passa, avec la sienne, dans un grand salon à manger, pour le déjeûner du contrat. On avait fait dresser à part un couvert pour les officiers ministériels, contrairement à l'usage moderne. Ces derniers n'en fêtèrent que mieux, réflexion faite, la cave et la cuisine du duc, en songeant que la petite table coûterait à la grande, distraction faite du menu, 8,000 fr. pour les deux familles.

Le nom de Châtillon, famille alliée aux rois, et de laquelle était sorti un pape, s'était anéanti déjà ; mais le dernier duc de ce nom, qui avait épousé en 1756 Adrienne-Emilie de la Vallière, avait laissé deux filles, la duchesse d'Uzès et la duchesse de la Trémoille, contemporaines du laborieux collecteur la Tynna.

Quant à l'hôtel Damas, cet abréviateur nous eût dit, s'il ne s'était borné à des nomenclatures, faute de place, que le duc de Damas venait de rentrer en France, sous l'Empire, après avoir servi dans l'armée de Condé. Le duc avait commencé par assurer fort mal la retraite de Louis XVI, arrêté à Varennes; mais il avait été lui-même plusieurs fois pris, il s'était évadé. Louis XVIII, à son retour, fit Damas pair de France, lieutenant-général, commandeur de Saint-Louis, capitaine des chevau-légers, et ce grand dignitaire n'expira à Paris qu'en 1829, peu de mois avant la prise de la caserne, voisine de son hôtel, par les ouvriers des faubourgs et les bourgeois. Les Suisses défendirent ce poste avec un courage digne d'un meilleur sort; ils ne battirent en retraite que devant l'incendie et en assez bon ordre, pour se replier sur le boulevart extérieur. Mais il n'est ni caserne, ni fort qui sache résister aux prodiges de valeur d'une révolution qui a pour elle les écrits, les discours et une bourgeoisie qui se fait peuple.

Malgré toutes nos guerres intestines, il y a, rue de Babylone, dans la muraille des Missions étrangères, une niche de la Vierge, nommée Notre-Dame-de-la-Paix. Cette image est toute proche d'un vieil hôtel, n° 10 actuel, qui peut avoir près de cinq siècles, où demeurait Bernard de Sainte-Thérèse, et qui fut le lieu d'assemblée des premiers supérieurs de la maison religieuse des Missions. En face est le n° 5, ancien couvent, et l'historien Dulaure serait fort aise de constater que là aussi il se trouve dans les caves, à côté d'antiques sculptures, des anneaux sentant quelque peu l'abus, la surprise, la violence.

Nous retrouvons au 10 ancien, maintenant 24, un des hôtels de la Tynna, très-ancien et grandiose. Caffarelli du Falga en disposa. Ce républicain sans fureur, cet officier savant autant que brave, refusa hautement d'admettre les décrets qui prononçaient la déchéance du roi Louis XVI ; il était alors attaché au corps du génie, armée du Rhin. Destitué, arrêté pendant quatorze mois, il réussit pourtant à rentrer dans les camps, grâce au 9 thermidor ; il perdit une jambe en Allemagne, il fut nommé membre de l'Institut, il fit l'expédition d'Égypte en qualité de général de division et de chef de son arme. Des services scientifiques, de hauts faits d'armes ajoutèrent, sur ce grand théâtre, à l'amitié que lui avait déjà vouée Bonaparte, son chef militaire et son collègue de l'Institut. Caffarelli mourut devant Saint-Jean-d'Acre, et, le lendemain, l'ordre du jour disait : *Il emporte au tombeau les regrets universels ; l'armée perd un de ses plus braves chefs, l'Égypte un de ses législateurs, la France un de ses meilleurs citoyens, les sciences un homme qui y remplissait un rôle célèbre.* De plus, le général en chef avait promis de veiller sur les frères et sœurs, au nombre de huit, dont le général était l'aîné, et auxquels il avait servi de père depuis qu'ils étaient orphelins. Parmi ces frères, se trouvait un jeune prêtre qui avait partagé la captivité de l'aîné, et dont Napoléon fit un préfet

Les numéros 28, 30, 32, 34 et 36 sont le derrière de l'hôtel du duc de Galiera ; de vieilles portes historiées, des constructions annexes du même âge, qui limitent les jardins, y éveillent l'attention du passant tant soit peu curieux. Toute cette propriété était le bien de S. A. R. Mme Adélaïde. Le 33, de son côté, est une ouverture condamnée de l'immense communauté des sœurs de Saint-Vincent de Paul ; elle date au moins du règne de François Ier. Le 35 appartint à la baronne de Védrille, à une époque où ses jardins s'étendaient jusqu'à la rue Oudinot. L'aéronaute Garnerin habita aussi la maison, et on peut se rappeler, si l'on veut, qu'il enleva un splendide ballon, lors du couronnement impérial ; par malheur, cet aérostat alla toucher le lendemain, en Italie, le tombeau de Néron, et le vent de la Péninsule rapporta, en échange, la disgrâce de l'aéronaute. Garnerin succomba, en 1823, aux suites d'une blessure qu'il s'était faite dans l'exercice de son art au jardin Beaujon. Cette habitation, au surplus, comprend une partie récente ; M. Moisy, tapissier, y a ses ateliers et il y succède à son père ou à son aïeul, qui avait été jardinier du maréchal de Biron, colonel des gardes-françaises.

Passons maintenant au 43, qui fut bâti pour Méry, avocat, sur un terrain marécageux acquis révolutionnairement. Le sol avait appartenu, ainsi que bien des terrains environnants, à ce duc de Cossé-Brissac, pair et grand panetier de France, gouverneur de Paris, comme son aïeul l'avait été sous les Valois, et capitaine-colonel des cent Suisses. Décrété d'accusation par Quinette, ce gentilhomme fut entraîné à Orléans, puis à Versailles, où les septembriseurs vinrent à lui ; il résista d'abord à ces bourreaux, qui le criblèrent de blessures avant qu'un coup de sabre sût l'abattre. Sa mort a inspiré des vers à Delille, dans le poëme de *la Pitié*. Le 57 paraît plus que son âge, puisqu'il n'a bien que cinquante ans ; c'est à peine la majorité pour un hôtel. Sur cette maison déteint probablement l'air vénérable du bel hôtel voisin, le 53. Mais ce quartier, comme de juste, compte beaucoup de maisons en état de minorité, bien que des octogénaires puissent y loger. Parmi les prêtres qui, de nos jours, se croisent constamment dans la rue de Babylone avec les fusiliers de la caserne, on voit souvent passer l'abbé Michon, chaussé de galoches, comme en province. Ce prédicateur, bien connu, est aussi remarquable comme écrivain religieux appartenant à l'école gallicane ; il y a peu d'années, on a supprimé un journal qu'il rédigeait avec trop de licence politique, *l'Européen*, et il a publié bien des ouvrages estimables, notamment son *Voyage religieux en Orient*.

RUE DU BAC.

Café d'Orsay. — Mme de Mailly. — Petit hôtel du Bac. — Les Mousquetaires-gris. — M. Habert. — Le Petit-Saint-Thomas. — Le comte d'Antraigues. — Fouché. — Mme de Boulogne et Piron. — Maison Véron. — Les Dillon. — Le prince de Salm. — Les Lafeuillade. — Le grammairien Chapsal. — Le marquis de Giac. — Quinette. — M. Dupin. — Les Clermont-Tonnerre. — L'Immaculée-Conception. — L'hospice des Convalescents. — Les Missions étrangères. — Les sœurs de Saint-Vincent-de-Paul.

La Babylone moderne n'a pas de rue plus intéressante, au point de vue des maisons particulières léguées au nôtre par d'autres siècles, que celle dont nous allons vous faire es honneurs. Un bac fut établi en 1550 sur le quai des Théatins, plus tard quai Voltaire ; telle est la racine de son nom. En 1632, le sieur Barbier fit construire le pont Rouge, que remplaça, sous Louis XIV, le pont Royal, posé un peu plus bas.

En 1714, un chantier marquait l'angle de la rue du Bac et du quai, à l'endroit où se trouve aujourd'hui le café d'Orsay. Cet établissement de premier ordre remonte lui-même assez loin, et si c'est un café pour les officiers de cavalerie et pour les commis de nouveautés, c'est un restaurant également, fréquenté par les membres du Corps législatif, et par ceux qui recherchent leur apostille à l'appui d'un placet, et par des fonctionnaires des départements en congé, qui cherchent à se faire bonne bouche par une halte, avant de porter de vive voix leur demande d'avancement dans l'un des ministères de la rive gauche. George Sand, le 15 mai 1848, déjeûnait dans un cabinet de l'entresol, et puis se mettait à la fenêtre. Qui plus est, le café d'Orsay figure dans une chanson, négligemment écrite par Nadaud, sur les reines de Mabille et les parages qu'elles fréquentent. Nous n'en dirions que grand bien, quant à nous, sans un certain chateaubriand qui nous y a été servi avec des pommes de terre, probablement frites la veille, et qui par là se trouvaient tout à fait en dehors de la poétique gastronomique. A tout péché miséricorde ; constatons donc, de préférence, que les soles normandes y sont assez bien préparées pour qu'un jour ce poisson de mer remonte lui-même la Seine jusqu'aux savantes casseroles du chef de ce café, et que les vins y sont quelquefois de la bonne année.

L'ancien chantier avait pour vis-à-vis l'hôtel de Mailly, décoré alors des mascarons et cariatides du grand siècle ; il en subsiste la partie solide ; seulement ses jardins ont été submergés, non vraiment par le fleuve, mais bien par un torrent de maisons neuves. Les Mailly et les Nesle étaient, pour ainsi dire, la même famille. Chacun sait que Mme de Mailly fut aimée de Louis XV, qui ensuite aima ses deux sœurs ; elle finit par la dévotion. Rien n'était plus humain, plus tolérant, plus spirituel que la philosophie de cette jolie duchesse de Mailly qui avait été, pour son noviciat, la coqueluche de la cour la plus brillante, plus galante, et néanmoins la plus polie. Un jour qu'elle entrait à Saint-Roch, dont elle avait déjà franchi les marches, précédée par un suisse qui lui faisait livrer passage, un homme grossier dit : — Voilà bien du bruit pour une p..... Mme de Mailly se retourna et dit d'une voix douce à ce manant : — Puisque vous la connaissez si bien, priez pour elle..... Le maréchal comte de Mailly, qui faisait partie de la même maison, n'échappa que par miracle aux envahisseurs des Tuileries, le 10 août 1792; il fut repris avec la maréchale et son jeune enfant au berceau; mais il s'évada de nouveau. Ressaisi une fois de plus, on craignit de le perdre encore. On le décapita, à 86 ans, dans la ville d'Arras, patrie de Robespierre. Au même coin de la rue du Bac, se trouve, depuis 1825, le pâtissier Tempier, lequel a succédé à un bijoutier qui lui-même y était depuis trente-cinq ans.

On assure qu'au n° 4 a demeuré l'immortel Jean Goujon. En face, n° 9, est le petit hôtel du Bac, maison garnie; or, il y en a peu dans la rue. Nous découvrons toutefois, dans l'*Almanach des Arts et Métiers* de 1769, qu'il y avait dans ce temps-là un hôtel de Nevers, où le logement coûtait de 15 à 100 livres par mois. Dans le petit hôtel du Bac, ont demeuré Mme la comtesse Dudognon, dame d'honneur de la duchesse d'Angoulême; l'abbé Poirier, un des chapelains de Charles X; la maîtresse de l'ambassadeur de Naples, sous le même règne, prince de Castel-Siccala;

Saint-Arnaud, n'étant encore que sergent-major ; et, enfin, la famille du petit comte de Clercy, page du petit duc de Bordeaux, et que ce prince venait souvent chercher, pour aller jouer ensemble aux Tuileries.

Après la rue de Lille, à gauche, était l'hôtel des Mousquetaires-Gris, qui, en 1780, a été remplacé par le marché Boulainvilliers, supprimé peu d'années après la chute de Charles X. Sorbet, un des médecins du roi, logeait, il y a un siècle, en face de l'hôtel de ses Mousquetaires. Le 10 est une maison également ancienne, qui appartient à un peintre éminent de l'école classique, M. Hersent. Du 12 était propriétaire, après vingt autres, feu M. Sédillot, président du tribunal de commerce. Avant la rue de l'Université, se retrouve un autre Goujon, géographe parfaitement connu, dans une maison où demeurait, sous l'Empire, M. Habert, oncle du rédacteur de ce recueil, et fournisseur par excellence des épaulettes qu'on gagnait sur les champs de bataille à la pointe des épées, qu'il avait également fournies. Puis vient un café-restaurant, créé autrefois par Desmares, père d'un vaudevilliste, et qu'on peut tenir pour un des rares établissements où les gens comme il faut puissent s'asseoir sans se compromettre. Un peu plus loin encore, les magasins du Petit-Saint-Thomas, ouverts là en 1820, sur un ancien jardin d'hôtel, ont pour vis-à-vis le 36, ancienne succursale de la cour des Miracles. Au 25, on eût rencontré, sous Louis XVI, le comte d'Antraigues, élève de l'abbé Maury, puis Constituant. Ce gentilhomme épousa, à Vérone, Mlle de Saint-Huberti, chanteuse de l'Opéra. — Lorsque nous rentrerons en France, disait cet émigré, il faudra que 400,000 têtes tombent à nos pieds ; du régime révolutionnaire il ne faut conserver que la guillotine. Je serai le Marat de la monarchie.... Un domestique anglais l'assassina à Londres, ainsi que sa femme. Le 35, a appartenu à la famille de Custine, puis à Mme de Lacoste, avant d'être au propriétaire du magasin de nouveautés voisin.

Avant l'ancienne entrée de la cour des Miracles, repaire qui n'existe plus, est cet hôtel Valbelle, qui a appartenu au duc d'Otrante, sous le premier Empire. Valbelle a eu longtemps pour maîtresse Mlle Clairon. Pour ce qui est de Fouché, duc d'Otrante, il a été oratorien, puis conventionnel-terroriste : il a servi, comme ministre de la police, Napoléon et Louis XVIII. Il avait acheté, outre l'hôtel Valbelle, Pont-Carré et Ferrières, châteaux et terres d'émigrés. Malgré les apparentes anomalies de sa conduite politique, il serait encore facile d'en expliquer successivement les modifications. Un très-grand écrivain, qui a demeuré au 112 de la même rue, le vicomte de Chateaubriand, n'a-t-il pas eu aussi, l'une après l'autre, bien des opinions politiques ? Fouché disait un jour à l'empereur que Louis XVI aurait dû dissoudre le corps qui s'était arrogé le droit de représenter à lui tout seul le souverain. — Mais il me semble, lui dit Napoléon, que vous étiez un de ceux qui ont envoyé Louis XVI à l'échafaud?— Oui, Sire, répondit le duc d'Otrante; c'est le premier service que j'aie rendu à Votre Majesté.

Dans l'aristocratique rue du Bac, les numéros ont été moins changés qu'ailleurs. Toutefois, ce n'est plus au 42, mais bien au 46 que nous devons chercher l'hôtel de Boulogne, dont il faut admirer le jardin aux grands arbres et la terrasse sur la cour, ainsi qu'une statue de Louis XIV qui apparaît au travers de la grille du fond. La femme de M. de Boulogne, opulent fermier-général, accueillait le cynique et spirituel Piron, qui ne savait pas même être galant, dans un salon, sans qu'un mot de cabaret lui échappât. Un jour, il apportait une épître en vers rue du Bac, et il regrettait même, disait-il, de ne pouvoir pas offrir à Mme de Boulogne un trône; enfin il ajoutait :

> Mais nous voyons, loin qu'il en vaque,
> Que pour un c.. en voilà deux,
> Se prenant l'un l'autre aux cheveux
> Pour s'asseoir où fut assis Jacque.

Le célèbre Chaptal qui a séjourné hôtel de Boulogne, y était président de la Société d'encouragement pour l'industrie nationale.

Nous passons, il est vrai, trop légèrement sur le 41, ancien couvent, sur le 44, ancien hôtel, et sur maintes maisons de l'ancienne bourgeoisie dont nous voudrions pouvoir faire autant de logis historiques. Mais l'abondance des renseignements qui nous sont procurés sur la rue du Bac est telle, qu'il nous reste l'embarras du choix. Le n° 60, voisin de l'ancien couvent de la Visitation, a été la propriété du père de M. Odilon-Barrot. Le 53 est à la discrétion de Mme Delamotte, qui n'est pas la gracieuseté même, mais dont ce n'est pas la maison qui a besoin d'enchevalement. M. Véron, député de la Seine, est né sous ce même toit, qui appartenait à son père.

Saint-Victor cite encore comme existant à son époque, dans la rue du Bac, l'ancien hôtel de Ligny; de ce nom, effectivement, nos souvenirs nous rappellent un condisciple de Gresset, comme lui né à Amiens. Le ministère des Relations extérieures se trouvait au 84, dans une partie de l'hôtel Gallifet, dont il ne reste plus une seule pierre sur la voie dont nous vous parlons; la porte qui donnait autrefois rue du Bac, ouvrait seulement sur les jardins de la maison, lesquels ont été remplacés par de hautes constructions. Les Dillon, accueillis par la France avec Jacques II, se sont fait tuer pour elle à Fontenoi, à Lawfeld; l'un d'eux, colonel de naissance, a été député aux États généraux et a péri sur l'échafaud. Leur hôtel était à côté du ministère. Mais que toutes ces réminiscences aristocratiques ne nous fassent pas omettre qu'au n° 94 est installé le magasin de vins en gros de M. Durouchoux, dont une date, sur la porte, atteste l'origine séculaire.

Au 97 a résidé le prince de Salm, botaniste estimé, époux de la princesse de Salm, femme qui écrivait en vers et qu'on a surnommée la muse de la Raison ; l'hôtel qui suit est remarquable à l'extérieur par une vieille et belle porte restaurée. Le 100 est actuellement au comte de Turenne, qui y succède aux dames de la Bourdonnaye. Immédiatement après, vient le séjour du comte de Sainte-Aldegonde, et le 101 a été surélevé pour le marquis de la Feuillade, qui le tenait de ses ancêtres et qui est acquis aujourd'hui par Mme Coustou, fille de Trudon et femme d'un descendant du fameux sculpteur Coustou. Cet hôtel d'Aubusson de la la Feuillade a été habité jadis par le courtisan de Louis XIV, qui a fait la place des Victoires, et peut-être même aussi par le héros de cette race, qui a forcé les Turcs à lever le siége de Rhodes. Le grammairien Chapsal, maire de Joinville-le-Pont, possède l'ancien hôtel et le jardin répondant au chiffre 104.

Le 103 n'était-il pas l'hôtel du marquis de Giac, cousin de la reine Hortense par alliance, et dont le père mourut révolutionnairement ? Et le 105, n'était-il pas celui du député Quinette, très-ardent révolutionnaire, qui finit cependant par s'humaniser au pouvoir, et qui transféra là le ministère des Cultes, quand il avait ce portefeuille ?

Cette revue des principales maisons de l'autre siècle sera presque complète ; mais gardons-nous d'oublier un hôtel qui, des mains du vicomte de Seyssac, a passé dans celles du président M. Dupin, et qui dépendait des Missions étrangères. La maison voisine, ancien hôtel de Clermont-Tonnerre, était familière au duc et pair de ce nom, de même qu'à son fils, député aux États généraux; il fut investi plusieurs fois, malgré les opinions du député favorables aux réformes, et le père ainsi que le fils, un peu avants le 9 thermidor, furent sacrifiés à d'aveugles vengeances. Le marquis de Clermont-Tonnerre, eut le portefeuille de la Guerre, sous Charles X.

Voilà bien des pignons laïques; voici maintenant quels étaient les couvents. Depuis 1812, le n° 85, qui alors était peint en noir comme tous les autres de la rue, a changé de couleur, mais il a bien gardé sa place. C'est l'ancien monastère royal de l'Immaculée Conception, dit aussi des Récollettes, ouvert en 1637. Le 87, maison de bains, a fait partie du même couvent, ainsi que tout l'espace embrassé d'un côté par le 89 et de l'autre par la rue de Grenelle, où s'étendait aussi le jardin monastique jusqu'à la rue de la Planche. Or, sans les Récollettes, qui donnèrent le terrain de fort bonne grâce, ce quartier de Paris n'aurait pas sa fontaine. *La Religieuse* de Diderot ayant fait quelque tort à tout ce qui était communauté, on supprima celle-ci en 1792, et ses maisons furent vendues les 9 floréal an v, 21 pluviôse et 25 germinal an vi et 23 nivôse an viii. Dans la ci-devant chapelle du pieux établissement, on joua la comédie vers 1810; Potier, le comédien inimitable, y débuta, et en 1848 l'aveugle Jacques Arago fit le tour de l'ancien couvent, ainsi qu'il avait fait le tour du monde, en engageant vivement M. Godelet, propriétaire, à y rétablir un théâtre, dont il offrait d'être le directeur. Le salon de Mars n'en est pas moins resté, survivant au théâtre tout comme au monastère, une salle de bal, depuis trente ans, ouverte tous les jeudis, tous les dimanches. Peu de temps après la prise du Trocadéro, l'auguste fille de Louis XVI paya loyer, pour établir une vingtaine de sœurs dans l'ancien monastère royal, et en 1830 ces religieuses parlaient de racheter tout le couvent, cimetière compris, lorsqu'une révolution vint remettre tout en question. Ces mêmes sœurs occupent à présent l'ancien hôtel Chagot, faubourg Saint-Honoré.

Le 106 est resté aussi la marque de l'ancien hospice des Convalescents, créé en 1628, par Mme de Bullion, femme du surintendant des finances de Louis XIII. Le siècle métallique où nous vivons ne sera pas fâché d'apprendre que les premiers louis d'or furent frappés sous la surintendance du mari de la fondatrice de cet hospice. Les religieuses de la Charité en eurent la direction sept ans après. Supprimé en même temps que la communauté des Récollettes, il fut vendu par la direction des hospices, en 1812. La façade sur la rue du Bac fut toute reconstruite, pendant le troisième lustre qui suivit.

Le séminaire des Missions étrangères est l'œuvre de l'évêque de Babylone, dont nous avons déjà entretenu le public, et qui était propriétaire de plusieurs maisons et cultures, antérieures à cette antichambre de noviciat ecclésiastique.

Le 132 était d'abord l'hôtel de la Vallière. Louis-César la Beaume le Blanc de la Vallière, petit-neveu de la duchesse, était un excellent bibliophile, grand-fauconnier de la couronne, bien qu'il n'y eût plus de faucons pour s'élever jusqu'au gibier royal; il recevait des gens de lettres, principalement Moncrif et Voisenon, et sa bibliothèque considérable est le fond de celle de l'Arsenal. Mort en 1780, il laissa à sa fille, duchesse de Châtillon, l'hôtel qui appartient à la communauté des sœurs de Saint-Vincent-de-Paul, depuis 1815 ou 20, et ces religieuses sont propriétaires aussi d'un autre hôtel où demeurait la famille de Crouseilhes et d'autres dépendances.

RUE DE BAGNEUX.

Mme de Chalot.—La mort de César.—Le peintre Uzanne. — Le pigeonnier. — Le Cimetière.

Encore une rue qui était sans lanterne en 1714, bien qu'on y eût bâti onze maisons, depuis son ouverture, qui datait du siècle d'avant ! Les numéros 3, 5 et 7, qui sont accaparés par une raffinerie de sucre déjà ancienne, n'étaient cependant pas au nombre des onze maisons dont nous parlons. Le 11 et le 13, à la bonne heure !

Le dernier de ces numéros va introduire l'ami lecteur dans un hôtel qui appartient à Mme la comtesse de Chalot, à laquelle nous demandons mille fois pardon de dire son âge : 87 ans. On ne s'en douterait guère, en la voyant, soit aux Champs-Élysées dans sa voiture, soit aux premières représentations que donne la Comédie-Française. M. de Chalot, son second mari, est mort peu de temps après l'union ; mais, en vertu de premières noces, elle a porté aussi un nom illustre dans les arts, et à côté duquel un fort bel autre nom se réduit à l'incognito. Mademoiselle Charlotte Vanhove, artiste du théâtre de la République, aujourd'hui comtesse de Chalot, a épousé Talma le 16 juin de l'année 1802. Napoléon Ier a plusieurs fois, dit-on, payé les dettes de l'éminent acteur ; il y a par conséquent quelque justice à ce que, sous le règne de Napoléon III, sa veuve, à titre de gracieux tribut, dépose pour un moment la couronne de comtesse qu'elle porte si bien depuis près de trente ans. Talma, pour obtenir la main de la charmante et blonde Charlotte Vanhove, qui jouait supérieurement le rôle de Cassandre dans *l'Agamemnon* de Lemercier, et celui d'Araminte dans *les Fausses Confidences*, a divorcé lui-même avec sa première femme. Le voyage de noces des deux époux a été fait par ordre, et les a conduits à Erfurth, où le futur empereur avait promis au tragédien, son favori, de le faire jouer devant un parterre de rois. Quelle fut l'inquiétude de Talma, lorsque Napoléon, choisissant le spectacle, eut enjoint aux acteurs de donner *la Mort de César !* Plus d'un César, parmi les spectateurs, prenait les énergiques vers de Voltaire pour le compte de Sa Majesté, et Talma, à chaque hémistiche, cherchait en vain à regarder dans la salle quelqu'un qui ne pût rien s'appliquer. Jamais l'art dramatique ne fut, comme ce jour-là, le plus savant, le plus ardu et le premier des arts ! Mme Talma, qui faisait partie du public, sentait si vivement tout ce qui faisait battre le cœur du tragédien, et tous les autres cœurs, que, brisée par tant d'émotions, elle se trouva mal à la fin du spectacle.

Le 11 fut l'hôtel d'un prélat, sous le règne du roi-martyr, puis une maison de refuge pour les repenties sortant de Saint-Lazare, fondée par un abbé, sous le patronage de la fille de ce roi. M. Gobelet de Beaulieu, référendaire à la Cour des Comptes, s'en rendit acquéreur avant 1830 ;

son gendre, M. Uzanne, peintre d'histoire, lui a succédé. Dans le jardin, un buste, qu'on voit de la cour, rappelle que Valentin de la Pelouze, fondateur du *Courrier français*, était de la famille de cet artiste recommandable.

La façade du n° 4 sent aussi son vieux temps; le bâtiment du fond a pris la place d'un noble pigeonnier. Si je dis noble, c'est qu'autrefois les roturiers ne pouvaient pas avoir de construction élevée et ronde pour pigeonnier. M. Sibuet, ancien président à Corbeil, a possédé, sous la Restauration, cette maison bâtie en 1743 pour un autre magistrat, nommé Duplessis de Bioche. Le 6 date tout bonnement de la première république; le 9 est son aîné.

Au coin de la rue de Vaugirard, s'élève, entourée d'arbres et de fleurs, une jolie maison neuve, où il se chante des ballades qui donnent vraiment envie d'y vivre; mais elles n'ont pas encore ressuscité les morts qu'on enterrait jadis dans un mélancolique petit cimetière, enterré lui-même à son tour par la jolie maison qui chante.

RUE BAILLET.

Le trésorier du Dauphin. — Les Chartreux. — Le comte d'Artois. — L'Auberge.

En l'année 1350, messire Baillet, argentier du Dauphin, qui, dans la suite, fut le roi Charles V, habitait un séjour, comme on disait alors, qui se retrouve encore n° 4, dans la rue qui porte son nom. Celle-ci, en 1300, avait été appelée Gloriette, et quelque temps avant Dame-Gloriette. Les fenêtres et l'escalier du trésorier Baillet demeurent ferrés en vieille serrurerie, et on sait que sur le fer est écrit le meilleur certificat d'antiquité pour un hôtel. Les dalles de l'escalier descendaient avec majesté jusqu'à la cour spacieuse, sur laquelle aujourd'hui empiètent les magasins de M. Girault, commissionnaire en marchandises ; c'est seulement au premier étage qu'on le revoit tel qu'il se comportait.

Le 2 est un café au rez-de-chaussée ; mais il a son entrée rue de Rivoli, et ce fut un couvent de chartreux, qui très-évidemment englobait le séjour de l'argentier, pour en faire son discrétoire. Cette maison de limonadier, où se débite, après la demi-tasse, la liqueur inventée précisément par des chartreux, appartient à M. Guérin, ancien pharmacien, inventeur de deux aliments qui ont souvent été préconisés dans la quatrième page des journaux, la pâte de Nafé d'Arabie et le Racahout des Arabes. Et, chose assez bizarre, si l'on démolissait l'une de ces deux maisons jumelles, n° 2, n° 4, il faudrait que l'autre y passât avec elle. Les corps de cheminées y sont comme les deux branches d'un même tronc d'arbre, et ils se croisent à travers les murs mitoyens; les caves, en s'emboîtant aussi comme les morceaux d'un même jeu de patience, semblent une poignée de mains cachée, que se donnent sans cesse l'un et l'autre édifice, malgré la division que leur impose le cadastre.

Le 6 était aussi un des bâtiments du couvent; sur un des piliers de sa façade on pouvait lire encore, il y a quelques années, les initiales C. H. Pour surcroît, la maison qui porte le chiffre 3 appartenait au même établissement religieux; le cellier des chartreux était, de son côté, sous terre, et il existe encore, sous le pavé de la voie publique, une porte de communication entre les caves des deux rives. Cette même habitation se trouvait celle de Chéneau, commissaire de police, quelques années avant la prise de la Bastille. La loge actuelle du portier servait en ce temps-là de violon. Le comte d'Artois y fut amené incognito par un sergent du guet, qui l'avait arrêté à la suite d'une querelle que ce prince avait eue avec un perruquier, et dans une maison qu'on eût flattée en la disant suspecte, voisine de la Halle au blé. Cet emprisonnement éphémère laissa peut-être assez de souvenirs dans l'esprit du roi Charles X pour lui faire respecter autant que possible la liberté individuelle, et l'histoire prouve, d'ailleurs, que la captivité, même celle qui dure, c'est fort pénible à dire, fait les bons princes. Si les lettres de cachet ont cessé d'avoir cours, sous le règne de Louis XVI, c'est que presque tous ceux qui pouvaient en signer en avaient eu déjà à leur adresse.

Le 8, enfin, n'est autre qu'un petit hôtel garni dont le modeste achalandage, dans une rue qui n'a rien à envier pour l'âge à ses voisines, remonte tout au moins à cent ans. La rue comptait alors dix maisons, et son luminaire était triple. D'Hôte, aubergiste, y servait à son monde des repas de 4 à 15 sols.

LES ANCIENNES MAISONS

Des rues Bailleul, Baillif, de la Banque, du Banquier, Barbette, de la Barillerie, de la Barouillière, des Barres-Saint-Gervais, des Barrés-Saint-Paul et du passage Basfour.

NOTICES FAISANT PARTIE DE L'OUVRAGE INTITULÉ :

LES ANCIENNES MAISONS DE PARIS SOUS NAPOLÉON III,

PAR M. LEFEUVE,

Monographies publiées par livraisons séparées en suivant l'ordre alphabétique des rues.

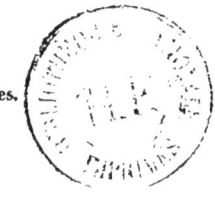

RUE BAILLEUL.

La reine Blanche. — Bailleul. — Hôtelleries. — La Saint-Barthélemy. — Maison à deux visages. — Le boulanger. — Le restaurant Duru.

On allait encore voir, il y a trois années, rue Bailleul, au coin de la rue Jean-Tison, une des anciennes maisons de campagne de la reine Blanche, qui remontait à l'époque où Paris n'avait pas franchi la rive droite de la Seine, et où le palais des rois était celui dans lequel la justice, depuis lors, se rend en leur nom. Une charmante tourelle flanquait ce monument sans prétention du moyen-âge ; elle a été achetée, la veille de la démolition, par un particulier qui en a orné son château. Cette maison de la reine Blanche avait été un couvent et une léproserie ; des annelures de fer, qu'on a trouvées dans ses souterrains celluleux, prouvaient aussi qu'on y avait pratiqué le grand système de l'emprisonnement cellulaire, dont notre siècle s'imagine l'inventeur.

La rue Bailleul, au reste, pourrait être d'origine royale à double titre : il y a eu des Bailleul ou Baliol, rois d'Ecosse. On dit aussi que Robert Bailleul, clerc des comptes, habitant une maison qui avait un revers rue des Poulies, et qui pouvait bien être le 2 actuel, lui imposa son nom, en 1423 ; on l'appelait rue Averon en 1271. Si nous passons de là au commencement du dernier siècle, nous trouvons dans la rue Bailleul 10 maisons, 4 lanternes. Quelque soixante années plus tard, trois maisons, sur les dix, étaient des hôtelleries. Mme Chevreuil y logeait tout venant, pour 35 sols par mois, et les repas chez elle étaient cotés de 4 à 8 sols. Chez Dubut, mêmes conditions. Huet, à l'hôtel d'Aligre, tenait ses prix bien plus élevés : le logement coûtait chez lui de 3 à 15 livres par mois. Il est probable que cette dernière maison garnie occupait les derrières du nobiliaire hôtel Schomberg-d'Aligre, dont les deux cours figurent à merveille dans le plan de Paris de 1714. Au surplus, nous avons déjà parlé de cet hôtel (*Notice de la Cour d'Aligre*) ; il a deux portes, numérotées 8 et 10, rue Bailleul.

Du vivant de Catherine de Médicis, un duc appartenant au parti protestant demeurait au n° 6, dont une balustrade d'escalier rappelle un peu la splendeur disparue. Pendant la nuit de la Saint-Barthélemy, des seigneurs venus de loin pour assister au mariage du roi de Navarre avec Marguerite de Valois, s'échappèrent en passant par cet hôtel ; ils gagnèrent une auberge de la rue de l'Arbre-Sec.

Les d'Aligre avaient acheté le n° 5, qu'une de leurs parentes habitait il y a quelques lustres. Le 7 a deux visages, un qui rit à belles dents sur la nouvelle rue de Rivoli, et un autre qui se renfrogne en regrettant, lui aussi, son éclat d'autrefois, du côté de la rue où nous sommes. Au 12 est exploité un fonds de boulanger, depuis l'année de la fête de la Fédération, dans un immeuble qui, à coup sûr, a vu passer le roi des halles sous la Fronde. L'établissement d'en face, bien qu'il se soit fondé vers l'an 1780, reconnaît également le droit d'aînesse de la maison dont il a rajeuni le rez-de-chaussée ; on le nomme toujours le restaurant Duru, bien qu'un successeur entendu y ait tout récemment agrandi les salons, amélioré le service. Que la cave soit ancienne, voilà le principal, et c'est justement par cette base que pèchent toutes les nouvelles entreprises de ce genre-là.

RUE BAILLIF.

Deux versions étaient en présence sur la façon d'écrire le nom de cette petite rue. La première voulait *Baliffre*, la seconde *Baïf*, et comme à l'ordinaire, pour les accommoder, le populaire inventa une troisième orthographe, plus erronée que les deux autres, et qui prévalut. Claude Baliffre, surintendant de la musique du roi, fut gratifié par Henri IV d'un terrain situé dans cette rue ; on dit qu'il était fils du mémorable Jean-Antoine Baïf, poète et musicien en renom sous Charles IX et Henri III. Par ainsi, le bon roi Henri eût craint lui-même de se compromettre en érigeant propriétaire un simple poète ; on aurait attendu la seconde génération, ce n'est pas trop encore, pour enrichir quelque peu une famille illustrée par de jolis vers.

Au xviiie siècle, dix maisons constituaient la rue Baillif, bien qu'en ce temps-là elle eût deux bras valides ; depuis que ses numéros pairs ont été encaissés, comme tant d'autres chiffres, par la Banque de France, les actions d'icelle ont monté ; mais la rue Baillif est manchote. Au reste, pour dix maisons, c'était beaucoup que quatre lanternes, et on peut bien voir là une politesse hospitalière de l'édilité parisienne, qui savait que plusieurs de ces maisons étaient des hôtelleries ouvertes aux marchands étrangers. A l'enseigne du Petit-Saint-Jean, Delaloue, aubergiste, prenait 12 sols par repas, et Legrand, son rival, logeait les voyageurs à raison de 12, 15 et 20 sols par mois.

De notre temps, la rue Baillif n'est plus qu'une vaste hôtellerie, divisée en quatre ou cinq corps, régis sur un bon pied par des hôtes différents. Celui qui porte le nom de la rue fut, nous dit-on, premier en date, et leur clientèle est la même : faute de place, on va de l'un à l'autre. L'immeuble dans lequel s'exploite l'hôtel de Brest fut bâti, sous le règne de Louis XIV, pour un M. Tremblay, dont la fille épousa M. de la Grange de Chécieux, attaché à la maison du roi qui vint après ; il communique avec un autre immeuble, son frère de naissance, qui donne rue Croix-des-Petits-Champs, et de plus il tenait jadis au bâtiment où le café Baillif fut créé il y aura tantôt un siècle. Jamais les deux maisons qui n'en font qu'une avec deux portes, ne sont sorties de la famille de celui qui les a élevées, et dont Mme de Provigny, propriétaire actuelle, fait partie.

RUE DE LA BANQUE.

L'ouvrage de M. Lazare nous empêche d'oublier que la rue de la Banque fut prolongée en l'année 1844. Il y avait alors 65 ans que, sous le nom de passage des Petits-Pères, elle s'était fait jour, à travers les dépendances de l'ancien hôtel de Bouillon, et les anciens jardins du cloître des Petits-Augustins déchaussés, mais principalement sur le terrain de l'hôtel la Ferrière, adjugé le 20 novembre 1775 à Mathias Pasquier, maître maçon.

Cette maison de qualité, bâtie par l'architecte Le Doux,

auteur des barrières de Paris, avait appartenu à un somptueux traitant, Gaspard Grimod de la Reynière, père du célèbre gastronome qui est mort au milieu du dernier règne. Seulement elle avait eu aussi pour propriétaire Deucasse, marquis de la Ferrière, lieutenant-général des armées du roi. L'acquéreur de Pasquier fut Leduc, conseiller du roi, contrôleur des rentes de l'Hôtel-de-Ville, en ce qui regarde le n° 2 actuel de la rue de la Banque, ouvrant sur la rue Neuve-des-Petits-Pères, et dont nous venons de parler. Cousin, naguère brasseur au Faubourg-Saint-Antoine, acheta de Leduc, le 19 fructidor an II, et depuis lors l'immeuble est resté dans la même famille.

Les sieurs Leroy de Petitval et Hennecart tenaient également de Pasquier deux maisons, élevées elles-mêmes sur le territoire de l'hôtel de la Ferrière. Le n° 1 est encore à la disposition d'un M. Hennecart.

Reste à nous entretenir du 3, exploité en hôtel garni sous la Restauration, mais qui avait été construit ni plus ni moins pour un autre acquéreur du même entrepreneur Pasquier, et lequel avait nom Martin. Grâce aux recherches obligeantes qu'a faites Mᵉ Poyet, dont la parole jouit au barreau d'une autorité méritée, nous savons que Martin était un maître serrurier. Pour vous, nos lecteurs ordinaires, il est déjà prouvé que les états manuels et l'industrie purement marchande, ainsi que la fabrication, menaient à la fortune bien avant l'ère industrielle où nous vivons, et que la propriété de Paris n'était nullement, comme celle de la province, le monopole des familles datant des croisades. Presque tous ceux qui achetaient des maisons en ce temps-là, et les payaient, étaient des roturiers, du moins dans leur contrat d'acquisition; de nos jours encore les vendeurs recrutent sans cesse parmi les plébéiens enrichis des acquéreurs pour les immeubles qu'ils avaient reçus par voie d'héritage.

RUE DU BANQUIER.

Chacun a son grain de folie; les avares n'en prodiguent pas moins à ceux qui se rendent coupables de profusions les épithètes d'insensé, de furieux, que ceux-ci, il est vrai, rendent avec usure à ceux-là. Les femmes elles-mêmes sont les plus sages du monde, et leurs fous de maris s'en plaignent souvent, lorsqu'elles président, dans un comptoir, à des opérations de joaillerie, de mercerie, d'épiceries ou de vin qu'on débite en détail; partout ailleurs c'est le contraire. Qu'est-ce que veulent donc dire les naïfs habitants de la rue du Banquier, voisine des Gobelins, en appelant le n° 40 de cette rue *la maison de la Folle ?*

Un gargotier et un fruitier des environs ont acheté récemment cette bâtisse, qui date bien de 1760, époque où la grande rue n'était qu'un chemin conduisant à Villejuif, et où la petite du même nom n'était qu'une ruelle, fermée un peu plus tard à l'une et l'autre extrémités. Avant ladite acquisition, ce n° 40 appartenait à une dame née et mariée dans une honnête aisance, mais qui avait fini par perdre sa fortune et même la raison.... d'en avoir. On assure qu'elle levait le coude, s'il nous est permis d'employer une des périphrases pittoresques du quartier Mouffetard, où cette pantomime n'est pourtant pas en défaveur. Lever le coude, c'est boire à petits coups. De plus, la dame avait imaginé de renvoyer ses locataires l'un après l'autre, afin de ne plus payer l'imposition de leurs portes et fenêtres. Ce dernier trait tenait presque du génie, si les locataires congédiés avaient refusé de lui rembourser l'impôt dont elle était forcée de faire l'avance. Dans tous les cas, elle eût encore pu dire après Mme Pimbesche :

Je ne veux pas, Monsieur, que l'on me lie,

Nous découvrons plus loin, dans cette voie publique, que des murs bordent presque partout, une assez large masure, maison de nourrisseur, plus vieille que celle de la folle, qui porte le chiffre 31 ; et au 23, une construction également centenaire, mais qui a tenu tête avec coquetterie à toutes les injures du temps, ancien logement de maraîcher, ayant depuis 1816 le même propriétaire que le chantier de bois qui la touche. La porte du 11 a pour enseigne une vache et cette légende : *Baumier, laitier-nour-*

risseur de *l'Ecole polytechnique*. Jusqu'à quel point a-t-on nourri de laitage un brillant et savant séminaire d'officiers? Voilà une question qui n'est plus à l'ordre du jour, attendu que la veuve de Baumier a cessé de faire des fromages à la crème dans l'ancienne bergerie du couvent des Vignes, qu'elle habite. Le vieux style des croisées du n° 5, à deux pas, a remis en éveil notre curiosité : avant que des corroyeurs occupassent ce grand bâtiment, c'était, il y a trente ans, une pension bourgeoise, et dans le principe une des dépendances rustiques de la même maison religieuse.

RUE BARBETTE.

Etienne Barbette. — Isabeau de Bavière. — Le duc d'Orléans. — Diane de Poitiers. — D'Estrées. — La Légion-d'Honneur. — Mlle **des Tournelles. — Molé. — Le Mayrat. — Turgot, etc.**

Le *Journal des Travaux publics* du 14 août 1851 a raconté en une demi-colonne le passé de cette rue Barbette, dont nous allons fixer sans doute l'histoire d'une manière plus complète, et dont fut le parrain Etienne Barbette, maître des Monnaies, puis prévôt des marchands de 1298 à 1304. Son séjour, un morceau de roi, avait en effet pour assiette le parallélogramme formé par les rues Vieille-du-Temple, des Francs-Bourgeois, Payenne, du Parc-Royal et de la Perle. Philippe-le-Bel, conseillé par ce financier, altéra trois fois les monnaies, au grand mécontentement du populaire, qui se rua, en l'an 1306, sur l'hôtel de ce conseiller économiste, qu'il saccagea par le fer et la flamme, jusqu'à raser les arbres des jardins.

Le nom de Courtille-Barbette restait pourtant à ces parages, et l'hôtel fut réédifié par Jean de Montaigu, maître d'hôtel du roi et vidame de Lannois, qui, en échange de la propriété, accepta du trésor royal une somme d'argent. Charles VI la fit augmenter, et notamment d'un bâtiment élevé à côté de la porte de cette courtille tout aristocratique, du côté de la rue Vieille-du-Temple. Ce palais de plaisance, sous l'invocation de Notre-Dame, n'en eut que des proportions plus gigantesques ; et pour se faire une idée de son ampleur, on peut rendre une visite encore à une jolie tourelle du coin de la rue des Francs-Bourgeois et de la rue Vieille-du-Temple, qui le bornait. Ce fut « le petit séjour de la reine, » Isabeau de Bavière, à laquelle on reprochera toujours d'avoir ouvert la porte de la France aux Anglais, pour un siècle, et d'avoir détesté son propre fils, Charles VII ; mais le faste déployé par cette princesse justement décriée a inauguré à la cour l'ère des magnificences royales, qui ont assurément servi à éblouir les autres cours, au profit de l'influence française. La fécondité d'Isabeau donna lieu à des fêtes, dont la mémoire lui survit ; en 1407, elle accoucha, rapporte Sauval, d'un enfant mort, dans le palais de la rue Barbette. Cette reine, au surplus, inventa vers la même époque les bals masqués, et on ajoute qu'à la faveur de cette initiative se nouèrent ses relations illégitimes avec le duc d'Orléans, frère du roi. Seulement la *Chronique de Saint-Denis* avoue que, grâce à cet incognito nocturne, dont la création fit fureur, l'ivresse fut générale parmi les courtisans, et qu'il n'y eut presque personne dont la licence n'en profitât. Deux factions, au surplus, se trouvaient en présence. Le chef de l'une d'elles, Jean-sans-Peur, duc de Bourgogne, fit assassiner le duc d'Orléans, chef de l'autre, le 23 novembre 1407, près de la porte Barbette, au moment où ce prince sortait de chez la reine : il y avait dix jours que les meurtriers, sous la conduite de Raoul d'Ocquetonville, épiaient un moment favorable à l'accomplissement de cet ordre, embusqués dans une hôtellerie à l'image de Notre-Dame.

L'ancien hôtel Barbette passa ensuite à la maison de Brezé, et ce fut en qualité de femme de Louis de Brezé, comte de Maulevrier, qu'il échut à Diane de Poitiers, duchesse à Valentinois. Cette reine de la main gauche y recevait les visites de Henri II. Les duchesses d'Aumale et de Bouillon, ses filles, le vendirent divisé à des particuliers, en l'année 1561.

Une partie en fut jetée bas, pour faire place aux rues des Trois-Pavillons, du Parc-Royal et Barbette. Mais cette dernière rue s'est dessinée respectueusement au pied de l'ancien logis du prévôt des marchands, reconstruit pour le maréchal François-Anne d'Estrées, dont il porta le nom, avant celui des Corberon. En 1793 la nation confisqua l'immeuble, et le sieur de Baleine, son adjudicataire, le revendit à l'Etat le 22 novembre 1810, pour en faire la maison-mère des demoiselles de la Légion-d'Honneur avec succursale à Ecouen.

Le 20 août 1851, M. Charles Camus, commissionnaire en produits chimiques, s'en rendit adjudicataire, et ce sont les n°s 2 et 4 de la rue présente. Dans le jardin était debout un magnifique catalpa bagnonia, à larges feuilles, contemporain du maréchal d'Estrées ; M. Camus, à son grand regret, a dû consommer le sacrifice de cette relique verdoyante à la nécessité d'ouvrir des magasins sur une partie du jardin. Un éboulement a eu lieu dans la cour, en janvier 1857, et qu'en résultera-t-il ? la découverte inévitable d'autres reliques souterraines, à force de perquisitions. Les appartements, eux aussi, étaient trop vastes pour les aises d'aujourd'hui ; c'est avec infiniment de goût que le propriétaire en a ajusté, respecté les frises, les corniches, les trumeaux. Un escalier plein de majesté y mène ; la rampe en est de style élevé ; les panneaux peints en marbre, dorés aux encoignures, viennent d'en être rétablis sur le modèle de ceux de Fontainebleau. Un salon magnifique a conservé cinq croisées hautes et cinq portes ou fausses-portes, sur les trumeaux desquelles Watteau a peint de charmants groupes de joueurs. Or, le saute-mouton, le cochonnet, les quilles, le jeu d'oie, les tonneaux, les verres et les pipes, les jolies têtes aussi et les formes découplées de ces jeunes joueurs, étaient assez de nature à procurer des distractions aux jeunes filles, aujourd'hui mères-grands, qui prenaient leur leçon quand le salon était une classe. Ces candélabres et cette pendule, qui pèsent admirablement sur la cheminée de la même pièce, sont bien du style de l'Empire; mais leur importation date de la vente des meubles du château d'Eu, où ils ont éclairé et dit l'heure, pour la dernière fois, à Louis-Philippe, le 25 février 1848. De la chambre à coucher, il est vrai qu'on a fait cinq pièces, au lieu d'une; par exemple, un habile travail de reprises a ménagé la corniche du plafond, chef-d'œuvre du XVIIe siècle, et la distribution, l'ameublement y sont d'un rare bonheur.

Que si, en 1714, l'hôtel d'Estrées, ou pour mieux dire l'hôtel Barbette, était la seule maison de la rue, dessinée sur le plan de Paris, il y en avait pourtant 12 autres en ce temps-là, comme de nos jours, et 8 lanternes.

Celle du n° 11 était considérable. Le Mayrat, seigneur de Nogent, conseiller du roi, maître en sa Cour des comptes, la possédait sous Louis XIV, et il la tenait de damoiselle Parfait des Tournelles, qui l'avait affermée en 1682 à messire Louis Molé, seigneur de Champlâtreux, Luzarches et autres lieux, conseiller du roi, président en son parlement. Ce magistrat, fils de l'immortel Mathieu Molé, représenté dans le tableau de Vincent, et petit-fils d'Edouard Molé, qui avait négocié l'abjuration de Henri IV, n'avait pas craint de recevoir un bail qui prouve que la prudence en cette matière n'est pas de date récente : la location était consentie pour 6 ans, moyennant 1,800 livres par an, à la charge pour ce président « de garnir la« dicte mayson de meubles *exploictables* à luy apparte« nans pour seûreté dudict loïer. » Antoine Le Mayrat n'acheta cet hôtel qu'après le mariage de Mlle des Tournelles avec Louis de Milan, seigneur de Maupertuis, capitaine des mousquetaires du roi, et il le laissa, en mourant, à Joachim Le Mayrat, marquis de Bruyères-le-Châtel, seigneur de Praville, président en la Cour des comptes. Aussi bien les Mayrat en transportèrent la jouissance, moyennant un revenu qui variait de 3,300 à 2,500 livres, d'abord à la famille Baudran, noblesse parlementaire, puis à Beaussan de Thoiry, au marquis de Cernay; maréchal héréditaire du comté de Hainaut, et enfin à la femme de Bouret, fermier-général, dont le ménage faisait lit et hôtel à part, puisqu'il demeurait, quant à lui, rue de Richelieu-Grange-Batelière.

Au reste, les charges de la propriété bourgeoise n'avaient rien de léger à cette époque, nous le disons bien haut, pour la consolation des propriétaires d'à présent. Le seigneur président Le Mayrat payait 330 livres pour la taxe du dixième du revenu de sa maison, due à la Ville de Paris, en l'année 1734. Il avait, outre cela, des droits à acquitter au profit de la Commanderie du Temple, suzeraine de ce qui l'entourait. Puis, c'étaient les boues et lanternes, nouveaux débours; on disait même chandelles, au lieu de lanternes, du vivant des sieur et dame de Maupertuis. Enfin, sauf certains cas d'immunité, on payait tant, soit en rente, soit en principal, pour l'exemption des billets de logement à l'ordre des gardes-françaises. Nous avons eu entre les mains une note écrite par messire Le Mayrat, avec ce titre : *État de ce qu'il m'en a coûté pour faire rebâtir ma maison en* 1729 ; le total est de 39,805 livres, sans compter les glaces que son père avait fait poser, le vieux plomb échangé pour du neuf, avec retour, et tous les matériaux anciens qu'on avait pu utiliser. On remarque aussi dans cette pièce un petit article que voici : « Pour la gratification à l'architecte qui « m'a donné des dessins et fait exécuter, 1,000 livres. »

En vérité, ce n'est pas cher, pour une construction importante, que les connaisseurs du xixe siècle peuvent aller expertiser, puisque MM. de Clermont et Cie, négociants, la possèdent et l'entretiennent dans sa noble solidité. Mme la baronne de Septenville l'a vendue à M. de Clermont; seulement elle a appartenu précédemment à M. de Montbel et à M. Carouge, juge à la Cour d'appel sous la première République, et au comte Legendre d'Onzenbray, lieutenant-général des armées royales, qui avait là pour locataire, à la fin du règne de Louis XV, messire de Mareuil, avocat-général en la Cour des aides.

Pierre Boutet de Marivatz, seigneur de Livry, a disposé au xviiie siècle de la maison qui touche à celle de M. de Clermont. Cet hôtel, avant d'être à M. Deschamps, a reconnu pour maîtres les Le Meneust de Bois-Briand, après le comte de Bermònville et le marquis de Coqueromont, son beau-frère; un habile homme l'avait acquis en messidor an III, comme bien national. Mais le trait principal de l'histoire du n° 9, c'est qu'il a été confisqué en 1792, sur M. de Turgot, *présumé émigré.*

Le n° 6, pareillement, appartient à l'un des notables du commerce, M. Cusinberche, après avoir été une gentilhommière de robe; il date de 1660. Le 5, dont l'origine n'est pas autre, a été acheté en 1815, par la Ville, pour y loger les officiers de la caserne de gendarmerie des Francs-Bourgeois. Quels sont pourtant ces deux autres portes imposantes, cet édifice restauré, dont le passé n'ôte rien encore à l'avenir, ce jardin qu'habitent des statues, mais dont malheureusement la fin prochaine est annoncée aux passants par un écriteau? c'est le corps de logis ajouté à la cour Barbette, au commencement du siècle xv, et qui attenait à la fameuse porte, de mémoire galante et tragique. Sur les murailles de cet angle historique, bien qu'il sache cacher son âge, un bec de gaz, même en plein jour, ressemble fort à ces anachronismes fulgurants qui sont si familiers aux romanciers. Le sénateur Dupuy occupait le n° 13, sous l'Empire, et de nos jours c'est M. Delorme, négociant.

En face, remarquez-vous le 10 ? M. de Vallienne, allié à la famille de Joinville, a profité de l'adjudication révolutionnaire de l'immeuble confisqué sur celle de Choisy. M. Brière de Valigny, conseiller à la Cour de cassation, y a longtemps résidé. Le chevalier de Crussol, au nom du comte d'Artois, le dernier commandeur du Temple, a pu se rendre acquéreur du 12, avec le cens payé, comme droit seigneurial, par les hôtels de la Courtille-Barbette. Cette construction, qui a vu le jour sous la minorité de Louis XIV, a été le séjour de Mme la comtesse de Failly, de 1800 à 1834. Mais après avoir entendu, pour commencer, bien des mazarinades et autres vaudevilles de la Fronde, cette maison actuellement a tout le loisir d'écouter, car il est vrai que les murs ont des oreilles, les accords qui émanent des élégants pianos dont son propriétaire, M. Mussard, est le facteur. De notables commerçants, en somme, ont remplacé les magistrats qui habitaient la rue au siècle précédent, et celle-ci jouit toujours d'un immense crédit, dans une acception différente.

RUE DE LA BARILLERIE.

Jules César. — Saint Éloi. — Les Barnabites. — L'architecte Lenoir. — Théâtre de la Cité. — Le Prado. — Le café d'Aguesseau. — Les anciens magasins. — Le Reposoir.

Un rédacteur de l'ancien *Figaro*, M. le comte de Saint-Geniès, jamais ne passe rue de la Barillerie sans penser à Jules César, qui a dû souvent la franchir pour se rendre au palais des Thermes : les deux forts qui gardaient Lutèce à cette époque étaient, pour ainsi dire, aux deux bouts de cette voie gauloise, et d'ailleurs ce n'est pas sans peine que Ligarius, lieutenant du triumvir romain, eut raison du courage des habitants de la grande ville naissante. Cet homme de lettres est aussi un savant, qui ne se borne pas à savoir par cœur ses *Commentaires*; mais son voltairianisme l'empêche sans doute d'avoir aussi souvent saint Eloi présent à l'esprit que l'ancien conquérant des Gaules.

L'orfèvre saint Eloi obtint du bon roi Dagobert une concession de terrain précisément en cet endroit, et il y établit des religieuses sous l'invocation de saint Martial, évêque de Limoges. Les bons effets produits par cette pieuse initiative l'engagèrent et l'autorisèrent à demander au souverain, dont il était le confident intime, l'agrandissement de ce terrain, et l'on crut un moment qu'il allait enfermer toute la Cité dans sa ceinture ; on en fut quitte pour la peur, car le couvent seulement prit le nom de ceinture de saint Eloi. Au commencement du xiie siècle, de graves désordres firent disperser les religieuses dans d'autres monastères. L'abbaye fut donnée à Thibaut, abbé de saint Pierre-des-Fossés, lequel y installa un prieur et douze religieux. Etienne de Senlis, évêque de Paris, en fut ensuite le supérieur pendant neuf ans, puis la remit aux religieux de Saint-Pierre, qui occupèrent le monastère jusqu'en 1530. L'édifice de la communauté tombait en ruines lorsque l'archevêque de Paris le destina, en 1629, aux clercs réguliers de Saint-Paul, dits Barnabites; ces missionnaires, que précédemment Henri IV avait appelés en France, firent rebâtir l'église, dont le portail date de 1704, et qu'on peut voir encore au fond du n° 5, place du Palais-de-Justice. Ce monument religieux pourrait, dit-on, reprendre sa première destination ; malgré le temps, sa vieillesse respectable est toujours pleine de verdeur et de vigueur ; il sert actuellement de dépôt-général au mobilier de l'Etat, et on a fondu, pendant la République, des sous de cloches, sous ses voûtes, pour lesquelles un silence peut-être éternel a succédé au bruit des forges et des marteaux retombant sur l'airain. Une partie des bâtiments conventuels avait été aliénée les 6 prairial, 1er messidor an v, et le 11 thermidor an vi. La cour des moines servait encore de passage au public en 1850, pour aller rue de la Calandre. L'église royale de Saint-Barthélemy et l'église de Saint-Pierre-des-Arcis étaient en face des Barnabites, de l'autre côté de la place. Les piliers de ces édifices, assises vénérables qui doivent reposer sur une autre église souterraine, tant elles paraissent inébranlables, servent encore de rez-de-chaussée à une vaste maison, divisée en quatre parties, et dont les galeries noires, disposées en forme de croix, ouvrent sur des voies différentes. L'extérieur des étages de cette maison quadruple n'annonce pourtant pas une origine antérieure au règne de Louis XVI, et, en effet, ce prince céda par un arrêt à Samson-Nicolas Lenoir, architecte, les maisons et terrains nécessaires pour construire toute la place semi-circulaire, qui devait mettre, en vertu d'un arrêt du conseil du 3 juin 1787, le Palais-de-Justice en communication, par la rue de la Vieille-Draperie, aujourd'hui Constantine, avec le haut de la Cité. Lenoir, qui édifia en quinze jours le théâtre de la Porte-Saint-Martin, ne tarda pas à se trouver à l'étroit dans le cercle tracé par la munificence royale, et il acquit au commencement de la Révolution presque tout le territoire de Saint-Barthélemy et des Arcis, occupé aujourd'hui par la maison à quatre portes. Au surplus, si les fondations de ce quadrinome de pierres nous paraissent des plus profondes, nous nous souvenons aussi de vieilles maisons voisines, que l'on a démolies rue Constantine, rue du Marché-aux-Fleurs et rue de la Pelleterie, il y a très-peu de temps, et qui comptaient trois berceaux de caves l'un sur l'autre ; il est aisé d'en inférer que la Cité, depuis Jules César et les Mérovingiens, s'est exhaussée de sol d'une façon considérable.

On voit encore, sur la façade de la rue Constantine, cette inscription :

« Théâtre du Palais-Variétés. »

Ces mots rappellent une salle de spectacle, construite par le même architecte, et dans laquelle des drames et des vaudevilles ont été joués avec succès, par des acteurs qui se sont répartis dans les meilleurs théâtres de Paris lorsqu'en 1806 l'empereur eut ordonné la clôture du théâtre de la Cité, en même temps que celle de beaucoup d'autres théâtres. Chacun sait qu'on danse actuellement dans les salles du Prado, depuis que l'art dramatique n'y est plus à l'ordre du jour ; des étudiants en composent le public, et cette circonstance explique peut-être la prévoyance quasi-paternelle avec laquelle un commissionnaire au Mont-de-piété a eu l'idée de s'établir tout près, côté du quai aux Fleurs.

Au coin du même quai est un magasin de quincaillerie, fondé en 1809 sous le titre des *Forges de Vulcain*, légende d'un beau tableau d'enseigne, peint par Aubert sous la Restauration. La porte d'ensuite, où jadis était celle de l'église royale, ouvre depuis 1806 sur un grand bazar d'horlogerie, derrière lequel, dans la cour, se retrouvent des inscriptions tumulaires en lettres gothiques. Le père de M. Aréra, propriétaire de ce bazar, a signé ses premières factures portant l'adresse de la rue Saint-Barthélémy, ancienne dénomination locale. La partie de la voie publique dont nous nous occupons, rapprochée du pont Saint-Michel, n'avait pas pris cette première dénomination, mais bien celle de Saint-Michel ; pourtant l'on distinguait, au commencement du xviiie siècle, la rue Saint-Barthélémy qui comptait 14 maisons, 30 échoppes et 5 lanternes, de la rue de la Barillerie, forte de 36 maisons, 50 échoppes et 10 lanternes : il va sans dire qu'à cette époque les deux rues, pour tout monument visible sur leurs rives, avaient la Tour de l'horloge.

Après la porte du Prado, les avocats ont leur buvette fashionnable ; ils viennent s'y mettre à table en traversant la rue, presque toujours en robe noire, et souvent avec un client qui a payé d'avance le droit de raconter à satiété toutes ses affaires au défenseur qu'il poursuit jusque-là. Guyon, Favre, Recordon, ont tenu cette buvette, ancien café Thémis, aujourd'hui café d'Aguesseau. Sous la Restauration encore, les habitués de la maison avaient souvent sous les yeux un spectacle qui n'était pour les avocats qu'une représentation, en pantomime, d'un drame déjà joué aux assises ; on exposait alors une partie des condamnés qui restaient dans le principe de 8 heures du matin à 2 attachés sur un tabouret, puis une heure seulement, mais debout : on a supprimé, depuis, cette exposition au carcan.

Traversons de nouveau la place, nous trouvons une maison également bâtie par Lenoir sur le modèle des voisines ; seulement elle a été construite pour le compte de la grand'mère de l'abbé Hamelin, curé de l'Abbaye-aux-Bois.

M. Hamelin, père de cet honorable ecclésiastique, était chef d'une maison de quincaillerie, à l'enseigne de la *Flotte d'Angleterre*, comme l'indique encore un tableau peint sur le cuivre, qui remonte au milieu du xviiie siècle, époque de l'ouverture du magasin. Ce fabricant d'outils a corrigé un livre en trois volumes in-4°, dont un de planches, intitulé *le Manuel du Tourneur*, et publié d'abord par Bergeron, son auteur, vers 1780 ; cet ouvrage spécial, qui a été réédité, fait encore bonne figure chez le libraire Roret. Quant à l'abbé Hamelin, il a reçu le baptême dans la Sainte-Chapelle, qui a été rendue au culte en 1806 pendant six mois, et dont les registres ont été transférés à Saint-Thomas-d'Aquin, pour faire place aux Archives du Palais.

Que si les condamnés traversaient autrefois la rue de la Barillerie, pour aller de la Conciergerie à l'échafaud, les rois prenaient le même chemin en sens inverse pour se rendre du Louvre à Notre-Dame. Un jour de Fête-Dieu, sous le règne de Louis XVIII, un joli reposoir fut établi à la *Flotte d'Angleterre*, où Monsieur, comte d'Artois, la Dauphine et la duchesse de Berry s'arrêtèrent à moitié chemin de l'église métropolitaine.

RUE DE LA BAROUILLIÈRE,
Nos 3, 8, 14 et 16.

Clarke, duc de Feltre, n'était-il pas un des plus brillants personnages et des plus beaux hommes de l'Empire? Quel ambassadeur, quel ministre porta mieux le manteau de cour, avec la toque de velours à marabouts ! En général, les merveilleux de la première cour impériale étaient irréprochables quant à la figure, quant au buste ; David et Gros y trouvaient leur profit ; mais Eugène Delacroix eût fait merveilles des couleurs si variées du teint, ayant reçu l'impression de différents climats, et des panaches, des broderies, des dorures, des croix, enfin des habits de gala de cette époque remarquable. Malheureusement les hommes favorisés par la nature, pour peu qu'ils eussent servi Napoléon, et couru le monde à pied où à cheval en conquérants, péchaient toujours comme modèles, dans la partie inférieure de leurs corps ; la personne finissait chez eux, au point de vue de l'art, à l'estomac, quand bien même le fer et la mitraille ennemis eussent respecté les deux jambes, et que celles-ci restassent la base solide de rhumatismes glorieux, de gouttes fort honorables, de tics flatteurs et chevaleresques en ce que leur origine reportait à de hauts faits d'armes, mais restes inévitables des excès de fatigue de toute espèce de la vie militaire. Ainsi, sous le règne belliqueux du premier des Napoléons, l'enfant chéri des dames n'avait presque jamais la belle jambe d'ancien régime, qui avait séduit nos aïeules sous la monarchie détrônée des légitimes culottes courtes, et la valse l'emportait déjà pour cela même sur la classique contredanse, dans l'intervalle des campagnes ; la valse, ce n'était autre chose qu'un haut-lecorps prompt et gracieux, pivotant sur lui-même, tandis que le quadrille en ce temps-là exigeait moins de bonds et de pas, plus de finesse, au contraire, dans les extrémités qui cessaient de raser la terre sans brûler une seule mesure musicale. Dans Clarke, tout enfant, Mme de Genlis devina bien un cavalier parfaitement doué ; mais au point de vue chorégraphique l'avenir devait en faire plutôt un valseur qu'un danseur ; toutefois, la gouvernante des princes d'Orléans n'eut pas le temps ou la liberté de se mêler de son éducation.

Élevé par le colonel Schée, son oncle, secrétaire du duc d'Orléans, Clarke dut au prince ses premiers grades, dans la carrière des armes. Il se trouvait déjà général de brigade, attaché à l'armée du Rhin, lorsqu'on le destitua comme noble, en vertu d'un décret de la Convention, la veille de la prise des lignes de Weissembourg par les Autrichiens. Après la chute de Robespierre, il fut remis à la tête d'une brigade sur la demande de Carnot. Puis des négociations dont le général fut chargé firent de lui un diplomate, disgracié derechef au 18 fructidor. Napoléon, son ancien condisciple à Brienne, lui confia dans la suite, comme chacun sait, le gouvernement de Berlin, le bâton de maréchal et le portefeuille de la Guerre. Eh bien, ce duc de Feltre, qui fut à la fin pair de France, termina, rue de la Barouillière, n° 16, une vie pleine de succès et d'honneurs mérités, dont les revers étaient oubliés. Ses deux fils, également grands et beaux hommes, cités dans ces parages de la grand'ville pour leur inépuisable bienfaisance et pour l'élévation d'idées qui s'alliait à leur bienveillance, moururent dans le même hôtel, à peu de distance l'un de l'autre, au moment où l'aigle impériale déployait pour la seconde fois ses larges ailes sur la République aux abois.

Le 14 de la même rue paraît vieillot ; mais nous n'en savons rien qui mérite de vous rappeler son origine. M. Bouillet, haut fonctionnaire de l'Université, et auteur d'un grand dictionnaire de géographie et d'histoire, en est propriétaire. Un jour viendra où la notice consacrée à l'auteur de cet ouvrage utile, qui grossit à chaque édition, manquera seule à son répertoire de documents. Comme il a déjà fait parler de lui, on pourra s'en souvenir et combler la lacune.

Numéro 8, autre nom également connu. La maison n'a rien de moderne et appartient à M. Kowalski, oculiste, qui jouit, comme M. Bouillet, d'une réputation profitable, et qui de même laisse à des locataires son hôtel.

Il existait autrefois dans Paris 24 salpétrières ; on n'en compte plus que deux, une sur chaque rive de la Seine. La salpétrière de la rue de la Barouillière, n° 3, date de deux siècles.

Aussi bien c'est une voie de communication dite autrefois rue des Vieilles-Tuileries, puis rue de Saint-Michel. La dénomination qui a prévalu lui vient de Nicolas-Richard de la Barouillière, auquel l'abbé de Saint-Germain-des-Prés céda, en 1644, un terrain à la charge d'y bâtir. Soixante-dix ans plus tard, cette condition n'était pas encore trop remplie, car la rue n'avait qu'une maison, qui comptait sur le clair de lune pour luminaire.

RUE DES BARRES-SAINT-GERVAIS.

Robespierre jeune, qui s'était jeté d'une des croisées de l'Hôtel-de-Ville, fut porté le 9 thermidor sur une chaise au siége du comité civil de la section de la Commune. Sa blessure était dangereuse, il fut pansé, puis transféré au comité de Salut public, d'où on le mena à l'échafaud avec Maximilien, son frère, et autres, mis hors la loi par les thermidoriens. Puis la justice de paix du 9ᵉ arrondissement fut placée dans l'ancien local de la Commune, qui n'était autre que l'hôtel des Barres bâti sous le règne de saint Louis; les moines de Saint-Maur avaient acheté jadis cet édifice, ainsi que les moulins des Barres qui en dépendaient; puis Louis de Bourdon, un des amants de la reine Isabeau, l'avait habité; enfin les seigneurs de Charny avaient donné leur nom à cet hôtel devenu leur propriété, et vers la fin du règne de Louis XVI, le bureau général des aides y avait été installé, avant de passer rue de Choiseul. La plus grande partie de ces bâtiments a été démolie pour livrer passage à la rue du Pont-Louis-Philippe, et aujourd'hui il n'existe plus rien de cette maison dont les moulins à eau ont baptisé la rue, appelée en 1293 ruelle des Moulins-du-Temple, parce qu'à cette époque les machines à moudre appartenaient aux Templiers. On retrouve même qu'au xvi⁰ siècle Malivaux, propriétaire des moulins, prêta pour quelque temps son nom à cette voie publique, dite aussi des Barrières dans le cours du siècle suivant. En ce temps-là 7 lanternes y éclairaient 29 corps de logis.

En face des Charny était l'abbaye royale de Maubuisson, dont les religieuses, filles de la croix, étaient établies là depuis 1664, bien qu'elles ne fussent propriétaires de leur immeuble qu'en vertu de lettres-patentes signées en 1778. Nous avons fait un pèlerinage à l'ancienne abbaye royale qui survit à ces religieuses, dont la principale maison se retrouve aussi à Pontoise, et qui possédaient également une riante partie des environs de Napoléon-Saint-Leu. Ce sont les numéros 9 et 11 de la rue des Barres ; leurs caves sont toujours illustrées de colonnes et de dispositions rappelant des chapelles souterraines. L'extérieur de ces deux maisons, leurs cours, leurs escaliers et leurs fenêtres n'ont plus rien de virginal ; mais ces duègnes de l'architecture inspirent un respect, qui a quelque chose de tendre, à ceux de nos contemporains qui se rappellent l'époque où tant de jeunes filles consacraient à Dieu sous leur voile un amour innocent ou repenti.

Le 17 est plus vieux encore, s'il faut en croire la rumeur qui rapporte que, Charles VI régnant, on y fonda un couvent d'hommes.

RUE DES BARRÉS-SAINT-PAUL.

Pour le coup, voici bien une rue qui sent son règne de Charles VI, comme si l'usage des arquebuses, pratiqué pour la première fois au siége d'Arras en 1413, n'était qu'une invention récente. L'ancien hôtel de la reine Blanche qui ouvre rue Saint-Paul fait une large part à la rue des Barrés-saint-Paul, qui le regarde, dans la brillante architecture qui drape sa mémorable vétusté. En face de ce séjour, en 1714, il y avait dans une maison, dont l'angle se replie toujours sur le quai des Célestins, le bureau dit du port Saint-Paul, pour la recette du droit des vins et aux-de-vie qui arrivaient par la rivière. Combien comptait alors de lanternes la rue des Barres? 7, réparties sur 25 corps de bâtiment.

Si ce n'était un monument public, nous aurions à vous esquisser l'histoire de la caserne de l'Ave-Maria, où des religieuses tinrent leur communauté; leur chapelle, historiée de vitraux splendides, fut jetée bas il y a un an après avoir servi de salle-d'armes; du fait de ces religieuses, la rue s'appela des Béguines, avant de s'arrêter à la présente dénomination, qui lui venait des Carmes, moines aux manteaux bariolés, qui eurent leur premier couvent en face de l'Ave-Maria, où ils précédèrent les Célestins. Antérieurement à nous, le peuple a remarqué fort plaisamment que les Carmes se postaient toujours vis-à-vis d'un couvent de femmes, et une comparaison assez triviale, mais pittoresque, serait inexplicable sans cette circonstance de voisinage féminin. Les bâtiments des religieux sont encore debout, mais divisés. Le marchand de vin du n° 25 a pour cave une antique chapelle, à la reconnaissance de laquelle la préfecture de la Seine a envoyé un savant émissaire. Le 15 est une autre maison qui avance, comme une sentinelle au port d'arme, qui finira par être relevée; on y trouvait un jeu de paume, bien avant l'hôtel-garni de *l'Ave-Maria*.

PASSAGE BASFOUR.

Le 24 février 1848, révolution qui s'était accomplie, pour ainsi dire, sans résistance, se tourna après coup, et en se ravisant comme par humilité, contre les gens qui l'avaient laissé faire. Ces excellents propriétaires, lorsqu'on les eut menacés dans tout ce qu'ils avaient de plus cher, la propriété, jurèrent, comme de juste, de laisser faire un autre 9 thermidor, qui fut le 24 juin 1848, et un 18 brumaire, dont la seconde représentation eut lieu le 2 décembre 1851, avec le même succès que la première. Bien des gens s'en prennent de plus belle à ceux qui signent les quittances de loyer, et qui, effectivement, après avoir brûlé bien des lampions involontaires pendant l'affreux cauchemar des sept vaches maigres, ne sont pas trop fâchés que le rêve des sept vaches grasses ait son tour. Mais n'a-t-on pas compté plus d'une victime dans les rangs de la propriété, aussi bien que dans les rangs du socialisme? Des balles qui venaient des barricades, quelques-unes tuaient, les autres expropriaient. Par malheur, disent les pessimistes, le droit de posséder n'est pas mort ; à peine s'il a changé de mains, et sa tyrannie pèse toujours. Il a fallu absolument que plusieurs de ces pauvres, pour changer d'opinion, devinssent riches à la place des déclassés. Ceux-là peuvent néanmoins, comme propriétaires, rencontrer d'excellents modèles parmi ceux-ci, qui le sont par droit d'héritage. Par exemple, aucun parvenu de nouvelle date n'est de composition plus humaine, plus facile, plus honorable avec ses locataires que M. Honoré, qui possède une immense maison habitée par la classe laborieuse dans le passage Basfour, du côté de la rue Grenétat. Jamais son père ni lui-même n'ont fait vendre le mobilier d'un locataire ; jamais ils n'ont augmenté le prix de leurs loyers, qui en général est modeste. En juin 1848, on a pourtant été sur le point de brûler les bâtiments appartenant à M. Honoré : soixante-dix fusils y avaient été laissés sur les carrés des escaliers par des insurgés, mis en fuite après avoir fait de la maison une véritable citadelle. Quant à M. Honoré père, il avait essuyé l'ingratitude de ses voisins pendant la grande révolution ; le tabletier Defrance, qui était terroriste et qui, poussé par les conseils de sa sœur, avait été chercher le roi à Versailles, comme tant d'autres, en s'armant d'une pique, avait plus tard, si ce n'est dénoncé, compromis son propriétaire, et ce dernier avait failli succomber dans cette circonstance, ainsi que Ginette et Nolin, négociants, qui, quant à eux, n'avaient pas pu éviter l'échafaud.

La porte sur la rue Grenétat était à l'enseigne du roi David, depuis plus d'un siècle, lorsqu'une lingère, en 1814, quitta la place où est maintenant établi un peaussier. Nos pères ne connaissaient, au reste, qu'une impasse du nom de Basfour, et en 1714 cette ruelle sans chef n'avait qu'une maison et qu'une lanterne. Il y a environ trente ans que les propriétaires du passage Saint-Denis et de l'impasse Basfour se sont entendus pour réunir l'un et l'autre en passage. Le cimetière de la Trinité venait jadis jusqu'au carré qui sert de jardin au café Marchetti. Vers 1789, presque tout le passage actuel appartenait à l'Hôtel-Dieu. Numéro 4, dans la maison du charbonnier, on reconnaît très-bien qu'il a existé une chapelle, dépendant également de la Trinité.

Paris. — Imprimerie de POMMERET et MOREAU, 17, quai des Augustins.

LES ANCIENNES MAISONS

Des rues Basfroid, Basse-du-Rempart, Basse-Saint-Pierre, Basse-des-Ursins
et de la place de la Bastille.

NOTICES FAISANT PARTIE DE L'OUVRAGE INTITULÉ :

LES ANCIENNES MAISONS DE PARIS SOUS NAPOLÉON III,

PAR M. LEFEUVE,

Monographies publiées par livraisons séparées en suivant l'ordre alphabétique des rues.

RUE BASFROID.

La presse de Paris a bien voulu, d'une voix unanime, souhaiter une bienvenue flatteuse à la publication intitulée les *Anciennes Maisons de Paris sous Napoléon III*, qu'elle considère comme d'intérêt public. Pour ne citer qu'un journal au hasard, *le Constitutionnel* du 22 janvier 1857 nous consacrait une mention honorable, et fort utile, dont voici le premier alinéa :

« Non seulement M. le préfet de la Seine a honoré d'une
« souscription multiple les *Anciennes Maisons de Paris sous*
« *Napoléon III;* mais encore tous les documents dont dis-
« pose l'Hôtel-de-Ville, dans ses bureaux, dans sa biblio-
« thèque, ont été mis à la disposition des éditeurs de cet
« ouvrage tout parisien. Pour compléter ces renseigne-
« ments, MM. les propriétaires des maisons dont la con-
« struction remonte avant la fin de la première Répu-

« blique, sont priés de vouloir bien consulter leurs titres
« de propriété, et d'en adresser un extrait franc de port
« à M. Rousseau, 15, boulevard de la Madeleine. Voici ce
« qu'il importe de savoir : 1° la date de la construction de
« la maison ; 2° sur quel terrain et pour qui elle a été
« bâtie ; 3° quelles sont les personnes remarquables qui l'ont
« habitée depuis sa fondation (1). »

Le fait est que la rédaction serait impuissante à se passer du concours des notes et renseignements de première source, dont la presse a reconnu elle-même la nécessité. M. Rousseau a beau se multiplier, ne lui est-il pas difficile de recueillir en ville, à lui tout seul, les documents indispensables, et qui pour la plupart sont inédits, enfouis dans une quantité d'actes soigneusement éparpillés chez dix mille particuliers ?

Néanmoins, pour la rue Basfroid, ce très-diligent collecteur de renseignements nous eût fort étonné, en nous rapportant de quoi remplir une livraison du présent recueil.

---

(1) **AVIS.** Les Editeurs des *Anciennes Maisons de Paris sous Napoléon III* profitent de cette circonstance pour solliciter la réponse d'un certain nombre de personnes notables, auxquelles les livraisons de cet ouvrage ont été adressées, tout comme à M. le préfet, mais qui n'ont pas eu toutes l'obligeance de retourner n° 15, boulevard de la Madeleine, soit lesdites brochures, soit le montant de la souscription. Les livraisons parues coûtent 9 fr. 60 c. ; la somme de 32 fr. est celle qu'ont adressée les abonnés inscrits, aux Editeurs de la publication. Un commis se rendra chez les personnes qui en manifesteront le désir.

ROUSSEAU.

Malgré tous les pas et démarches, cette voie publique n'a acquis de notoriété, pour les plus érudits en la matière dont nous traitons, que par l'établissement de sa fontaine publique au coin de la rue de Charonne.

M. Rousseau n'a retrouvé, en somme, qu'une de ces petites maisons que les roués du siècle dernier entretenaient au faubourg Saint-Antoine, et que dans les vaudevilles si souvent on a représentées. C'est le n° 30, occupé par M. Gautier. Ce grand industriel dirige laborieusement une fonderie de cendre d'or et d'argent, là où ces deux métaux ont été prodigués pour assouvir des plaisirs plus faciles. Or c'est la quatrième génération, de père en fils, qui se trouve à la tête du même établissement, depuis l'an 1786. Avant que l'usine Gautier eût cette propriété pour siége d'exploitation, c'était une fabrique de porcelaine et de faïence.

RUE BASSE-DU-REMPART.

M. Gustave Planche. — Le comte de Sommariva. — Mlle Raucourt. — L'hôtel d'Osmond. — Le 12, le 16, le 18. — Mme d'Abrantès. — Mme Récamier. — Maurice Meyer. — Les Odiot. — Mlle Georges. — Les Bapst. — Le 46. — La Duthé.

M. Gustave Planche, le critique, est né dans la première maison de cette rue, il y a un demi-siècle; ce bâtiment n'existe plus, mais l'officine pharmaceutique, fondée vers

1800 par M. Planche, qui a donné le jour à l'écrivain, n'a presque pas changé de place. Tel père, tel fils, dit un proverbe, et en effet la plume élégante et savante du rédacteur de la *Revue des Deux-Mondes* purifie activement les humeurs d'une littérature de transition, bon ou mal gré, tout comme la pharmacie du même nom purge un brillant quartier de Paris, où l'on meurt bien plus dégagé, si ce n'est plus tard, que dans les quartiers moins châtiés. Le codex littéraire et artistique de Gustave Planche a déjà agi puissamment sur le tempérament de notre époque, sans en faire un grand siècle; seulement sa collection de formules à forte dose a donné lieu à la seconde manière de bien des écrivains et des artistes, dont les débuts plus libres avaient fait la réputation, avant que des correctifs leur fussent magistralement prescrits, impérieusement administrés par le pharmacopole éminent de la *Revue des Deux-Mondes*.

Heureux critique! c'est à sa porte même que la statuaire et la peinture avaient réuni des chefs-d'œuvre, comme pour flatter et décider son goût naissant. La magnifique galerie du comte de Sommariva, qui devint publique à sa mort, jusqu'à ce que tout en fût vendu et réuni à d'autres galeries, était là, au n° 4, dans un hôtel qui appartient encore à sa veuve. Cet ancien président de la république de Florence, réunie ensuite à la France, acheta en 1807 la propriété dont s'agit, ainsi qu'une grande partie de la vallée de

Montmorency, pour hôtel de campagne. Avant lui l'écuyer Pierre-Eloi Doazan, conseiller-secrétaire du roi, et fermier-général, avait installé ses pénates sous le même toit, rue Basse-du-Rempart, comme acquéreur de Bouret de Vézelay, écuyer, trésorier-général de l'artillerie. Un autre financier encore, Jean Batailhe de France, conseiller du roi, et sa sœur, demoiselle Charlotte-Françoise de France, avaient acquis en 1772, ou plutôt pris à bail emphytéotiquement, du trésorier de l'artillerie, un terrain nu, à la condition d'y faire construire une maison de la valeur de 60,000 livres au moins, qui, au décès du survivant des deux acquéreurs, devait retourner au vendeur, et c'est ainsi qu'avait été bâti l'hôtel Sommariva. Que si vous voulez tout savoir, ce même terrain faisait encore partie d'un grand marais, en 1752, appartenant au président Mallet, dont le fils, Mallet de Chanteloup, traita avec Bouret de Vézelay; il se trouvait sous la censive des sieurs prieur et religieux de Saint-Denis-de-la-Chartre, et de plus il était chargé de dîmes, en vertu d'un arrêt du parlement du 5 avril 1629, au profit des chanoines et du chapitre de l'église royale et collégiale de Saint-Germain-l'Auxerrois, réunis au chapitre de l'Eglise de Paris.

Planche, qui compte maintenant beaucoup d'ennemis, ceux-ci à cause de sa critique, et ceux-là, plus nombreux peut-être, par pure tactique, afin de l'attirer aussi sur leur tête qu'elle a épargnée, Planche n'avait encore que des rivaux de classe au grand concours et au collége Bourbon, lorsqu'un bruit formidable se fit entendre, également à sa porte. C'était sous la Restauration; Mlle Raucourt, de la Comédie-Française, venait de trépasser, n° 6, dans une maison qu'habite une autre dame, qui est née là avant la fin du siècle précédent. On prétend même que Mlle Raucourt, qui pendant les dernières années de sa vie avait fait des dons à l'Eglise, s'était préparée, comme les rois, à mourir avec dignité, en prononçant ces mots peu de temps avant l'agonie : — Voici la dernière scène que je jouerai, je suis prête à bien jouer... Le curé de Saint-Roch refusait d'enterrer la remarquable tragédienne, et toutes les fureurs qu'elle avait déchaînées avec un art prodigieux sur la scène étaient descendues dans la rue, par un écho posthume de la gratitude du public. Sans Louis XVIII, que la terreur n'avait jamais glacé, ni au théâtre, ni dans la vie, que ne fût-il pas advenu? Le clergé, prenant à la lettre d'anciens canons, paganisait le Théâtre, et toute une jeunesse voltairienne lui tenait tête, attachant un prix imprévu aux dernières prières de l'Eglise, qui eût dû regarder cette réaction *in extremis* comme un bienfait miraculeux. Le roi eut plus d'esprit que l'un et l'autre adversaires, car il les mit d'accord, en dépêchant rue Basse-du-Rempart un de ses aumôniers; la foule, calmée et en bon ordre, se contenta de suivre le convoi jusqu'au Père-Lachaise.

Mais il s'agit bien d'agonie, de funérailles et d'émeutes,

dans l'édifice qui vient après! Ne sont-ils pas variés, à l'infini, les accords qui y retentissent tous les soirs? Les initiés savent bien à quoi s'en tenir, et l'affiche qu'ils consultent est bien moins à la porte que dans la salle même de Musard. Quelques hommes blasés cherchent un fréquent refuge dans ce séjour de fête, dont leur présence fait l'éloge, qu'ils soient venus comme auditeurs ou seulement en spectateurs. Là aussi, bien des myopes se plaignent du petit nombre de cas où leur lorgnon, braqué de côté et d'autre, fait ses frais. Mais un joli visage enlaidit les visages voisins, dans tous ces lieux publics où chacun oublie trop qu'il est l'hôte de ceux qui l'entourent, et qu'il leur doit des égards à tout prix. On peut même dire à tous les prix, pour flatter les tendances vénales qui dominent aujourd'hui jusque dans le temple des arts. Néanmoins, depuis Ovide, chaque siècle ajoute son chapitre à l'art d'aimer, empreint du caractère général de l'époque, et notre temps n'a pas été du tout le plagiaire des siècles primitifs lorsqu'il a inventé Mabille et le Concert-Musard, dont le succès rend jalouses de Paris toutes les autres capitales. Les passants, les profanes n'y sont plus des bourgeois; ce sont au contraire des artistes; la naïveté a changé de côté, et je ne sais à présent rien de moins ingénu que la bourgeoisie parisienne. Si vous rencontrez un badaud, soyez sûr qu'il est étranger dans la grande ville, ou quelqu'un d'arriéré, si ce n'est prophète d'un autre âge. Par bonheur les profanes trouvent encore au Concert-Musard une charmante musique, tour à tour tendre et puis qui saute, et une invitation continuelle à la valse, sans compter maintes ritournelles imitatives qui invitent à la chasse, à la vie pastorale, et à déboucher du champagne, à défaut d'amour platonique. Outre cette harmonie intermittente, il y a place encore chez Musard pour une conversation qui cesse et qui reprend comme elle, pour une vive lumière et des pénombres distribuées avec art, pour des lambris aristocratiquement dorés, à côté des arcades improvisées en carton ou en toile, pour des salons où l'on boit, où l'on fume, où l'on peut lire les journaux du lendemain, où s'exposent aussi des peintures, des lithographies et des portraits photographiques, et enfin pour des jeux absolument nouveaux en ce qu'on y perd son argent sans la plus petite chance de gain. Depuis que cette salle de concert anime la rue Basse-du-Rempart, on parle de démolir l'hôtel superbe qu'elle occupe, et le Crédit mobilier, qui en est le propriétaire, ne consent aux entrepreneurs qu'un bail de deux mois à renouveler. On dit aussi, et nous le souhaitons fort, que cette maison sera seulement restaurée et mise de niveau avec le boulevard. Chacun sait que c'est l'ancien hôtel d'Osmond.

Les héritiers de la comtesse d'Osmond ont vendu ce plus beau, ce plus doré des hôtels de Paris au Crédit mobilier; la comtesse était fille de M. Des Tillières, le confident du prince de Talleyrand, et dont l'immensité de fortune avait eu une double origine, à laquelle aujourd'hui il est loisible de remonter. D'abord quand Telleyrand avait le portefeuille des Relations extérieures, Des Tillières jouait à la Bourse, pour le compte de ce diplomate, et aussi pour son propre compte sans le lui dire. Bien qu'ils suivissent le même jeu, avec un bonheur fort explicable, le ministre pourtant se ruina, et l'issue de la partie fut toute différente pour son ami l'entremetteur. Talleyrand, qui recevait de première main bien des nouvelles, et que son département mettait à même d'en ralentir ou d'en accélérer la divulgation officielle, avait toujours des raisons excellentes pour ne rien faire paraître du peu de confiance à long terme que lui inspiraient, à part soi, les gouvernements qu'il servait, et il plaçait ses fonds disponibles en Angleterre. Mais il n'avait pas tout prévu, et la guerre déclarée de nouveau aux Anglais autorisa ceux-ci à confisquer l'argent ennemi, pendant que Des Tillières, bien au contraire, réalisait, sans traverser la Manche, ce qu'il avait gagné sur place. D'autre part, la réclamation d'une somme de 18 millions avait été faite en pure perte à Napoléon par les Suisses qui avaient fidèlement servi le roi Louis XVI; Des Tillières et un autre capitaliste, profitant du découragement où se trouvaient les créanciers aux plaintes desquelles on était sourd, achetèrent 200,000 fr. les titres réguliers de leur créance protestée. A la rentrée de Louis XVIII, toutes les dettes de l'ancienne cour furent payées intégralement, et notamment les millions dus aux Suisses, qui avaient livré aux Alliés l'accès de la frontière française. Des Tillières centupla ainsi la somme qu'il avait avancée. La femme de cet heureux spéculateur avait une complexion trop délicate pour prendre longtemps part à cette rare opulence; elle en mourut au lieu d'en vivre, et comment? pour avoir trop enrichi sa belle chambre à coucher de bronze et d'acajou de nouvelle mode. Le triple alliage du cuivre, du zinc et de l'étain exhalait des miasmes pernicieux dont l'influence, encore mal combattue, nuisait alors à la santé des ouvriers qui le manipulaient; mais on aurait eu tort d'en dire autant des nouveaux meubles faits de cet arbre, innocemment rapporté d'Amérique par La Fayette avec la République. Empoisonnée par ces jouissances du luxe, Mme Des Tillières laissa une fille unique, dont une religieuse resta la gouvernante; et puis le fils du duc d'Osmond, qui épousa en elle la plus riche héritière de France, lui prêta, en revanche, le nom brillant que ses ancêtres avaient gagné au jeu des armes.

Le 12 de la même rue était d'abord le toit d'un jardinier, attenant au marais dont nous avons parlé; l'hôtel bâti vers l'an 1775, fut acquis trente années plus tard par le marquis d'Orvilliers, pair de France sous la Restauration, victime du choléra en 1832.

Le 18 et le 16 furent vendus révolutionnairement, et celui-ci, acheté par le père de M. Théodore Davillier, qui y naquit, et qui l'habite toujours. M. Mozzanino, fumiste, et père lui-même du propriétaire d'à côté, convoitait ce magnifique n° 16; mais distancé par M. Davillier, il gagna le second prix dans cette course aux enchères publiques, en atteignant au second tour la petite maison du chevalier de Crussol, aujourd'hui surélevée et rebâtie, bien que le premier étage en soit demeuré intact. Au 18 demeura la comtesse Berthier, et mourut le baron Mackau, père de l'amiral, et habite de nos jours le peintre Viardot. Mais une femme dont l'esprit a été l'ornement de la première cour impériale a eu la même résidence; c'est désigner assez la duchesse d'Abrantès.

La maison de Mlle Contat, dont nous avons entretenu le lecteur dans la notice de la rue d'Angoulême, était occupée en 1809 par le comte Mareschalchi qui y donna un bal masqué à Napoléon, et auquel assista Mme d'Abrantès, alors jeune et dans son éclat. A côté de la duchesse brillait également, ce soir-là, Mme la comtesse Regnauld de Saint-Jean-d'Angely, qui est restée jusqu'à la fin une dame fort distinguée, et puis venaient Mme de Barras, la duchesse de Bassano, la princesse de Neufchâtel, la comtesse Français, Mme Duchâtel, la duchesse de Rovigo, Mlle Colbert, la princesse de Ponte-Corvo, Mme de Couizy, la reine de Naples, et bien d'autres jeunes femmes éblouissantes qui depuis... Mais les dates sont impitoyables, et les splendeurs d'une seconde cour impériale nous empêchent de porter le deuil de la première. Les beaux, dans ce fameux bal dont Mme d'Abrantès ne fut pas la seule reine, se trouvaient MM. de Beausset, de Brigode, de Montesquiou, de Septeuil, de Canouville, Portalès, de Ponte, et M. de Flahaut, qui habita lui-même l'hôtel de Mlle Contat sous le règne de Louis-Philippe. A cette dernière époque, la duchesse d'Abrantès publiait bon nombre de livres où elle vivait par anticipation dans le passé.

N° 20, autre petite maison de grand seigneur, avec un escalier dérobé, tout en glace, qui allait de la cave jusqu'au deuxième étage. Nous y avons revu un petit boudoir, miroir aussi tout de son long, avec des fleurs peintes sur la glace, qui a gardé pour ainsi dire l'empreinte des jolis traits de la déité du Directoire, Mme Récamier. Une baignoire, dissimulée par une trappe et un tapis, était incrustée dans le plancher de ce réduit, qui donne sur le boulevard, et au-dessus il existe encore une soupente, comme pour éviter une surprise. Maurice Meyer, joaillier de Louis-Philippe et de l'Empereur, et dont le père fut le prédécesseur, de même que son fils est son successeur désigné, a ouvert près de ce boudoir des salons regorgeant de parures, où bien des élégantes en ce temps-ci s'exposent à l'embarras du choix. On en peut dire ensuite autant des admirateurs de ces dames, lesquelles du moins peuvent entrer le front haut, et parfois avec leur mari pour tout de bon, dans cet ancien asile du mystère.

De même âge est évidemment la propriété qui fait suite, et dont dispose M. Lenoir, depuis qu'il a quitté le café de Foy, Palais-Royal. Puis c'est un autre hôtel, bâti comme ses voisins en rayonnement, ce qui vaut bien pour la vue l'alignement, par Le Doux, l'architecte des fermiers-généraux.

Le 26, dont le territoire dépendait autrefois du couvent des frères Mathurins, est principalement occupé par la maison Odiot, transfuge du quartier Saint-Honoré en 1840. Le père du chef actuel de la maison devait le jour et le même établissement patriarcal à Jean-Baptiste Odiot, reçu orfèvre en 1785, et qui figure, comme colonel de la garde nationale, dans un tableau d'Horace Vernet, auprès du maréchal Moncey, le défenseur de la barrière Clichy. En remontant toujours, nous trouvons une lacune dans cette rare succession de père en fils : l'*Almanach des arts et métiers de* 1769 ne cite pas d'Odiot faisant partie du corps de l'orfèvrerie. Mais le 27 mars 1756, Pierre Odiot, fils de Jean-Claude Odiot, était reçu maître par la corporation. Le jour même où Jean-Claude, en 1754, était pourvu de la maîtrise, son père, Jean-Baptiste-Gaspard, passait grand-garde, après avoir été garde ordinaire durant quinze ans, et maître orfèvre pendant trente-quatre. Il faut pousser les recherches plus haut encore pour découvrir le fondateur de l'admirable dynastie qui, depuis l'année 1679, a maintenu la même famille à la tête de la même affaire commerciale ; seulement le grand-garde de 1754 avait précédemment assisté, comme garde en charge, à la pose de la première pierre de la *Maison commune et bureau du Corps des marchands Orfèvres et Joailliers de la Ville de Paris.*

Les n°s 32, 34, 36, 40, 42 et 44 ont été édifiés sous le règne de Louis XVI, par Sandrié, entrepreneur, qui n'en occupait qu'une petite partie, au 44 ; Brunet, son gendre, était président à Versailles, et avait pied-à-terre dans la maison d'avant. Une dame fort à la mode sous Louis-Philippe, et née à Naples, Mme Giccioli, habita la même maison. Aujourd'hui, c'est la résidence de Mlle Georges Weymer. Au moment où sont mortes MM^{lles} Clairon et Dumesnil, ont débuté précisément MM^{lles} Duchesnois et Georges. Celle-ci, dont le talent, comme tragédienne, a été apprécié par l'empereur Napoléon Ier, n'a pas craint de demander un jour à ce protecteur de Talma, pour unique faveur, le portrait de Sa Majesté ; c'est alors que Napoléon, malgré l'estime qu'il avait pour cette énergique interprète des beautés de Corneille et de Voltaire, lui a répondu fort sèchement, en lui montrant une pièce de 40 fr. :
— Est-ce que tout le monde n'a pas là mon portrait ?

Aussi bien, n'étant encore que premier consul, Napoléon trouvait déjà trop étroit ce même Louvre, dont son auguste neveu a fait un palais plus complet, que lui envieront à jamais tous les souverains des deux mondes. Depuis François Ier, la tradition royale voulait que des artistes fussent logés au Louvre; mais le premier consul se vit, faute de place, forcé d'en éloigner Vernet, le peintre, et Bapst l'orfèvre, et d'autres artistes qui y avaient leurs ateliers. Bapst résidait derrière le pavillon Mollien actuel, et il était l'élève de Boehmer, ce joaillier de Marie-Antoinette, innocemment mêlé à l'affaire du Collier; c'était aussi le gendre et le successeur de Ménier. Les MM. Bapst de notre époque sont fils et petit-fils de celui dont nous venons de parler. Leur maison, ayant quitté le quai de l'Ecole, est reportée, depuis 1849, au 42 de la rue que nous suivons; ces joailliers ont été d'ailleurs quatre fois les fournisseurs du roi et de la couronne, sous Louis XVI, Louis XVIII, Charles X et Louis-Philippe. Leurs salons sont encore ornés de fort jolies sculptures, souvenir tout local, qu'assurément leur a légué un gentilhomme de l'ancienne monarchie.

Passons une maison, et nous trouvons derrière une grille et une charmille, un petit restaurant fréquenté à la fois par des gourmets amateurs du comfort, et par de simples artisans : un vin blanc du midi a érigé cet établissement culinaire en lieu de rendez-vous pour plusieurs émérites dégustateurs, aimant toutefois l'ordre dans leurs dépenses. Le rudiment de cette construction, appartenant au général tunisien Sidi-Mahmoud-Ben-Ayet, date aussi du règne de Louis XV, et une dame russe, la comtesse Bruce, y faisait les honneurs de ses salons, il y a cinq lustres.

Le reste de la rue Basse-du-Rempart est trop moderne, pour que nous y retrouvions le ci-devant 68, maison où le compositeur Blangini avait succédé, comme locataire, à la Duthé. Cette Rosalie Duthé, courtisane célèbre, contemporaine de la Guimard, avait débuté à l'Opéra comme *espalier;* elle avait tout juste le talent et l'esprit d'une figurante, mais elle était si belle que nulle ne l'effaçait dans les fréquentes réunions de la petite maison de Soubise, rue de l'Arcade. Son luxe coûta cher au duc de Chartres, au comte d'Artois, et puis à des Anglais, quand elle eut émigré à temps, de l'autre côté de la Manche. Le duc de Bourbon-Condé lui rendait encore des visites comme ami, dans le dernier hôtel qu'elle habita, au boulevard des Italiens, vis-à-vis la rue de Choiseul, où elle mourut l'année 1820.

On parle beaucoup d'*améliorer* la rue Basse-du-Rempart, mais ce terme officiel laisse toujours à craindre qu'on la supprime, excepté toutefois pour les gens qui continuent à affirmer que l'Empire est venu améliorer la République. Déjà une fois en l'an 1720, on voulut supprimer ce chemin, qui tirait son nom du rempart élevé sous Louis XIII entre la porte Saint-Honoré et l'entrée du faubourg Saint-Denis; mais il fallut fort peu de temps après, en rétablir le parcours libre pour la circulation des voitures, qui déjà encombraient ces parages. On assure que précédemment, la rue s'était appelée de Chevilli, à cause du voisinage d'un hôtel de ce nom.

RUE BASSE-SAINT-PIERRE.

Mlle Dumesnil. — Perrin. — M. Lorin. — Le docteur Duval. — M. Delamarre. — Le docteur Bouvier.

Nous parlions tout à l'heure de Mlles Georges et Raucourt; traversons les Champs-Elysées dans leur longueur, pour conduire le lecteur chez Mlle Dumesnil, autre gloire de la scène française, rue Basse-Saint-Pierre, n° 42 actuel, dépendance de l'ancienne prévôté royale de Chaillot. Marie-Françoise Dumesnil, née en 1713 dans notre ville, était de taille moyenne, et sans ampleur, quant au physique; sa personne manquait, outre cela, de l'imposante rectitude de maintien, qui passait pour la dignité par excellence en tragédie; mais les négligences de sa tenue livraient passage à des éclairs sublimes de vérité, que dégageait des situations pathétiques non plus l'artiste, mais bien le personnage dont elle éprouvait réellement les passions, au lieu de les traduire. Pour la comédie, en revanche, son talent excellait par le côté sérieux quelle mettait en relief, dans les scènes qui ne lui offraient pas l'occasion de toucher, d'attendrir l'auditoire, et son intelligence avait encore du cœur. Mlle Dumesnil créa *Mérope*, entre autres rôles, et puis *la Gouvernante* de La Chaussée, l'un des grands-oncles de l'auteur du présent ouvrage. Sa rivale, Mlle Clairon, qui jouait avant tout les princesses, finit, comme elle, dans une vieillesse avancée; seulement Mlle Dumesnil, qui peut portait dans tous les rôles de mère, eut un fils en faveur duquel il est permis de croire qu'elle abdiqua toutes prétentions personnelles à la richesse. Elle prit sa retraite en 1775, avec une pension de 5,000 livres, dont la moitié sur la cassette du roi, et la révolution lui fit perdre presque toute la rente, sa seule ressource ; réduite à un état voisin de l'indigence, elle s'éloigna d'une ville trop oublieuse de ses long services pleins d'éclat, et ne reçut que plus tard, à Boulogne-sur-Mer, quelques secours du gouvernement consulaire, puis mourut en 1803 dans sa quatre-vingt-onzième année.

Son fils, nommé Perrin, passait toutefois pour le plus riche habitant de Chaillot, où il possédait la maison que Mlle Dumesnil s'était bornée à habiter. Dans tous les cas, Perrin avait eu pour père un prodigue, car il était passablement avare, et nous retournons le proverbe. S'il avait rempli un moment les fonctions de maire, sous la République, ce n'était pas une raison pour qu'il n'affichât pas plus tard le zèle monarchique et la piété. Il s'en allait vêtu comme le jardinier qu'il avait pour valet de chambre ; mais il dînait souvent en ville chez un parent marié, que deux fois par année il emmenait pourtant chez Véry, et ces jours-là il changeait de nature en même temps que d'habitudes : — Quand un ladre se déboutonne, disait-il alors au ménage qu'il régalait, on ne doit pas épargner sa bourse ; commandez, j'ai sur moi 200 bons louis.

M. Lorin, comme fils des deux invités périodiques, et comme neveu de leur amphytrion, a hérité des biens de son oncle; et dans cette succession, dit-on, il a figuré assez d'or et d'argent pour que M. Lorin ait pu en remplir trois grands fiacres, et pour qu'il ait jugé prudent de requérir l'assistance de la gendarmerie, escorte de ses véhicules. La résidence de feu Perrin est depuis 23 ans une maison de santé, dirigée par le docteur Duval; il y en a 25 que ce médecin est à la tête du traitement orthopédique dans les hôpitaux de Paris. C'est à M. le comte de Sérincourt que le docteur Duval paie actuellement le loyer des lieux qu'il occupe.

Construction vaste et belle, restaurée au milieu du xviiie siècle pour la famille De Fontenay du Boullay, et appartenant après cela à Bouret de Vézelay, le financier, lequel sans doute n'était un étranger ni pour Perrin, ni pour sa mère. Un jardin magnifique, un air pur, une vue admirable en faisaient et en font encore un charmant hôtel de campagne, ancienne dépendance de l'orangerie royale, comme sol, et dont la porte haute est toujours ombragée par les rameaux d'un sycomore plus haut encore, qu'on rajeunit assurément en le traitant de séculaire. En général, rien n'est changé dans les dispositions du jardin, rien à l'intérieur, depuis Mlle Dumesnil. Mêmes boiseries et bordures, autour des mêmes glaces. Dans les cheminées en marbre de Durance, le feu qui brûle sous le second Empire semble avoir été allumé au commencement du premier. On dirait que l'absente s'y chauffera les pieds tout à l'heure, en revenant de sa répétition. Comment croire que la toile de tous les théâtres du monde se lèvera, s'abaissera toujours, sans que la grande actrice quitte les coulisses d'un autre monde?

La propriété adjacente donnait les Thomé pour voisins à la famille De Fontenay du Boullay. M. Delamarre, savant auteur d'études archéologiques sur l'Algérie, possède cet immeuble, et il s'y trouve, grâce à lui, un petit musée des plus intéressants, plus riche dans son genre que tout autre; M. Delamarre possède, entre autres, une collection de chaussures algériennes, dont le nombre va jusqu'à 100 paires toutes différentes.

Le 28, c'est l'hôtel Hersemule de la Roche, qu'on regarde avec justesse comme bâti du temps de Sully. La forme du perron est presque une date. Un plant d'arbres en échiquier annonce aussi que le jardin attenant était d'une importance, qu'il n'a conservée qu'en partie; l'évidence démontre qu'un grand parc s'étendait, derrière ce quinconce, jusqu'au quai sur un large espace. Mme Albertine Say de Bellecote, baronne du Saint-Empire, vendait cette maison en 1823 à Mme veuve Pérignon, mère de M. Edouard Pérignon, caissier central du Trésor, belle-mère du maréchal comte Dode de la Brunerie. Une maison de santé, dont la spécialité est aussi le traitement des difformités de la taille, a pour chef le docteur Bouvier, propriétaire actuel de cette magnifique résidence; c'est depuis l'année 1821 qu'est fondé l'établissement orthopédique du docteur Bouvier.

La rue Basse-Saint-Pierre, rampe qui présente la forme d'un bras à demi-ouvert, était jadis dite des *Egouts;* elle a aussi porté en même temps deux noms différents, qui la divisaient à l'endroit où elle forme le coude, rue Basse-de-Chaillot d'une part, et rue Saint-Pierre de l'autre. On présume bien que la Ville de Paris, qu'on doit considérer maintenant comme un orthopédiste de premier ordre, taillera et rognera bientôt dans cette petite rue anguleuse, tout en honorant ses souvenirs.

RUE BASSE-DES-URSINS.

Charles des rois Carlovingiens. — Juvénal des Ursins. — Chapelle Saint-Agnan. — Feux d'artifice sous l'Empire. — Tourelle du temps de Dagobert. — Racine. — Le chanoine Du Marais.

Quittons les mémoires pour l'histoire, en passant de la rue habitée par une actrice célèbre à la rue Basse-des-Ursins, dont l'origine nous reporte au règne des rois carlovingiens. Les propriétés canoniales faisant partie de l'ancien cloître Notre-Dame étaient exemptes d'impôt, en vertu d'un édit de Charlemagne. Charles-le-Chauve avait accordé aux religieux de Sainte-Marie, qu'il y avait trouvés tout établis, la possession entière et perpétuelle de leur cloître, confirmée après cela dans une charte obtenue du roi Charles-le-Simple par Théodulphe, évêque de Paris. Lothaire, à la fin de son règne, avait complété l'œuvre de ses prédécesseurs, en permettant aux frères de Sainte-Marie de vendre et d'échanger leurs biens; de plus, à la prière d'Emma, sa femme, du duc Hugues (plus tard Hugues-Capet) et de plusieurs prélats, sa royale munificence, avec le contre-seing de son fils Louis, avait valu plusieurs villages aux mêmes religieux. L'évêque Eliscard avait formellement consenti, dès ce temps-là, à ce que les propriétés de ces religieux fussent séparées de son domaine. Les Valois, à leur avénement, trouvèrent près du cloître la rue Basse-des-Ursins, faisant partie du port Saint-Landri ; mais elle se nommait au xvie siècle rue Basse-du-Port-Saint-Landri ; enfin on l'appela rue d'Enfer, probablement à cause du voisinage peu clérical de cette rue de Glatigny, qu'habitaient des femmes, vrais démons ; avant de contracter la dénomination actuelle, elle porta aussi passagèrement au moyen-âge, celle de « grant rue de Saint-Landri-sur-l'Yaüe. »

Elle touchait à la partie inférieure de l'hôtel des Ursins, qui tombait en ruines et fut jeté bas en 1563, puis rebâti peu de temps après. Tout le monde se rappelle la princesse de ce nom, qui joua un brillant rôle, sous Louis XIV, par ses galanteries et par ses influences diplomatiques. Mais elle n'était pas de la même famille que le grand personnage du même nom vivant au xive siècle ; c'était Jean-Juvénal des Ursins, prévôt des marchands, puis chancelier de France, qui fut dépouillé de ses biens par les Anglais à la mort de Charles VI. L'histoire rapporte que ce vertueux vieillard fut forcé de chercher un refuge loin de Paris, avec sa femme et onze enfants, réduits, comme lui, à l'extrême indigence. Son fils aîné fut archevêque de Reims, et le second chancelier de France, quand Charles VII, par des victoires, eut reconquis la plus grande partie de son royaume.

La chapelle Saint-Agnan, bien que son entrée donnât rue de la Colombe, était située dans la rue Basse-des-Ursins, au seuil du cloître Notre-Dame. Sa fondation au commencement du xiie siècle, due à Etienne de Garlande, archidiacre de Paris et doyen de Saint-Agnan d'Orléans, reposait sur la donation qu'avait faite ce dernier de la maison qu'il occupait dans le cloître Notre-Dame et sur trois clos de vignes, dont deux au bas de la montagne Sainte-Geneviève et l'autre à Vitry, abandonnés par le même pieux fondateur. Du consentement de l'évêque, Etienne y avait établi deux titulaires, qui se partageaient sa prébende canoniale, qui avaient place au chœur comme au chapitre à Notre-Dame, et qui desservaient à la fois la chapelle et la cathédrale. On n'officiait d'ailleurs à l'autel Saint-Agnan que le 17 novembre, jour de la fête du patron. L'abbé Lebeuf rapporte que saint Bernard, ayant prêché en pure perte des écoliers de l'Université de Paris, vint en gémir dans cette chapelle, et implorer les grâces du ciel, pour ces jeunes pécheurs endurcis, du vivant d'Etienne de Garlande. Or, ce même édifice, qui est sans doute le plus vieux de la Cité, n'a pas réellement disparu ; déjà, lors de sa construction, les deux maisons voisines s'appuyaient sur ses murs solides ; aujourd'hui la moitié de ses arceaux, et piliers se retrouve chez un marchand de bois, scieur de long, 19, rue Basse-des-Ursins ; ces vénérables assises supportent une maison déjà vieille, dans une glace de laquelle un boulet, parti de la place de l'Hôtel-de-Ville, en juin 1848, a pratiqué un trou et une étoile, qui également sont demeurés visibles, tant ce quartier de Paris a de respect pour les documents historiques !

Le n° 17 donnait autrefois sur le port Saint-Landri, à coup sûr le plus vieux aussi de la grande ville. Un teinturier occupe cet ancien hôtel de chanoine, devant lequel on ne devait pas bâtir. Si une construction s'est élevée en face, ce n'a pas été sans procès; seulement les conventions à cet égard étaient de tradition, sans titres bien réguliers à leur appui. C'est à la porte du n° 17 qu'on tirait les feux d'artifice sous l'Empire, en face de l'Hôtel-de-Ville, et souvent la pyrotechnie représentait de ce côté de l'eau l'édifice admirable servant de vis-à-vis outre-Seine.

Une tourelle du temps de Dagobert est encore debout, dans la cour du n° 9, dont la porte principale ouvre sur la rue Chanoinesse, et bien que la maison soit du style de la renaissance; un escalier a pour cage cette relique de pierre et finit à une plate-forme, d'où la vue s'étend presque aussi loin que des tours Notre-Dame. Il y avait autrefois deux tourelles, au lieu d'une. Dans la cour une vigne vierge étend, comme le Briarée de la fable, ses cent bras, depuis trois cents ans, sur une muraille élevée, qu'elle survêt de rides saillantes. Il est vrai que la verdure s'efforce de cacher ces stigmates respectables, pendant les beaux mois de l'année. L'abbé de Reyglen, chanoine titulaire de Notre-Dame, était propriétaire, avant la grande révolution, de ce bâtiment à deux faces, l'une valésienne, l'autre mérovingienne.

L'hôtel qui touche celui-là n'a, comme ses voisins, qu'une

porte de sortie sur la rue Basse-des-Ursins, mais qui, dans le principe, était l'ouverture le plus usitée, sinon l'unique. Un escalier, pourvu de son large ballustre en bois, va nous aider lui-même à remonter au siècle de Louis XIV, qui l'a vu naître. Frappez à cette double porte, qui est certainement du même âge, sur le palier du second étage : là finira votre illusion, car bien des locataires, depuis l'année 1648, y ont succédé à Racine. Il y a dix ans encore l'appartement du poète avait gardé l'aspect de l'époque où il acquérait de si grands titres à la notoriété ; mais les boiseries tombaient en désuétude. La maison elle-même a été renouvelée, dans la partie qui donne rue Chanoinesse et qui était restée canoniale, malgré le séjour de Racine ; en effet ce corps de logis fut rebâti en l'an XI, par ordre du préfet de police. Le chanoine du Hautier était propriétaire de l'immeuble en 1782, et avant lui c'était l'abbé de Palerme, également chanoine, qui avait très-bien pu dans sa jeunesse connaître l'auteur d'*Athalie*. Outre que les chanoines pouvaient vendre leur maison, et à plus forte raison en louer une partie, le passage de Racine dans l'ancien cloître Notre-Dame nous rappelle qu'il avait failli, au début de sa carrière, entrer dans les odres. De plus, il s'en était fallu de peu de chose que le poète ne devînt avocat, et il plaida au moins une cause, avant de faire *les Plaideurs*. Boileau, Furetière, Chapelle, Racine et autres se réunissaient fréquemment au *Mouton blanc*, auberge qui existait encore il n'y a pas fort longtemps place Saint-Jean, et c'est à ce couvert qu'on punissait ceux des convives qui avaient commis quelque faute, en les condamnant sur-le-champ à lire un certain nombre de vers de *la Pucelle* de Chapelain. Les premiers traits de la comédie des *Plaideurs* furent imaginés, d'aventure, entre la coupe et les lèvres des convives de cette réunion d'élite, et M. de Brilhac, conseiller au parlement, remit ensuite le poète sur la voie des termes de palais, que l'avocat d'un jour avait jetés aux orties encore plus vite que sa robe. Quelques personnes se reconnurent dans l'Intimé, Chicaneau et Mme de Pimbesche, c'est sans doute ce qui contribua à empêcher que le sel attique de la pièce fût goûté dès la première représentation; vint la seconde, et ce fut bien pis, car elle détourna les comédiens de l'hôtel de Bourgogne d'aller jusqu'à ce nombre trois, qui plaît aux dieux, mais qui ne suffit pas encore aux poètes. Molière était pourtant parmi les spectateurs, et il disait tout haut que ceux qui se moquaient méritaient qu'on se moquât d'eux. Par hasard, à Versailles, on donna cet ouvrage, après une tragédie, devant le roi, qui fut de l'avis de Molière, et qui partit d'un éclat de rire, depuis le premier acte jusqu'à la fin, en se reposant de l'éclat de sa couronne. Les comédiens, flattés de ce suffrage inattendu, prirent immédiatement trois carrosses, et tombèrent la nuit rue Basse-des-Ursins, chez Racine, pour lui en donner la nouvelle; les gens du voisinage, réveillés en sursaut par ce bruit de carrosses inusité même en plein jour, crurent d'abord qu'on venait arrêter le poète; ils se mirent aux fenêtres, mais bientôt rassurés ils finirent eux-mêmes par applaudir, comme s'ils voyaient la pièce qui motivait cette ambassade nocturne. L'année suivante, sur l'ordre de Colbert, l'auteur reçut 1,200 livres de gratification; il avait alors trente ans.

Le 5 et le 3, voisins de la maison d'Héloïse et d'Abeilard qui nous occupera ailleurs, sont reliés aux maisons dont nous venons de parler, par un air de famille qu'explique leur origine pareille. Le chanoine Du Marais avait acheté le 5 sous le règne de Louis XVI, et en 1805 il passa à la mère de Mme Boulard, propriétaire actuelle. Il y avait une chapelle dans la maison Du Marais.

PLACE DE LA BASTILLE.

Les prisons, ce porte-respect dont l'unité de pouvoir a fait le monopole légal du souverain, étaient éparpillées jadis dans toutes les maisons seigneuriales, dont le droit de justice haute et basse avait pour dernier mot le pilori et le gibet. Toutes les juridictions, même du ressort féodal ou du ressort ecclésiastique, avaient une origine royale, comme le droit de propriété, dont les rois s'étaient départis en même temps; mais ils n'ont consenti à perpétuer pour leurs sujets la faculté de posséder, lorsqu'elle s'est divisée à l'infini, qu'en ressaisissant pour eux seuls le pouvoir de faire rendre la justice en leur nom, autrefois attaché aux fiefs qui tenaient au sol. De même qu'un gentilhomme, avant 89, ne sortait pas sans épée au côté, de même, au moyen-âge, il n'était pas de château-fort, pas de couvent, qui n'eût sa geôle souterraine, comme celle du lieutenant-criminel. Depuis Henri IV, par exemple, les rois de France ont prodigué à pleines mains, les titres, les honneurs, les crachats, les rubans, voire même les richesses, n'ayant plus de terres à donner, comme récompense des bons services; à la faveur de ces munificences, peu à peu ils ont repris de droit divin celui de justicier, sans toucher presque à la propriété. Les lettres de cachet n'ont été qu'une transition indispensable, dans ce lent et pénible mouvement de réaction. Seulement cette impulsion commençait réellement à perdre la vigueur que le génie du cardinal de Richelieu lui avait imprimée un siècle et demi auparavant, quand la révolution française, en reprenant la même initiative, vint faire plus pour la monarchie que Richelieu et Louis XIV. D'un rempart, élevé d'abord pour la défense de l'hôtel Saint-Pol, les lettres de cachet avaient fait une prison d'Etat, la première dont les rois osassent garder la clef; le peuple a renversé cette redoutable citadelle, du même coup que les prérogatives qui en avaient fait la prison des gentilshommes suspects ou convaincus de lèse-majesté et de résistance aux volontés royales, désireuses de se transformer le lendemain en lois du royaume. L'histoire de la Bastille, en somme, n'est-ce pas absolument celle de la lutte suprême du souverain contre l'abus des priviléges consentis par la souveraineté? Que veulent dire, je vous prie, des attaques dirigées contre la monarchie, dans un pays qui a toujours traité d'anarchique ce qu'ont fait même les parlements pendant les interrègnes? La France a procédé alors comme ces avocats qui plaident le faux, afin de savoir le vrai; tant qu'a duré la crise, c'est au nom du peuple souverain, périphrase ingénieuse qui sauvegardait le principe et le mot, qu'on a déblayé le terrain de toutes les prérogatives qui avaient donné lieu à des conflits de souveraineté. Enfin de toutes les Chartes, soit arrachées, soit obtenues du seing royal, depuis le ve siècle jusqu'à 1830, il ne reste plus de nos jours qu'une poussière encore plus froide que celle de la prison de la Bastille. Louis-Philippe a donc eu raison et deviné un avenir prochain, en comprenant le passé à merveille, lorsqu'il a élevé une colonne d'action de grâce au génie révolutionnaire, qui se borne à changer les dynasties royales, et lorsqu'il a placé ce monument sur le terrain de la vieille prison d'Etat, en le mettant toutefois sous l'invocation vague du génie de la Liberté. La démolition de la Bastille rappelle effectivement l'émancipation, même des rois ; son souvenir ne peut être odieux qu'aux deux premiers ordres de l'État.

N'ayant pas à écrire l'histoire des monuments renversés ou à renverser, bornons-nous à reconnaître que la place aujourd'hui nommée de la Bastille, s'appelait tout simplement, avant 89, place de la Porte-Saint-Antoine. Puis revenons à nos moutons, c'est-à-dire aux maisons dont les cheminées moutonnent sur les toitures jusqu'à perte de vue, sous les yeux du curieux qui contemple Paris du haut de la colonne de Juillet. Les révolutions, trop souvent, ont renouvelé les arbres de ces parages ; mais les jours de tranquillité dont elles ont été suivies ont largement permis d'en remplacer les vieilles maisons par des neuves.

Parmi celles qui datent d'avant la prise de la Bastille, nous ne remarquons guère que le 6, le 10 et le 12. La maison du n° 10, construite sous Louis XVI sur des terrains ayant appartenu aux religieux de l'abbaye Saint-Antoine, fut confisquée à la révolution, et vendue à Jean-Jacques Arthur, en 1792 ; mais il paraît que l'acquéreur paya mal, ou se trouva du moins débiteur de l'Etat d'une manière quelconque, car la propriété lui fut reprise et remise en vente le 25 brumaire an v. La partie qui fait angle sur la rue de la Roquette est récente ; mais la façade sur la place fut elle-même tout aussi démantelée que l'encoignure, en juin 1848, par le canon et la mitraille ; il fallut donc la remettre à neuf du haut en bas. Le café *du Bosquet* y fut fondé sous Louis XVIII, et l'on y voit souvent s'attabler, depuis cette époque, une demi-douzaine d'Auvergnats, marchands de ferraille du quartier, qui entrent à la fois et ne lèvent la séance qu'après que chacun a payé à son tour une tournée de demi-tasses, ce qui en fait bien, quand on sort, une demi-douzaine par personne. Le restaurant d'à côté est plus ancien et jouit d'une certaine réputation locale; Chamarante, qui est à la tête de ses casseroles, n'a pas toujours brillé comme chef de cuisine; on l'a connu gâte-sauce chez Lefèvre, pâtissier, qui a créé l'établissement. Quant au n° 12, il remonte à 1770, et porte la désignation de cour Damoy; c'est une cité ouvrière, ou pour mieux dire industrielle, qui commence à la place et finit rue d'Aval, n° 7; ces mêmes Auvergnats, dont nous vous parlions tout à l'heure, l'habitent en assez grand nombre, et y font le commerce excessivement lucratif des vieux clous de souliers et des ressorts de voiture hors d'usage.

LIV. 7

LES ANCIENNES MAISONS

Des rues des Batailles, du Battoir, Beaubourg, Beaujolais-Palais-Royal, Beaujolais-du-Temple et du boulevard Beaumarchais.

NOTICES FAISANT PARTIE DE L'OUVRAGE INTITULÉ :

LES ANCIENNES MAISONS DE PARIS SOUS NAPOLÉON III,

PAR M. LEFEUVE,

Monographies publiées par livraisons séparées en suivant l'ordre alphabétique des rues.

RUE DES BATAILLES.

Mme de la Vallière. — Les d'Orléans. — Gabrielle d'Estrées. — Le député Dangès. — Balzac et Jules Sandeau. — L'hôtel Chabannes, etc.

Mme de Lavallière s'est retirée aux Carmélites, en 1674 ; ses dernières années ont été consacrées à l'exercice de la piété la plus austère, dans ce même monastère royal de la Visitation de Sainte-Marie, à Chaillot, d'où son âme, déjà détachée, fut appelée sans effort à Dieu. Or, les supérieure et religieuses de ce couvent étaient dames de la terre, seigneurie et justice de Chaillot, ainsi que du fief de Longchamp, et la rue des Batailles faisait partie de ce village, englobé par notre cité en 1786. Ces dames y mettaient en possession chaque acquéreur ou héritier nouveau ; la signature de la supérieure et des sœurs conseillères de la communauté était nécessaire au contrat, à chaque mutation qui survenait dans la propriété. Aussi bien les bourgeois soumis à cette suzeraineté étaient chargés de quelque redevance au profit du royal monastère. Par exemple, 5 sols par an de cens et de rente, payables chez les sœurs aux jour et fête de Saint-Étienne, lendemain de Noël, grevaient alors le n° 1 d'à présent.

Il s'en fallait pourtant que sous Louis XV, et même sous le grand règne, Chaillot fût, comme quartier, une thébaïde, un lieu de dévotion. Les actrices et les courtisanes y étaient reçues la nuit, à la lueur des petits soupers, dans maintes petites maisons de fermier-général ou de grand seigneur, à double porte, sans compter les portes dérobées. Les prières de ces dames de Sainte-Marie n'en étaient que plus utiles; mais les grâces du ciel, qu'elles n'imploraient pas uniquement pour leur propre compte, ne se distribuaient pas avec égalité dans le rayon de leurs droits seigneuriaux. Geoffroi Sinet, officier de la maison des d'Orléans, princes du sang, avait bien son appartement chez le duc, au Palais-Royal; mais il était propriétaire, en l'année 1736, de ce n° 1, dont le plaisir avait souvent les clefs, car il y en avait un trousseau. Au reste, Geoffroi Sinet avait trouvé dans cet hôtel des traditions augustes de galanterie. A Chaillot, tout était royal de la main gauche, bien avant la retraite de la duchesse de Lavallière. Ce toit, qui abritait à l'occasion l'amour princier au XVIIIe siècle, avait rendu le même service au chef lui-même de la dynastie des Bourbons; Henri IV, en un mot, y avait visité la belle personne à laquelle son auguste main avait écrit : « Si je suis vaincu, vous me connaissez assez pour savoir que je ne fuirai pas ; mais ma dernière pensée sera à Dieu, l'avant-dernière à vous. » De nos jours il subsiste encore un beau balcon, sur une terrasse ; c'était l'observatoire d'où Gabrielle d'Estrées épiait l'heure du royal berger, dont elle n'était que la brebis d'élite. Quant au ministre des bergeries des princes descendants d'Henri IV, il eut pour successeur, comme propriétaire, rue des Batailles, Noury, un conseiller au grand-conseil du roi Louis XVI. Puis vint Mme de Brassier, née de Pomiès, jusqu'en 1792. Enfin, à l'heure qu'il est, l'immeuble se trouve entre de très-bonnes mains, qui le tiennent directement des héritiers de M. Ducatel ; l'un de ces héritiers était S. E. M. Baroche, président du conseil d'Etat. Néanmoins l'extérieur actuel est beaucoup trop bourgeois pour que le passant y soupçonne des vestiges princiers et royaux. Du balcon mémorable, qui sert toujours de point d'appui sur la terrasse, la vue s'étend à notre époque moins librement qu'au temps où s'y penchait la duchesse de Beaufort, titre créé pour Gabrielle d'Estrées. Un procès n'a pas réussi à empêcher qu'on construisît une ou deux maisons à mi-côte ; par bonheur elles n'empêchent nullement de contempler, de ces hauteurs, les Invalides, dôme seigneurial dont la rivière semble être le fossé.

Mais il fait beau parler des Invalides ! Avec une longue-vue ne découvre-t-on pas le donjon de Vincennes, sans quitter la maison de M. Badonville, qui occupe le n° 3 ? Le père de ce propriétaire ressemblait à Louis XVI d'une manière si frappante que plusieurs incrédules, en l'apercevant dans la rue, doutaient de l'exécution du roi-martyr. Les dames de Sainte-Marie possédaient la maison de M. Badonville avant la déchéance de Louis XVI.

Le 16 et le 18 de la même rue sont un hôtel assez splendide, avec balcon, avec jardin. Regnaud-de-Saint-Jean-d'Angély demeurait là, bien que son hôtel fût rue de Provence, au moment de l'entrée des alliés dans Paris. Presque en face, habitait Dangès, ancien député royaliste du commencement de la Révolution ; c'était l'ennemi intime de Perrin, dont nous avons parlé dans la notice de la rue Basse-Saint-Pierre. Malheureusement Dangès est mort dans un tel dénûment, au centre de Paris, que pendant ses dernières années il vivait à la charge du portier faisant son ménage.

Balzac et Jules Sandeau ont aussi séjourné vis-à-vis de l'appartement que le comte Regnaud-de-Saint-Jean-d'Angély a quitté pour l'exil; l'auteur de *La Peau de Chagrin* avait entraîné jusque-là celui de *Marianna*, pour le mieux dégager d'une chaîne qui s'était rompue et qui précisément eut pour dernier anneau le roman historique et personnel, écrit rue des Batailles, que nous venons de rappeler. Les deux romanciers associés écrivaient l'un sans l'autre, ne mettant en commun que des besoins fort inégaux, des déceptions de nature différente et des rêves de fortune démesurément romanesques. Balzac croyait indispensable d'afficher quelque luxe pour signer des traités avantageux avec les éditeurs; c'est pourquoi, à des heures convenues, le salon regorgeait de meubles magnifiques et s'éclairait de trente bougies, lorsqu'il attendait un libraire, qui arrivait crotté, mais ébahi. Inutile d'ajouter que le maître et le disciple jouaient là une comédie qui semblait être déjà au répertoire sous le titre des *Dehors trompeurs* : le lendemain des réceptions, M. Loyal tirait vainement la sonnette de l'appartement, avec des billets protestés, car Balzac en était réduit à n'habiter son logement officiel que du coucher au lever du soleil.

Un poète, le marquis du Belloy, a eu depuis le même domicile. Puis M. Desrodet, médecin qui tenait également la plume, et qui fut représentant du peuple sous la dernière République. Cette propriété, que le xixe siècle a frottée de littérature, est ancienne, mais restaurée. Le comte de Cossé-Brissac en disposait il n'y a pas longtemps.

Deux pensions de demoiselles rajeunissent un peu plus loin les bâtiments numérotés 24 et 26. Le premier a été l'hôtel de la famille de Chabannes, comte de Dammartin, lequel se distingua au siége d'Orléans, en 1428, en concourant aux exploits de Jeanne d'Arc. Afin de l'approprier à sa destination moderne, on a dû augmenter cette construction vénérable, qui date de bien avant la réunion de Chaillot à Paris ; on a dû apporter maintes modifications, surtout dans les dispositions de l'intérieur. Toutefois l'édifice garde trace des grandes réparations faites précédemment, c'est-à-dire sous la Régence ; le bonheur veut que ces vestiges ne soient ni les peintures caractéristiques ni les glaces dont l'avait décoré l'époque dont nous parlons, et qui feraient disparate dans un établissement où la candeur et l'innocence promettent de sages épouses à la génération qui sur la scène du monde succédera bientôt à la nôtre. Lord Chatham, ce grand homme d'Etat de l'Angleterre, père du célèbre Pitt, a habité l'hôtel Chabannes, lors de la la résidence qu'il a faite à Paris peu d'années avant de mourir. On retrouve de nos jours, dans un terrain mitoyen du jardin actuel des pensionnaires, et qui dépendait autrefois de la même propriété, un superbe groupes d'arbres de Judée, qu'on appelle maintenant encore *les Judées de Chatham*. Sous le premier Empire, il a été question, qu'on s'en souvienne, de bâtir un château pour le roi de Rome dans le haut de Chaillot; de là vient que l'empereur Napoléon Ier a fait l'acquisition de l'hôtel Chabannes, et de ses jardins. M. de Rancey a racheté le tout, sous le règne de Louis-Philippe, dans un moment où une noble dame appartenant à l'émigration polonaise, la comtesse Potocka, l'occupait avec sa famille.

Plus d'une maison de santé a choisi cet étage supérieur

de Paris, afin d'y réunir des citadins malades dont le grand air, la tranquillité et les soins accélèrent la convalescence mieux qu'en ville. Celle du n° 31, dans le principe, a été dirigée par le docteur Tavernier; celle du docteur Duval fils, dont l'existence n'est pas récente, est à l'extrémité inférieure de la rue. Quant à la propriété de M. Klein, juge au tribunal de commerce, elle jouit d'une situation favorable par excellence; pour la vue, c'est un belvédère, et Paris déroule à ses pieds l'éblouissant panorama de ses richesses monumentales, et des campagnes environnantes que la ville menace d'envahir, non contente de les sillonner de locomotives à longue suite. Ainsi finit la rue du côté des numéros pairs, sur la hauteur, à l'endroit même où siégeait autrefois le justicier, qui faisait pendre les marauds de la royale prévôté de Chaillot.

Deux anciennes bornes de Paris, qui avaient fait partie de l'enceinte précédente, étaient parfaitement visibles, rue des Batailles, en 1777. L'une tenait au mur du sieur Lélu, au coin d'une ruelle; l'autre était la limite de la maison du sieur Jamard, à l'encoignure de la ruelle des Blanchisseuses.

RUE DU BATTOIR.

Nous n'avons pas de brillante promesse à faire aux amateurs qui seront tentés de s'engager, sur nos traces, rue du Battoir. La région du Jardin-des-Plantes est, d'ordinaire, plus riche en souvenirs. Le 13, qui fait le coin de la rue Copeau, érigée en rue Lacépède depuis peu, est pourtant une construction du siècle dernier. Un square, comme on dit à Londres et par imitation dans les quartiers neufs de Paris, un square de très-bonne apparence occupe le n° 9, dont il faut remarquer la porte majestueuse, qui n'appartient nullement à notre époque, et qu'on prendrait volontiers pour le seuil d'un des petits colléges réunis à Louis-le-Grand vers la fin du règne de Louis XV. Sous le gouvernement conventionnel, aucun des bâtiments de cette cité n'était debout ; une maison plus modeste, mais du même âge que la porte, restait à cette époque au milieu du jardin qui égayait sa solitude, bien que l'horticulture ne s'y ressentît pas du voisinage de l'ex-jardin du Roi.

Une dame Caudon, qui avait tenu, sous Louis XV, un café rue de l'Arbalète, et dont précisément l'établissement est indiqué dans l'almanach de 1769, logeait de sa personne dans cette maison de la rue du Battoir, et avait pour sous-locataire la ci-devant comtesse de Schomberg, héritière suprême du nom du maréchal Schomberg. Bien que plus d'une visite honorât la vieillesse de cette noble veuve, presque aussi émigrée dans ce quartier-là qu'à Coblentz, elle s'y trouvait plus souvent en face de la misère que de visages amis et bienveillants. Le Directoire rendit bien quelque espoir à Mme de Schomberg, qui dépouilla alors l'incognito; mais elle n'était plus d'âge à accepter d'échéance à long terme, et sans désespérer de l'ancienne cour, qu'elle avait à regretter, elle prit son parti en riant des airs de fête qui en annonçaient une nouvelle. On raconte que la pauvre dame, bien qu'elle manquât de bois pour se chauffer et de rideaux à sa fenêtre, s'habilla néanmoins, jusqu'au dernier moment, avec une survivance de coquetterie, moins compatible encore avec l'ensemble de son vestiaire qu'avec son âge. Sa mante laissait à désirer, sa robe trahissait un peu plus que la gêne, son bonnet était veuf comme elle, veuf d'un des deux rubans qui l'eussent tenu droit sur la tête; mais elle avait un beau jupon d'une soie verte tellement épaisse qu'il avait résisté encore mieux que sa personne à toutes les révolutions. La vieille comtesse de Schomberg, quand elle enjambait un ruisseau, n'osait retrousser que sa robe, et comme elle n'était pas surchargée d'embonpoint, quelquefois un galant la prenait encore, par derrière, pour une bourgeoise d'un âge consolable, et elle en savait gré au jupon vert, qui avait vu lui-même des temps meilleurs. Mme Caudon lui avait conseillé étourdiment d'en faire une robe.

— Oh! que non pas, avait-elle répondu. Une femme doit toujours avoir un jupon propre. On rencontre tant d'insolents!

Or, d'où venait la rue où nous sommes? L'abbé de Sainte-Geneviève était propriétaire d'un terrain qu'il donna en 1540 à Réné d'Ablon; ce particulier y ouvrit la rue qui s'appela rue Neuve-Saint-Réné, avant d'être la rue du Battoir. En 1714, on y trouvait 7 maisons, 3 lanternes.

RUE BEAUBOURG.

Ses auberges en 1369. — Le beau Bourg. — Anciennes dénominations. — Hôtels de la magistrature. — La Tour de Babel. — La fruitière. — Le marchand de vins. — Les oubliettes. — Les Carmélites. — Le théâtre Doyen. — L'affaire de la rue Transnonain. — Les impasses. — Le bourgeois séducteur.

Un centenaire a très-bien pu voir des marchands de province descendre, rue Beaubourg, soit à l'hotel des Quatre-Provinces, soit à l'auberge qui portait une enseigne et ces mots : *Au Franc Bourguignon*. En 1714 on comptait dans cette rue, qui avait pour extrémités les rues Maubuée, Simon-le-Franc, Grenier-Saint-Lazare et Michel-le-Comte, 85 maisons et 5 lanternes. Au commencement du xie siècle on n'y trouvait encore que des chaumières de manants, qui finirent par former un bourg, dit le beau bourg ; les Parisiens, sous le règne de Louis VI et de Louis VII, avaient là leur petit Belleville. L'enceinte de Philippe-Auguste donna droit de cité au bourg, qu'elle enferma en partie dans Paris, et la rue s'appela d'abord de la Poterne, puis elle porta le nom d'un certain Nicolas Hidron. Une autre partie de la rue Beaubourg actuelle était d'abord dite de Châlons, à cause de l'hôtel des évêques de Châlons, sur l'emplacement duquel on bâtit ensuite le couvent des Carmélites, à l'encoignure de la rue Chapon ; puis c'est la galanterie de bas étage qui se prélassa à loisir dans la rue des anciens évêques, qu'on fut autorisé à dénommer Trousse-Nonain, Transnonain, et qui fut le théâtre d'une émeute, c'est-à-dire d'une révolution incomplète, avant que l'année 1851 rayât de la carte de Paris ce nom de rue taché de sang, en la réunissant à celle Beaubourg. En cette même année, et dans le cours de celle d'avant, la voie qui nous occupe, et qui serpente comme une anguille vivante, fut allongée de deux nouveaux tronçons, qui affectent de suivre la ligne droite, comme pour annoncer la mort prochaine du poisson frétillant, appelé à renaître rectograde. On dirait que l'ancienne rue, au cours tortueux, est un de ces faux plis que les marchands du voisinage nomment précisément une *anguille*, dans leurs pièces de drap. Au reste, les deux dernières adjonctions ont annihilé : 1° le ci-devant passage Aumaire, vendu, le 21 mars 1767, par Turpin, propriétaire rue Aumaire, au ministre Sartine, stipulant pour le roi (et ce conduit d'ailleurs était seulement à l'usage des piétons) ; 2° la petite rue formée en 1780 sur les dépendances de l'ancien prieuré de Saint-Martin-des-Champs.

Que d'hôtels, dans cette rue Beaubourg, qui ont appartenu à la magistrature! La plupart des maisons, petites ou grandes, y datent du XIIIe siècle. Les juges d'à présent préfèrent, en général, les quartiers neufs et l'alignement ; mais c'est dans leur quartier à eux qu'en ce temps-là s'étudiaient les dossiers et se disposaient les arrêts, à quelques pas seulement du parlement et de l'audience, un peu loin en revanche des ministères et du palais des Tuileries. L'unité a tout rapproché, sinon mêlé, et la robe, autrefois immuable, a suivi l'impulsion du vent, en s'envolant jusque dans les quartiers où se distribuent au mérite l'avancement et les honneurs, qui autrefois peut-être venaient à lui sans qu'il eût tout le chemin à faire.

Les n°s 13, 15, 17, 19, réunis par un pont, appartiennent depuis 1807 à la même famille ; de plus, deux petits bouges de la rue des Vieilles-Étuves ont été ajoutés à cette moderne Tour de Babel. Trois au moins de ces bâtiments n'étaient déjà qu'un seul hôtel, lors de sa fondation, il y a deux siècles ; on doit même penser que le n° 21, monté sur deux berceaux de caves, formait alors le principal corps de logis de cette habitation d'une notabilité parlementaire. M. de Belleyme, qui a été longtemps le président du tribunal civil de la Seine, avait pour oncle M. Gobley, de son vivant propriétaire de ladite agglomération : celle-ci est actuellement à la disposition de M. Cabany, également magistrat ou frère de magistrat, qui n'a pas moins de 60 quittances à faire présenter, tous les trois mois, à 60 locataires. Dans cette région méridionale d'une rue qui n'a changé en quelque sorte que de nom, peut-être bien depuis saint Louis, on remarque une boutique qui a gardé religieusement l'aspect de cette époque reculée, et dans laquelle la même fruitière, depuis 52 ans, vend des légumes, seule partie du décor qui subisse, mais à contre-cœur, l'affreuse nécessité du renouvellement. D'autres craignent l'expropriation ; mais notre vénérable marchande de verdure appelle de tous ses vœux, à ce qu'on dit, la démolition officielle, car elle espère que la Ville escomptera, en lui fournissant de quoi se retirer là où pousse sa marchandise, le bail de 50 autres années que son propriétaire a bien voulu lui consentir. Dans tous les cas, la maison est solide : nos pères, en bâtissant, n'avaient pas spéculé sur l'indemnité d'un jury, comme le font aujourd'hui sans doute ceux qui se dressent avec économie des tentes plutôt que des maisons.

Le berceau du 24, qui a eu pour parrains des religieux de Saint-Méri, se perd également dans ce qui devient la nuit des temps ; les siècles, effectivement, se suivent et se ressemblent par un seul trait, c'est qu'ils qualifient ténébreux presque tous ceux qui les ont précédés, en attendant qu'on les taxe à leur tour de barbarie, de mœurs fâcheuses et d'aveuglement relatifs.

Les barricades rebelles de 1834 n'ont rien ôté à ces remparts de pierre, qui avaient été le séjour des magistrats, dont jadis le pouvoir balançait les autres pouvoirs. Par exemple, le bâtiment qui répond au chiffre 31 fut élevé pour un conseiller au parlement; sa porte est du temps de Louis XIII ; la boutique, c'était jadis des écuries;

l'arrière-boutique, des cuisines. Toutes les ferrures du premier étage ont été préservées de la rouille, par une sorte de vaccine, qui la leur a inoculée; le ton jaune dont elles sont empreintes, c'est une dorure, cette rouille anticipée, qui trempait le fer avant le galvanisme. De nos jours, la dorure n'est guère qu'une peinture à l'ocre, qui rappelle trop le jaune d'œuf pour que la trompe des mouches ne la suce pas entièrement en peu d'années; au contraire, nos aïeux avaient le double tort d'enduire d'or véritable le véritable fer qu'ils employaient. Au 32, une porte du même âge replie ses deux battants à l'intérieur d'un établissement de marchand de vin, qui s'est ouvert sous le règne de Louis XIV, en supprimant la principale entrée de la maison. Interrogez ce seuil, ces marches, ces murs et chacune de ces larges pièces dont souvent on fait un logement, et parfois même deux étages : l'écho d'alentour vous dira, sans emprunter l'accent plaintif de l'écho incarné par la mythologie, qu'une princesse, pour sortir de chez elle, mollement assise dans sa chaise à porteur toute garnie de satin et de glaces, passait journellement sous cette voûte, où les plus gueux maintenant sourient comme elle, à travers leur verre à demi plein, à leur propre figure dont le comptoir d'étain est le miroir le plus flatteur. Cette maison et celle qui la précède ont été vendues à feu Dumogeot, créateur du fonds de marchand de vin, par la comtesse de Beaumont, dont l'hôtel était place Royale.

Que vous dirai-je ensuite du 33, et de sa rampe d'escalier en fer, qui est pour nous un riche et curieux objet d'art? Les deux premiers étages datent d'environ 150 ans; un ancien avocat au parlement y prit ses aises. Ce ne fut que momentanément le siége de la mairie du septième arrondissement, puis on y fondit ces beaux sous de la première République, monnaie qui sonnait comme les cloches dont c'était la matière première, dans les modestes poches qu'elle remplissait à peu de frais. Et du 39? il est édifié sur les fondements de ce mur de Paris, dont nous parlions tout à l'heure, et qui érigea en faubourg de la grande ville la partie du beau bourg qui longeait la rue de la Poterne. Or, la plupart du temps, les maisons de cette rue vont par deux, que relie une naissance jumelle. Le 39 et le 41 n'étaient qu'une construction à deux issues, leurs portes sont sœurs; trois siècles et demi ont certainement passé par là. La façade du 38 et du 40, autres bâtiments faisant paire, est de fraîche date; néanmoins allons plus avant, la cour est majestueuse, et nous reconnaissons l'ancien hôtel Defer. Le corps de logis historique se cache, comme le ferait un coupable; des sculptures et de jolies peintures ont été retrouvées au premier, sous un voile de badigeon où la même pudeur semblait les garder à l'écart. Qu'est-ce à dire? Les griefs ne manquent pas, il est vrai, contre des oubliettes, du temps de Catherine de Médicis, disposées sourdement dans les caves de l'édifice. Ne sont-ils pas encore fixés au mur, ces anneaux et ces barres de fer auxquels se rivaient des patients, et qui parfois retenaient leurs cadavres jusqu'à ce qu'ils tombassent en poussière? Le xviᵉ siècle assurément comptait bien plus de prisons que le nôtre, mais par contre moins de prisonniers; quoi qu'il en soit, on s'aperçoit toujours, ne fût-ce qu'au bout de trois cents ans, des fautes qui peuvent être commises par ceux qui ont à en punir. Après l'hôtel Defer, en vient un autre, bâti en 1623, qui appartient présentement à M. Cabany jeune, et que possédait un procureur au parlement, prédécesseur de M. Delahaye, fils ou petit-fils de ce jurisconsulte consommé, et lui-même ancien conseiller à la cour.

A titre égal, le 49 passe pour trois fois séculaire; la famille Brocas, qui compte déjà deux peintres distingués, jouit depuis 50 ans de cette ancienne résidence d'un président au parlement. Ses marbres de Durance et ses bordures de glace sont du style Louis XV; à la place des comptoirs de ses boutiques pendaient jadis les râteliers des chevaux du magistrat.

Enfin au 62, au 64, voici l'ancien couvent des Carmélites, dont nous avons dit un mot déjà. Son intérieur, devenu méconnaissable à force de compartiments, sert d'atelier à bien des corps d'état. L'ancienne chapelle des religieuses était ornée, comme celle du collége des Grassins, d'un tableau de Vouet, maître de Mignard et de Le Brun; elle s'est transformée en un magasin, qu'exploite de nos jours M. Villette, marchand de boiseries. Avant de devenir le théâtre principal de la sanglante affaire d'avril, c'était une salle de spectacle, sous le nom de théâtre Doyen, et cette scène avait servi aux débuts de bien des acteurs, notamment de Lepeintre aîné. La veille de l'insurrection, on y jouait encore des vaudevilles; le jour même, on y répétait au bruit d'une vive fusillade. Le second mari de la veuve de Doyen ne songea à se réfugier que dans la loge du souffleur, lorsque fut prise la dernière barricade; on l'y coucha en joue, mais il eut le temps par bonheur de se laisser glisser sur les marches, il tomba dans le troisième dessous.

Aussi bien le même sang d'activité et d'industrie circule obstinément dans cette veine de l'ancien Paris, dont le dégorgement des veines dénouées fait un vaisseau si important. L'artisan laborieux n'a pas moins succédé au robin d'autrefois, au 72, hôtel déchu qui ronge comme un frein la belle serrurerie, témoin de son lustre passé, que dans les deux maisons sur la même ligne séparées vainement par une rue, celle des Gravilliers, qui ne réussit pas à les désapparier.

Reste à nous entretenir de l'impasse des Anglais, *angiportus Anglorum*, et de l'impasse Bertaut, qu'on a dite également des Truies, et qui ont conservé leur physionomie renfrognée. Le premier de ces culs-de-sac est situé vis-à-vis l'hôtel Defer. Le second doit sa dénomination à Jean

Bertaut, qui y fit établir un jeu de paume, vers l'année 1577. Quant aux truies qui s'y rencontraient, il est permis de croire que c'étaient des compagnes de l'animal qui sait trouver les truffes; mais une autre acception, moins pittoresque, quoique plus physiologique, nous rappelle que cet antre intéressant n'était pas éloigné de la rue Trousse-Nonain, de mémoire tout à fait graveleuse.

Dans cette impasse Bertaut demeurait, en l'année 1740, la fille d'un marchand de tripes, nommé Langlois, né au village de Septenville; Marie-Glorieuse Langlois avait été séduite par Durand, un voisin qui avait pignon rue Beaubourg, et chez la femme duquel la donzelle menaçait d'aller porter l'enfant qu'elle disait né de leurs rapports intimes, tout en assignant en justice le trop galant bourgeois, pris de la sorte entre deux feux. Maître Durand jugea prudent de faire la part du feu, en consommant un sacrifice d'argent, et la tempête se changea en bonace. Nous avons eu sous les yeux l'acte qui a concilié les parties. En voici la teneur, qui nous semble de quelque intérêt : « Marie-Glorieuse
« Langlois, demeurante cul-de-sac Bertaut, a par ces pré-
« sentes quitté et déchargé à pur et à plein de maintenant
« et à toujours François Durand, bourgeois de Paris, de-
« meurant rue Beaubourg, à ce présent et acceptant, de
« tout l'intérest civil, réparation, dépens, dommages et
« intérêts et autres choses généralement quelconques qu'elle
« pourroit prétendre et demander contre luy pour raison

« de la compagnie et copulation charnelle qu'elle prétendoit
« avoir eue avec luy dont elle estoit demeurée enceinte, et
« en est issu une fille, le 21 avril 1739, qu'elle a fait bap-
« tiser sur les fonts de Saint-Méry, sa paroisse, et nommée
« Françoise : cette quittance et décharge ainsi faite, à con-
« dition que le dict Durand se chargera, comme de fait il
« se charge par ces présentes dudict enfant, a promis et
« promet de le faire nourrir, élever et instruire en la reli-
« gion catholique, apostolique et romaine, luy faire ap-
« prendre mestier, et en faire son devoir comme un père de
« famille est tenu et obligé de faire pour ses enfants légi-
« times, pour raison de quoy ledict Durand décharge entiè-
« rement ladicte Glorieuse Langlois, et promet aussi de luy
« faire voir et représenter ledict enfant toutefois et quantes,
« et outre moyennant la somme de trois cent septante li-
« vres qu'icelle Glorieuse Langlois a confessé avoir eue et
« receue comptant dudict Durand, présents les notaires
« soussignés, en louis d'argent, et autre bonne monnoye
« ayant cours dont quittance. Et en ce faisant ladite Glo-
« rieuse Langlois consent et accorde que l'instance pendante
« pardevant les juges au sujet cy-dessus, soit et demeure
« nulle et sans effet, ainsi que chose non aveneue. »

RUES BEAUJOLAIS-PALAIS-ROYAL

ET BEAUJOLAIS-DU-TEMPLE.

La Ville est revenue à l'orthographe d'avant François Ier, elle écrit *Beaujolois*. Mais change-t-on aussi aisément la prononciation qu'une enseigne? On persiste à dire *Beaujolais*, malgré Boileau, que la Ville a pris pour modèle, c'est-à-dire en dépit de ces deux vers fameux :

> A mon gré, le Corneille est joli quelquefois ;
> Moi, je vous l'avouerai, j'aime le beau *françois*.

Il n'y en a pas moins deux rues du même nom. Celle qui touche le Palais-Royal s'ouvrit en 1784, sur une partie de l'ancien emplacement du jardin du Palais et des Quinze-Vingts. Son parrain, troisième fils de Louis-Philippe-Joseph, duc d'Orléans, était comte de Beaujolais et né cinq ans avant la rue ; fait prisonnier pendant trois ans, il fut ensuite exilé aux États-Unis, et il mourut à Malte l'année 1808. La République, d'ailleurs, avait appelé rue d'Arcole cette rue Beaujolais, qu'à l'origine on avait traitée de passage. Le passage actuel de ce nom, où s'est fondé le restaurant Serveille, date seulement de 1812.

Nous retrouverons, au reste, en parlant du Palais-Royal

et de la rue Neuve-des-Petits-Champs, les maisons fort notables dont se compose la moins ancienne des deux rues Beaujolais ; ses restaurants, ses cafés ont deux portes. Par exception il n'en est pas de même des trois ou quatre boutiques borgnes, sur la porte desquelles les successeurs des frères Millan offrent, en chuchotant, leur marchandise, parachute de la galanterie, à tous les hommes bien mis qui passent. Dans le même cas particulier se trouve depuis longtemps un modeste lupanar, qui n'a rien de plus littéraire que les autres du voisinage, bien qu'un petit nombre de gens d'esprit, qui ne sont que trop répandus, aient eu assez de philosophie, dit-on, pour y étudier les allures d'une joie qui a d'abord contre elle de n'être plus un fruit défendu.

Les filles de joie, au reste, s'y connaissent, et la police fait bien si elle les consulte quelquefois ; la première chose qu'elles disent aux imbéciles, quelquefois ivres, mais toujours inconnus, qu'elles ont à subir, c'est le nom d'un artiste, qui n'a pas su garder l'incognito, et dont le souvenir peut-être les en a consolées d'avance. Tout finit par s'organiser tant et si bien que tout l'esprit de notre époque est devenu public sans réserves ; ce qu'il en fallait autrefois pour tenir dans le monde le dé de la conversation s'imprime présentement en feuilleton ou en petit journal. Jadis les détenteurs de la fortune, qui passaient pour avoir du goût, attiraient pour dîner, et leurs femmes aimaient à retenir ces charmants conteurs d'anecdotes, qui savaient donner à des riens un tour piquant, inattendu; on les traitait de beaux-esprits de ruelle, et c'est sans doute parce qu'ils avaient leur place au petit-lever, si ce n'est mieux, des femmes élégantes dont ils défrayaient tout au moins le salon de bons mots risqués et de nouvelles croustillantes qui se disaient presque à l'oreille. De nos jours le même genre d'esprit coûte tout simplement quelques sous. Les habiles qui en vivent sont, par exemple, relégués, comme de simples cabotins, en dehors du monde qui l'achète. Où voulez-vous, depuis cette proscription, que se réfugient des causeurs aussi fins que libres, dépositaires traditionnels en somme de la partie la plus alerte du caractère national? Qu'ils soient exilés volontaires, ou parias, on a très-grand tort de les laisser se confiner dans ce qu'ils appellent leur bohême. Ils devraient, comme Alceste, connaître bien la société qui les condamne ou qu'ils fuient à plaisir, et leur misanthropie aurait alors, n'en doutons pas, des chances de repentir. Nos bohêmes, puisque c'est leur titre, vivent beaucoup trop à l'écart, dans une sphère de carnaval où la bonne humeur dissimule une bouderie trop prolongée. Les coulisses de théâtre, les ateliers, qui regorgent de charges, et les cafés sont leur centre d'affaires; d'autres s'en amusent, ils y travaillent. Quel est le fleuve, d'ailleurs, qui remonte à sa source, faute d'une embouchure? A défaut de prairies, l'eau du Nil arrose quoi? du sable. Aussi bien la plupart des chroniqueurs actuels exerçaient au début la profession moins lucrative ou de poète ou de romancier ; leur mérite personnel fera lever, espérons-le, l'interdiction qui borne leur horizon ; lorsque le monde aura cessé d'être tout entier aux affaires, vous verrez comme ils discontinueront d'en paraître l'épouvantail, pour en devenir l'ornement. Le duc de Saint-Simon ne figure-t-il pas parmi leurs ancêtres en droite ligne ?

Sauval parle d'un couvent de religieuses Barratines comme ayant été établi, sous le titre de Saint-François-de-Paule, dans la rue Beaujolais-du-Temple, ouverte en 1626 sur la culture de la Commanderie. En 1714, cette voie publique était flanquée de 22 constructions, qui de nos jours répondent toutes à l'appel ; nous n'en trouvons qu'une de plus, marquée du chiffre 21. Elle portait le nom de rue des Alpes, lorsqu'une décision ministérielle du 5 vendémiaire an IX, signée *L. Bonaparte*, fixait sa largeur à 8 mètres.

Une école de filles a succédé, il y a quatre ans, au bureau de bienfaisance du sixième arrondissement, dans la maison n° 5, assujettie à reculement, et d'une vétusté qui ne comporte plus une solidité à toute épreuve ; elle paraît malade, mais qu'importe ! puisqu'elle appartient aux Hospices. Il est assez probable que les Barratines l'occupèrent ; ce fut, dans tous les cas, pendant longtemps la boucherie du Temple. Cinquante années de moins ont dû passer sur le 6, le 8 et le 10, qui offrent plus de consistance. Le n° 18, dont l'extérieur semble relativement assez coquet, est depuis 60 ans, ainsi que le n° 4, dans la famille de Mme Anaïs Ségalas, née Mlle Ménard, qui ne se borne pas à être le poète du Marais : ses jolis vers ont encore plus d'avenir que ses maisons n'ont de passé.

M. Rousseau, qui poursuit avec zèle ses investigations de chaque jour pour le compte des *Anciennes Maisons de Paris sous Napoléon III*, a reçu le contre-coup d'une affreuse querelle de ménage, en étudiant le quartier dont s'agit. Une femme, les cheveux épars, en sortant d'une allée avec la brusquerie d'un ouragan, pensa le renverser, lui et ses notes manuscrites ; elle criait : — Au secours ! à la garde !... Notre honorable scrutateur du passé ne tarda pas à être le centre d'un rassemblement de commères, que dissipa l'arrivée des sergents. Il n'en était pas moins évident, pour M. Rousseau, que cette pauvre femme avait été battue par son mari, peu de temps auparavant, et il ne craignit pas d'en inférer que la rue Beaujolais en vieillissant méconnaissait plus que jamais les lois patriarcales de la famille. Le lendemain soir, un dimanche, quelle ne fut pas la surprise de notre collaborateur ! Il revit la même femme, au bras de son mari et suivie de ses trois enfants, qui revenait de la barrière : ce ménage avait cimenté, sinon la paix, du moins une trêve hebdomadaire, sous les auspices d'une ivresse populaire, dont la marmaille elle-même avait sa part ! M. Rousseau en était quitte pour la peur et des contusions.

BOULEVARD BEAUMARCHAIS.

Caron de Beaumarchais. — Les contre-allées. — Ninon de Lenclos. — Jules Hardouin Mansart. — Autres maisons du côté de la rue des Tournelles.

Le boulevard Saint-Antoine eut pour origine officielle un arrêt du conseil, en date du 7 juin 1760 ; il prit le nom de Beaumarchais en vertu d'une décision ministérielle, signée *Montalivet*, le 22 janvier 1831.

L'illustre auteur du *Mariage de Figaro* y avait eu une propriété d'un luxe tout à fait seigneurial, qui s'étendait sur 4,000 mètres environ de superficie, entre la rue d'Aval, la rue Amelot et la place Saint-Antoine, et dont l'avenue principale, donnant sur le boulevard, portait cette inscription :

> Ce petit jardin fut planté
> L'an premier de la Liberté.

Une large voûte souterraine menait de ce dystique au centre du jardin, dont il était le préambule ; la présidence de la cour appartenait à une statue de gladiateur ; d'autres statues encore, notamment celle de Voltaire, décoraient la propriété, ainsi que plusieurs vues de Ferney ; on y admirait également une salle de concert, des grottes, des bosquets, des rocailles, multipliant en apparence les dimensions des dépendances de l'hôtel. D'autres légendes, à l'intérieur, indiquaient la destination de plusieurs pièces, notamment ce latin de cuisine :

> *Erexi templum à Bacchus*
> *Amicisque gourmandibus.*

Beaumarchais était mort subitement, dans sa maison, le 19 mai 1799 ; mais sa veuve et sa fille l'avaient habitée après lui. La Ville l'avait achetée de Delarue et d'Amélie-Eugénie Caron de Beaumarchais, sa femme, le 28 mai 1818, moyennant 508,300 fr. ; toutefois un pavillon, qui avait pour ceinture un balcon circulaire, et que Beaumarchais avait dédié tout spécialement à Voltaire, n'avait été jeté bas qu'en 1826.

De cette propriété à l'ancien corps-de-garde de la Galiote se déployaient de belles contre-allées, que Louis XIII, si ce n'est Henri IV, avait octroyées à la ville, pour en faire la promenade des habitants paisibles du Marais ; mais les grands arbres qui les ombrageaient en plein jour cachaient le soir trop d'amours illicites pour que l'édilité ne songeât pas à les abattre, et qui plus est, du côté de la rue Amelot, ce parc-aux-cerfs du faubourg Saint-Antoine devenait un réceptacle non moins obstiné d'immondices. Une ordonnance royale du 19 février 1846 supprima donc les contre-allées, le terrain fut vendu par lots ; pendant que la Ville y gagnait des millions, le boulevard Beaumarchais n'avait qu'à tendre son bras droit pour que de coquettes maisons neuves, sorties de terre par enchantement, prissent ce bras pour alignement.

Sur ce traversons la chaussée, et nous voici d'abord dans un des hôtels qu'habita une femme dont la beauté vit passer celle de quatre générations. Anne de Lenclos, dite Ninon, eut tout au moins une vertu, seul avantage peut-être qu'oublient de lui envier les autres femmes, celle de faire à la fois des dépenses sans profusion et des économies sans avarice, et sa bourse agissait en cela comme son cœur. L'amour était pour elle un peu plus qu'une sensation, mais un peu moins qu'un sentiment, et n'en peut-on pas dire autant de la plupart des Parisiennes, dont la préférence est si prompte à récompenser le mérite que d'autres se sont chargées d'encourager? Les choix que font leur âme délicate prouvent, à chaque instant, que le siége en est dans la tête, et elles abandonnent volontiers à leurs rivales de province tout succès qui paraît douteux, toute suprématie qui ne repose que sur des avantages vulgaires ou naturels.

D'ailleurs Ninon, au boulevard Saint-Antoine, se trouvait locataire de l'architecte Jules Hardouin-Mansart, surintendant des bâtiments, arts et manufactures, neveu de ce François Mansart, qui a droit à la gratitude de tous les poètes présents et à venir, comme inventeur des couvertures brisées qui portent son nom, les *mansardes*. Hardouin, sur les dessins duquel furent bâtis l'hôtel des Invalides, le palais de Versailles, le château de Marly, etc., reçut le cordon de Saint-Michel, et sa fortune devint considérable. Un beau jour, sa maîtresse lui ayant dérobé une ordonnance de 50,000 livres, destinée à divers paiements, Louis XIV eut la générosité de lui en faire expédier une seconde. L'hôtel que s'édifia lui-même cet architecte a une entrée rue des Tournelles, 28, avec une grille qui ouvre sur ce qu'il reste du jardin, boulevard Beaumarchais, 21 et 23. Un prêtre a la disposition du rez-de-chaussée; le plafond de son cabinet est enrichi d'un merveilleux groupe d'amours, qui date de la création. Plus haut s'élèvent des colonnes et se reconnaît un balcon marqué aux initiales du fondateur. Un grand salon n'existe plus, dont on voyait encore en 1792 les colonnes à chapiteaux corinthiens dorés, et puis le plafond en plein-cintre décoré de peintures d'Allegrain et de Le Brun. Mais un petit salon a survécu où, du pinceau de Mignard, s'est détachée une admirable *Assemblée des Dieux;* du même auteur figuraient une *Cérès accompagnée de Bacchus*, dominant une pièce, veuve aujourd'hui de cette brillante œuvre d'art. Dans ces appartements, du vivant des précieuses que Ninon regardait comme les jansénistes de l'amour, Mignard se plaignait une fois de ce que sa fille, qui fut depuis la comtesse de Feuquières, manquât de mémoire. — C'est fort heureux pour son mari, lui répliqua

Ninon ; elle ne lui fera pas de citations..... Du côté de la rue, se remarquent d'autres colonnes et un vestibule assez noble, orné de quatre têtes de lion ; sur la cage d'un vaste escalier, malheureusement déshérité de sa rampe caractéristique, un médaillon représente Louis XIV. Quant aux fenêtres d'en bas, elles étaient garnies de barreaux à une époque où la police laissait le champ libre aux voleurs, crainte de déranger des amants dans leur escalade ; un fossé tenait alors le boulevard en respect du côté du jardin. Hardouin, qui mourut à Marly le 11 mai, en 1708, fut rapporté dans son hôtel, et puis inhumé à Saint-Paul, sa paroisse. M. Sinet, présentement propriétaire, tient cette maison de son beau-père, qui l'a acquise sous l'Empire.

Vu du boulevard, le 37 est moderne ; une belle rampe en chêne, dans un large escalier, qui se rapproche de la rue des Tournelles, n'en annonce pas moins l'âge respectable de cet ancien hôtel du duc de Melun ; Beudin, député, l'habitait sous le règne de Louis-Philippe. Autre rampe magnifique au 43, que précède un jardin, et dont une porte contemporaine de Ninon de Lenclos donne sur la même rue basse. Nous citons de nouveau cette héroïque princesse de la philosophie galante, parce qu'elle a reçu les visites du prince de Condé dans cet autre hôtel du Marais ; une chambre, au premier étage, a gardé boiseries, glaces, dorures et peintures, témoins discrets de plus d'une entrevue. Puis vient une maison du même temps, sans numéro ; du moins on n'a pas su où fixer sur la grille l'estampille municipale portant le chiffre 45, qui est sien ; Caillot, notable charcutier, dont la petite-fille est la femme du docteur Trousseau, y précéda la famille Grébert, comme propriétaire. D'aspect pareil est l'immeuble qui suit ; un des 25 marchands de vins privilégiés qui suivaient la cour de Louis XV, ayant nom Proustot de Montlouis, le laissa à sa fille, Mme de Montchoisy, belle-mère de M. Glandaz, magistrat, possesseur actuel. Encore deux façades, au n° 51, ancien logis de la musique du roi, tout à la fin du siècle xvi, et le bruit court aussi qu'une jolie femme y ajouta l'accord dont Henri IV lui donnait la mesure, à ceux de l'orchestre royal. Cette maison a appartenu, sous le règne de Louis XV, à Jean Aviat, receveur des tailles de l'Election de Paris et à sa sœur, épouse de Dubuisson, conseiller secrétaire du roi ; après la mort de ces propriétaires, les syndics de leurs créanciers l'ont vendue ; depuis lors elle a changé de mains deux ou trois fois. On l'appelle la Fosse aux lions, probablement à cause de la profondeur du jardin. Que si les receveurs des tailles ont quelquefois laissé des successions embarrassées, des pâtissiers, en revanche, ont bien pu faire fortune à leurs dépens ; par exemple, Félix, du passage des Panoramas, s'est retiré dès la Restauration au 53, avec un parterre sous ses fenêtres, dans une propriété dont la partie ancienne, en l'an iii de la République, portait le n° 83, section de l'Indivisibilité, boulevard Antoine, après avoir appartenu en 1784 à l'architecte Cressot.

Reste le 87, qui naguère n'avait encore qu'un seul étage avec perron, jardin et barrières par devant; le général Drouot en a occupé le premier, postérieurement à Rameau, un sellier, fournisseur enrichi des armées de la République. Reste aussi le 111, dont les allures pleines de dignité rappellent certainement le grand siècle, et qui, comme les maisons voisines, fut bâti sur le clos Margot. Pour finir, saluons le 113, auquel il ne manque plus que dix années pour compléter son siècle d'existence; il y a 30 ans à peine qu'on ne le nomme plus le Château, et c'est dommage; sa façade évidée, à l'angle d'une rue, est d'une coupe aristocratique. Le général marquis de Faudoas possédait cet immeuble, où demeurait Mme Dabos, célèbre par ses talents en peinture, avant d'appartenir à M. Bosselet, père du publiciste de ce nom. C'est sous la présidence de ce jeune homme de lettres, citoyen à peine majeur, qu'avaient lieu, au Château, des assemblées électorales préparatoires en 1848.

Paris. — Imprimerie de Pommeret et Moreau, 17, quai des Augustins.

LIV. 8
LES ANCIENNES MAISONS

Des rues de Beaune, Beauregard, Beaurepaire, Beautreillis et de la place Beauveau.

NOTICES FAISANT PARTIE DE L'OUVRAGE INTITULÉ :

LES ANCIENNES MAISONS DE PARIS SOUS NAPOLÉON III,

PAR M. LEFEUVE,

Monographies publiées par livraisons séparées en suivant l'ordre alphabétique des rues.

RUE DE BEAUNE.

Ce que peut coûter une satire. — Maison Laporte. — Les Carnot. — Les Mousquetaires. — Les hôtelleries. — Voltaire. — M. et Mme de Villette. — La baronne de Champi. — Le cercle agricole. — M. Victor Considérant. — Les Mailly et les Nesles.

Paris est un, quoi qu'on en dise, et d'un quartier à l'autre nous retrouvons souvent la même famille. Le nom de Mme Dabos est venu de lui-même sous notre plume, dans la notice qui précède. Voici maintenant celui de son mari, peintre comme elle, et quelque chose de plus peut-être, car Mme Dabos était un délicieux modèle ; nous avons vu un ravissant portrait qui était d'elle à double titre, et que cette charmante dame avait fait devant un miroir, qui avait eu tout le temps de lui dire que son mari était bien partagé. Dabos était, du reste, un artiste recommandable, protégé par la reine Hortense, et assez homme d'esprit, ou assez débonnaire, pour ne jamais souhaiter la mort de ceux qui lui trouvaient moins de talent qu'il n'en avait. C'est rue d'Anjou-Saint-Honoré, chez la comtesse de Saint-Geniès, qu'il avait fait la connaissance d'un poète gascon, Joseph Despaze, et celui-ci n'avait pas craint d'abord de s'essayer dans la satire aux dépens de la maison qui l'avait accueilli dès son arrivée à Paris ; Mme de Saint-Geniès avait effectivement pour frère un poète de salon, que Despaze avait flagorné, avant de le railler en vers. Le salon de la rue d'Anjou, comme de raison, s'était fermé pour cet ingrat, dont les brocards harcelaient de plus belle ceux qui étaient restés les familiers de ce charmant bureau d'esprit, et principalement Dabos. Dans une satire, qui ne devait pas être la dernière, et qui parut vers la fin du premier empire, le poète méridional ne craignait pas d'accuser de stupidité le peintre patronné par la reine de Hollande. *Le stupide Dabos* (ainsi l'appelait un hémistiche) eût peut-être dédaigné l'injure ; mais les imprimeurs de Despaze avaient imparfaitement lu la copie, ils avaient mis un *u* au lieu d'un *a*, dans le nom propre, et il y avait un autre peintre, nommé Dubos, beaucoup moins doué de longanimité ; le fait est que ses anciens camarades de collége appelaient volontiers celui-là *bos* tout court, sobriquet latin qui tenait compte de sa vigueur. Découvrir la mansarde habitée rue de Beaune par l'auteur de cet hémistiche, fut pour l'artiste l'affaire d'une semaine. Joseph Despaze eut beau lui dire : — Calmez-vous, je ferai un carton pour *l'erratum*, je tiens votre peinture pour estinable, lisez *Dabos*.... — Tant pis pour toi, lui répliqua Dubos en levant un bâton formidable sur le critique ! mon nom n'en n'est pas moins accolé à ton éphithète, et au surplus Dabos est un brave homme qui ne mérite pas plus que moi le traitement que tu m'as fait subir. Tu as deux comptes à régler, voilà tout ; tiens, faquin, tiens, ces premiers coups sont pour Dubos, cet autre est pour Dabos ; voici encore pour l'*u*, et puis pour l'*a*.... Les coups se succédaient, sans la moindre faute d'impression, tant et si bien que le pauvre Despaze en mourut, quelque temps après, dans son pays, c'est-à-dire à Cussac. Une partie des satires de cet obscur martyr de la critique a reçu les honneurs de la réimpression, dans le recueil des *Satiriques des* VIIIe *et* XIXe *siècles*. Sa mansarde à Paris était située dans cette petite maison de la rue de Beaune qui porte le n° 37, et qui jadis avait été hôtel particulier avec écurie et remise. Aujourd'hui toute trace d'équipage a disparu ; des magasins occupent le rez-de-chaussée, dominé par la loge de la portière, étrangement pratiquée dans un renfoncement sur l'escalier, au-dessus d'un couloir qui sert de longue vue à ce fonctionnaire féminin. Le bâton sous lequel est mort le poète oublié de l'Empire existe encore, c'est chose possible, car il était solide ; mais notre collecteur de notes, qui çà et là médit de son prochain, a craint d'explorer en personne ton observatoire, ô portière :

Serait-ce l'écurie où tu mets d'aventure
Le manche de balai qui te sert de monture?

Même transformation subie par le 33, ancien hôtel de maître, exploité en hôtel garni depuis 80 ans. Le 31 a servi de résidence à Hébert, auteur du tableau *La Malaria*, qui fait partie de la galerie du Luxembourg. Confisquée sur le séminaire de Saint-Sulpice, cette propriété a été achetée en 1792 par le beau-père de M. Laporte, greffier en chef de la Cour de cassation, et restaurée par Pécoul, architecte, allié à la famille de ce propriétaire, beau-père du peintre David, et père, comme architecte, de toute l'ancienne rue du Coq. M. Bernard, gendre de M. Laporte, est de nos jours possesseur du même immeuble et greffier de la même cour.

On appelait rue du Pont en 1640 celle dont nous nous occupons; elle comptait 24 maisons et 8 lanternes un demi-siècle plus tard, et parmi ces maisons, déjà séculaires presque toutes, figurait, comme les susdites, celle du n° 23. Les trois qui suivent n'ont pas toujours appartenu à un propriétaire unique, père ignorant lui-même quel est l'aîné des trois enfants qu'il a également adoptés, et qu'il aime autant l'un que l'autre, pour les tenir au courant de nos législations nouvelles. Le 21, qui payait 12 deniers parisis de redevance annuelle à l'abbaye de Saint-Germain-des-Prés, était à la disposition de la famille de Meaupeou, en 1682. Le 19, autrefois chargé du même cens, date du règne de Henri IV; Jean Huchon, boulanger privilégié du roi, demeurant rue de Bourbon, paroisse de Saint-Sulpice, l'a acquis en l'année 1767 de la famille Chazeray, qui, sous l'ancien régime, a fourni des orfèvres-graveurs, et sous la République un avoué de première instance. Du 17 ont disposé plusieurs générations d'ancêtres du ministre Carnot, savoir : Louis-Robert, avocat au parlement ; Marguerite, sa sœur, morte civilement comme entrée en religion en 1737 au couvent de Sainte-Élisabeth ; Jean, notaire au Châtelet, et Louis-Robert du même nom, commissaire des guerres et du corps royal de l'artillerie, époux de D^{lle} Dorothée-Françoise-Fabre de Granville. Joseph, Raoux, facteur de cors de chasse, est devenu un des propriétaires de cet immeuble, sous le premier empire.

Du 10 au 16 inclusivement, de l'autre côté de la rue, reparaît une des façades de l'ancien hôtel des Mousquetaires ; par exemple, la première de ces propriétés a seule conservé sa physionomie d'autrefois. Le 13 et le 15 datent de plus loin encore. Le 7 et le 5 sont l'hôtel de Lorraine et celui de France, réunis depuis un certain temps ; il y a plus d'un siècle qu'on y reçoit des voyageurs ; une vieille porte et un escalier de l'époque de Henri IV, à larges balustres de bois, déposent éloquemment du droit d'aînesse que la maison avait sur l'hôtellerie, mais que celle-ci a très-bien pu acheter, grâce aux plats de lentilles qui ne figurent pas seuls sur les nappes de sa table d'hôte.

L'hôtel du Colysée, qui vient après, ne remonte-t-il pas

de même à un siècle, comme réceptacle de voyageurs, et à plusieurs comme pignon ? Avant de faire le tour du monde, Dumont-Durville descendait là. Cette salle à manger, que fréquente par prédilection l'élite des habitants de l'Aveyron, était naguère un quadrille de chambres à coucher; on eut pû alors y souper dans l'attitude horizontale, comme aux festins de l'ancienne Rome. Avant que des étrangers vinssent y passer la nuit à tour de rôle, c'était tous les jours maigre dans cette salle à manger où, de nos jours, des étrangers prennent leur nourriture, assis comme de vrais Parisiens. On y servait, dans le principe, des dîners d'un menu moins varié, tout bonnement à des herbivores; en d'autres termes, c'étaient des écuries; les chevaux de Voltaire y piaffèrent.

Le n° 1, rue de Beaune, est la maison où le grand homme cessa de vivre, âgé de 84 ans, le 30 mai 1778. Le curé de Saint-Sulpice refusa d'inhumer son illustre paroissien, mais il permit qu'on transférât ses dépouilles mortelles à l'abbaye de Scellières, dont le commandataire était l'abbé Mignot, qui l'enterra malgré l'évêque de Troyes. Chacun sait que douze ans plus tard les cendres du philosophe étaient rapportées en triomphe dans cette ville, qui en avait eu peur avant qu'elles fussent tout à fait refroidies. Dans une maladie, qui avait précédé la maladie mortuaire, Voltaire avait pourtant mandé, rue de Beaune, l'abbé Gauthier, chapelain des Incurables (*des Incurables!*) en disant :

— Je ne veux pas qu'on jette mon corps à la voirie.

Cette maison historique appartenait, d'ailleurs, au marquis de Villette, que Voltaire traitait comme un fils, après avoir eu pour sa mère des sentiments qui peut-être expliquaient ceux-là. Villette avait fait embaumer, avec une louable prévoyance, le corps de son hôte immmortel; Mme Denis lui permit d'emporter son cœur à Ferney, château acquis par le marquis. Cet admirateur, au surplus, fit baptiser son fils, en 1792, sous le nom de Voltaire-Villette et fut lui-même conventionnel ; à propos des massacres de septembre, il eut le bon esprit d'écrire contre Robespierre et Marat. Il avait été poëte en d'autres temps, et ennemi de Boileau, bien avant l'école romantique, tout en servant dans les armées du roi ; les mœurs de cet homme très-lettré s'inspiraient moins de la nature, dit-on, qu'elles ne rapelaient celles de plusieurs bergers de Virgile, bien qu'il eût affiché quelques liaisons avec Sophie Arnould, avec Mlle Raucourt; on lui avait reproché, outre cela, une forfanterie voisine de l'impudence, et un quatrain ne l'en avait que trop puni.

> Petit Villette, c'est en vain
> Que vous prétendez à la gloire;
> Vous ne serez jamais qu'un nain
> Qui montre un géant à la foire.

Mme Denis préférait de beaucoup au petit marquis sa femme, fille du colonel Rouph de Varicourt, qui était d'une rare beauté et d'une vertu encore moins commune. Ce mariage, au surplus, était aussi l'œuvre de Voltaire, qui, peu de temps après sa conclusion, avait écrit au chevalier de Tressan : « Votre ami le marquis a raison d'aimer le « monde ; il y brille dans son *étonnante* maison : il l'a pu- « rifiée par l'arrivée d'une femme aussi honnête que belle. » Reine-Philiberte de Varicourt avait élevé un buste au grand homme, pour son propre usage ; tous les matins cette femme, quoique très-religieuse, venait saluer avec un respect tendre l'image du prince des philosophes. Or elle n'est morte qu'en 1822. Un de ses frères avait été tué à Versailles, garde-du-corps du roi Louis XVI ; un autre avait fini évêque d'Orléans.

Quant à l'appartement occupé par Voltaire, après lui ses croisées restèrent fermées pendant trente ans. Tel qu'il se comportait, on le retrouve au premier étage, occupé par M. le baron Paul de Bourgoing ; mais la pendule de la chambre mémorable, qui donne sur la cour, ne s'est pas arrêtée à 11 heures 1/4, à l'instar de celle de Versailles pour éterniser l'heure fatale. Avant M. de Bourgoing, qui a pour voisin dans l'hôtel M. Lebrun, comme lui sénateur la baronne de Champi habitait ces lieux consacrés ; ayant été une fort jolie femme, elle acquittait comme une dette d'honneur en aimant le monde jusqu'au bout et à la folie ce n'était qu'une restitution. A voir la société nombreuse à laquelle la baronne ouvrait encore ses portes, vers la fin, on confondait l'automne et le printemps ; elle avait pourtant fait les trois quarts du chemin pour être cente naire. Ces réceptions de tous les soirs étaient un tour que la septuagénaire jouait de bon cœur à ses deux jambes, dont l'enflure empêchait qu'elle se déplaçât ; ne pouvant plus courir après des souvenirs agréables, elle convoquait les plaisirs en personne et savait les mettre à leur aise, en comblant tous les intervalles par l'esprit de conversation, la bienveillance et la philosophie. Au mois de juillet 1856, la baronne de Champi cessa de recevoir ; c'est bien assez vous dire l'époque où sa succession s'est ouverte.

Que si nous traversons la rue, nous entrons dans une vaste cour, à l'entrée de laquelle se dresse un marronnier touffu, dont le veuvage se devine : il doit avoir eu son pendant de l'autre côté de la cour. Un peu plus loin s'ouvre un grand escalier, bordé d'une large rampe en pierre merveilleusement taillée à jour. Ces allures de palais séyent parfaitement à l'un des plus grands cercles de Paris. C'est le *Cercle agricole*, fondé en 1835, et qui passait d'abord pour un conciliabule légitimiste, mais qui compte aujourd'hui pour membres des représentants de toutes les opinions, de savants académiciens comme MM. Pouillet et Payen, et des Montmorency, des Montesquiou, etc., à côté des Girod de l'Ain, des Taillandier, des Treilhard, des Woorms de Romilly, des Lafaulotte, et de plusieurs dignitaires de la nouvelle cour impériale. La bibliothèque du cercle est également un terrain neutre où se rencontrent et se touchent toutes les idées contemporaines, au fur et à mesure de leur incarnation en livres ; des peintures en grisaille, qui datent du grand siècle, président, comme dessus de portes, à l'accolade littéraire que facilitent les rayons de cette collection de volumes étonnés de revêtir une demi-reliure uniforme. Une salle de billard, dont le plafond et les murs sont couverts de dorures du plus brillant effet, et qui, comme dessin, sont aussi un chef-d'œuvre, rappelle éloquemment que cet hôtel fut traité en palais par les artistes Le Sueur et Lebrun.

Les sciences, les arts et la littérature sont restés la plus vive des préoccupations, dans cette réunion d'élite. Le socialisme lui-même, s'il y rencontre peu de partisans, a cette consolation que la bibliothèque du cercle compte avec lui, en achetant les livres qu'il inspire. Cette acquisition, au surplus, n'entraîne aucun déplacement. La librairie phalanstérienne a conservé pour siége d'exploitation l'ancien logement de M. Considérant, au second étage d'un corps de logis attenant. La *Démocratie pacifique* avait alors ses bureaux, dans la cour du fond, au rez-de-chaussée. Cet hôtel de la rue de Beaune a donc été le but de plusieurs manifestations, en 1848 ; les démocrates des écoles y sont venus, à différentes reprises, complimenter fraternellement les citoyens Cantagrel et Considérant, qui, maintenant, habitent le Texas.

M. le comte de Flavigny, secrétaire de M. de Polignac, a demeuré en 1830, dans le local aujourd'hui métropole de la propagande fouriériste. M. le marquis de Juigné, pair de France, a occupé l'appartement du cercle, dont dépendait déjà le jardin en terrasse, d'où la vue embrasse le quai, le Pont-Royal et les Tuileries. Un notaire, M. Guénoux, a acheté l'hôtel, le 31 juillet 1809, du citoyen de La Crosse, contre-amiral, acquéreur lui-même à la date du 6 vendémiaire an XII, en lieu et place de Mme Kangueu, veuve d'un capitaine de vaisseau. En remontant toujours, nous apprenons que la citoyenne Kangueu s'est rendue adjudicataire, le 21 frimaire an VII, moyennant 5,101,000 fr., en assignats, de cette propriété confisquée sur le ci-devant marquis de Nesles, émigré. Rappelons-nous que les marquis de Nesles étaient considérés comme premiers marquis de France. Au reste, les Nesles, les Mailly, les d'Aumont étaient familles tellement alliées qu'on appelait indifféremment l'hôtel dont nous parlons, tenant à l'hôtel Mailly proprement dit, qui ouvre rue du Bac, de l'un ou de l'autre des trois noms. En 1784, le nom d'Aumont paraissait prévaloir, bien qu'il existât au Marais une autre maison ainsi dite. Nous avons évoqué autre part le souvenir de Mme de Mailly, l'une des maîtresses de Louis XV; elle était née Louise-Julie de Nesles, à Paris, en 1710. A cette époque le quai Voltaire, qu'on a nommé aussi le quai des Théatins, n'était qu'une partie de celui Malaquais; la preuve en est écrite dans le plan de Paris de 1714.

RUE BEAUREGARD.

Prix d'un terrain en 1622. — Surtaxe de ce terrain en 1702. — N°⁵ 46, 33, 32, 14 ou 12. — L'hôtel de Launay.

Nous avons connu des vieillards qui persistaient à dire, quand ils se rendaient rue Beauregard : — Je m'en vais à la Ville-Neuve... Cette rue n'était pourtant neuve, en réalité, qu'à l'époque de la Renaissance. Une pension où étaient élevés des jeunes gens s'y trouvait installée en 1754; maître Colomb la dirigeait. Des boîtes transparentes, au nombre de 5, dans lesquelles on mettait de la lumière, composaient l'éclairage des 44 maisons qu'on y trouvait déjà en 1714. Presque tous ces pignons, jadis la bordure et la fleur de la construction parisienne, assistent de nos jours à ce renouvellement de la grande ville qui prend un caractère définitif, on peut le croire.

M. Peytel est propriétaire, rue Beauregard, des deux maisons du côté pair, qui donnent le plus près de la porte Saint-Denis, et qui s'ouvrent aussi sur la rue de Cléry. L'un de ces bâtiments, dont les quatre étages carrés reposent sur deux berceaux de caves, occupe 12 toises 1/2 de terrain qu'ont vendues les religieuses du couvent des

Filles-Dieu, par acte du 28 août 1622, à Richard Champion, maître maçon. Il n'en coûtait à l'acquéreur d'alors que 48 livres tournois, qu'il paya devant les notaires, principalement en pièces de 16 sols, c'est-à-dire un peu moins de 4 livres par toise; seulement il s'obligeait à bâtir dans l'année une maison qui a tenu parole, sur le terrain qui lui était cédé, et à payer 12 sols tournois par année aux Filles-Dieu, comme redevance seigneuriale. Au contrat signaient une partie des religieuses professes de la communauté; voici leurs noms : Sœurs Denise Chavenas, *mère prieure*, Catherine Broing, *mère du cloître*, Marie Le Masson, Louise Rapponet, Eléonore de Hacqueille, Hélène Boucher, *mère antique*, Anne Bellet, Perrette Robert, Marguerite Le Conte, Geneviève des Bernages, *dépositaire*, Anne Quin, Claude Le Feuve, Marie Brullart, Madeleine Hotman, Françoise Coffart, *boursière*, Catherine Berthelemy, Marse ou Marie Prévost, Anne Séguier, Denise Thierrot, Marie Monduit, Marie Regnard, Jacqueline Le Feuve, Louise de La Croix, Geneviève Le Tellier, Marie Grosset, Louise Troussom, Marie Le Feuve, Marie Mourry et Anne Violes. Plusieurs Parisiens d'aujourd'hui retrouveront, comme nous, des parentes, parmi les signataires de l'acte.

Certes, un pareil contrat est en bonne forme; toutefois, vu l'état des finances royales, une ordonnance émane de Louis XIV, au mois de novembre 1675, qui légalise le prélèvement d'un sixième de la valeur des biens ecclésiastiques aliénés, et ledit prélèvement aux dépens de ceux qui les détiennent. Champion, rendons-lui cette justice, s'empresse de contribuer aux nouvelles charges de l'Etat, en acquittant la taxe de 8 livres. Mais en 1702, époque de la guerre de succession d'Espagne, les finances du royaume se trouvent encore plus obérées, et le receveur du sixième, dont les bureaux sont place des Victoires, se ravise, en dépit des 80 ans écoulés depuis la vente consentie par nos tantes, les dames des Filles-Dieu; il réclame à Gallyot, successeur de Champion, 225 livres de plus, pour parfaire le sixième de la valeur réelle des 12 toises de sol où s'élève sa maison. Le sieur Etienne Gallyot n'est pourtant pas de ceux qu'on berne; ses titres et qualités n'en font rien moins qu'un conseiller du roi et de la ville, commissaire au Châtelet. Ce fonctionnaire résiste, on saisit les loyers de sa propriété, qui s'élèvent par an à plus de 250 livres; force lui est, par conséquent, d'en envoyer 225 au bureau de la place des Victoires. Au reste, Etienne Gallyot, un peu plus tard, a pour héritier Pierre Gallyot, également conseiller du roi, commissaire enquêteur et examinateur au Châtelet. Chapelle, entrepreneur des bâtiments du roi, se trouve possesseur du même immeuble postérieurement.

Non loin de là est le 33, vieil édifice à six étages, dont quatre tout au moins datent de l'ouverture de la rue; ses fenêtres sont pourvues de ferrures bien conservées. Au demeurant, le courant de la rue Beauregard compte des maisons bourgeoises sur ses deux rives, du côté de son embouchure sur le boulevard et la rue de Cléry, et il en est de même du côté de sa source, prise rue Poissonnière ; mais dans le milieu du parcours, c'est-à-dire sur les derrières de l'église Notre-Dame-de-Bonne-Nouvelle, l'aspect est différent ; là ses bords ne sont plus semés des fleurs modestes, mais sereines, de la maison bourgeoise ; là, au contraire, si j'ose le dire, végètent les ronces du galetas et les épines du logement par chambrées. Ces bâtiments du centre, tout récemment blanchis pour la première fois depuis leur fondation, semblent avoir perdu en quelque chose leur centre de gravité ; le tassement du sol et de la pierre a fait presque partout descendre une partie de leur premier étage au rez-de-chaussée, et du second au premier ; on les prendrait pour des portefaix ivres, dont les jambes se sont alourdies plus que la tête. Après tout, ces vieilles constructions à petites allées sont un peu comme la rue, qui monte et descend tour à tour. Le 46, en ce qui le concerne, a progressé au lieu de reculer, depuis le règne de Henri III ; il a religieusement gardé les deux fenêtres à coulisses qui lui en font une par étage ; mais on lui a imposé des gouttières, qui reçoivent les eaux du ciel, et puis des plombs en saillie sur la rue, parachute quotidien des pluies d'un autre genre ; sur son escalier bien qu'étroit, le conseil de Salubrité a exigé qu'on ajoutât une pièce qui est devenue indispensable, mais dont ce bouge manquait sans s'en apercevoir, depuis la Ligue.

On remarque aussi au n° 32, qui appartient depuis longtemps à la famille d'un médecin de campagne, une petite niche garnie d'une vierge ; cet enfoncement a été pratiqué à une époque reculée ; il n'en est pas de même de la niche toute pareille, qui se trouve depuis peu dans une des rares maisons neuves de la même rue. Le 12 ou le 14, qui tient encore bon, malgré son apparence titubante, a conservé de l'époque de La Fronde un escalier à balustres de bois, avec ses marches traditionnelles en brique.

Et comment mieux finir qu'en parlant du n° 6? Quel malheur pour les antiquaires qu'une désignation toute commerciale, inscrite sur un grand tableau, masque l'admirable tête sculptée et les consoles qui dominent la porte de cet hôtel, autrefois aristocratique ! Les mêmes sculptures, il est vrai, se retrouvent dans la cour, surmontées d'un balcon en fer, digne de toute l'attention des connaisseurs ; le style très-élégant de cette saillie se rapporte à celui de la rampe du grand escalier. On a dernièrement découvert des écussons à demi effacés dans la corniche du plafond, au premier. Cet hôtel deux fois centenaire appartenait, ainsi qu'une maison voisine, sous la Révolution, à la comtesse Longneau de Launay, émigrée ; la maison adjacente a seule été vendue à la criée, comme bien national; l'hôtel lui-même, quoiqu'il fût confisqué, a échappé au même sort; c'était le siége de la Justice de paix. Restitué depuis lors à qui de droit, il est de nos jours à la disposition de M. de Gars de Courcelles, dont la famille est alliée à celle de Launay.

RUE BEAUREPAIRE.

Vers la fin du règne de Napoléon Ier, l'incendie d'une maison où se tenait un roulage, fit événement dans la rue Beaurepaire. Cette propriété, dont le devant a été épargné par les flammes et date pour le moins du règne de Henri III, s'appelle à notre époque : *Cité Beaurepaire*. Bien avant que ses vastes dépendances servissent d'embarcadère et de débarcadère sur une petite échelle aux marchandises transportées par roulier, c'était un jeu de paume.

Peu d'années de moins ont passé sur la tête du n° 15, maison petite à petit escalier, dont les balustres sont une date authentique. Mme la baronne de Mouzin a reçu le 18 à titre d'héritage, et cet hôtel date d'avant Louis XIV; feu le baron de Mouzin était colonel de chasseurs. De la même époque est le 20, que François-Germain l'Évêque, seigneur des fiefs du Jard et de la Tour, vendait, en 1766, à Charles-Toussaint Vermont, conseiller d'État, membre de l'académie royale de chirurgie et accoucheur de la reine Marie-Antoinette. M. Gibou, père du propriétaire actuel, l'a acheté en 1820 des sieur et dame Clavareau, acquéreurs eux-mêmes à la date de l'an VIII de la République. Le 21, hôtel très-bien bâti sur un double berceau de caves, aimait fort sa tranquillité ; il y reste deux barres de fer, qui servaient à fermer solidement la porte à l'heure du couvre-feu. C'est ensuite au 22 que demeurait maître Delorme, syndic des huissiers de la chambre des Comptes, en 1771. L'habitation qui vient après fut construite sous François Ier ; chaque réparation y fait retrouver des dorures, qui témoignent de splendeurs passées.

En 1714, au reste, il y avait rue Beaurepaire 5 lanternes et 37 maisons, qui sont pour la plupart encore debout, mais divisées en un millier de feux. Cette voie publique n'a jamais changé de nom ; elle s'appelait déjà *Bellus locus* en 1255, *Vicus qui dicitur Bellus Reditus* dans une charte, trois années plus tard, et Beaurepaire en toutes lettres dès 1313.

RUE BEAUTREILLIS.

Gérard Beauquet. — L'hôtel Beautreillis. — Les Maupertuis. — Les loyers payés au drapeau. — L'hôtel Charny. — Les n°s 20, 18, 17, 16, 14, 12. — L'hôtel Renty. — Le prince de Monaco. — Zamet et Gabrielle d'Estrées. — M. Siméon Chaumier.

En 1838, on ajouta à la rue Beautreillis celle qui portait le nom de l'ancien acquéreur, pour partie, des terrains du séjour royal de Saint-Pol, Gérard-Beauquet. Au reste, ce bout de rue avait été non-seulement fiancé dès sa naissance, mais marié même pendant les premiers temps avec celle de Beautreillis ; lors du divorce, il avait commencé par s'appeler rue du Pistolet. L'hôtel patronymique fut bâti, en 1519, avec des débris du palais ; cette maison, dite de Beautreillis, par malheur était à la lettre le Phénix de celle de Saint-Pol, c'est-à-dire sortie de ses cendres, et par conséquent peu solide. En décembre 1548, Henri II jugea prudent d'ordonner l'aliénation de cet hôtel, menaçant déjà ruine, et qui se composait de plusieurs corps de logis, d'un jeu de paume, de cours, de jardins, le tout ouvrant sur la rue Saint-Antoine. Le parlement se consulta avant de légaliser l'ordonnance royale, et en l'année 1554 on décida l'ouverture de la rue et la division de l'hôtel en 37 places à bâtir. On a généralement admis que ce nom de Beautreillis vient d'une belle treille du jardin de Saint-Pol, et le fait est que cette partie de Paris fut longtemps un petit Thomery, par la magnificence et la saveur de ses grappes de raisin, quelque éloignées qu'elles fussent encore du soleil de Fontainebleau. Toutefois, en 1714, la rue portait la dénomination de *Jean Treillis*, aussi bien que celle de *Bautreillis*. Elle comptait alors 8 maisons et 7 lanternes, de la rue Saint-Antoine au coin des rues Neuve-de-Saint-Paul et des Trois-Pistolets, vis-à-vis de la rue Gérard-Beauquet.

Quarante-sept ans plus tard, au coin de la rue Saint-Antoine et de celle qui nous occupe, demeurait messire Le Chanteur, qui venait d'être nommé conseiller-auditeur à la Cour des comptes. Il y a sept ou huit ans encore, on retrouvait fixée à la muraille du marchand de vin établi à cette encoignure, un crampon d'environ 18 pouces de haut, lequel avait servi à attacher la chaîne qu'on tendait pour la nuit à l'entrée de la rue, et aussi en plein jour, en cas d'émeute populaire. C'était probablement le dernier vestige de ce genre qui subsistât, depuis l'affranchissement nocturne des voies publiques de Paris, ayant perdu le droit de s'isoler l'une de l'autre.

Le 23, au surplus, date de l'ouverture de la rue Beautreillis, comme l'indiquent la porte cochère, des boiseries et des cheminées du style reconnaissable de Louis XIII. Les Maupertuis en étaient les propriétaires, avant cette révolution au plus fort de laquelle émigra l'abbé de Maupertuis ; la Nation confisqua et fit vendre la moitié des propriétés indivises qui revenaient à l'émigré, ce qui n'empêcha pas son frère, resté en France, de posséder sans trouble sa moitié personnelle jusqu'en 1818. M. Frémy dispose actuellement de l'hôtel Maupertuis, principalement occupé par une fabrique de papier de verre. Le 21 a été certainement édifié en même temps que le numéro qui précède ; son architecture est la même. Une filature de calicot s'y trouvait installée au commencement du règne de Louis XVIII, époque où l'élévation des salaires fit tomber l'établissement. Un des spéculateurs de la bande noire acheta ce corps d'hôtel, pour le revendre approprié à une destination bourgeoise, et l'immeuble traversa, depuis, des phases qui démontrent que les fortunes greffées sur la propriété foncière ne sont pas plus exemptes que les autres de l'instabilité, qui les domine toutes. Vers 1845, ce 21 appartenait à une dame âgée, qui mourut en laissant pour seuls héritiers son fils, M. Riquier, pharmacien à Paris, et une enfant, petite-fille de la défunte ; une licitation eut lieu, et Riquier fit encore une assez bonne affaire, en apparence, en achetant la maison 120,000 fr. : la part de sa cohéritière était représentée par une inscription hypothécaire de 60,000. Vint la révolution de 1848, au moment où M. Riquier avait ses comptes à régler avec les fournisseurs qui avaient réparé de fond en comble l'immeuble.

Pendant que l'impôt des 45 centimes grevait à l'extraordinaire tout ce qui était bien-fonds, on lui paya ses loyers au drapeau, c'est-à-dire que ses locataires portèrent ce qu'ils devaient, pendant toute une année, au compte du patriotisme de l'honnête M. Riquier, que ne tardèrent pas à faire exproprier ses créanciers, qui étaient moins patients. Cette fois, à la criée, 53,000 fr. suffirent à l'adjudicataire, qui par bonheur était la nièce, déjà créancière de son oncle, et qui en secondes noces a épousé postérieurement M. Brissot, fils ou neveu du conventionnel. M. Riquier a donc été ruiné par la force des choses; mais dans d'autres circonstances pareilles, la ruse des collatéraux a servi leur cupidité, et les malheurs publics ont fait la fortune des habiles. Au surplus, le 19, le 21 et le 23 sont reliés souterrainement par le conduit de leurs concessions d'eau, lequel suit un passage particulier, qui donne rue Saint-Antoine. Il a existé un marché entre les rues Saint-Antoine, Neuve-Saint-Paul, Beautreillis et Saint-Paul; on arrivait à ce marché par le passage Saint-Pierre, allant toujours de la rue Saint-Antoine à celle Saint-Paul, et puis par le passage dont nous parlons.

M. et Mme Ledentu possèdent évidemment la maison historique, par excellence, de la rue Beautreillis. Elle a appartenu au baron du Noyer, qui a organisé les tribunaux en Italie et en Illyrie, sous l'Empire, et qui est mort doyen des conseillers de la cour de Cassation en 1832. Ce magistrat était le frère de Jean-Baptiste Coffinhal, vice-président du tribunal révolutionnaire, qui ajoutait à son nom celui de Dubail, et qui, le lendemain du 9 thermidor, précipita le commandant Hanriot d'une fenêtre de l'Hôtel-de-Ville, au milieu d'un tas d'immondices, en lui disant : — Va, misérable ivrogne, tu n'es pas digne de l'échafaud.... Jean-Baptiste, quant à lui, en était digne, et pourtant il faut reconnaître que, seul des amis de Robespierre, il montra du courage, même devant la guillotine et les huées des témoins de son exécution. Le frère aîné de Coffinhal, avocat au conseil avant la Révolution, fut nommé juge au tribunal de cassation en 1791 et fut membre de la Haute-Cour qui condamna Babeuf en 1797; devenu baron et maître des requêtes, il obtint de Napoléon Ier l'autorisation de changer son nom en celui de du Noyer. Il tenait cet immeuble portant le n° 22, de sa femme, dont la famille le possédait depuis un demi-siècle; il y avait pour locataire, M. Coutant, qui, ancien officier, demeure dans la maison depuis quarante et une années, et dont le beau-père antérieurement l'avait habitée tout autant. Il y avait encore en 1840 un beau treillage, régnant tout autour du jardin et soutenu par des colonnes à chapiteaux, reliés par des balustres et un portique, pareil à ceux des Folies de Chartres. Un jet d'eau, en forme d'éventail, ajoutait les couleurs de l'arc-en-ciel à celles de la verdure, au milieu d'une pelouse centrale. Un réservoir pour les eaux de la Seine se trouvait placé sur le toit ; la tradition ajoute que la portière de M. du Noyer, qui s'appelait Mme Bichet, et que son mari battait souventes fois, sous le prétexte qu'elle ne buvait pas d'eau, finit par lui donner un démenti formel en se noyant par escalade dans cette cavité sublime. Le magistrat avait succédé, comme propriétaire, à M. Lombard, son beau-père, entrepreneur du pavé de Paris, mort en 1792, qui avait eu lui-même pour prédécesseur et associé Claude-Jean de Sainte-Croix, ancien greffier, acquéreur de la même propriété à la date du 8 janvier 1783, moyennant 60,000 livres. C'était d'ailleurs un des anciens hôtels Charny. En 1753, haut et puissant seigneur, messire Pierre-François de Siry, chevalier, comte de Marigny, marquis de Savignies, seigneur de Charny, seigneur châtelain de Chaulny et autres lieux, conseiller ordinaire du roi, président honoraire en sa cour du parlement de Paris, vendait l'hôtel, dépendant du terrier royal, à Louis-Antoine Dumas, officier de la reine. Or, deux maisons voisines dépendaient de l'hôtel Charny ; celle qui portait le nom de petit hôtel Charny ouvrait aussi rue du Petit-Musc, et la famille du ministre Machault, issue de la magistrature, en disposait sous le règne de Louis XVI. Au surplus, il existe encore des membres de la famille du baron du Noyer, notamment son neveu, M. Lombard, et son fils, M. du Noyer, qui fait partie de la société des Bibliophiles français.

1676 est une date qu'on retrouve sur la plaque d'une cheminée, n° 20; la jolie rampe de l'escalier atteste la même origine. Le 18 est bâti dans le même style absolument. Le 16 fut une des dépendances de l'hôtel Charny. Le 17 date de Henri IV, et il se composait autrefois de deux corps de bâtiment; le beau-père du propriétaire actuel l'acheta en assignats à la veuve d'un président au parlement, M. de Plancy. Le jardin y attenant est une partie de l'ancien cimetière de Saint-Paul. Une fois, en jouant au billard, dans une pièce du rez-de-chaussée, un invité a défoncé involontairement d'un coup de pied le plancher vermoulu de la salle, et le contre-poids de sa chute a fait surgir une apparition fort imprévue, celle d'un cercueil de plomb inhumé au temps de la Fronde. Un pied de vigne remarquable s'élève dans la cour du n° 14, distinguée par une belle terrasse et des colonnes pour appui; c'était encore une résidence de robe. Quant au 12, il a disparu pour faire place à une construction neuve; bien que l'ancien bâtiment fût depuis longues années pauvrement habité et lieu d'asile pour mainte vermine, la démolition a prouvé que presque toutes ses poutres avaient retenu une couche d'or de l'éclatant siècle de Louis XIV, qui reparaissait sous la cendre.

En l'année 1635, Pierre Hérouard, sieur du Mesnil, conseiller, maître-d'hôtel ordinaire du roi, était propriétaire du 11, sous la censive du roi, chargé de douze deniers parisis de cens. Quatre-vingt-quatre ans plus tard, Jean-Jacques marquis de Renty vendait l'hôtel, tenant d'une part à l'abbé Goy, de l'autre à Mme Petit, et par derrière à M. de Saint-Germain-Beaupré, à l'écuyer Claude du Rye, avocat, ancien capitoul de Toulouse; le marquis de Renty avait hérité la maison de sa tante, mariée au comte de Choiseul, maréchal de France. Le financier Crozat fut l'acquéreur du susdit capitoul, et son fils, chevalier, seigneur d'Orfeuil, avocat également, fit réparer du haut en bas l'immeuble; le compte de ces travaux fut réglé le jeudi 17 décembre 1733, au matin, à la somme totale de 58,300 livres 3 sols et 5 deniers. Il paraît néanmoins que la propriété changea bientôt de mains, car trois années plus tard Benjamin Guihou, écuyer, sieur de Montleveaux, conseiller-secrétaire du roi, en était maître, et il avait postérieurement pour successeur Jacques Le Pelletier, conseiller au parlement. Au milieu du XVIIIe siècle le rachat de l'impôt des boues et des lanternes coûtait pour cet hôtel 268 livres 4 sols, pour douze années. Mme la présidente de Murard se rendit locataire de son premier étage à partir du 22 septembre 1786, et M. de Ponty Sainte-Avoye, premier président en parlement, lui succéda.

Nous disions bien que la rue Beautreillis a commencé par n'être qu'un riche verger ! Henri IV, un beau jour, a rapporté de Fontainebleau un cep de vigne, qui fort longtemps a grandi au n° 10. L'hôtel qui lui a survécu a été élevé en 1640 pour la famille du prince de Monaco, duc de Valentinois ; cette origine princière a pu tenter Valton, sommelier de Louis XVI, père et grand-père des magistrats contemporains du même nom, qui l'a acquis ; on y retrouverait encore la ci-devant chapelle des Monaco. Le 9, ancien séjour de magistrat, a été une teinturerie. Un vénérable balcon, un escalier à balustre de bois servent de parchemins à la maison qui suit, bâtie sous le roi béarnais.

Il ne nous reste plus qu'à ajouter un épilogue à la *Belle Gabrielle*, drame fort intéressant joué au théâtre de la Porte-Saint-Martin. Le célèbre financier Zamet, un des personnages de la pièce, était l'amant de Madeleine Le Clerc, demoiselle du Tremblay, et il en avait eu plusieurs enfants. Quand la maîtresse de Henri IV fut appelée la duchesse de Beaufort, Zamet, bien qu'il fût fils d'un cordonnier de Lucques, se qualifiait déjà baron de Murat et de Billy, seigneur de Beauvoir et de Cazabelle, conseiller du roi en ses conseils, capitaine du château et surintendant des bâtiments de Fontainebleau ; paré de cette brochette de titres, il épousa enfin Madeleine du Tremblay, en grande cérémonie, sous les auspices de Gabrielle d'Estrées, qui espérait alors que ce mariage serait suivi du sien avec le roi. Mais Zamet aspirait en secret à devenir le surintendant de la maison d'une autre reine, Marie de Médicis, et

à la suite d'une collation, prise chez l'Italien, la favorite se sentit tout à coup malade. Néanmoins elle alla entendre ténèbres en musique, au petit Saint-Antoine, où la souffrance prit en elle un caractère plus violent. On la ramena presque sans connaissance chez l'ancien protégé de Catherine de Médicis. Dès qu'elle ouvrit les yeux :
— Retirez-moi, dit-elle, de ce maudit logis !... Et trente-six heures après, Gabrielle d'Estrées expirait.

Zamet, qui fut successivement le confident de Henri III, de Mayenne, de Henri IV, du connétable de Montmorency, de Bassompierre et de Marie de Médicis, était doué d'un esprit subtil et facétieux ; il ne se bornait pas à prêter sa maison splendide aux rendez-vous de Gabrielle, il rendait même service à toutes les dames d'amour du roi, voire même à Henriette d'Entragues, qui soupait avec Bassompierre des reliefs du dîner que le roi lui avait offert chez le très-complaisant Zamet. Sully lui-même trouvait bon de ménager cet Italien, dont l'hôtel s'élevait rue de la Cerisaie et passa, après lui, aux Lesdiguières et puis aux Villeroi. Cette maison mémorable fut jetée bas en 1741 ; mais on bâtit immédiatement plusieurs autres hôtels, de ses restes, et entre autres celui qui porte le chiffre 8, rue Beautreillis. Des boiseries et des croisées dorées, qui ont tout conservé, même les vitres, de l'époque de Louis XV, servent aujourd'hui d'ornement à cette habitation actuelle de M. Siméon Chaumier. Tantôt romancier, tantôt poète,

M. Chaumier manie la plume depuis une trentaine d'années, pour obéir à une vocation qui n'a jamais été douteuse, et c'est depuis la même époque précisément que notre siècle hésite entre toutes les littératures qui lui sont données pour la sienne. Cet écrivain tient son hôtel de son beau-père, M. Raoul, fabricant de limes, honoré sous l'Empire de distinctions parfaitement méritées. Loin de nous la pensée que le gendre ait à recourir aux outils de feu M. Raoul! Au reste, les beaux vers ne craignent pas la lime, qui leur aide à coup sûr à braver les atteintes du temps.

PLACE BEAUVEAU (Faubourg-Saint-Honoré).

Dans la notice de la rue des Batailles, nous vous parlions des Badonville, comme propriétaires; c'est du liquide qu'ils ont mis en solide, car ils étaient d'abord marchands de vin en détail, place Beauveau, au coin de la rue des Saussayes. — Allons chez Badonville! disaient les gardes-françaises, sous le règne de Louis XVI.... Les soldats de la ligne s'arrêtent de nos jours dans le même établissement, au pied-levé; seulement il a changé de nom. L'immeuble a été acheté par M. Badonville père, pendant la République; c'était dans l'origine un des corps de logis attenant au grand hôtel Beauveau.

Il en était de même, dans le principe, de la maison voisine, qui porte le n° 94, rue du Faubourg-Saint-Honoré. M. le baron de la Fresnaye la tient de sa belle-mère, Mme de Chavigny.

Au reste, la place Beauveau-Saint-Honoré, qui forme une demi-lune au milieu du faubourg, est comme une vignette ajoutée, sans pagination particulière, à ce livre aristocratique, qui s'ouvre depuis la rue Royale jusqu'à la barrière des Ternes, et dont la moitié du volume pour ainsi dire est écrit en anglais. La plus grande partie du faubourg est habitée par des transfuges de Londres, et ce n'est pas d'hier que cette région de Paris a une physionomie à demi étrangère. Quand l'architecte Le Camus de Mézières édifia le splendide hôtel qui s'annonce par un péristyle dorique, fermé de grilles, et dont une vaste cour précède le bâtiment-princeps, derrière lequel est un jardin, on regardait encore le prince de Beauveau comme un Lorrain; il y avait peu de temps que la Lorraine était annexée à la France. Mais si, sous Louis XIV, les princes de Beauveau n'étaient pas encore ducs et pairs, ils brillaient en revanche à Nancy et à Lunéville, et ils étaient princes du Saint-Empire; l'esprit et le courage les naturalisaient d'avance, ainsi que les Boufflers, alliés à cette famille princière. Un Beauveau, prince de Craon, scella de son sang, à Fontenoy, l'affiliation de Nancy à Paris. Un ancien officier du roi de Pologne, le poète Saint-Lambert, est mort dans cet hôtel Beauveau, le 9 février 1803, sous les yeux de l'illustre comtesse d'Houdetot. Ensuite le duc de Noailles l'a habité, et il a appartenu à la comtesse Dupont, veuve du général de ce nom, poètes tous deux, la femme et le mari.

Par malheur l'extérieur de cette résidence est tout ce qu'elle a gardé de magnifique; au-dedans, peu de chose rappelle que le luxe de deux cours y fut en quelque sorte combiné par le savant et brave maréchal de Beauveau. M. Ernest André, notabilité financière, vient de s'en rendre l'acquéreur; il n'est pas impossible, par suite, que les bureaux d'une grande entreprise financière viennent s'y installer, sans effacer pour nous les souvenirs locaux de philosophie et de gloire qui se rattachent à ce milieu de la place semi-circulaire.

M. Labordette, pharmacien, a son officine place Beauveau, au coin de la rue Miroménil, dans une maison où était née la citoyenne Demeulle, grand'mère de Mme Labordette. Peu s'en fallait que cette femme, d'un patriotisme exalté, n'assistât, comme tricoteuse, aux séances de la Commune; elle s'honorait du moins elle-même de figurer parmi les sans-culottes, et Robespierre l'avait pour prosélyte. Malgré ses opinions tranchées, nous pourrions ajouter tranchantes, la citoyenne Demeulle, voisine d'un boulanger, se cachait la nuit dans une cave communiquant avec celle du voisin, et elle faisait passer en secret du pain aux royalistes de son quartier, au fort de la disette et de la Terreur.

Dans la même maison avait demeuré, avant la Révolution, et avait figuré avec assez d'éclat, Mme Le Boulanger, épouse d'un président au parlement, et mère de la comtesse de Beaumont.

LES ANCIENNES MAISONS

Des rues de Beauveau, Bellechasse, Bellefond, de Bercy-Saint-Antoine, de Bercy-Saint-Jean, Bergère et de Berri.

NOTICES FAISANT PARTIE DE L'OUVRAGE INTITULÉ :

LES ANCIENNES MAISONS DE PARIS SOUS NAPOLÉON III,

PAR M. LEFEUVE,

Monographies publiées par livraisons séparées en suivant l'ordre alphabétique des rues.

RUE DE BEAUVEAU.

Mme de Beauveau-Craon était abbesse de Saint-Antoine-des-Champs, au moment où la rue de Beauveau fut percée sur les dépendances de ladite abbaye royale, aujourd'hui l'hôpital du faubourg Saint-Antoine. Un marché de foin et de paille, qui se tenait en face de ce monastère féminin, fut transféré en cette même année 1777, à la place qui a eu également pour marraine la supérieure du couvent. L'architecte Lenoir, chargé de présider à la division des terrains distraits de l'abbaye royale, fournit en même temps le plan de ce marché Beauveau, qui s'appelait néanmoins quelques années plus tard place et marché de l'abbaye Saint-Antoine. On sait quel rôle fut joué par le foin et la paille de la place Beauveau, lors de la prise de la Bastille. Par décret impérial du 30 janvier 1811, la ville devint propriétaire du marché, qu'elle fit reconstruire de fond en comble l'année 1843.

Kornemann, celui même qui a été longtemps en procès avec Beaumarchais, avait spéculé tout d'abord sur la sécularisation d'une partie du sol monastique. La maison qu'on retrouve n° 10, rue de Beauveau, fut bâtie, sous Louis XVI, pour la manufacture de papiers peints dirigée par Raimbaud, émule de Réveillon. Aujourd'hui c'est encore une propriété particulière, mais occupée par les Petites-Sœurs des Pauvres ; ces religieuses y reçoivent des vieillards, et leur maison hospitalière est sous la protection de dames charitables, parmi lesquelles figure Mme la comtesse de Bar.

RUE BELLECHASSE.

M. de Rubelles. — Les La Trémoille. — Le couvent. — Hôtels Broglie, Molé, Soyecourt, Guerchy, etc. — Le comte de La Bourdonnaye. — Le duc de Saint-Simon et ses successeurs. — Mlle Bourgoin. — Berthollet. — M. de Crouzas. — Bernardin de Saint-Pierre.

Parfois nous commençons l'histoire des rues où les anciennes maisons se pressent, par le haut; les maçons n'en feraient pas autant, pour édifier soit un palais, soit une bicoque. Le démolisseur, par exemple, procède forcément par le faîte ; fatal, comme la mort, dont ses traits empruntent la pâleur,

> *Æquo pulsat pede pauperum tabernas*
> *Regumque turres.*

M. le comte de Rubelles a une maison, le n° 51, que Forest, homme d'affaires, lui a vendue après l'avoir acquise révolutionnairement. Il va sans dire, que M. de Rubelles, qui lui-même a été porté sur la liste des émigrés, n'a traité de l'hôtel qu'après avoir obtenu, par écrit, l'agrément de M. de Galiffet, qui en avait été exproprié par la Révolution ; l'ancien propriétaire s'est borné à se réserver la part supplémentaire de dédommagement qui pourrait lui échoir, en cas de répartition définitive, sur les 60 millions que le gouvernement de Louis-Philippe a détournés de leur destination, et qui étaient le reliquat du milliard de l'indemnité des émigrés. Le marquis de Galiffet, prince de Martigues, dont l'hôtel était rue du Bac, possédait, en effet, dans l'origine, presque tout le terrain environnant cette maison. Les comtes de Rubelles doivent leur nom à un fief situé à Saint-Prix. L'auteur du présent livre s'est trompé d'orthographe, en écrivant un ouvrage du même genre sur la riante et noble vallée de Montmorency, dont la commune de Saint-Prix fait partie ; toutefois, l'abbé Lebeuf lui-même, dans son *Histoire du Diocèse de Paris*, a écrit *Rubel*, pour *Rubelles*. Une tradition précieuse s'est perpétuée d'une façon plus intacte, dans la la maison qui nous occupe, c'est que Bossuet l'a habitée. Le 49, petit hôtel voisin, a sans doute la même origine. Le 55 date du règne de Louis XVI ; mais il a été restauré. Le 50, en revanche, ne remonte qu'à la fin de la Restauration ; une grande dame espagnole, la princesse de la Paix, l'a habitée sous Louis-Philippe. Nous gardons quelques doutes sur l'âge du 46, qui appartient à Mme la comtesse de la Trémoille. Au reste Charles-Armand-Réné de la Trémoille, auteur des paroles et de la musique d'un opéra intitulé : *Les Quatre Parties du monde*, demeurait rue Bellechasse, et un hôtel du même nom s'y trouvait quelque part, peu de temps après l'ouverture de cette partie de la rue qui relie la rue de Grenelle à celle de Saint-Dominique, c'est-à-dire en 1806. Le 52, entre autres, peut avoir, dans les derniers temps, dépendu du couvent de Bellechasse ; dans tous les cas, il fait partie maintenant de l'hôtel du ministre de l'instruction publique.

Aussi bien le couvent-prieuré des chanoinesses du Saint-Sépulcre de Jérusalem, dites religieuses de Bellechasse, avait été transféré de Philippeville sur ce terrain, voisin du Pré-aux-Clercs, que des chasseurs avaient sans doute baptisé, et qu'elles devaient en partie aux libéralités de Barbier, fameux traitant. Le couvent absorbait non seulement la rue qui nous occupe, dans son parcours entre les deux grandes rues déjà citées, mais encore tout le territoire de l'église Sainte-Clotide, des rues Las-Cases, Martignac et Casimir-Périer. On appelait d'abord *Filles à Barbier* ces religieuses, suivant la règle de saint Augustin, qui n'étaient qu'au nombre de vingt; pourtant, dans le plan de Paris que Jacques Gomboult dressa en l'année 1640, elles étaient nommées *Filles de Lorraine*. Au reste, un vaste corps de bâtiment était réservé par les sœurs aux dames ou aux jeunes personnes qui restaient passagèrement leurs pensionnaires, soit pour apprendre, soit pour oublier. Il devint même de bon ton d'y aller ou d'y avoir été, comme il en est depuis d'une saison à Interlaken ou aux eaux. La princesse de Baufremont, si elle avait à s'absenter, confiait ses filles, pour deux mois, aux religieuses de Bellechasse. Mme de Saint-Vincent y séjournait, lors de son procès avec son ancien amant, le maréchal de Richelieu. La comtesse de Genlis y continua, au commencement de la Révolution, l'éducation des princes d'Orléans, dont l'instruction assurément était de force à lui faire honneur. On affirme qu'avant d'émigrer, Mme la comtesse y fut en butte aux brûlantes assiduités de Pétion, maire de Paris, qui ne la trouvèrent pas de marbre.

Or, jusqu'en 1850, la rue actuelle, dans tout ce qui dépasse la rue de Grenelle, porta le nom d'Hillerin-Bertin, particulier qui vendit à Louis XIV, mais non pas en totalité, de quoi bâtir les Invalides. Cent quarante ans avant de s'effacer, la rue Hillerin-Bertin, dite également de Saint-Sauveau, était forte déjà de quatre maisons, de deux lanternes. Quant à la rue Bellechasse de cette époque, les deux habitations dont elle se composait n'étaient point éclairées ; le reste n'était que bois flotté, en piles dans de grands chantiers, jusqu'au port de la Grenouillère.

Au coin de la rue Saint-Dominique était l'un de ces deux hôtels, maîtres encore de toute la rue Bellechasse en l'année 1739 ; le second s'appelait de Broglie. Le 17 et le 19 communiquaient encore il y a peu d'années, par une porte souterraine, rappelant qu'ils furent bâtis par le comte de Broglie, fils du maréchal de Broglie, pour ses deux sœurs, peu de temps avant ou après la mort de Louis XIV. La duchesse de Boufflers, plus tard, laissa le n° 19 à ses héritières, Mmes de Guines, Charles de Broglie et de Vaudemont, toutes trois nées Montmorency ; mais, avant que la succession fût liquidée, l'hôtel fut séquestré par la nation. En 1845, M. le comte de Choiseul l'acheta du marquis de Frémeur. La fortune du 17 ne fut pas différente, à l'époque révolutionnaire ; M. de Larochefoucauld, duc de Doudeauville, fut obligé de racheter la maison construite pour sa grand'mère, Mme de Larochefoucaud-Surgère. Mme la marquise de Bassompière en est maintenant propriétaire ; elle y a donc apporté avec elle un chef-d'œuvre, le portrait du maréchal de Bassompierre peint par Van Dick.

Au commencement de l'Empire, on distinguait encore, rue Bellechasse, les hôtels Guerchy, Bénonville, Molé, Saumeri. La famille Soyecourt avait aussi laissé nom par-là, mais à une résidence moins somptueuse que celle de la rue de l'Arcade. « L'hôtel Molé, dit d'Anger-
« ville (1), est du dessin de Lassurance, continué et orné
« sur ceux de Le Roux... L'hôtel de Guerchy est sur les
« dessins de Boffrand. Un ordre ionique décore l'entrée
« de la cour, qui quoique ovale n'ôte pas aux apparte-
« ments leur forme régulière. La façade est ornée d'une
« architecture composite qui embrasse deux étages et qui
« est couronné d'un entablement. » Or, Germain Boffrand, né à Nantes en 1667, était mort en 1754; ce qui nous prouve suffisamment que l'hôtel du lieutenant général Claude-François-Louis Regnier, comte de Guerchy, qui commandait avec tant de bravoure le Royal-Vaisseaux à Fontenoy, était cette maison du coin de la rue Saint-Dominique, déjà visible sur le plan de Paris de 1739. Le comte de Guerchy, revenu à Paris après son ambassade à Londres, ferma les yeux en l'année 1767. Les n°s 36, 26, 13 et 6 sont également du dernier siècle. Le 30 est leur contemporain et la propriété de M. Bourruet-Aubertot, riche marchand de nouveautés ; par malheur les réminiscences qui sourient à nos chers lecteurs n'offrent absolu-

(1) Voyage pittoresque de Paris, par M. D***. Paris, chez de Bure, 1769-1770.

ment rien qui intéresse le moindre calicot, et les notes historiques n'ont pas grand'chose de commun, c'est fâcheux, avec ces véritables notes qu'on appelle aussi des factures. Sous la Restauration, le comte de La Bourdonnaye habitait la maison qui porte le chiffre 22, et qui déjà n'était plus neuve; ce chef illustre de la contre-opposition était alors traité de *Jacobin blanc*. Bien avant de devenir ministre d'un Bourbon, La Bourdonnaye avait combattu sous le même drapeau; puis il s'était rallié quelque temps à Napoléon, qui l'avait fait maire d'Angers.

Du côté des numéros pairs, le sol de cette région de la rue Bellechasse a été la propriété du duc de Saint-Simon et d'Armand de Saint-Simon, duc de Ruffec, deuxième du nom, qui l'avaient acheté en 1779 de la princesse de Poix, de M. et de Mme de Hautefort. Après leur mort, le droit des créanciers l'a emporté, à la barre du parlement, sur le crédit de MM. Charles de l'Aubespine, chevalier de Saint-Louis, brigadier des armées du roi, Charles-Anne de Saint-Simon, le marquis du même nom, grand d'Espagne de 1re classe, et le maréchal duc de Fitz-James, ce dernier étant légataire universel et les autres étant héritiers de Marie-Christine de Saint-Simon de Ruffec, comtesse de Valentinois, petite-fille du duc et pair, et nièce d'Armand de Ruffec; bref le banquier Leduc, puis l'architecte Gilbert ont acheté, en 1782, ce terrain qui tenait d'un côté à la propriété du prince de Chalais. Cinq ans plus tard,

Gilbert en a vendu une portion à Durant, architecte de Mesdames et de l'intendance de Champagne, lequel a édifié la maison, n° 24, où a demeuré le magistrat Jacquinot de Pampelune, et dont les quittances de loyer sont actuellement revêtues du seing de M. Moreau, notaire honoraire, longtemps député, maire et puis représentant du peuple du VIIe arrondissement.

Mlle Bourgoin, de la Comédie-Française, a été installée dans la même maison, avec le plus grad luxe, par le ministre Chaptal, vers le commencement du siècle. Par une lettre officielle, qui a paru le 28 décembre 1801 dans le *Journal de Paris*, cet homme d'État adresse des remercîments publics et une gratification à Mlle Dumesnil, depuis longtemps retirée du théâtre, pour avoir bien voulu, sur sa recommandation, donner des conseils à Mlle Bourgoin. Que si la beauté de ses traits va merveilleusement à Iphigénie sur la scène, sa gaîté vive, ses reparties ne conviennent pas moins en ville à ses amis. Un jour Napoléon s'écrie : — Quelle est donc cette femme, qui tourne la tête même à des chimistes? Qu'on me l'amène !... L'empereur la voit, et il comprend, dit-on, bien moins encore l'engouement de Chaptal, qui le lendemain quitte son portefeuille. On attribue toutefois cette séparation brusque, datant de la fin de l'an XII, à ce que Chaptal aurait refusé de mettre, dans un rapport, le sucre de betterave au-dessus du sucre de canne. C'est Mlle Bourgoin et la canne qui ont eu, pour sûr, les prédilections du savant, que depuis on a pris pour un républicain. L'actrice, pour elle, a passé royaliste ; il est vrai qu'en Allemagne elle a presque joué, comme Talma, devant tout un parterre de rois, et que Leurs Majestés étrangères se montraient alors fort curieuses de tout ce qu'avait vu l'arbitre de l'Europe. Après la rentrée de Louis XVIII, Mlle Bourgoin a doublement rivalisé avec son chef d'emploi, Mlle Mars, qui affichait des opinions bonapartistes.

Un autre chimiste illustre, celui qui, le premier, a analysé l'ammoniaque, mais qui a trouvé un secret, tout aussi peu connu à la fin du siècle dernier, celui de vivre sans se passionner pour ou contre les idées de la Révolution ; Berthollet, en un mot, a acheté alors 28,000 francs l'immeuble coté n° 15, qui avait été confisqué par l'État, puis mis en loterie, et puis gagné par un Anglais. Napoléon plus tard appelait le sénateur Berthollet son chimiste, et apprenant une fois qu'il venait de vendre ses chevaux : — J'ai, lui dit-il, toujours cent mille écus au service de mes amis... Seulement le comte Berthollet, sous l'Empire, ne demeurait plus rue Bellechasse, où l'avait remplacé, comme locataire, le sénateur Vimar, et comme propriétaire le beau-père de M. de Crouzas, possesseur actuel, et le même, si j'ai bonne mémoire, qui signe les billets de banque, comme autrefois M. Garat. Sous le même toit, dans les premières années du siècle, vivait l'auteur de *Paul et Virginie*, qui n'avait pas encore son logement au Louvre. En ce temps-là, bien que déjà les honneurs et les pensions fussent venus jusqu'à lui, Bernardin de Saint-Pierre, fort habile à tirer parti de ses ouvrages, publia une lettre dans les journaux qui annonçait que, par suite de pertes récentes, il ouvrait chez lui-même une souscription à une nouvelle édition de *Paul et Virginie*, d'une belle impression, ornée de gravures recommandables, et coûtant de 172 à 432 fr. chaque exemplaire, selon le caractère des ornements.

RUE BELLEFOND.

La rue Bellefond, tracée au milieu du XVIIe siècle, fut tenue sur les fonts par Mme de Bellefond, abbesse de Montmartre à cette époque, propriétaire d'une partie du terrain. En 1739, on écrivait son nom en deux mots *Belle Font;* elle servait encore de limite à la ville et n'avait pas alors la même longueur qu'à présent, car elle n'allait pas, dans le principe, jusqu'à la rue Sainte-Anne, aujourd'hui faubourg Poissonnière. Au commencement du règne de Louis XVI, une des anciennes bornes de Paris était restée visible, attachée au mur d'une maison appartenant au sieur Moreau, distante de 83 toises de l'encoignure de droite dudit faubourg, où se trouvait déjà portée l'embouchure ou la source de la rue Bellefond. C'est bien en 1728 qu'on avait commencé à numéroter les maisons de la ville, mais il arrive souvent à une rue de commencer, à l'heure qu'il est, comme indication numérale, là où elle finissait jadis. Un hôtel de campagne existait déjà rue Bellefond, avant que les frontières urbaines fussent reculées ; on prétend qu'il était la maison de campagne de l'abbesse ; toujours est-il qu'il a appartenu à MM. de la Brillantais ; de nos jours son emplacement est occupé, comme remise, par les voitures de la Compagnie impériale. Cette rue, il est vrai, menait à la voirie, bien avant d'être tout à fait carrossable ; les cochers y sont maintenant à la portée du chemin de fer du Nord, où, sans cesse, leurs petits coupés s'en vont charger des étrangers et des bagages fraîchement déballés. Une ordonnance du 13 floréal an ix, signée *Chaptal*, fixe la largeur de la voie à 10 mètres.

MM. de la Brillantais possédaient également le terrain, si ce n'est la maison, de M. Isambert, qui touche à celle de M. Bachimont, portant le n° 35, école chrétienne pour les filles ; mais en 1843 celle-ci n'était pas encore terminée. Le vicomte de la Brillantais avait jeté au 35 et au 37 les bases d'une salle de spectacle, destinée à ces exercices d'amateur dont, par malheur, la tradition semble se perdre. Beaucoup moins jeune est le 38, du moins dans sa façade.

Le 33, qui appartenait, en 1781, à Louis Bazin, menuisier de l'Opéra, est pourvu d'un petit jardin, comme c'est encore de mode dans ces parages ; il a été habité, sous l'empire, par Braise, chirurgien-major du 1er régiment des grenadiers de la garde, démissionnaire en 1814 ; puis par l'amiral Duperré et par Malleval, secrétaire général de la préfecture de police. Tout près de la maison de Louis Bazin un rossignol avait trouvé son nid, dont les dispositions étaient les mêmes que chez le menuisier de l'Opéra ; ce rossignol était Lainé, chanteur haute-contre de l'Académie impériale de musique.

En face est une maison que Dardillier, maître-maçon, s'est bâtie vers l'année 1780, et que M. Gautier, propriétaire actuel, a augmentée d'un pavillon. Cet ancien officier, qui a été adjoint au maire du 2e arrondissement, pendant 25 ans membre du bureau de bienfaisance, a eu pour locataires feu Arnoult, auteur dramatique, mari de Mme Plessy-Arnoult ; Cordelier-Delanoue, également auteur dramatique et fils d'un général ; le baron Trouvé, imprimeur et littérateur moins connu. Ce même n° 32 a servi de résidence, vers 1830, au comte de Saint-Denis, ancien page de Louis XV, et à M. de Saint-Pierre, doyen des anciens membres du parlement de Paris qu'il avait présidé. La maison attenante, côté de la rue Rochechouart, fut construite sous la Restauration par Joseph Séraphin, directeur du spectacle des Ombres-Chinoises au Palais-Royal pendant 44 ans. Son oncle, Dominique Séraphin, voyageait depuis l'année 1772, avec une troupe docile de marionnettes, lorsque S. M. Louis XVI, se souvenant d'une représentation qu'il avait donnée aux jeunes princes du sang royal, au palais de Versailles, lui accorda le privilége, exploité aujourd'hui encore par sa petite-nièce. N'est-il pas rare, en somme, qu'une entreprise dramatique demeure un patrimoine héréditaire? Voilà enfin une direction que les feux n'ont pas incendiée!

Les n°s 26 et 28, à coup sûr, sont d'un âge très-respectable, mais sans traditions dignes d'intérêt. Un chiffre en fer sert de signature au 22, qui ne s'en trouve pas moins, à l'égard des recherches historiques, en cas d'insolvabilité.

Depuis plusieurs générations, la famille de M. Thomas dispose du n° 19, ancienne guinguette décorée d'un balcon doré, construite pour Desdomène, cabaretier, qui se rendit aussi l'acquéreur successivement des n°s 15, 17, 21, 23 et 25, ayant appartenu, au moins comme sol, à Mme l'abbesse de Montmartre. Le marchand de vins Desdomène, dans les salles et jardins duquel on dansait comme aux Porcherons, est mort n° 21 :

> Sa cendre encor frémit doucement remuée,
> Quand dans la nuit sereine une blanche nuée
> Danse autour du croissant des cieux.

Desdomène fils et successeur du patriarche des bals de

la Nouvelle-France, a cessé de vivre en 1842, à l'âge de 84 ans, dans la propriété frappée du n° 17.

L'hôtel Bellefond, naguère le pied à terre des colonels de la caserne du faubourg Poissonnière, fut créé en 1820 par l'hôte qui le dirige encore. Un peu plus tôt c'était une filature. On y dansait comme dans les maisons voisines, avant que les barrières fussent portées au-delà de la rue Bellefond. Comme guinguette, elle avait une enseigne qui donnait l'avant-goût de la Californie ; on y lisait en grosses lettres : *Au Pérou !*

Reste le séjour d'un académicien, éminemment homme d'esprit, qui passe l'hiver depuis 30 ans rue Bellefond. Nous supposions que ce n° 20 datait d'un siècle au minimum. Mais voici la réponse que M. de Pongerville s'est empressé d'adresser à M. Rousseau, en réponse à une circulaire qui lui demandait une note sur les antécédents de sa maison de ville :

Aux Quignons, près Nanterre (Seine), 23 mai.

« Monsieur,

« La maison qui m'appartient rue Bellefond, faubourg
« Montmartre, n'a aucun souvenir intéressant ; elle a été
« bâtie, en 1819, par une dame Cheval, qui me l'a vendue
« en 1826. Je l'habite depuis 1832. Si, dans les notes
« que vous destinez aux Maisons, vous recherchiez,

« Monsieur, les personnes de talent qui en ont été locatai-
« res, je ne me souviens que de Léopold Leprince, peintre,
« et de Mᵐᵉ Félicie d'Aizac; femme d'une grande érudition,
« dignitaire de la maison impériale de la Légion-d'Hon-
« neur.

« J'ai l'honneur de vous offrir mes civilités.

« De Pongerville (de l'Académie française). »

RUE DE BERCY-SAINT-ANTOINE.

Les médecins de nos jours gagnent beaucoup d'argent, à Paris, et les honneurs fréquemment viennent à eux. Ils portent moins leur croix sur le dos qu'à la boutonnière, et ils roulent voiture, sans avoir à courir après les bonnes fortunes. Presque tout le corps médical épouse de charmantes jeunes personnes sans dot, et parvient néanmoins à doter ses filles sans grand'peine : double vertu dont le cumul est interdit dans les autres carrières. Par suite il est très-rare, chez ces messieurs, que la séparation judiciaire des époux, qui entraîne de droit celle des biens, fasse éclater les querelles de ménage, qui par malheur restent inévitables, bien que le bonnet doctoral le cède rarement à un autre bonnet. Le plus mince officier de santé nous apparaît, à quarante ans, tout au moins constellé de plusieurs ordres étrangers, et déjà passé à l'état le personnage considérable, dans l'esprit des cochers de remise, des sergents de ville et des garçons de café. Maints livres sont publiés, au reste, par certains membres de la confrérie médicale, auxquels il répugnerait étrangement de prélever des droits d'auteur, ou plutôt d'éditeur, sur la vente de ces ouvrages; les publicistes dont je parle rétribuent, au contraire, ceux qui vantent leurs livres, ceux qui les lisent, et d'abord ceux qui les écrivent à leur place. Quant aux princes de la science moderne, c'est différent; mais déjà l'exercice de leur profession libérale rapporte plus de profits que les fermes générales du siècle précédent, avec cette seule différence que messieurs les traitants en chef de la santé n'ont plus de petites maisons comme les fermiers-généraux, et n'en ont même presque jamais de grandes. La clientèle prend jusqu'à leurs loisirs; en leur qualité de savants, ils dédaignent quelque peu la littérature facile, c'est-à-dire la littérature proprement dite, et comment voir en eux des gens du monde? Aussi riche n'était pas Théophile de Bordeu, leur maître à tous, savant innovateur, médecin de la cour de Louis XV, à la fois gentilhomme, homme de lettres, homme de son temps et de plaisir; une sorte de gêne le suivait au milieu des glorieux succès de sa pratique à Paris, à Versailles, tout comme au début de sa carrière, à Montpellier, théâtre de ses études.

Un beau soir, en sortant de chez une marquise, place

Royale, il avisa, sous les arcades, une fort jolie fille, brodeuse de son état, qui le prit pour un duc et pair incognito; il lui fit accepter, sans la moindre cérémonie, une place dans son carrosse, pour la reconduire chez elle, dans la rue de Bercy-Saint-Antoine, dite alors rue de la Rapée. Or, cette voie publique, simple chemin dans le principe, ne comptait encore, sous Louis XV, que cinq maisons, dépourvues d'éclairage et de pavé; les chevaux du médecin rencontrèrent force ornières, outre que la pudeur les empêchait sans doute d'être jusqu'au bout les complices des galanteries de leur maître. La brodeuse, au surplus, s'était prêtée à l'enlèvement, sans répondre aux saillies de son spirituel ravisseur, lequel mit pied à terre à deux portées de fusil de la maison où elle demeurait. C'est alors qu'en tremblant elle releva sur son visage la mante modeste qui couvrait ses épaules, et le galant trouva glaciale la main qu'il prenait dans la sienne, pour faire rampe au marchepied. Il appliqua toutefois sur ses lèvres, qui en frissonnèrent, les doigts de l'ouvrière qu'il avait pris plaisir à traiter jusque-là, comme il traitait les grandes dames. Le docteur passait à la cour pour un amoureux fort savant; sans recourir au *codex*, encore moins à l'astrologie, il avait, disait-on, et nous essayons de le croire, rendu féconde plus d'une comtesse qui jusque-là était stérile, et opéré l'effet contraire sur celles qui, déjà mères, ne voulaient plus d'enfant, même légitime. De plus, Théophile de Bordeu avait écrit son *Traité sur le poulx*, et il pressentait bien des maux, rien qu'en baisant la main de ses clientes. La brodeuse ne put échapper à ce mode indiscret et imprévu d'information. Devenu pensif comme elle, après les sémillants préludes du carrosse, il la suivit dans un galetas, que par malheur essaya d'éclairer un vieux et morne chandelier, qui lui-même allait être vide. — Ma belle enfant, dit-il alors, je te supplie de me répondre avec franchise. Il y a deux jours au moins que tu n'as pris ni nourriture, ni sommeil? — Monseigneur, vous me connaissez donc? fit la brodeuse fondant en larmes. — Déjà trop, reprit le savant; car je sors souvent sans argent, et je ne saurais à l'instant même pourvoir au plus pressé. Mais viens dans mon hôtel, rue de Bourbon, et mon garde-manger aura bien du malheur s'il sonne creux autant que ma bourse. — Impossible, monseigneur, s'écria l'ouvrière; mais, de grâce, parlez-moi plus bas. — Je commande, reprit Bordeu, partout où sont des gens qui souffrent. Mademoiselle, ne voyez plus en moi le premier venu; je suis médecin. — Alors reprit la jeune fille en le saisissant par le bras, vous ne sortirez pas de la maison sans avoir vu quelqu'un qui vous entend, de la chambre voisine, et qui souffre beaucoup plus que moi : il n'a plus faim. C'est un peintre, au chevet duquel j'ai veillé inutilement cette nuit et l'autre. — Son nom? — Que sais-je! Il n'y a pas huit jours que je me trouve par hasard sa voisine, et cet infortuné s'épuise à tousser plutôt qu'il ne parle. Écoutez-le, docteur. Serait-ce déjà l'agonie ? — Non, mademoiselle, c'est la toux d'un malade, qu'à nous deux nous allons sauver.

L'artiste que Bordeu eut effectivement le bonheur de rappeler à la vie, dans cette maison de la rue de Bercy, n'était autre que Lantara, un pauvre diable, qui lui-même avait du génie.

Le n° 103 est, comme le 40, une construction séculaire. Des fenêtres à coulisses attestent qu'on y résiste aux exigences de la mode. Une inscription révèle en outre, qu'on y trouve le matin et le soir du lait chaud, auquel par exemple Lantara préférait de son temps une autre crême, le vin des cabarets.

RUE DE BERCY-SAINT-JEAN.

Les Juifs ne prêtent pas tous à la petite semaine; ce sont parfois de grands artistes, que ces chrétiens tirés avant la lettre. La gravure, la statuaire, la littérature, le théâtre inscrivent, à coup sûr, des Israélites fort nombreux sur la liste des candidats que notre époque propose à l'immortalité : la postérité disposera. Il est permis de remarquer aussi que l'esprit judaïque domine, sans exception pour les chrétiens, les affaires temporelles de la littérature actuelle; on en viendra bientôt à ne plus distinguer, parmi les appelés et surtout les élus de la réputation, les ultramontains des sceptiques, les illuminés des athées. Nous avons connu, quant à nous, un M. La Ressource, parfaitement israélite, qui venait fréquemment en aide aux gens de lettres et de théâtre, avec une bonhomie qui jusqu'ici l'a empêché de se faire, pour son propre compte, éditeur de journaux, puis banquier : c'est la route qui mène aux grandes fortunes. Il prêtait à gros intérêts, et jamais ce n'était en espèces; mais on assure qu'en somme il n'a réalisé qu'une collection pittoresque d'autographes, protestés sur papier timbré, ce qui rend les dates authentiques. Si par hasard M. La Ressource, qui demeurait près du marché Saint-Jean, refusait de prendre à l'escompte les espérances folâtres d'un journaliste, d'un poète ou d'une actrice, on le traitait alors de gredin, et comme un lépreux au moyen-âge; c'était bien pis, si l'affaire s'était faite, quand les billets venaient à échéance. En dehors de l'escompte, c'était pourtant un honnête homme. Souvent, dans ses moments de gêne, ce créancier lui-même allait emprunter, sur parole, trente écus à son débiteur, remboursables à la fin du mois, et il les restituait à l'heure convenue, sans songer à se prévaloir des signatures en souffrance dont il était le détenteur, et sur lesquelles la procédure suivait son cours avec une sereine impassibilité. Bien des chrétiens, peut-être, n'auraient pas eu cet héroïsme obscur, qui rappelle quelque peu celui de don

Ruy Gomez de Silva, dans *Hernani ou la Foi du Serment*.

Que s'il ne reste plus rien du marché Saint-Jean, il n'en est pas de même de la maison habitée naguère par notre homme. Elle tient bon sur deux berceaux de cave, qui n'annoncent guère une origine roturière. De ses deux escaliers, qui sentent le règne de François Ier tout au moins, l'un est à balustres de bois, l'autre est pourvu d'une rampe en fer; le même métal se tord, comme la griffe arrondie d'un notaire de cette époque-là, pour servir de balcon à des paliers qui ouvrent sur la cour. Si bien que ces deux escaliers, dont les cages se font vis-à-vis, semblent deux vieillards encore verts, qu'une jalousie égoïste pousse à épier l'instant où l'un des deux cédera le pas à l'autre; bien loin que l'âge les ait cassés, on dirait qu'ils se penchent par curiosité réciproque, et que tous deux dédaignent de ramper comme des insectes, enveloppés dans une coque de pierre : les degrés inégaux de l'un comptent les marches écornées de l'autre. Il y a peu d'années, un des vieux locataires de la maison décrochait, pour déménager, un tableau accroché depuis le Directoire; un papier vermoulu et des toiles d'araignée, qui dataient bien du Consulat, s'étaient incorporés avec le cadre et tombèrent en poussière, en découvrant quelque reste des peintures qui avaient illustré les panneaux des appartements. C'est en chaise à porteurs qu'on y arrivait autrefois, car les voitures, faute de place, s'arrêtaient à une vieille arcade du voisinage.

Aujourd'hui la maison, dont le premier étage est occupé par une synagogue, s'élève, comme ses voisines, à quelques pieds du sol abaissé de la voie publique.

Aussi bien c'était moins une rue qu'un cul-de-sac, avant que la rue de Rivoli envahît la place du marché. Dès le règne de Louis-le-Jeune, quelques constructions s'y trouvaient.

RUE BERGÈRE.

Les potagers. — Le Comptoir national d'escompte. — Les petites-filles de Samuel Bernard. — La petite maison du sieur Trouard. — L'hôtel Hottinguer. — Les Comartin. — L'hôtel Fould. — M. de Flesselles.

Des anciennes bornes de Paris, deux se voyaient encore rue Bergère, en l'an de grâce 1777 : celle-ci se tenait à 78 toises, 4 pieds, de l'encoignure du Faubourg-Poissonnière à droite, chez le sieur Levée, et celle-là, presque en face, attenait à la maison du sieur Le Guay, à environ 97 toises du même point de départ, à gauche. Il y avait déjà plus d'un siècle que ce chemin, dit du Berger, coupait l'ancien clos du Hallier; seulement la communication ayant été interrompue du côté du Faubourg-Montmartre, il était devenu une impasse. On sait que la cité Bergère ne fut ouverte qu'en 1825, et la rue Rougemont sous le règne de Louis-Philippe. Effectivement la rue n'était, sur le versant adjacent au boulevard, qu'une suite de potagers à l'époque où le cul-de-sac retrouva la seconde issue, qui définitivement rouvrit l'ancien passage, redressé et émancipé jusqu'à passer d'un sexe à l'autre, avec cette inscription à ses quatre coins : *Rue Bergère*. Le plan de Paris en 1739 ne nous laisse voir encore que l'impasse, comme celui de 1714, mais avec des murs sur la gauche et cinq ou six maisons sur la droite, dont une grande.

C'était évidemment l'hôtel actuel du Comptoir national d'escompte, qui fait partie du patrimoine échu à M. le comte Roger du Nord, naguère député, plus récemment encore représentant du peuple, arrêté provisoirement le 2 décembre avec une partie des représentants hostiles à l'extension des pouvoirs attribués au président de la République. Le père de M. Roger tenait l'hôtel de la famille de Clesle, qui l'avait acheté de Mme Mérault, moyennant 120,000 livres, le 20 janvier 1761. Or, plus nous remontons, plus va s'amoindrissant le prix de cette propriété, dont la valeur s'est cubée plus d'une fois. Dix ans avant de la céder, Mme Mérault l'avait payée 85,000 livres à Victor Riquetti, chevalier, marquis de Mirabeau, père de l'illustre orateur, qui lui-même était l'acquéreur du marquis Hector de Saint-Georges, chevalier, seigneur de Dirac, pour une partie des dépendances, et qui avait acheté le principal également en l'année 1742, sur saisie pratiquée contre le sieur Jacques Dupin Duplessis, maître de mathématiques.

Plusieurs démolisseurs donnaient 4 millions, il n'y a pas longtemps, de l'hôtel Rougemont, dont le magnifique jardin servait comme de fossé au boulevard, à travers une belle grille, et cette propriété avait coûté seulement 600,000 fr. au banquier Rougemont de Lowemberg. Une triple porte sur la rue Bergère menait à ce palais, bâti pour le riche financier israéliste Samuel Bernard, dont le fils fut le président Bernard de Boulainvilliers. Quels noms de l'aristocratie n'ont pas porté les filles du président, quand leur tour est venu d'en changer! Quatre mariages successifs ont fait sortir de l'hôtel de Samuel Bernard, ses quatre petites-filles, devenues, Dieu me pardonne! la duchesse de Roquelaure, la duchesse d'Uzès, la marquise de Clermont-Tonnerre et la marquise de Faudoas.

Par exemple, on n'a pas demandé, que nous sachions, la main d'une jolie fille, pour laquelle fut construite en 1740 la maison du n° 7 ; il est vrai que le sieur Trouard l'y amena de la main gauche. Aussi bien tous les ornements du rez-de-chaussée, jadis appartement unique, y sont en plomb coulé doré. Le grand jardin de ce lieu de plaisance longeait autrefois ceux de l'hôtel Rougemont jusqu'au boulevard. Au commencement de la Révolution, un juge, M. Dubois, y avait ses pénates. M. Scribe y a occupé un appartement de garçon, sur le côté, en sortant de Sainte-Barbe, avec des vaudevilles en portefeuille et le futur directeur du Gymnase pour camarade et collaborateur. Là demeurait aussi, en 1848, M. Paul Avrial, négociant, tombé sous les balles d'une barricade au mois de juin. Le 5 est de la même date que le 7, et tout pareillement il est veuf d'un jardin, qui lui donnait vue sur le boulevard. La famille Papillon de Laferté a disposé de la maison qui suit, dans le sens du Faubourg-Poissonnière.

Revenons sur nos pas, pour rencontrer l'hôtel du baron Hottinguer, régent de la Banque de France, qui, en 1769, appartenait à Jean-Claude Douet et à Marie-Claude Bataille de Francès, sa femme. Mme de la Massais, châtelaine à Bèthemont, près de Montmorency, émigra : ses propriétés de ville et de campagne, notamment celle dont nous parlons, furent confisquées au nom de l'Etat. La famille Hottinguer en jouit depuis trente ans ; les plafonds historiés, les sculptures et les dorures qui décorent les bureaux de cette maison de banque sont tout à fait du style de l'Empire, et le reste de l'hôtel garde une simplicité qui fait contraste. En face est le 18, où Mlle Georges n'est pas sans avoir eu un logement. Un autre appartement est occupé par M. Comartin, princièrement logé pour un avoué ; or, déjà habitait dans la même rue, il y aura tantôt cent ans, Ignace-Joseph Comartin, huissier-audiencier au grenier à sel de Paris. Quant au 27, sujet à reculement, il n'a plus le droit de réparer sa façade, qui d'ailleurs n'en aurait besoin qu'au point de vue de l'alignement ; depuis vingt ans, c'est un hôtel garni ; depuis un siècle, il est debout.

Ayons enfin l'honneur de vous présenter, au 22, l'hôtel de MM. Benoît et Louis Fould ; M. Fould père en fit l'acuisition peu de temps après le 18 brumaire. Ses jardins, ien que diminués, lui conservent des allures superbes. es bâtiments sur la rue sont modernes ; celui du fond n'en eprésente pas moins l'ancien séjour de M. de Flesselles, ne des premières victimes de la Révolution. Cet ancien ntendant de Lyon, dernier prévôt des marchands de Paris, it naître une puissance redoutable, la Commune, inau- urée au sein du comité des électeurs qui avaient envoyé es députés aux Etats-généraux. Les anciens échevins, pré- idés par Flesselles, eurent beau, à l'Hôtel-de-Ville, tenir ête à ce camp nouveau, il fallut opérer bientôt une fusion, ous le nom de comité central des échevins et des élec- eurs, mais dont le président ne fut plus maître qu'en ap- arence. L'imprudent Flesselles continuait néanmoins ses elations avec la cour et le baron de Bézenval, qui se dis- osait à défendre la Bastille. Un matin donc, Garan de oulon, électeur, interpelle le prétendu traître avec fureur, vec menaces ; Flesselles veut se justifier, mais plusieurs lecteurs l'entraînent, en lui criant qu'il aura à répondre irectement au peuple, qui l'attend au Palais-Royal. Le pré- ôt des marchands n'est pas encore au bas de l'escalier qu'on e massacre. La foule fait irruption, pour s'emparer du orps, qu'elle décapite, en dispersant ses membres dans a fange. La tête du vieux Flesselles est promenée ensuite u bout d'une pique par la ville. C'était le 14 juillet 1789, vant la prise de la Bastille.

RUE DE BERRI.

Le vicomte de Jailly. — La pension Lemoine. — Mme de Genlis. — Mme de Langeac.

Pauvre vicomte de Jailly ! N'a-t-on pas quelque peine à croire que les splendeurs et la sérénité de l'autre monde l'empêchent de regretter parfois celui où il est mort, comme il avait vécu, sans perdre de vue son salut ! Il se flattait d'avoir connu Jean-Jacques, et pourtant il a survécu à cette république de 1848, seconde tentative de pression exercée sur le gouvernement en France par les idées de l'immortel philosophe de Genève. Quoique septuagénaire tout au moins, notre aimable Hector de Jailly rédigeait encore, vers la fin de l'existence du *Corsaire*, les meilleurs feuilletons dramatiques de ce journal, père de l'esprit actuel. L'école romantique avait pour adeptes la plupart des rédacteurs de cette feuille, bien que le compte-rendu périodique du Théâtre-Français le maintînt classique par la base. Le vicomte de Jailly avait ses coudées franches, une fois par semaine, dans le sous-sol de cet édifice fantaisiste, et cette indépendance exceptionnelle lui tenait lieu d'émoluments ; en effet, malgré son esprit, il figurait à cette époque parmi ces amateurs, comptempteurs de l'émargement, qui gâtent le métier de journaliste en écrivant gratis ce dont un autre aurait vécu. Il est vrai

ue ce gentilhomme de la critique était indemnisé par les
isites assidues de ces dames, les artistes de la rue Riche-
eu, et par leurs compliments qui semblaient désintéressés
cause de l'âge qu'il paraissait avoir. Un soir pourtant
l^{lle} Judith, l'éminente interprète du répertoire moderne,
e plaignait au foyer de la Comédie-Française, de ce que
haleine du vicomte venait trop courte, par suite de fa-
igues, et de trouver en revanche trop long son feuilleton
e la veille, où elle était traitée moins favorablement qu'à
ordinaire : — Enfin, ajoutait-elle, j'excuse tout du papa
Iector de Jailly ; c'est la faute de Mme Allan.... Le fait est
ue le style et la personne de ce feuilletoniste étaient mus-
ués et de l'ancien régime ; d'un baise-main il saluait les
emmes, soit chez elles, soit chez lui, dans le joli boudoir
u'il habitait alors au coin de la rue de Berri et des Champs-
Élysées. Sous la Restauration ou sous l'Empire, cette
naison du n° 1 avait été une guinguette ; mais le vicomte,
oin d'y faire danser ces dames, gardait le rôle de specta-
eur aux bals voisins, dans le jardin Mabille. Délicat en
outes choses, il avait toujours mis de l'eau dans son vin,
ien qu'il ne bût que du vin fin ; son ordinaire, au restau-
ant, c'était une demi-bouteille de champagne, noyé
ans quatre grands verres d'eau ; malgré cet allongement,
l ne lui fallait qu'une gorgée pour distinguer le crû, l'âge,
a qualité du champagne. Nous n'eûmes part aux bonnes
râces de M Hector de Jailly qu'assez tard, c'est-à-dire cinq

ans avant sa fin ; on nous a raconté qu'il avait été jeune, beaucoup avant que nous l'y aidassions. Ses opinions légitimistes l'ayant engagé une fois à rendre visite dans l'exil à S. M. Charles X, sa famille lui adjoignit un domestique de confiance, chargé de régler sur la route, avec les hôteliers et les postillons, jusqu'à Prague ; sans cette précaution, sa prodigalité eût dérouté le pèlerin et sa bourse tarie l'eût laissé sur les bords du Rhin.

Un pèlerinage, plus facile, plus modeste, est celui qu'entreprennent de loin en loin MM. de Barante, de Ségur, Mortier, de Valmy, Tascher de la Pagerie et quelques autres dignitaires du Sénat, du conseil d'Etat, au 5 de la rue de Berri. Cet hôtel pour eux est une ruche où bourdonne toujours l'essaim des souvenirs d'enfance. C'était l'institution Lemoine, dont les succès au lycée Bonaparte remontent au premier empire. Tous les ans, avant les vacances, le quartier était en émoi pour la distribution des prix de la pension, qui avait lieu avec éclat dans une chapelle bâtie par M. Lemoine, et qui s'est transformée en brasserie rue de l'Oratoire. L'immeuble appartient au beau-père de M. Houssaye, ancien élève lui-même de l'institution qui n'est plus. Un peintre distingué, M. Lehmann, y réside maintenant ; la comtesse de Bertrand y donnait de fort jolis bals, sous le règne de Louis-Philippe. La maison d'ailleurs n'est pas jeune, et nous croirions que Mme de Genlis y a eu ses appartements, si plusieurs traditions ne ogeaient pas cette notabilité, celles-ci au 12, celles-là au 12, même rue. Le 22 actuel, il est vrai, qu'occupent MM. de l'Aigle, Mme la maréchale Gérard, doit avoir répondu naguère au chiffre 12. Mais la rue de Berri manquait encore le pavé, il y a une trentaine d'années, et des murs la bordaient à cette époque plutôt que des palais. La comtesse de Genlis, nièce de Mme de Montesson et gouvernante des enfants du duc de Chartres, était là en tout cas sur le chemin des Folies de Chartres (parc Monceaux). Elle ne se piquait pas le moindrement d'habitudes sédentaires; tous les déménagements, même ceux de la cour de France, paraissaient lui sourire. Un jour que M. d'Ormensenne lui demandait : — Chère dame, où demeurez-vous cette semaine? — Rue de Berri, répondit-elle... Pour sûr elle aimait les jardins, et ce quartier n'en était qu'un. Avant que les ombrages du château de Saint-Leu vinssent à lui manquer pour toujours, elle s'en fut lèstement passer une matinée dans le jardin de Beaumarchais, pour assister de là, et faire assister ses élèves, au triomphe de bien des vainqueurs : la veille on prenait la Bastille.

Au n° 16 siége une des maisons d'éducation qui portent le nom d'*Institution Sainte-Marie*; une chapelle russe est au n° 12, dans la propriété de Mme veuve Hérold; l'une et l'autre de ces maisons, assurément, sont antérieures au pavage de la voie.

Quand celle-ci longeait le jardin des oratoriens, on la

traitait de ruelle de Chaillot ou de l'Oratoire. Dès lors le duc de la Vrillière, ministre de Louis XV, y fit bâtir un charmant pavillon, à l'angle des Champs-Elysées, du côté des numéros pairs, pour la comtesse de Langeac, naguère Mme Sabatin. Propriété exhaussée aujourd'hui, et de magnifique apparence, comme alors, bien qu'elle se soit séparée de la plus grande partie de son admirable jardin. Mme Sabatin avait été mariée au comte de Langeac, gentilhomme n'ayant que la cape, et qui avait reconnu deux enfants qu'on attribuait au duc de la Vrillière, qui du moins leur rendit l'épée ; chacun de ces deux fils de la comtesse eut un régiment ; toutefois l'ancienne noblesse les tenait tous deux à l'égard, et leur gardait rancune de l'immense faveur dont avait disposé Mme Sabatin, bien que ces officiers eussent la bravoure et d'excellentes manières. Le comte d'Artois, possesseur du terrain voisin, dit *de l'Ancienne Pépinière*, eut après Mme de Langeac les clefs du même pavillon, et ce fut une hôtellerie de plus pour les amours. Une ordonnance du roi Louis XVI donna aux deux rues parallèles qui relient les Champs-Elysées au faubourg du Roule, le nom des deux fils du comte d'Artois. Celle de Berri n'a porté qu'en passant le titre de rue de la Fraternité.

Paris. — Imprimerie de P_OMMERET_ et M_OREAU_, 17, quai des Augustins.

Liv. 10
LES ANCIENNES MAISONS

Des rues des Bernardins, Bertin-Poirée, de Bièvre et du quai de Béthune

NOTICES FAISANT PARTIE DE L'OUVRAGE INTITULÉ :

LES ANCIENNES MAISONS DE PARIS SOUS NAPOLÉON III,

PAR M. LEFEUVE,

Monographies publiées par livraisons séparées en suivant l'ordre alphabétique des rues

---

RUE DES BERNARDINS.

Le petit hôtel Nesmond. — Les Frondeurs. — Le conseiller de Charles IX. — Chamillard et les Chamillardes. — Les deux peintres du roi. — Le cloître. — Le Presbytère. — Les Braque. — Le Prévôt de Passy.

Le plan de Paris, en 1739, dit plan de Turgot, indique rue des Bernardins un hôtel adjacent à l'hôtel de Nesmond, lequel ouvre sur le quai de la Tournelle. Les jardins de ces deux propriétés voisines étaient séparés par un mur. Il est vrai que messire Le Couturier, conseiller-secrétaire du roi, avait vendu, en l'année 1663, à son collègue Nesmond, la maison touchant la sienne ; mais cette réunion n'avait duré qu'un temps. L'hôtel Le Couturier était sous la censive du roi ; il existait déjà en 1598 ; on retrouve ce qu'il en reste rue des Bernardins, n° 9, appartenant au directeur d'un bureau de placement pour les garçons coiffeurs.

Un architecte notable, M. de Metz, dispose actuellement du 13. Joli, conseiller au Châtelet, syndic des rentes sur la Ville, fut, en sortant de cette maison, le héros d'un des principaux épisodes des guerres de la Fronde. La cour d'alors en voulait bien assez à ce magistrat en puissance d'une grande popularité, pour que le bruit s'accréditât sans peine d'un parti pris d'attenter à ses jours. Un matin, en effet, à sept heures et demie, un inconnu dont le manteau cachait le pourpoint et la figure, s'approcha du carrosse de Joli, rue des Bernardins, et déchargea à bout-portant un des longs pistolets d'alors, dont la fumée enveloppa d'un nuage la voiture. Le frondeur d'Estainville et un gros de peuple apparurent; on conduisit le magistrat chez un barbier, vis-à-vis de la rue Saint-Nicolas-du-Chardonnet; ce chirurgien de circonstance déshabilla Joli, il lui trouva une plaie au bras gauche, et il y mit un appareil, pendant que d'Argenteuil, autre partisan du cardinal de Retz, s'en prenait à haute voix au cardinal Mazarin. Il en eût fallu moins pour exciter une sédition nouvelle; par malheur, ce n'était qu'un jeu, Joli avait pour toute blessure une déchirure qu'il s'était faite lui-même; de concert avec d'Estainville, qui avait seul brûlé l'amorce, il s'était couché à plat ventre dans son carrosse à un moment donné. Mazarin connut les détails de cette comédie préméditée et il sut en tirer vengeance avec son habileté accoutumée.

Aux nos 17 et 19, un chantier s'étend sur l'emplacement où se trouvait le couvent des Oiseaux sous la Restauration. Un fragment de l'édifice pend encore, comme l'isard à une roche fleurie des Pyrénées, contemporaine du déluge, et par alluvions successives la grande ville moderne monte toujours, renouvelant l'ancienne ville, pendant que les montagnes qui limitent la France, sapées par l'industrie, qui vient en aide à mille torrents rongeurs, tendent de leur côté à disparaître. *Multa renascentur!* Ces deux mots prophétiques étaient en tête d'une inscription latine qu'on retrouva sur une pierre, en 1830, lorsqu'on démolissait le bâtiment. Jacques Le Fèvre, abbé de la Chaise-Dieu, membre des conseils secrets de Charles IX, avait fait élever cette construction à ses frais, en l'année 1566. Une représentation de l'édifice, faite à la main, se retrouve chez M. Destors; Jean Goujon l'avait enrichi de sculptures assez remarquables pour que l'école des Beaux-Arts ait placé dans sa seconde cour une partie de ces œuvres d'art, rachetées et remontées en placage après avoir été sciées. L'hôtel de l'abbé Le Fèvre, après de nombreuses mutations, appartenait à M. de Torpagne lors de la grande révolution. L'Etat s'en empara; M. Duperron l'acheta, mais il indemnisa les héritiers de M. de Torpagne, en la personne de M. Allary, qui ratifia la vente de la Nation.

Le 21 est un ancien hôtel, payant jadis aux Bernardins

10 deniers de cens et 7 livres 19 sols 4 deniers de rente ; par exemple ses appartements ont subi deux transformations : trop dorés, on les a grattés, badigeonnés ou couverts de papiers à fleurs ; trop grands, on les a divisés sur la largeur et la hauteur. Messire Paul-Etienne Brunet, écuyer, seigneur de Rancy, conseiller secrétaire du roi, parlait en maître dans ce manoir en l'année 1717 ; et puis ce fut Jean-Louis Barré, également conseiller du roi, auditeur en sa chambre des comptes. De plus, haute et puissante dame Thérèse Le Rebours, qui n'avait épousé rien moins qu'un ministre de Louis XIV, en était la propriétaire antérieurement à ces deux personnages en charge. L'homme d'Etat, son mari, avait siégé d'abord en parlement et montré, d'une audience à l'autre, son excessive adresse au jeu de billard, qui commençait à faire du tort à la paume, jeu plus noble encore. C'était Michel de Chamillard, fort honnête homme, même en affaires, nommé contrôleur des finances en 1699, et pourvu en même temps du portefeuille de la guerre par le grand roi deux ans plus tard. Malheureusement les armes françaises, en cessant d'être victorieuses, réduisirent le trésor public à divers expédients, qui soulevèrent des murmures, et Chamillard se dédoubla d'abord en se démettant du contrôle ; puis, une année après, il résigna son second portefeuille. Une grêle de *Chamillardes* lui avait fait un devoir de la retraite ; il ne faut pas entendre par ce substantif féminin qu'il eût fait pleuvoir

des rivales autour de Thérèse Le Rebours : *les Chamillardes*, drôlesses qu'il n'aimait guère, étaient des épigrammes, des vers à l'adresse du ministre, encore plus serrés que ses carambolages et qui faisaient rimer incessamment son nom avec *billard*.

Appeler le n° 25, c'est évoquer l'ombre de Perronneau, peintre du roi, dont la veuve épousa Claude Robin, autre peintre du roi, membre de l'Académie de peinture : avec la dame ils eurent l'un après l'autre cette maison où s'est conservée une peinture du second mari, et qui payait 4 livres 6 sols 4 deniers par an à MM. les proviseur, supérieur, procureur et écoliers du collége des Bernardins, ses seigneurs censitaires. Outre cette charge, elle devait 24 livres par an pour les boues et pour les lanternes : celles-ci étaient alors au nombre de dix, pour cette rue, qui comptait quarante-trois maisons. Après les deux artistes, l'immeuble reconnut pour son propriétaire certain marquis Legrain Dubreuil, seigneur de Boissy sous Louis XV; vers ce temps-là il eut pour locataires, moyennant 1100 livres, Me Castanède, avocat, Mme d'Héricourt, puis, en vertu d'un bail signé en 1729, Gissay, ancien président au grenier à sel, conseiller du roi, président de l'élection en la ville de Paris. Claude Robin et Perronneau avaient eu, au surplus, tout au moins un prédécesseur. La dame Viger, veuve du sieur Lami, correcteur en la chambre des comptes, avait bien acheté un petit coin de terre, l'année

1648, par devant le bailli des Bernardins; mais c'était afin d'agrandir cette propriété que ladite veuve possédait déjà.

Immédiatement après vient le cloître des Bernardins. Lorsqu'un convoi funèbre passe dans la rue, est-ce le mort qu'on salue? je crois plutôt que c'est la mort. Ne doit-on pas une révérence à ce collége de Saint-Bernard, qui aura mordu la poussière avant la fin du règne actuel? Il vit encore, car tant qu'elles sont debout, l'âme des maisons historiques semble immortelle comme la nôtre; un changement de destination, c'est pour elles une métempsychose qui rajeunit d'un siècle à l'autre; un raccord ne leur fait pas peur; le badigeon, après tout, les rhabille; jusqu'au dernier coup de pioche, elles rappellent aux initiés des dates ou des noms mémorables, et lorsqu'elles ne sont plus que cendre, une transmigration suprême en fait ressusciter plus d'une, grâce aux photographies des chroniqueurs qui en ont conservé l'empreinte. Telle que les livres et les gravures la dépeignent ou la décrivent, voici l'ancienne façade du cloître avec deux niches sur la rue, qui se répètent de l'autre côté de la voûte et que jadis habitaient des statues. Des matelassières, des peintres en bâtiment et des marchands de verre cassé ont mis leurs noms au seuil du vieux collége, et ses fenêtres, dégarnies de barreaux, servent à l'exhibition de loques enfilées, qui semblent plutôt propres à ensevelir qu'à parer le dimanche suivant les femmes qui les font sécher. Sous cette voûte existait enore, en 1819, une porte énorme; à cette époque la maison fut vendue par Gérard, ex-entrepreneur de la serrurerie du Panthéon, à la famille de M. Pouget, présentement propriétaire, et le cahier des charges obligeait encore l'acquéreur à entretenir à ses frais, à ouvrir et fermer à de certaines heures ladite porte. Ce corps de bâtiment date de la fin du xve siècle; outre quelques sculptures éparses, on retrouve au second étage, au-dessus d'une cheminée, un médaillon qui représente au milieu d'un groupe la Sainte-Vierge et l'enfant Jésus sur ses genoux. On distribuait, pendant la Révolution, des soupes à la Rumfort, dans la grande cour du cloître, aujourd'hui érigée en rue. C'est toute une ville, au reste, que les débris actuels du collège de Saint-Bernard. L'oratoire du prieur a survécu, rue du Cloître, n° 5, à la déroute des pères qui ont tous été arrêtés en 1793. Tout près de là, n° 3, des colonnes apparaissent, qui dominent une chapelle souterraine, autrefois splendide. Une ancienne abbatiale, qui comportait jadis de beaux salons, sert à loger des pauvres de la paroisse Saint-Nicolas-du-Chardonnet, n°s 9 et 11. L'abbatiale, vers les derniers temps, était dans un autre corps de bâtiment qui subsiste rue de Pontoise, 26, près de l'école paroissiale, où de jeunes garçons prennent si bien leurs ébats à l'ombre des murailles monastiques. Dans cette région du collège, transformée en bouverie pour les gardes de Paris à l'époque du Consulat, est un chantier, n° 11, même rue, où se reconnaissent des tronçons de piliers qui répandent la fraîcheur comme les piles de bois leurs voisines : là gît l'église gothique des Bernardins, enrichie sous Louis XV des stalles et du maître-autel de Port-Royal-des-Champs, dont la ruine précédait la sienne. Tous ces vestiges, bien que nombreux, rappellent imparfaitement la magnificence qui régnait jusque sur les combles du couvent, eux-mêmes véritables œuvres d'art. Pour nous en donner une idée, surgit rue de Poissy, derrière des arbres séculaires, le réfectoire des pères, monument à colonnes merveilleuses, dont la moitié est en sous-sol, et que préserve du fer et principalement de la flamme sa nouvelle destination : c'est une caserne de pompiers. Un escalier qu'on y admire à juste titre donne la mesure du goût qui avait présidé à la construction de l'église, à l'ornementation de toutes les parties du cloître.

Or, si nous traversons la rue des Bernardins, nous trouvons, vis-à-vis de Saint-Nicolas-du-Chardonnet, le presbytère d'à présent, petit hôtel assurément qu'on ne peut taxer d'ambition : pendant que tous les autres s'exhaussaient, quant à lui, il se déchargeait d'un étage. Son escalier en pierre, à vieille rampe de fer qui a servi d'appui à des ligueurs, n'en mène que plus à l'aise M. le curé dans sa chambre, qui resplendit de boiseries peintes et dorées, remontant au temps de la Fronde. Le lit y est de l'époque où le pape Clément XIII succédait à Benoît XIV. Dans la même pièce est un cabinet en écaille, style Louis XIII, et ne grosse montre en cuivre du même temps, appendue à la cheminée, qui marche encore quand on la monte. Près de l'alcôve figurent des portraits d'anciens propriétaires de l'hôtel, contemporains de la montre par le costume. Une salle de billard et une bibliothèque exposent, chez le même vénérable pasteur, deux tableaux de Giovanni, *Isaac bénissant Jacob à la place d'Esaü* et *Job sur son fumier;* le portrait du chanoine Delaporte, par Philippe de Champagne; celui de Charles X, d'après Gérard, peint par la nièce de cet artiste, mais qui a été abîmé, figurant en 1830 dans un salon de ministère; enfin la collection complète des portraits, en gravures, des archevêques de Paris et de plusieurs évêques qui les ont précédés, galerie qui serait unique si M. le curé n'avait pas offert la pareille à M. Affre, archevêque de Paris, qui l'en a remercié par une charmante lettre. Au reste, ce presbytère était jadis le petit hôtel de Braque.

Le grand hôtel du même nom est visible n° 34. La famille de Braque avait, d'ailleurs, son château seigneurial entre Ecouen et Montmorency (1). De Vienne, allié à cette maison, a habité l'hôtel, confisqué en 93. Surélevé de deux étages et augmenté d'une aile de bâtiment, il doit disparaître en partie pour faire place au boulevard Saint-Germain.

(1) Voir le *Tour de la vallée de Montmorency,* par M. Lefeuve (histoire et description de Piscop).

Le règne de Louis XV finissant, Bourget, prévôt et juge civil, criminel et de police, à Passy-lès-Paris, était propriétaire du 30, chargé de 13 sols 8 deniers parisis de cens au profit de l'abbé de Sainte-Genevière. Chéron, bourgeois de Versailles et ancien charcutier du roi, l'achetait en 1775. La maison qui vient après celle de Bourget n'a rien de plus jeune, et il en est de même du 14. En 1673, Guy Sévin, chevalier et conseiller du roi, maître ordinaire en sa chambre des comptes, jouissait de la propriété qui porte le n° 12; en 1726 c'était Leclerc de Lesseville, dont la famille éminemment parlementaire avait, comme celle de Braque, des fiefs près de Montmorency; Boucher de la Richarderie, avocat au parlement, la possédait en l'année 1776, et il avait pour successeur, douze ans plus tard, Pierre de Ravisi, sieur de Monchenu. Le 6, pour en finir, attient à une maison de la rue de Bièvre et remonte au commencement de l'autre siècle. Arnaud de la Briffe, chevalier, vicomte de Barzy, seigneur de Passy et autres lieux, président au grand-conseil du roi Louis XVI, en perçut longtemps les loyers.

Sauval dit que la rue qui nous occupe, percée sur le clos du Chardonnet, s'appela de Saint-Bernard, dès 1246, année où des religieux de l'ordre de Citeaux s'y établirent. C'est seulement en 1425 qu'on la trouve dénommée comme de notre temps.

RUE BERTIN-POIRÉE.

D'Espréménil, originaire des Indes et qui s'occupait de magnétisme, devinait seulement le passé; ainsi, ce gentilhomme parlementaire, manipulateur de fluide, n'arriva à voir clair dans les faits accomplis, en ce qui concernait la monarchie, qu'après l'avoir elle-même interrogée, sur la sellette, pendant les premières passes de la grande révolution. Ennemi de Marie-Antoinette, il finit par avouer que S. M. Louis XVI avait eu tort de ne pas le faire pendre, absolument comme un vilain. Porté en triomphe par le peuple en 1787, il protestait quatre ans plus tard contre tous les actes émanés de la convocation des États-généraux, dont il avait été le plus impatient promoteur. Au fond, c'était l'ami des parlements, et il n'avait pas craint de défendre celui de Paris, dont il faisait partie, contre tous les édits du roi, lequel en pleine audience l'avait fait arrêter par le marquis d'Agoust, porteur d'une lettre de cachet, et conduire à l'île Sainte-Marguerite; ensuite il s'était fait l'avocat, contre l'assemblée, de deux autres cours souveraines de justice, celles de Languedoc et de Bretagne, en se rapprochant du même trône que sa main avait contribué à ébranler. Belle figure, vif regard, voix pénétrante, éloquence fleurie à Paris, bien que la sève en restât créole, telles étaient les qualités incontestables de cette nature ardente, courageuse et tôt ou tard capable de réfléchir. Lorsque le député d'Espréménil osait tenir tête à Mirabeau, il habitait la rue Bertin-Poirée ; après la journée du 10 août, il se retira au Havre, avec une blessure qui datait de quelques jours à peine, et sa condamnation à mort fut prononcée le 23 avril 1794. L'hôtel d'Espréménil porte aujourd'hui le n° 9, dans la rue ; l'or qui brillait autrefois sur ses murs se plaît depuis à circuler dans la caisse des négociants qui occupent la maison.

La construction d'après date également du règne de Louis XIV ; sa marque de fabrique est l'œil de bœuf dont reste poinçonné le bâtiment du fond. D'origine, elle appartenait à Mme Renard de Clerbourg et elle etait grevée de 3 livres 5 sols et 10 deniers de rentes, au profit de la chapelle des Cinq-Saints, laquelle faisait partie de Saint-Germain-l'Auxerrois et avait pour chapelain le sieur de Braquemont, chanoine. Le 13 remonte au même siècle, malgré toute ses réparations modernes ; c'était une résidence parlementaire, avant que la rue tout entière eut remplacé par de bons gros marchands ces souverains magistrats, que leur indépendance d'ancien régime ferait prendre de nos jours pour des étudiants fort brouillons. Mais on peut dire aussi des rues qu'elles varient ; bien fol est qui s'y fie. Le quartier n'a-t-il pas lui-même changé de commerce? Il a eu quelque temps la toile, qui a couru peut-être après la robe, mais qui s'est arrêtée dans tous les cas rue du Sentier. La rue Bertin-Poirée fût restée nue, comme un petit saint Jean, si la bonneterie en gros n'était venue l'emmaillotter. En tous cas, les fourrures l'avaient tenue chaudement pendant longtemps, comme pour la prédisposer à diverses révolutions; en 1789, elle était encore le siége du bureau de la corporation des pelletiers. Alphonse Karr, dans *le Siècle*, s'évertue à se récrier avec esprit contre les fraudes commerciales; mais il oublie de raconter qu'autrefois les syndics de chaque corporation visitaient et jugeaient disciplinairement leurs confrères, ce qui maintenait le niveau d'une certaine probité dans la profession tout entière, outre que l'ambition de tous les membres était de parvenir au syndicat, en se montrant honnêtes gens. Les fourreurs, de nos jours passent, comme les épiciers, pour être plus sujets à caution.

L'ancien hôtel frappé du chiffre 15 a deux portes; l'une est vieille et magnifique; le président Lamoignon l'a franchie, rendant visite à une dame Lamoignon. Au reste, le n° 17, pour être neuf sur la rue de Rivoli, n'en compte pas moins deux siècles, ou peu s'en faut. Il en est de même du 7, un peu plus bas, dont la façade s'est maintenue presque intacte, et où le commerce du drap et de la toile est au moins centenaire. Le 5 a survécu au For-l'Evêque, son vis-à-vis; en effet, le plan de Turgot nous montre la rue Bertin-Poirée déjà garnie de maisons qui se pressent et prenant naissance presque en face de la prison des comédiens.

En 1714, des lanternes au nombre de sept éclairaient cette voie publique, dont l'origine remonte à l'année 1240. Un bourgeois l'habitait, elle prit le nom de ce bourgeois, sous les auspices duquel probablement s'établit dans la rue une communauté, dite des Frères tailleurs. Ces frères ne faisaient pas de vœux ; ils travaillaient pour le public.

QUAI DE BÉTHUNE.

L'hôtel Bretonvillier. — Le maréchal de Richelieu. — M. Viel. — L'hôtel d'Ambrun. — Le nonce du Pape. — Les magistrats. — Les marchands de vins. — L'hôtel Perrault.

Les ateliers de M. Chardin-Hadancourt, parfumeur, occupent, à la pointe orientale de l'île Saint-Louis, quai de Béthune, le jardin de l'ancien hôtel Bretonvillier, dont la magnifique terrasse avait pour point d'appui le mur qui lui a survécu. Un peu plus bas en face s'ouvre, pendant l'été, l'école de natation fondée par Turquin, où tous les collégiens de la rive gauche viennent prendre chaque année leurs ébats, avant-goût des vacances qui approchent, dans la plus belle eau de Paris. Le 12 actuel, avant de faire partie du bureau des fermes-générales, dépendait de l'hôtel Bretonvillier, dont la porte principale n'était pas sur le quai, et auquel nous aurons par conséquent à revenir en temps et lieu.

De l'autre côté de la rue Bretonvillier, les n°^{os} 16 et 18 composaient l'hôtel Richelieu, ainsi que le n° 1 de ladite rue.

Armand-Jean Vignerod, duc de Richelieu, général des galères de France et neveu du cardinal, séjournait sous ce toit digne de commémoration et le laissa plus tard à son fils, lequel était né d.ux mois avant le terme de la grossesse de la duchesse, sa femme, en l'année 1696. Il est constant que tenu sur les fonts, à trois ans de là, par le roi et par la duchesse de Bourgogne, le chétif petit duc, qui prit d'abord le nom de Fronsac, n'attendit pas la barbe pour épouser, encore adolescent, Mlle de Noailles, dont la mère se trouvait la femme en troisième noce du duc de Richelieu, son père. La précocité continuant, Mlle de Noailles ne tarda pas à être détestée de son mari, dont l'audace et l'esprit devaient lui donner pour rivales toutes les jolies femmes de la cour. En effet, l'illustre petit-neveu du cardinal de Richelieu ne dégénéra presque pas : il combattit la féodalité dans ce qu'elle avait d'accessible en son époque éminemment galante, et il ajouta une barre à l'écusson futur de bien des descendants des feudataires de la couronne, dont son Eminence n'avait fait que diminuer la puissance politique. Louis XIV envoya Fronsac à la Bastille ; mais c'était comme pour compléter une éducation négligée, car son auguste prévoyance lui dépêcha, sous les verroux, l'abbé de Saint-Rémy pour précepteur. Mme de Maintenon gardait jusqu'à la fin le plus rare des trésors, son indulgence plénière, à l'héritier du cardinal, qui regretta le roi avec sincérité, mais qui peu de temps après inaugura son hostilité au Régent, en lui prenant toutes ses maîtresses. L'hôtel qu'habitait le jeune duc était trop proche de la forteresse qu'il avait déjà visitée, pour que le nouveau chef de l'Etat ne songeât pas, à propos d'un duel, à l'y accréditer encore pour une année. Richelieu, se rappelant qu'il y avait connu Voltaire, paraissait si peu s'y déplaire, et si bien s'y refaire des fatigues de sa vie mondaine, qu'une troisième fois encore s'abaissa devant lui le pont-levis de la prison d'Etat ; mais cette fois, Dubois, devenu son ennemi mortel, en voulait à la tête de Richelieu, taxé de conspiration, beaucoup plus qu'à sa liberté. Un cachot fut la chambre que le ministre lui assigna d'abord, sous les fossés de la Bastille ; par bonheur intervinrent Mlle de Charolais et Mlle de Valois, fille du Régent; ces deux princesses, qui l'aimaient à tout risque, mirent de côté toute rivalité pour travailler, comme un seul homme, à la libération du criminel d'Etat. Les murs ne pouvant s'abaisser tout à coup devant leur idole, Richelieu put du moins, comme adoucissement, se promener une heure par jour sur la plate-forme d'une tour, d'où il contemplait à loisir ses bienfaitrices épiant, rue Saint-Antoine, la gratitude d'un regard et d'un baiser soufflé au bout des doigts. Bientôt même il y eut foule à l'heure convenue, et ce fut à la mode, pour toutes les marquises, d'aller en jubilé faire une révérence processionnelle à l'aurore, si ce n'est au couchant de leur amour, sous les créneaux. Un exil à Conflans, chez le cardinal de Noailles, servit de commutation à un embastillement, qui avait pris tout l'air d'une sérénade renversée, èt Richelieu, ce rebelle incorrigible, creva dès lors ses chevaux, toutes les nuits, pour venir souper à Paris avec les femmes ou les maîtresses des premières têtes du royaume. La mort du cardinal Dubois et du duc d'Orléans délivrèrent le jeune duc de ses dernières entraves ; celle du marquis de Dangeau le fit nommer, de plus, membre de l'Académie française, d'une voix unanime, à l'âge de vingt-quatre ans, bien qu'il ne sût pas l'orthographe ; Fontenelle, Destouches et Campistron composèrent le discours du juvénile récipiendaire, petit-neveu du fondateur de l'Académie, que déjà le parlement avait reçu pair à cause de son duché.

Après tout, quoi de plus brillant que la carrière des hommes à bonnes fortunes? Les temps ne changent rien qu'en apparence aux honneurs de tout genre qui pleuvent tôt ou tard sur l'homme dont le mérite est goûté, recherché des femmes. L'Académie elle-même subit à chaque instant le charme des cautions féminines, avec une dignité qui cache plus ou moins la grâce des intrigues de salon et autres séductions préliminaires sans réplique.

On sait que le roi Louis XV aima toujours ce maréchal de Richelieu, courtisan aimable, habile diplomate, vaillant et fidèle serviteur, et que cet Alcibiade français eut l'esprit de mourir, après avoir rempli Versailles et Marly jusqu'à la fin du bruit de ses amours, un peu avant les crises révolutionnaires. Une grande partie de la jeunesse du Nestor de l'amour facile, ou pour mieux dire empreint de voltairianisme, s'était passée quai de Béthune.

L'escalier des communs de l'hôtel Richelieu avec sa rampe en chêne, se retrouve en très-bon état dans la maison qui donne sur la rue. Du sous-sol qui en fait partie il partait une galerie, ouverte du temps du vieux duc, mais dérobée du vivant de Fronsac, qui conduisait à la rivière, où une embarcation était amarrée constamment. M. Viel occupe, sous ce toit, un remarquable appartement, dont les sculptures dorées rappellent en quelque sorte les royales magnificences de l'hôtel peu distant qu'a habité Lausun, au quai d'Anjou. On réaliserait une fortune de membre du conseil d'administration d'un chemin de fer, si l'on râclait les plafonds, les murailles des appartements de l'île Saint-Louis, et notamment de ceux qu'ont habités, sous Louis XIV, le prétendu de Mademoiselle et l'imberbe petit duc appelé *ma petite poupée* par la duchesse de Bourgogne. Par bonheur tous les négociants de notre époque ne font pas partie de la bande noire, et M. Viel n'a pas la moindre envie de faire ramoner, comme une cheminée, les décors de son intérieur. Au contraire, il s'est plu à rassembler, sous ces brillants lambris, bien des choses qui elles-mêmes ont une valeur idéale et réelle, d'élégance et de souvenir. Ces encoignures, ce cabinet de dame, cette fontaine, charmant biscuit, ces bronzes d'une exquise finesse de ciselure, ont été achetés à Louveciennes, chez Mme Dubarry, par le beau-père de M. Viel. Cette autre table à écrire vient de Mirabeau. Des portraits, des esquisses d'Antigna, l'ami de la maison, ne rajeunissent-ils pas merveilleusement l'ensemble de ces curiosités rétrospectives ?

Maintenant, ami lecteur, permettez-moi d'accorder en passant un léger souvenir à deux frères que vous-même connaissez peut-être, et dont le cadet compte à peine une année de plus que l'aîné, bien qu'une génération, à première vue, semble les séparer. Tous deux ont dépassé la cinquantaine. L'un se fait teindre en blond les favoris et la chevelure, porte un corset, laisse voir des dents d'autant plus blanches et régulières qu'il en change tous les six mois ; il s'habille à l'étroit, comme un parapluie au fourreau, et il met sur l'oreille un chapeau qui devine la mode un an d'avance. Les cheveux de l'autre, en revanche, ont l'air d'être poudrés ; son vestiaire prévoit constamment le retour d'un embonpoint dont il avait pris la mesure ; un formidable bord fait de sa coiffure une ombrelle, et son sourire, qui n'est plus perfide que pour soi, explique par quelques lacunes les fossettes qui, s'il ne riait plus, lui donneraient l'air trop boudeur. Celui-ci est pourtant un peu plus jeune que celui-là, et je compare ces deux frères disparates à deux maisons, le 20 et le 22, sur le quai même qui nous occupe. La première n'a d'autre coquetterie que de porter convenablement son âge ; la seconde affecte l'air juvénile. Toutes les deux néanmoins sont duègnes, par les années ; une rampe d'escalier en fer, qui a tenu bon, signe leur acte de naissance. C'était, sous Louis-le-Grand, un seul et même hôtel de conseiller au parlement.

L'habitation qui suit fut bâtie pour le sieur Hesselin, acquéreur du terrain mesurant 416 toises ; toutefois, le corps de logis qui s'éclaire sur la rue Poultier a été élevé quelques années plus tard, et il ne s'est détaché de l'hôtel qu'en l'année 1825. Hesselin a eu pour acquéreur, en 1669, un membre de la famille Molé, qui, un demi-siècle après, a vendu au sieur Monerat, lequel, en 1737, a eu pour cessionnaire messire d'Ambrun de Montalets, intendant d'Auvergne. L'hôtel d'Ambrun a été acheté ensuite par le sieur Brochant, dont la veuve a eu pour héritier M. Lechanteur. Mlle Lechanteur, enfin, a épousé le célèbre Parent-Duchâtelet, qui a laissé un livre très-répandu sur la prostitution ; cette dame, aujourd'hui veuve, a fait exhausser de deux étages la maison qui lui est restée. Parmi ceux qui l'ont habitée en qualité de locataires, il convient de signaler un nonce du Pape, dont le séjour remonte à l'époque mémorable de la publication de la bulle *Unigenitus*. Cet ambassadeur du Saint Père avait là une chapelle admirablement décorée ; mais la destination de cette pièce de son appartement a dû être changée pour les locataires de nos jours, au nombre desquels a figuré M. Loquet, alors maire du 9ᵉ arrondissement. Le nonce apostolique avait pour escalier, dit-on, un ancien salon de musique ; le fait est qu'un bas-relief en pierre y représentait Apollon et les Muses, et qu'on découvrirait encore, sur la cage des degrés actuels, des peintures et des sculptures qui percent sous le badigeon. Toutefois les sérénades que se donnaient nos insulaires partaient, de préférence, d'un bateau où, la nuit venue, les musiciens jetaient l'ancre sur la rivière. La sérénade nocturne convenait pour le mieux à ces nombreux balcons qui donnent une couleur castillane à toutes les maisons du quai, dit alors *des Balcons*, qui, d'ailleurs, sont contemporaines de la représentation du *Cid*, de *Don Sanche d'Aragon*, du *Menteur*, grands ouvrages où la scène se passe en Espagne. Une vieille porte, une cour en demi-lune et un charmant balcon sur le devant sont restés, chez Mᵐᵉ Parent-Duchâtelet, ce qu'ils étaient au temps du nonce. Pourtant l'hôtel d'Ambrun a été avant tout séjour de robe, comme tous les beaux hôtels du voisinage. L'asile par excellence de la haute magistrature était évidemment cette île portant le nom d'un roi qui avait rendu la justice jusque sous un chêne, à Vincennes. L'affluence des gens de robe a même déterminé la modification du nom de l'île, d'abord île Notre-Dame.

En général, l'élite des marchands de vin en gros dispose, à l'heure qu'il est, des œils-de-bœuf parlementaires de l'île. Et quoi de plus éloquent, en effet, que le vin? Feu M. Perducet, dont les fils sont encore de fort notables négociants en vin, et qui avait fini par être banquier, fut propriétaire du 26, refait à neuf en 1839. C'était un très-brave homme, charitable comme un apôtre, adjoint au maire d'un arrondissement; une maladie l'avait rendu aveugle; mais la science moderne lui avait restitué ce bien, qui ne se rachète pas ordinairement, la vue. Sa maison du quai de Béthune était abandonnée à la garde unique d'un portier, et délabrée de fond en comble, lorsqu'il en fit l'acquisition des héritiers de Mme Dufour de Villeneuve. Cette dernière était morte en Auvergne, où elle s'était enfuie au premier coup de canon des journées de 1830, qui l'avait effrayée d'autant plus que son mari avait perdu la vie sur l'échafaud d'une autre révolution. L'hôtel dont nous parlons appartient aujourd'hui à un banquier, M. Gilet, après avoir été, au dernier siècle, l'hôtel de Binanville.

De la maison qui vient ensuite, pourvue d'un vénérable escalier à rampe de fer, dispose M. Joigne. En procédant, il y a dix ans, à diverses réparations, on a trouvé un puits au milieu de ses caves ; en effet, le sous-sol servait, dans le principe, de rez-de-chaussée à la propriété ; il en était de même pour les autres maisons riveraines, avant qu'il y eût réellement un quai. Chacune d'elles avait de plain-pied son embarcadère sur la Seine.

Le 30 est également du siècle de Louis XIV. De délicieux reliefs dorés attestent cette origine, dans le salon et dans le cabinet de M. Tiercelin, qui en jouit.

M. Carpentier, M. Monvoisin et Mme la marquise du Sandat, qui habite le château du même nom dans le département de la Gironde, possèdent le 32, le 34 et le 36. Ces demeures aristocratiques ont gardé, en dépit de maintes restaurations, le cachet qui les fait contemporaines du duc de Richelieu. Le dernier de ces numéros, restauré à plusieurs reprises par M. Gailleton, par M. Jaluzot, qui s'y sont succédé comme propriétaires depuis le commencement de l'ère impériale, a perdu son premier aspect. Les insulaires d'un certain âge le qualifient encore hôtel Perrault. Mme la marquise de Forges l'a vendu, en 1807, à M. Jaluzot ; c'était la nièce du président Perrault, descendant de l'architecte qui, malgré son éminent mérite, a défrayé la verve satirique de Boileau. A la tête de quelle cour était ce président ? probablement celle des comptes. Une tradition plus ancienne constate qu'au temps de la Fronde, les vastes caves de cette résidence servaient en secret d'entrepôt à des armes, qu'on en faisait sortir la nuit par une gargouille donnant sur la Seine. Cette ouverture, fermée d'une large grille, existe encore, et elle paraît dater d'une époque antérieure à tous ces mascarons, contemporains de l'architecte Perrault, qui décorent la plupart des portes sur le quai.

Quant au 38, c'est un haut bâtiment percé de petites fenêtres et d'une petite porte, mais qui n'a rien perdu de sa physionomie première. M. Rousseau, notre envoyé, a parfaitement reçu les communications de M. Beuron, marchand de bois, qui en est le propriétaire; la conséquence en serait que la maison jadis se trouvait réunie aux maisons adjacentes de la rue des Deux-Ponts, et que c'était d'abord un couvent. Dans le plan de Turgot, commencé en 1639, nous trouvons, il est vrai, non seulement toutes les habitations que nous venons d'énumérer, mais encore cette dernière, ayant un parallélogramme pour cour commune avec les premières maisons de la rue des Deux-Ponts. Par exemple, nous remarquons encore, dans cette photographie anticipée, qu'à l'encoignure de ladite rue, il existait déjà, à cette époque, des boutiques, peu compatibles d'ordinaire avec la destinée monacale des édifices.

Ce plan nous prouve encore une chose, c'est qu'au commencement du xviie siècle, les maçons, proportion gardée, allaient aussi vite en besogne que ceux de l'expéditive époque où nous vivons. En 1640, les bâtiments étaient déjà de ce côté en même nombre qu'aujourd'hui, et c'est seulement en 1614 que les sieurs Le Regratier, Marie et Poultier se sont associés pour entreprendre l'établissement des quais et du pont de l'île Saint-Louis; il leur a même fallu trente-deux ans pour achever le quai du Dauphin ou des Balcons, à présent appelé de Béthune, après s'être nommé quai de la Liberté à l'époque révolutionnaire.

RUE DE BIÈVRE.

L'hôtel Brinvilliers. — Le collége de Chanac. — Le cardinal Dubois.

La petite rivière de Bièvre se jetait dans la Seine, à l'endroit justement où passe la rue du même nom, avant que les chanoines de Saint-Victor, sous le règne de Louis VII, par l'entremise de saint Bernard, obtinssent que ce cours d'eau fût détourné, pour baigner leur enclos et y faire marcher un moulin; cette prise d'eau coûta bien quelque argent aux frères victorins, d'abord à titre d'indemnité, puis comme frais de procédure, car l'abbaye de Sainte-Geneviève n'oubliait pas de réclamer la Bièvre, comme distraite de son territoire. Le poète Santeül chanta plus tard le ruisseau qui ne coulait plus rossignolant que dans les bois de Saint-Victor, et dont cette abbaye voisine, endurcie au veuvage, ne portait même plus le deuil en ce temps-là. Les procès et les rivières passent; restent les vers. Il faudrait un second déluge pour restituer à ce ruisseau le cours qui date du premier. Aussi bien, sous Louis IX, la rue de Bièvre était déjà en possession des deux anciennes rives de l'embouchure supprimée.

Le numéro 34 ne remonte pourtant pas aux croisades. Parlons du xve siècle, si nous inscrivons une date sur sa belle façade, contemporaine du petit escalier en bois qui conduit à ses chambres, plafonnées tout au plus depuis un demi-siècle; un ancien procureur au parlement s'y était retiré, sous le règne de Louis XVI.

La porte, la rampe en bois et la margelle du puits du n° 28 sont également des reliques bien conservées. Dame Elisabeth Pigneron, veuve de messire Enry Philippe, conseiller d'Etat, maître en la cour des comptes, achetait cette propriété, le 12 septembre 1659, de messire Armand-Jean de Riandz, chevalier, seigneur de la Bellezière et autres lieux, conseiller d'Etat, procureur du roi au Châtelet. Quarante-huit ans plus tard la dame Dumousseau, veuve de messire de Louvières, chevalier, seigneur de Vauchamps, 1er écuyer du roi, en héritait et la laissait, en l'an 1721, à haut et puissant seigneur Henry-Bernard Delacroix, marquis de Saint-Vallier, époux de dame Rénée de Louvières. Puis en 1764, le sieur Michaud et la dame de Biard de Saint-Aubin, sa femme, s'en rendaient acquéreurs. Mais ces divers propriétaires, n'ayant pas tous habité la maison, l'avaient donnée à bail, en 1756 à Pierre Doublet, avocat; dix ans plus tôt à Galibour, procureur au parlement, et antérieurement à Lamarre de Verdancher, à Lebeau, procureur. En remontant encore, nous découvrons que dame Elisabeth Pigneron a eu pour locataire, dans cet hôtel, une femme dont le nom n'a rien à craindre de l'oubli, damoiselle Marie-Marguerite, fille de Dreux d'Aubrai, lieutenant-civil, et mariée en l'année 1651 au marquis de Brinvilliers, mestre de camp du régiment de Normandie. Cette héroïne des fastes judiciaires était petite, mais jolie et gracieuse, et d'un extérieur plein de modestie, bien qu'à l'âge de sept ans elle eût déjà péché autrement que de gourmandise ; elle continua, quoique mariée, à demeurer avec son père et ne se sépara que de biens avec le marquis, un peu plus tard, afin de mettre à l'abri des prodigalités de celui-ci ses 40,000 livres de rente. Il avait introduit chez elle Gaudin de Sainte-Croix, jeune officier, beau cavalier, originaire du Midi, qui devait déjà sa naissance à l'amour. La marquise eut beau avertir M. de Brinvilliers du danger des assiduités de Sainte-Croix, le mari ne s'en reposa qu'avec plus de sécurité sur la vertu de la marquise, et l'amoureux en profita ; mais il dut une lettre de cachet à la prudence plus chatouilleuse du père, le lieutenant-civil. Malheureusement à la Bastille l'officier fit la connaissance d'un empoisonneur italien, et une fois libre il revit la maîtresse dans le carrosse de laquelle il avait été arrêté. Avant peu, le lieutenant civil succombait inopinément; puis le mal parut contagieux, et les plus importuns témoins des liaisons adultères de la marquise moururent l'un après l'autre : des biscuits servis en famille envoyaient ses deux frères, sa sœur, rejoindre la première victime. Le poison attire le poison; jamais la fiole léthifère ne se vide, et se fût-elle brisée aux mains de ses préparateurs, des gouttes nouvelles s'y forment, en découlent par fatalité, car les crispations de ces mains leur ôtent, dès le premier crime, le pouvoir de se refermer. Mme de Brinvilliers voulait aussi tuer son mari, afin d'épouser son amant; mais ce complice craignait trop que la progression ne s'arrêtât pas là, et il mettait son habileté à faire prendre tous les jours du contre-poison au marquis, sans qu'il s'en doutât. D'autres furent moins favorisés, n'ayant pas fait provision d'antidote, et le cercle de mort tracé par la marquise s'élargit démesurément. Qui donc l'eût soupçonnée? elle avait conservé tous les dehors d'une piété sévère, et de plus elle était réellement dévote; la preuve, c'est qu'une confession générale, écrite de sa main dangereuse, servit de pièce de conviction quand elle parut devant les juges. L'impunité probablement fût demeurée à tous ses crimes, si tout à coup Sainte-Croix n'avait pas été tué, au mois de juillet 1672, par le hasard qui détacha son masque pendant qu'il faisait du poison. Les scellés furent posés chez lui; mais Mme de Brinvilliers réclama vivement une cassette, qu'on lui refusa et qu'on ouvrit. Elle prit la fuite. Un exempt de police, déguisé en abbé galant, alla lui faire la cour à Liége, et réussit à la tromper ; à la frontière, l'expiation commença. On sait que la grande coupable monta sur l'échafaud, et qu'ensuite son corps fut brûlé ; le peintre Lebrun avait fendu la presse pour assister à son supplice et léguer ses traits à l'histoire. Mme de Sévigné a parlé de la fermeté avec laquelle elle mourut. Du reste, après avoir entendu sa condamnation, l'empoisonneuse célèbre avait fait des aveux complets. M. de Lamoignon lui avait adressé le docteur de Sorbonne Edme Picot, pour l'assister dans ses moments suprêmes, et ce prêtre l'avait trouvée tellement détachée du crime par le repentir, pendant les quatre dernières heures de sa vie, qu'il eût voulu être à sa place. Ajoutons que le peuple fit à peu près comme le docteur ; il alla remuer le lendemain les cendres de la suppliciée, qu'il ne regardait plus que comme une bienheureuse. Nous n'avons rien à dire d'une résipiscence qui a eu tant d'éclat ; cette réhabilitation n'en a pas moins été prématurée et dangereuse par ses conséquences immédiates. Après la mort de la coupable, sans aucun temps d'arrêt, les empoisonnements continuèrent, et il fallut créer la *Chambre ardente*.

Le 33 et le 31 de la rue de Bièvre n'ont pas de droit d'aînesse à envier à l'hôtel de Mme de Brinvilliers. Il n'en est pas autrement du 23, ancienne résidence de procureur, et du 24, lequel appartenait, au commencement de la Révolution, à M. Faudet, émigré, oncle du curé de Saint-Roch actuel. Au 21, qu'habite un corroyeur, se remarque un superbe escalier de bois et un magnifique dessus de porte cochère, objet d'art exposé près de la loge du portier. Pendant 150 ans, se sont abrités sous ce toit les Labille, famille parlementaire. Il n'y a pas longtemps encore que toutes les fenêtres de la maison étaient protégées par des grilles. Une tradition ajoute que la reine Blanche, lors de l'ouverture de la rue, en a posé la première pierre. Même âge, ou peu s'en faut, s'attribue au n° 20. Le 7 et le 3 sont le derrière de deux numéros pairs de la rue des Bernardins. Trois siècles ont également passé sur le 6 et le 4, qui sont bien deux frères jumeaux; toutefois leur aspect sénile n'effraie aucunement les jeunes ménagères qui viennent y battre leur linge, dans un lavoir.

L'ancien collége de Saint-Michel est distingué, n°ˢ 10 et 12, par une figure du saint patronymique terrassant toujours son dragon. Sa chapelle est maintenant le bureau d'un maître chaudronnier. Or ça, collége de Saint-Michel, quelle a été ta destinée? Où commences-tu, où finis-tu, dans l'histoire de la rue de Bièvre? Un évêque de Paris, Guillaume de Chanac, qui est mort le 3 mai 1348, a consacré par testament la maison que voici à l'établissement d'un collége, sous l'invocation de saint Michel, en fondant 10 ou 12 bourses, à la collation de sa famille ; un des boursiers y devait être chapelain, un autre remplir les fonctions de procureur, et il devait y avoir, outre cela, un principal ; il était dit enfin que les boursiers seraient choisis à perpétuité dans le diocèse de Limoges. Mais les sommes léguées par l'évêque de Paris étant insuffisantes, un autre Guillaume de Chanac, évêque de Mende, est venu s'associer à l'œuvre, ainsi que le cardinal Bertrand, patriarche de Jérusalem, qui ont donné 500 livres chacun aux principal et écoliers ; le premier leur a abandonné, en sus, sa crosse, sa mitre, sa bibliothèque, et, le second, une maison dite du Patriarche, sise faubourg Saint-Marcel. Aussi bien les Chanac ont été une famille alliée si étroitement à celle de Pompadour, qu'en 1510, Antoine de Pompadour passait pour fondateur et nommait aux bourses du collége de Saint-Michel, appelé également de Chanac, et qui même a porté le nom de Pompadour : haut et puissant seigneur Renaud-Elie de Pompadour avait épousé Galienne de Chanac, dès le règne de Jean-le-Bon. L'administration déplorable des deniers de de l'établissement n'en ont pas moins amené, après une longue série de petites prévarications, la suspension des bourses, en vertu d'un arrêt de l'université de Paris, le 16 juillet 1729 ; trente-quatre années plus tard, la fondation de Saint-Michel a été réunie avec beaucoup d'autres à Louis-le-Grand.

Dans tous les cas, un principal du collége de Saint-

Michel a eu pour domestique, en même temps que pour élève surnuméraire, un enfant de douze ans qui est devenu un personnage fameux ; cet enfant, né en 1636 à Brives-la-Gaillarde, c'est-à-dire dans le Limousin, avait été envoyé à Paris par son père, simple apothicaire, dans l'espoir d'une bourse que l'état déjà désastreux des finances de la maison l'avait empêché d'obtenir, et il avait été réduit à s'y mettre en service pour en pouvoir suivre les cours. En quittant ce petit collége ecclésiastique, il est entré comme précepteur d'enfant chez un marchand du Petit-Pont, puis chez le président de Gourgues, puis chez le marquis de Pluvant, maître de la garde-robe de Monsieur ; de là, M. de Saint-Laurent, sous-précepteur du duc de Chartres, l'a employé de seconde main à corriger les devoirs du prince. Ainsi ont commencé rue de Bièvre l'éducation et la fortune du cardinal Dubois.

Paris. — Imprimerie de Pommeret et Moreau, 42, rue Vevin.

LES ANCIENNES MAISONS

Des rues Beurrière, de la Bienfaisance, des Billettes, Blanche et du quai de Billy.

NOTICES FAISANT PARTIE DE L'OUVRAGE INTITULÉ :

LES ANCIENNES MAISONS DE PARIS SOUS NAPOLÉON III,

PAR M. LEFEUVE,

Monographies publiées par livraisons séparées en suivant l'ordre alphabétique des rues.

RUE BEURRIÈRE.

On la nommait encore en 1680 rue de la Petite-Corne, et c'était de couleur locale, car son parcours, qui est demeuré le même, représente encore, comme forme, la moitié de ce que Molière faisait craindre à tous les maris de cette époque. La dénomination actuelle, qui date du XVIIIe siècle, rappelle que cette rue, voisine de la foire Saint-Germain et du marché de l'Abbaye, donnait asile aux étalages des marchandes de crème battue. Le commerce principal qu'on y fait actuellement, dans des conditions différentes, n'a rien de pastoral; les bouges où les affaires en sont traitées remontent à l'époque de François Ier, et font souvenir, bien malgré eux, du genre de mort de ce roi-chevalier. Les portes y sont bâtardes, ainsi que les générations locales, s'il en est ; les lucarnes y abondent, comme tout ce qui est diminutif ; la besogne des puits n'y consiste pas uniquement à purifier les mains ou le visage, et les rend adversaires à coup sûr du baptême, indépendamment du lavoir qui, au n° 4, appartient à M. Evette. Bref, et de temps immémorial, les n°s 3, 11 et 21 sont des maisons où, pour le prix d'une livraison des *Anciennes Maisons de Paris*, on élude la sujétion d'avoir une femme et des enfants à soi.

RUE DE LA BIENFAISANCE.

La maison capitale de la rue de la Bienfaisance lui a valu son nom, c'est le n° 9, habité aujourd'hui par M. de Chasseloup-Laubat, ancien ministre. Là demeurait le docteur Goetz, décédé en 1813 ; sa charité inépuisable fit modifier le nom de cette rue, dite d'abord de l'Observance, simple chemin sans nom jusqu'au commencement du règne de Louis XVI. On se rappelle qu'avant la vaccine, l'inoculation était le seul préservatif de la petite-vérole. Goetz, inoculateur habile, traitait la vaccine de fléau ; nonobstant ce travers, c'était un excellent médecin, qui consacrait à secourir les indigents l'argent que lui donnaient ses malades. Son hôtel date de plus d'un demi-siècle, ainsi que le n° 7, occupé par une pension de jeunes gens, que dirige M. Jacquet, et fondée par M. Rétif, nom caractéristique assurément pour un instituteur.

Un autre pensionnat, mais consacré aux jeunes personnes, se trouve presque vis-à-vis, ce qui est assez naturel et fréquent dans tous les quartiers. Le jardin de ces demoiselles et celui des petits hôtels de cette partie de la rue ont entre eux un air de famille qui les relie ; les figuiers y dominent ; les arbres de haute futaie y sont tout à fait même âge. Autrefois, ces parages étaient évidemment tout un jardin.

Quant au bout de la rue, il s'est maintenu l'ancienne Pologne. Le pot cassé y fleurit aux croisées ; le vieux cadenas s'y étale, sur les portes, en compagnie de la malle hors d'usage et du verre cassé, ou du moins fort bon à casser. Les marchands de bric-à-brac sont là de tradition ; par malheur les passants sont rares. De grands établissements industriels animent toutefois cette extrémité populaire de la voie publique dont il s'agit. Autrefois, dans cette même Pologne, coin écarté, les Parisiens du dimanche se grisaient à bon marché *extra-muros*. L'octroi a reculé le lieu de rendez-vous de ces buveurs dominicaux, et si bientôt l'enceinte de Paris englobe encore les Batignolles, il n'y aura de Ramponneaux possibles qu'au-delà des fortifications.

RUE DES BILLETTES.

Le sacrilége. — Les Carmes-Billettes. — Les chanoines de Sainte-Croix-de-la-Bretonnerie. — Les crieurs-jurés des inhumations. — Adjudication de biens nationaux en 1793. — Arbre généalogique d'un bec de gaz. — Histoire d'une borne.

Une hostie consacrée, que le Juif Jonathas avait plongée dans l'eau bouillante, le jour de Pâques, 2 avril 1290, fit donner, à la fin du XIIIe siècle, un nom rappelant ce sacrilége à un chemin qui, sous Philippe-Auguste, ne traversait encore que des jardins. Voici ce nom : Rue où Dieu fut bouilli. Le peuple avait saisi et brûlé Jonathas ; sa maison, son jardin avaient été donnés par Philippe-le-Bel à un bourgeois de Paris, Reimer Flaming, lequel y avait fait construire une chapelle expiatoire. Des religieux hospitaliers de Notre-Dame quittèrent ensuite Bacheraumont, du diocèse de Châlons, pour s'établir au même lieu. Comme ces pères s'en allaient portant un scapulaire ou pièce d'armoirie appelé billette, la chapelle et la rue furent dites des Billettes. Ils furent autorisés à se donner pour successeurs, par acte du 24 juillet 1631, les Carmes de l'Observance de Rennes, en traitant avec eux du prieuré, de l'église, du monastère et de tous meubles. L'église des Carmes-Billettes fut rebâtie, sans changer de place, en 1754, et puis remise à neuf vingt et un ans plus tard, par le frère Claude, religieux dominicain et architecte. Les biens du même couvent furent vendus par l'Etat le 17 avril 1793, et le 29 ventôse an III; mais la ville racheta l'église, qui devint un temple luthérien, et où Mme la duchesse d'Orléans alla entendre les offices jusqu'à la fin du règne de Louis-Philippe. Un projet de boulevard menace d'effacer de la carte de Paris, dans un avenir encore vague, une partie de la rue des Billettes, qui depuis si longtemps chemine en décrivant sa courbe, de la rue de la Verrerie à celle Sainte-Croix-de-la-Bretonnerie. Hâtons-nous, en tout cas, d'interroger ses souvenirs ; dressons-en le bilan, comme si le jury des expropriations n'avait à apprécier que vous-mêmes, ô dates et noms propres, qui secouez la poussière des parchemins et des vieux livres, sans avoir tout à craindre du jugement dernier pour cette fois-ci !

Un autre couvent, celui de Sainte-Croix-de-la-Bretonnerie, occupait presque tout le carré que formaient les rues Barre-du-Bec, Sainte-Croix-de-la-Bretonnerie, de la Verrerie et des Billettes, figure dont les quatre angles se trouvaient à égale distance, ou peu s'en faut, d'une jolie culture monacale. Son entrée principale faisait face aux Carmes-Billettes, et par des souterrains les deux couvents communiquaient l'un avec l'autre. Des squelettes d'enfants nouveaux-nés, dont la présence paraissait un monstre aux voisins, ont été retrouvés, il y a peu d'années, tout près de ce passage secret, lorsqu'on y a établi les conduits du gaz et de l'eau. La malignité populaire inférait de cette découverte que l'une des deux maisons religieuses avait été de Carmélites et non de Carmes; mais cette hypothèse tombe devant l'identité historique de sexe des religieux de l'un et de l'autre couvent. Les chanoines réguliers de Sainte-Croix-de-la-Bretonnerie devaient la fondation de leur église à saint Louis qui, en 1258, leur avait octroyé l'emplacement de son ancien hôtel de la Monnaie, et plusieurs maisons contiguës cédées à ce monarque par le savant Robert Sorbon. Nous apprenons par le sire de Joinville que « cette manière de frères, » qui le matin étaient mendiants, portaient une croix sur la poitrine; de là leur dénomination. Sous leur église, il y avait seize caveaux servant de sépulture à différentes familles, et cette circonstance explique suffisamment que des enfants y aient reçu l'inhumation. Qui plus est, la communauté de Sainte-Croix a souvent eu des locataires laïques; le dépôt des anciennes minutes du conseil privé du roi s'y trouvait sous la garde du secrétaire-greffier des conseillers, et les jurés-crieurs pour les inhumations y avaient également leur lieu de réunion. Ces premiers organisateurs des pompes funèbres de Paris fournissaient les objets nécessaires aux enterrements, voire même des manteaux et robes de deuil, les lettres de faire part et une suite. Si l'un de ces crieurs-jurés venait à mourir, tous ses confrères le portaient en terre, vêtus de robes et armés de clochettes qu'ils faisaient retentir depuis la levée du corps jusqu'à ce qu'une pelletée de terre eût été jetée sur le cercueil.

Les gens du quartier, il est vrai, prennent aussi pour Louis XIV le personnage principal du bas-relief sculpté sur l'ancienne porte des pères de Sainte-Croix. La faute en est sans doute à la statue de la place des Victoires, et à bien d'autres du même temps qui ont habillé le grand roi absolument à la romaine. Le sujet de notre bas-relief, encore très-beau, quoique la netteté lui manque, n'en remonte pas moins au IVe siècle. Constantin y est représenté au moment où ses armes, disputant l'empire à Maxence, sont dirigées contre le paganisme par l'apparition dans les airs du signe sacré de la religion chrétienne entouré de ces mots : *In hoc signo vinces*. Ce portique monumental, situé dans un renfoncement, semble avoir prévu de longue-main des nécessités d'alignement qui ne sont pas encore à échéance; la rue peut doubler de largeur sans qu'il se trouve sujet à reculement; du côté du passage Sainte-Croix-de-la-Bretonnerie, autrefois la cour conventuelle, on est tout étonné de compter trois étages dont il s'est chargé après coup, et qui de la rue sont invisibles.

Les n°s 1 et 3 du passage ne font qu'une propriété avec le 11 de la rue des Billettes. Cette partie de l'ancien monastère est pourvue, au n° 1, d'un escalier à rampe de fer qui date tout au moins du règne des Valois, et son n° 3 est l'ancienne église de Sainte-Croix, bâtie par le célèbre Pierre de Montreuil, décorée autrefois de tableaux de Voüet et de Philippe de Champagne. En dépit de ses richesses, l'église était triste et humide ; on y voyait moins clair que dans le vaste réfectoire des chanoines, décoré à ravir par Servandoni, architecte, et d'autres artistes, mais qui n'était pas, quant à lui, dans le même lot que l'église lors de la vente au nom de l'Etat. On retrouverait enfin, un peu plus bas, si l'on y tenait beaucoup, une fosse d'aisance parfaitement carrelée en porcelaine par les moines, et qui a fait l'objet d'un partage strictement toisé sous la première république. Le citoyen Gisors, estimateur des biens nationaux, avait évalué la totalité du premier lot dont nous parlons 205,500 fr., et l'adjudication ne s'éleva qu'à 1,500 fr. de plus. Au reste, le 26 février 1793, c'est-à-dire deux mois avant que le procès-verbal de vente dudit immeuble fût dressé à la commune de Paris, la commission de l'administration des biens de l'Etat avait mis à l'enchère et adjugé d'abord sa location par bail, dans la maison du Saint-Esprit, après quatre publications faites à la porte de l'église Saint-Merri, à l'issue de la messe paroissiale. Jouan, premier acquéreur, a revendu l'immeuble au citoyen Moullé, ancien marchand, le 16 germinal an II ; Namiant, dont la fortune s'était faite dans les chandelles, l'a racheté en 1825 ; Mme Aurion, fille de ce dernier, et qu'un second mariage a faite Mme Amyot, en a traité avec Mme Fontaine, un peu avant la révolution de 1848.

Mme Fontaine a pignon, disons-nous, et sur la rue et sur l'ancienne cour des religieux ; celle-ci lui est commune avec cinq autres propriétaires, qui sont MM. Durenne, fort notable marchand de fonte, acquéreur du baron Devaux ; Ménier, chocolatier, cessionnaire du banquier Drouillard, et qui a dépensé deux millions, parfaitement frappés à la Monnaie, pour s'approprier un des quatre coins de la Monnaie du temps des Capétiens ; Lacrosse, médecin ; Paillard de Villeneuve, avocat et publiciste distingué, successeur là de M. Onfroy, son beau-frère ; enfin Mme Davaux, dont le père a été le prédécesseur. Chacun de ces propriétaires administre à son tour la cour, qui depuis plus de six siècles n'est plus pavé du roi, et que deux grilles ferment la nuit ; ils subviennent de concert aux dépenses relatives à l'entretien de leur communauté voyère. *Le Moniteur de l'épicerie*, dont le siége se trouve n° 11, dans ce passage, n'en est pas la seule lumière. La généalogie du bec de gaz qui éclaire la cour peut également se dresser. En 1668, date de l'établissement de l'éclairage dans les rues de Paris, le progrès, c'était la chandelle. Ce luminaire succédait à la cire, à la résine, au paquet de mèche croupissant en anneaux dans un godet d'huile ou de graisse. Lors de la dispersion des ordres religieux et de tous les corps de métier, la pièce de bois à laquelle pendait une pierre, lanterne en effigie peu transparente, avait cessé de jeter sa lueur, déjà tremblante, sur l'ancien séjour des chanoines ; c'était comme un fantôme de réverbère à conscience timorée, condamné à l'état de potence disponible, pour avoir éclairé peut-être certains désordres lors du relâchement des règles monacales. Parfois un feu de joie éclatant menaçait d'incendie le poteau et les bâtiments, qui avaient froid comme les tombes saccagées que les vieux murs avaient mal abritées ; mais le 9 vendémiaire, an VI, le citoyen Pierre-Tourtille Saugrain, entrepreneur de l'illumination de Paris, releva le boisseau sous lequel était la lumière du ci-devant couvent de Sainte-Croix, et le 8 vendémiaire, trois ans plus tard, il réclamait judiciairement aux différents propriétaires, qu'il voulait rendre solidaires, une somme de 1,200 fr. pour fourniture et entretien du réverbère à quatre becs, qui ne lui avait encore rien rapporté. Chacun des défendeurs fit des offres réelles à cet irrécusable créancier en repoussant la solidarité, et le fait est que Saugrain avait été porter leur facture chez l'huissier avant de la leur présenter. Les propriétaires du passage étaient alors les citoyens Drives, maître-maçon ; Ladreue, marchand épicier ; Ladoubé, marchand de vins ; Davaux, rentier ; Lemoine, épicier, représentant les héritiers Moullé ; et puis la veuve Brébion, déjà nommée.

Autrefois les aveugles, qu'il y eût ou non des réverbères, cheminaient avec une certaine sécurité dans les rues de la capitale, en comptant avec leur bâton toutes les bornes de pierre qui se trouvaient sur leur passage accoutumé. Ce voyage à tâtons n'est plus possible aux quinze-vingts que dans le petit nombre de rues qui ont conservé ces jalons, retranchement aussi du piéton contre les voitures. Le passage Sainte-Croix, ainsi qu'une partie de la rue des Billettes, ont gardé ces tuteurs dont souvent le corps dur tenait lieu d'oreiller moelleux aux ivrognes et aux pauvres, quand il y en avait. Aujourd'hui, on supprime tout ce qui embarrasse, et cela a son bon côté. Mais la borne en avait deux bons, pourrait-on dire. Il en a survécu une entre autres, rue des Billettes, qu'un pauvre ou un ivrogne accroupi tenait embrassée, l'été dernier, avant de répondre aux questions d'un sergent-de-ville, borne perfectionnée, intelligente, civilisée, et qui s'incline volontiers jusqu'à terre pour relever celui qui tombe : — Cet homme est fou ! s'écriaient les passants en s'attroupant devant cette curiosité. — Pas si fou ! répondit enfin le malheureux d'un ton dolent qui excluait l'idée de plaisanter, c'est là qu'un soir, il y aura bientôt cinquante ans, ma bonne femme de mère a accouché de moi, et voilà ma marraine. Je m'appelle Pierre, pour vous servir.

Cette matrone de granit est encore debout. Pauvre borne ! puissent les agents-voyers t'oublier près du cabaret où tu sembles faire le guet du côté de la rue Sainte-Croix ! Le n° 19 est vis-à-vis du n° 24, et du même temps ; sa porte bâtarde à grosses têtes de clous arrondies, à marteau long et maigre comme un petit vendredi-saint, se brise à la façon d'un couvercle de tabatière, et ses charnières ne l'ouvrent qu'aux trois-quarts, sur la rampe de chêne d'une maison déjà borgne du temps de Henri IV, et qui a toutefois gardé bon pied, bon œil. Le 17, à coup sûr, est centenaire ; mais il a pour aîné le 15, dont la porte-cochère refermait ses amples battants sur quelque conseiller au parlement. Du couvent des Billettes, dépendaient le 20 et le 18, où l'école est faite actuellement. Par contre, les chanoines de Sainte-Croix disposaient autrefois du 7, dont le rez-de-chaussée est occupé par l'établi d'un menuisier depuis l'année où ces pères l'ont quitté. Des fenêtres à coulisses recommandent le 4 et le 2, comme ayant droit aussi à quelques égards respectueux. Ce n'est pas une échelle de soie, car elle a forme d'escalier, qui sert péniblement à l'ascension des locataires dudit n° 4 ; seulement, sa raideur remarquable économise l'espace de manière à désespérer bien des architectes modernes. Un garçon n'y peut suivre une fille qu'en commettant une double indiscrétion, et encore moins l'y rencontrer sans la tenir étroitement embrassée avant de lui livrer passage. Pour en finir, déshabillons un peu, et lestement, la maison restaurée qui porte le n° 1 ; sa robe, d'acquisition récente, couvre les broderies majuscules d'une rampe faite en même métal que les armures de chevalier.

QUAI DE BILLY.

Histoire du bord de l'eau. — La Conférence. — Périer frères. — Georges Cadoudal. — Mme de Pompadour. — Sophie Arnoult. — La Savonnerie.

Parmi les gloires du premier empire figure le général Billy, tué à Iéna, le 14 octobre 1806; une ordonnance de l'Empereur, datée du palais de Varsovie trois mois plus tard, a donné le nom du général au quai de la Savonnerie, dit aussi de Chaillot, après s'être appelé quai de la Conférence. L'établissement de cette chaussée riveraine de la Seine avait été commencé en l'année 1572, sous une autre dénomination, celle de quai des Bons-Hommes, à proximité du couvent des religieux minimes dits Bons-Hommes. Mais l'année à laquelle remonte son origine est aussi celle du massacre de la Saint-Barthélemy. La Seine fit alors comme tous les complices tôt ou tard; elle dénonça, dès le matin du 25 août, les horreurs de la nuit qui avait précédé; elle ne laissa point passer la justice du parti qui avait surpris la victoire, sans exposer, sur le nouveau quai des Bons-Hommes, 1,800 des corps que ses eaux frémissantes avaient rejetés ainsi que par remords. Le prévôt des marchands fit couvrir à la hâte d'un peu de terre ces sinistres épaves de naufrage, et l'écho de l'Histoire eut à retentir pour toujours du plus terrible des ouragans que la conjuration d'Amboise avait successivement déchaînés depuis douze années.

La Seine a perdu, sous l'Empire, une partie de son lit du côté du quai de Billy, et en a regagné l'équivalent sur la rive gauche. La chaussée était donc bien plus étroite à l'époque où le bac des Invalides, qu'on appelait le Pont-Volant, servait encore à traverser le fleuve. Au milieu de l'eau se tenait, sous Louis XVI, la patache des fermiers du roi ; dans ce bateau couvert veillaient un certain nombre de préposés, chargés de faire payer des droits au marchandises à fleur d'eau et d'arrêter la contrebande qui, çà et là, les obligeait à des plongeons. Le port aux pierres de Saint-Leu et le port au marbre siégeaient en ce temps-là sur le même quai, et ils avaient pour vis-à-vis de petits bains isolés, pendant l'été, où l'on payait douze sols pour s'immerger avec sécurité dans une onde courante que tous les affluents souterrains de Paris avaient attiédie au passage et généreusement épicée. Enfin des mariniers animaient également ces parages aquatiques dans les beaux jours, en donnant le dimanche des fêtes où la musique servait d'intermède à des joûtes, et qui se couronnaient le soir par un feu d'artifice.

Le titre de quai de la Conférence a été restitué à la partie du quai qui précède celui de Billy. La porte de la Conférence, ancienne entrée de Paris, a seule disparu pour jamais; elle devait, comme le quai, cette dénomination à l'assemblée diplomatique par laquelle, sous Louis XIV, s'est inaugurée une alliance politique et matrimoniale qui a fait dire : « Il n'y a plus de Pyrénées. » Le règne de Louis XVI commençant, l'octroi occupait la maison portant le n° 2, et qui n'a pas cessé depuis longtemps d'être à la Ville. Le bureau où se payait avant le droit urbain sur les denrées, a été une guinguette depuis l'établissement de la barrière des Bons-Hommes.

Puis vient la première pompe à feu établie à Paris en 1778, par les frères Périer ; elle alimente d'eau de Seine tous les quartiers nord-ouest de la capitale. L'abonnement pris à cette pompe à feu, dite de Chaillot, coûtait dans l'origine 50 livres par an, pour un muid d'eau par jour. Et en effet l'usine de Périer frères était bien sur le territoire de Chaillot. La rue Bizet actuelle était comme un faubourg de ce village. De la rue des Batailles, à la notice de laquelle nous devons renvoyer le lecteur, descendent toujours jusqu'au quai de Billy des propriétés importantes, comme souvenir et comme emplacement.

L'ancien n° 6 a obtenu de l'avancement en devenant la propriété d'un sieur Couty, fabricant de pain d'épice ; du moins il a pris rang n° 10. Au reste, la dynastie des anciens rois devait cette promotion innocente à une maison qui a servi de berceau à une conspiration contre le gouvernement consulaire. Les plus anciens voisins ne se souviennent d'avoir vu accoudé sur l'appui de ses fenêtres à balustres qu'un fournisseur de drap pour les armées ; mais l'Histoire ajoute d'autres traits à ces réminiscences purement locales. Georges Cadoudal, célèbre chouan, est en l'an XII, attiré à Paris par l'entremise de Brune, de la part du premier consul, qui souhaite de l'attacher à sa fortune. Bourienne, ministre de la guerre, le voit d'abord, puis Bonaparte le reçoit ; on lui offre 100,000 fr. de pension ou le grade de général en Italie, en échange du serment de ne plus s'occuper de politique ; toutefois il persiste à vouloir que le premier consul, se contentant de jouer le rôle de Monk, favorise le retour de la royauté légitime. Sur ce, Cadoudal a tout à redouter ; il gagne l'Angleterre. Seulement il ne tarde pas à repasser la Manche incognito, et il habite la maison où nous voici, quai de Billy. Il y cache avec lui le comte Armand de Polignac, et il s'y réunit à Pichegru et à Moreau ; ce dernier, qu'il croit décidé à agir audacieusement pour les Bourbons, il le trouve indécis, temporiseur et sans initiative. L'aventureux Breton a passé de la sorte près de sept mois à Paris quand, le 9 mars 1804, il se trouve arrêté, en revenant de la montagne Sainte-Geneviève ; un procès est alors dressé, puis l'échafaud.

Depuis le 12 jusqu'au 22 s'étend une grande propriété qui a appartenu à Mme de Pompadour. Il y reste, au n° 14, un corps d'hôtel qui, pendant près d'un demi-siècle, fut un pensionnat de demoiselles. Mais le coquet pavillon de la marquise n'existe plus; il a mesuré la terre après avoir servi de résidence au général Malarmet.

Une autre pension de demoiselles, sous le règne de Louis-Philippe, occupait le 24. Frais dortoirs, parlez-nous, redites à voix basse ce que vous avez vu et entendu de virginal, entre deux coups de cloche, celui du couvre-feu des pensionnaires et celui des matines, réveillant avec elles grammaire, géographie, dessin à l'estompe, au fusain, piano et broderie au plumetis. Saviez-vous, mes belles jeunes personnes, qui avait habité, avant vous, le salon doré qui servait de chaste parloir à vos familles? Quelque sainte, c'est probable, ou tout au moins une bonne chanoinesse? Non, vraiment non, candides jeunes filles, c'était l'amour; et un amour à part que, par bonheur, sont très-rarement appelées à connaître des élèves et des sous-maîtresses, même celles de la Légion-d'Honneur; l'amour sans préférence, sans préliminaires tendres comme sans suite mélancolique, sans déclaration, sans aveux, sans roman, sans mystère, pas seulement celui du mariage; quelque chose d'odieux, mesdemoiselles. Et, néanmoins, à force de comédies et de rouge, de philosophie et de moqueries, de persévérance et d'épreuves, et par la vertu des vins fins, qui dégrisent de tout sentiment, et par la vertu des toilettes, dont la splendeur variée enivre plus encore, et grâce au chatoiement continuel de l'argent et de l'esprit, deux ennemis mortels que le génie des femmes parvient seul à réconcilier passagèrement, cet amour défendu fait quelquefois des héroïnes. Mais, en quelque façon, une seule par génération. Les autres y perdent leur âme et le reste ; ce sont des filles d'auberge dépaysées, quoi qu'elles prétendent ; il faut encore du génie, il est vrai, pour bien faire ce qui est vilain ; au lieu de battre, si le cœur est battu, il préfère que ce soit l'esprit qui le flagelle.

Sophie Arnoult, fille d'Opéra, ne fut que vingt ans au théâtre ; mais elle distribua à coup sûr plus d'amour qu'elle ne reçut d'applaudissements publics, et les effusions de son cœur avaient par excellence la repartie cynique, mais spirituelle, pour épanchoir. Les plus délicieuses choses du monde ne la contentaient pas, sans un bon mot. Lorsqu'un de ses amants ne lui en avait pas trouvé, ou inspiré, du genre gracieux, elle ne le reconduisait qu'en ouvrant une croisée, d'où elle en faisait pleuvoir d'assez désagréables, d'assez amers, pour que cet importun, sous quelque vain prétexte encore, ne se présentât plus dans la petite maison qu'elle avait quai de la Conférence. C'est là que son amant en titre (qui sait lequel?) la surprit une fois avec un chevalier de Malte ; malgré ses propres habitudes d'inconstance, l'offensé ne laissait pas de se fâcher tout rouge, quand la complice du coupable reprit, en ces termes, le dessus :
— Qu'est-ce à dire ? palsambleu ! Monsieur est chevalier de Malte ; il accomplit son vœu en combattant les infidèles... Sophie Arnoult était née en 1774, dans la cham-

bre où l'amiral Coligny avait été tué autrefois; elle se retira à Luzarches au commencement de la Révolution et mourut en 1803.

Un cèdre projette sur le quai l'ombre de ses rameaux toujours verts; le jardinier qui l'a planté, il y a soixante-seize ans, existe encore. Une longue avenue de 163 mètres demeure ce qu'elle était alors. Le pavillon de Sophie Arnoult est debout et se détache d'un autre bâtiment du même temps; le fronton, les quatre colonnes, les bustes de Néron et d'Agrippine, voisins de la grille d'ouverture, d'autres bustes encore sous une voûte et incrustés dans la façade du petit corps de bâtiment, tout a gardé l'aspect de l'autre siècle. Au lieu d'une maîtresse de pension, un agent de change occupe depuis peu la maison principale, qu'il a fait restaurer ainsi que les jets d'eau du jardin. Mme la comtesse Potocka en est propriétaire; or, nous nous rappelons qu'une princesse du même nom a passé une soirée fort singulière, avec Mme de Genlis, déguisées toutes deux en servantes; et que ces dames, en dansant un menuet à la guinguette du *Grand-Vainqueur*, y ont fait la conquête du coureur de M. de Brancas, lequel ne voulait plus se séparer de la comtesse de Genlis. Lors de l'exposition universelle, un café-restaurant s'est installé passagèrement dans le joli pavillon.

L'ancien n° 30 était la Savonnerie, manufacture de tapis créée par Henri IV, améliorée par l'influence de Colbert, restaurée par le duc d'Antin, à la fin du règne de Louis XV, réunie depuis aux Gobelins. Une chapelle de Saint-Nicolas et un hospice pour les enfants avaient été fondés tout à côté par Marie de Médicis. Aujourd'hui l'édifice de la Manutention militaire tient la place de la Savonnerie et de l'ancien dépôt des marbres du roi. Le n° 40 de notre époque n'est qu'un chantier ; une porte et un pavillon y conservent néanmoins des allures aristocratiques ; force a été de couper la maison, qui arrivait jusqu'au milieu du quai lorsqu'elle servait de résidence d'été à une maîtresse de Louis XIV. Le devant du 54 est tout moderne ; mais les masures du fond ont eu pour locataires des maraîchers, avant que des constructions neuves succédassent aux plants de légumes, dans tout ce qui fait face à l'île des Cygnes.

RUE BLANCHE.

Chaptal. — Tivoli. — Richelieu. — Mme Hamelin. — Boursault. — Santarem. — M. Ernest de Girardin. — Le Marois. — La caserne. — Joubert. — La princesse de Vaudemont.

Le 28 vendémiaire an xi, Chaptal ordonne le dégagement de la demi-lune qui fait une place devant la barrière Blanche. La rue de la Croix-Blanche, car le nom d'à présent n'est qu'une abréviation, a été jusque-là peu habitée, surtout dans sa partie élevée. La propriété du ci-devant fermier-général La Bouxière s'y trouve, à cette époque, dans le haut, avec son vaste parc, dont il reste plusieurs bouquets d'arbres épars dans différents jardins, et qui a été exploité au profit des plaisirs publics, sous le nom de parc de Tivoli avant sa conversion en quartier neuf pendant le règne de Louis-Philippe. Du même jardin public a fait partie en quelque chose la dernière des petites maisons du maréchal de Richelieu, fuyant l'éclat et la notoriété de son pavillon de Hanôvre et y recevant le comte de Maillebois, le prince de Conti, le maréchal de Saxe. Au reste, le vainqueur de Mahon, déjà octogénaire en convolant en troisièmes noces, s'est montré d'une humeur passablement contraire à l'agrandissement de Paris lorsqu'il a usé de son crédit pour empêcher que d'autres fissent bâtir dans son voisinage. Pourtant, il a encore pensé augmenter la population, car sa troisième femme se vit grosse, et il s'en fut promettre sur-le-champ à Fronsac, son fils, que si le nouveau-né se trouvait un garçon, il ferait ce cadet cardinal, pour ne pas diviser, dans l'avenir, les biens de son petit-fils ; par malheur, la jeune maréchale fit une fausse couche, ce qui ne contraria pas moins l'illustre duc et pair que la convocation des États-généraux. On sait d'ailleurs que jusqu'aux derniers jours, Richelieu avait des maîtresses ; une d'elles alors lui donna 100,000 livres, par testament ; cette preuve d'amour posthume lui fut enviée, comme tant d'autres.

Ce pavillon de Richelieu, dont le jardin ouvrait rue Blanche, a, sous le Directoire, appartenu à Mme Hamelin, belle créole, grande et brune, gracieuse et spirituelle comme sa mère, Mme Lagrave, et locataire un peu plus tard du château, du parc de Raincy. Mme Hamelin ne se contentait pas de briller comme valseuse ; c'était la valse personnifiée ; la reine Hortense, Mlle Lescot et Trémisse faisaient sa partie à ce jeu-là, dans les salons. Son hôtel a été une cour au petit pied, brillante bien que provisoire. Elle a approché Bonaparte ; les hommages de Montholon, de Perregaud, d'Ouvrard, de Moreau et de beaucoup d'autres, qui l'accusaient pourtant de cruauté, lui ont fait jouer un rôle politique. Aujourd'hui, sa maison, que des restaurations n'ont pas rendue méconnaissable, est au duc de

Vicence. Son entrée principale regarde la rue Moncey, tracée sur une partie de ses dépendances. Le marquis de Custine, auteur d'*Ethel*, occupait une maison, rue Blanche, 57, qui se rattache à cette propriété, portant du même côté le n° 59. Les hôtels répondant aux n°⁰ˢ 55, 53 et 51 datent d'environ 1820, et reposent aussi sur le sol du maréchal de Richelieu.

Du côté des numéros pairs, les constructions ne sont pas moins récentes ; il faut remonter encore plusieurs lustres pour y voir la Folie-Boursault, qui a servi elle-même de marraine à une rue nouvelle. Nous aimerions à vous parler céans de l'auteur du *Mercure Galant;* mais les folies des poètes, en général, n'ont pas de château pour théâtre. Le Boursault dont il s'agit se laissait prendre pour le petit-fils de son devancier ; ce n'était qu'une fiction, pardonnable à un riche traitant qui a fait jouer d'ailleurs une tragédie. Il avait des manières de grand seigneur contractées sur les planches. Comédien tout d'abord, puis membre de l'Assemblée législative et de la Convention, il avait fini par traiter de l'entreprise des boues, de la poudrette, puis des jeux de Paris. Sa résidence princière comportait une galerie de tableaux estimés, et une collection très-opulente de fleurs de toute espèce. Fort aimable à quatre-vingts ans, il y dansait encore, avec ses petits-enfants pour vis-à-vis.

L'état-civil du 43 a pour point de départ l'année de la

prise du Trocadéro; celui du 47 ne s'ouvre que vingt ans après. Au mois de janvier 1846, y est mort un ancien ministre de Don Miguel, membre ou correspondant de l'Institut de France, Manoel-Francisco de Barros-Carvalhrosa, vicomte de Santarem. Ce diplomate habitait notre ville dès que les orages de Lisbonne, la ville aux tremblements de terre, soutiraient l'électricité du ciel politique de la France. N'arrive-t-il pas souvent qu'une révolution en Espagne, qu'un changement de ministère à Londres sauve un trône ou un portefeuille, ou une majorité parlementaire de complaisance, dans le pays qui sépare ces deux-là? Santarem, grâce à ses *disgrâces*, pénétrait les intrigues mystérieuses du passé, en interrogeant à merveille nos archives, nos bibliothèques, tôt ou tard confidentes de tous les secrets de l'Etat, qu'elles divulguent d'un régime à l'autre.

Le 45 paraît moins jeune; mais il n'a qu'une année de plus. Que si le Dante nous montre l'affamé Ugolin dévorant ses propres enfants, afin de leur conserver un père, en revanche il arrive souvent que les maisons sorties du flanc d'une autre, mangent bientôt leur mère à belles dents. Par exception, le 34 et le 32 ont respecté jusqu'ici le 36, sur les jardins duquel ils ont pris place, et qui, beaucoup avant d'appartenir à M. Debelleyme, fit partie du domaine-Boursault. Le 35, possédé par M. le comte Ernest de Girardin, est encore l'aîné du numéro que nous venons de citer; il figure parmi les hôtels pourvus de jardins que le plan de Turgot nous montre du côté gauche de la rue. M. de Girardin a de grands arbres dans sa propriété d'Ermenonville, mais avec lesquels peuvent se mesurer ceux de sa résidence urbaine, dont les murs, par derrière, sont tapissés de lierre séculaire. Il aime aussi les fleurs, à l'exemple de Boursault et de La Bouxière ; seulement, ces devanciers n'avaient pas son talent à en fabriquer en papier et ne cultivaient pas avec le même succès cet art d'agrément tout moderne qu'on nomme la potichomanie.

L'autre siècle a également vu la maison qui touche celle de M. de Girardin ; mais en 1830 elle a été coupée pour faire place à une cour, et il ne reste plus qu'un corps de l'ancien bâtiment, qui maintenant sert d'asile à l'hôtel élevé pour le général Le Marois, par M. Pellechet, architecte recommandable. N'allez pas croire que ce dernier ait fait comme la plupart des tailleurs à façon, qui prélevaient un habit pour eux sur le drap des meilleures pratiques ; la maison qu'il s'est érigée pour son usage est en face, au n° 30, et antérieure de cinq années aux ordres qu'il a reçus de son client le général.

Fils de cultivateur, et placé en 1793 à l'École de Mars par la protection de Letourneur, Le Marois n'avait pas treize ans lors de la chute de Robespierre, qui entraîna la suppression de l'école qu'il patronnait. En 1795, la veille du 13 vendémiaire, Barras et Bonaparte préparaient la défense de la Convention, assaillie par les sections réactionnaires, et déjà compromises par les hésitations du général Menou. Le Marois fut trouvé, le soir, couché et endormi sous le pavillon de l'Horloge, par Bonaparte, et sa figure lui plut. C'est l'origine de la fortune de celui qui bientôt fut l'aide-de-camp du vainqueur, lui servit de témoin à son premier mariage, fut promu général en 1802, comte en 1805, gouverneur de Rome, de Varsovie, etc., chevalier de Saint-Louis en 1814, mais privé des emplois qu'il reprit pendant les Cent-Jours. Avant la campagne de Russie, c'était un fort beau cavalier qui, criblé de blessures, n'avait pas toujours pu suivre Napoléon sur le théâtre de la guerre; il avait profité de ces relâches obligatoires pour combler les lacunes de son esprit, par les soins de son ami intime, M. Renouf, père du journaliste du même nom. Quand sonna l'heure d'une retraite que son âge ne commandait pas, le général partagea ses loisirs entre Paris et ses terres près de Cherbourg. Mais les fruits de la guerre étaient mûrs et ne tombaient pas; ses glorieuses cicatrices s'étaient fermées sur des infirmités; les scellés de cette nature ne se déposent qu'avec la vie. La bataille continuait entre le vaillant Le Marois et ce nouvel ennemi, car il n'en est aucun d'inexpugnable, qui tourmentait ses articulations, qui paralysait sa parole, qui le forçait à manger loin du monde, avec un domestique tenant l'assiette et la fourchette. Fréquemment il mettait encore ses adversaires en déroute, et sa victoire lui valait de longues heures de liberté, de plaisirs, de lecture, de jeu et de souvenirs superbes. Mais les jours de défaite et d'abattement avaient leur tour, et brûlant une dernière amorce, si ce n'eût été une lâcheté, le combattant eût passé à l'ennemi. Les médecins n'en pouvaient mais; les adoucissements qu'ils apportaient aux maux du général n'amenaient, pour la crise suivante, qu'un redoublement de sensibilité; au lieu de prescriptions, ils s'attachaient aux mesures prohibitives, et ils défendaient presque tout. Ils apprirent, par exemple, que Le Marois avait une maîtresse, et leur formule, plus que jamais, s'éleva au ton impératif : — A d'autres!... Le général cette fois se récria; il assura que Mme Adèle était d'un commerce innocent, facile, bienfaisant, et que l'inhalation sentimentale n'était pas sans rapport avec l'éther, agent anesthésique, comme engourdissant la douleur, et qu'enfin l'âge, dans sa course, prescrit bien assez l'enraiement. Les docteurs de reprendre aussitôt comme ceux de Louis XV, qu'il fallait, non plus enrayer, mais débrider; que les aptitudes à l'amour annoncent, dans certains cas, la prédisposition à l'asphyxie, et que les excitations morales et physiques à la fois, pour un paralytique, ont à leur suite l'imminence de la mort, par intoxication absolue du système nerveux. Cette réplique, loin d'épouvanter le général, fit briller dans ses yeux l'éclair d'une résolution bien arrêtée, et Le Marois mourut peu de temps après dans son hôtel, le 13 octobre 1836. De sa riche succession dépendait, rue de Marivaux, l'immeuble du café Anglais. Son héritier était un fils, marié à Mlle Guidicelli, fille d'un ancien chocolatier, et ce dernier, précisément avait gagné plusieurs millions en prêtant de l'argent à des cafés et à des restaurants les jours de gêne.

Un peu plus bas que le collége Chaptal était, sous la Restauration, une raffinerie de sucre. Plus bas encore, le chiffre 5 désigne l'ancienne demeure d'un financier, Boscari de Villeplaine, rajeunie, agrandie nouvellement pour le marquis de Casa-Riera, et dans laquelle est mort un ancien consul, le baron Pichon.

La rue Blanche est fortifiée d'une caserne de pompiers, qui a servi de gymnase à la musique militaire, après avoir été, en 1815, l'hôpital de la maison militaire du roi. Ses bâtiments, tels que vous les voyez, formant un angle aigu à l'encoignure de la rue Pigalle, sont déjà dessinés sur le plan de Turgot; mais il se peut qu'à cette époque une industrie particulière s'y exploitât; rien alors n'y fait reconnaître un établissement public.

Du même côté, à l'angle de la rue Saint-Lazare, se remarquait encore, du vivant de Chaptal, un hôtel dont l'architecture était étrange; on y avait pratiqué une porte qui formait un cercle parfait, et qui ressemblait aux voitures imaginées dans le même temps, qu'on appelait lunes ou demi-lunes. Joubert, fournisseur des armées, avait acheté ladite habitation des demoiselles Pigalle, pour se l'approprier avec ce mauvais goût ; mais des revers dans ses spéculations l'obligèrent à la vendre à la princesse de Vaudemont.

Mme de Vaudemont aimait fort la bonne musique, outre sa passion pour les chiens, et Mme de Mongeroult, qui s'était fait dans le monde une grande réputation en improvisant au clavecin, attira une fois chez elle tout un monde aristocratique, dont au reste elle faisait partie à juste titre. Par malheur, cette virtuose de société était fort capricieuse, et elle se passa la fantaisie, en arrivant chez la princesse, d'annoncer qu'une migraine l'empêcherait de se faire entendre. Vif désappointement pour des dames qui n'étaient venues ce soir-là que pour elle. Mme de Vaudemont fut la seule dont les instances, au milieu de la soirée, tentèrent d'apaiser les rigueurs de l'excellente musicienne. C'en fut assez pour que celle-ci s'approchât enfin du *forte;* mais dès qu'elle y eut prélude par une gamme, Mmes de Bauffremont et de Mailly, Mlle de Nervo et d'autres demandèrent tout haut leur carrosse en trompant à leur tour l'attente de Mme de Mongeroult.

Dans une autre circonstance, la glorieuse marquise de Créqui a bien humilié, il est vrai, Mme de Vaudemont en personne. Après avoir reçu la princesse, rue d'Anjou, avec les honneurs du fauteuil, il arriva un jour que la marquise ne lui fit avancer qu'une chaise, ce qui était d'une disgrâce effroyable. « Qu'ai-je donc fait à Mme de Créqui ? »

se demandait-elle, mais en vain. Une de ses amies lui expliqua pourtant l'énigme. Toute réflexion faite, la marquise ne savait pas trop si les Vaudemont étaient une branche bâtarde ou légitime de la maison de Lorraine. La princesse de Vaudemont, pas moins, était née de Montmorency.

A cette même extrémité, quand la rue était de la Croix-Blanche, se trouvait la petite barrière des Porcherons. Mlle Dumesnil, de la Comédie-Française, a habité la rue, qui de nos jours coûte moins cher aux amours. Pourtant le haut de la rue se relie au quartier affectionné par les artistes, par les modèles, population nomade. On ne rédige de bail que du côté de la rue Saint-Lazare, où les locataires vivent de rentes généralement bien assises, de traitements et de pensions de retraite. M. Goubaud lui-même, directeur du collège Chaptal, et qui a fait des pièces sous le nom de Dinaux, a érigé en bénéfice, en choisissant la Ville pour cessionnaire, la pension Saint-Victor, dont il était le chef et qui n'avait nullement fait sa fortune, bien que fondée à l'origine sous les auspices de Victor de Lanneau, directeur de Sainte-Barbe. Sous Louis-Philippe néanmoins les Saint-Victor obtenaient des succès au collège de Bourbon, sous le rapport des prix. L'institution de M. Goubaud, comme tant d'autres, élevait des boursiers, qu'elle dressait avec habileté à pourchasser le gibier en Sorbonne, un peu avant l'ouverture de la chasse, qui a lieu, dans les autres plaines, à point nommé pendant le cours des vacances universitaires. On compte parmi les élèves de l'ancienne pension Saint-Victor, maintenant collége Chaptal, MM. Alexandre Dumas fils, Morel-Fatio, Valbezen, Massart, Herman et plusieurs autres qui se sont fait un nom à divers titres artistiques.

Décidément la voie dont nous parlons, au lieu d'être restée un enfant voué au blanc par sollicitude maternelle, comme son nom l'indiquerait, s'est consacrée d'un bout à l'autre à perpétuer le nom de ce savant ministre, qui à coup sûr ne l'a nullement élevée, mais dont elle a été en quelque chose la pupille en l'an XI, lorsqu'elle n'avait plus à grandir. Chaptal déjà nommé est encore le parrain d'une rue qu'on a percée sur la rue Blanche; trois ou quatre pensions se sont groupées comme pour mieux incliner avec reconnaissance l'étendard universitaire devant l'écriteau de cette rue. Mais ne lit-on rien de plus sur la muraille de la pension Landry? Un millésime rappelle, un peu plus bas, l'année où un élève de cette institution a remporté le prix d'honneur. Ce prince des lauréats est aujourd'hui notaire, dans un chef-lieu d'arrondissement, pendant que Sainte-Beuve et Ferdinand Dugué, qui également ont grandi là, poursuivent incessamment leur vocation purement littéraire.

Paris. — Imprimerie de POMMERET et MOREAU, 42, rue Vavin.

LES ANCIENNES MAISONS

Des rues des Blancs-Manteaux, Bleue et Bonaparte et du passage du Bois de Boulogne.

NOTICES FAISANT PARTIE DE L'OUVRAGE INTITULÉ :

LES ANCIENNES MAISONS DE PARIS SOUS NAPOLÉON III,

PAR M. LEFEUVE,

Monographies publiées par livraisons séparées en suivant l'ordre alphabétique des rues.

RUE DES BLANCS-MANTEAUX.

M. de Novion. — Les parcheminiers. — Le couvent. — Les Séguier. — Les hôtels. — Le marquis de Favras. — Le marquis d'O.

Quand Guillot s'avisa de versifier une nomenclature de toutes les rues de Paris, il parla d'une rue Pernelle-de-Saint-Pol, à laquelle Sauval accorda une mention posthume en la traitant de rue Molard. Jean de la Haie, dit *Pecquay*, en avait fait une rue sans chef en s'y bâtissant un hôtel, quadrilatère de pierre reproduit dans le plan de 1714. Alors les détenteurs de ce pignon sur cul-de-sac se trouvaient les Novion, famille de grande robe, qui avait un castel dans la vallée de Montmorency.

La première présidence du parlement vint à vaquer peu de temps après, et le Régent crut devoir y nommer, contrairement aux errements qui se sont perpétués depuis, un magistrat qui ne l'avait pas demandée ; nous voulons dire le conseiller Novion, qui se trouva d'autant plus entrepris au milieu des compétiteurs de ce fauteuil, qu'il avait la rare modestie de les en croire plus dignes que soi. Il avait l'habitude d'opiner du bonnet avec une conscience qui ne s'éclairait qu'à la fin, sans peser sur les décisions de ses collègues ; mais parler le premier, et le dernier, se faire l'expression anticipée de la justice, et puis conclure avant les autres, dicter enfin l'arrêt, en déduire seul tous les considérants émanés d'opinions diverses et toujours en contradiction l'un avec l'autre, c'était une bien autre affaire. Reculer eût été indigne, avant de faire tous ses efforts pour s'élever à la hauteur des devoirs de sa charge éminente. Seulement un président ne se croit pas toujours tenu à la justice pronominale. Au bout de six mois, Novion avait pris son parti et se rendait chez le duc d'Orléans ; il s'avouait inférieur, après maintes épreuves et si ce n'est en bonne volonté, à la haute fonction qu'il venait résigner. Le Régent, avec effusion, le remercia, en prince qu'on tire d'embarras, d'avoir eu l'attention de lui épargner à lui-même la peine de le lui apprendre. Encore qu'il fût modeste, ce n'était qu'une raison de plus pour le chef de l'Etat de le considérer comme le plus intègre conseiller de la cour, le plus honnête homme du royaume.

L'impasse Pecquay a porté le nom de Novion, au crédit

duquel elle devait trois lanternes, n'éclairant qu'une seule propriété; transformée d'abord en passage, elle a repris actuellement son ancien rang parmi les rues, en menant de celle Rambuteau à celle des Blancs-Manteaux, dite au xiii° siècle *de la Petite-Parcheminerie.*

Avant Philippe-Auguste, ce quartier était hors de ville, et le papier d'alors s'y fabriquait. Le parchemin, à cette époque, avait quelque rapport avec notre papier-Joseph, qui multiplie actions et billets de banque; on en noircissait moins que de nos jours, car il coûtait plus cher, l'argent était plus rare, on n'avait pas inventé le crédit; en revanche, il durait plus longtemps, et l'université de Paris prélevait un droit sur son débit. Les richesses d'alors consistaient en concessions de territoire, de priviléges, d'immunités, de chartes, de titres honorifiques promettant la perpétuité; c'était une pluie de signatures gracieuses, tombant des mains royales sur parchemin.

La main de saint Louis, quoique prodigue à l'égard des ordres religieux, s'ouvre, en 1258, pour ne donner, en fait d'argent, que 40 sols de rente aux chevaliers du Temple, à la décharge des Blancs-Manteaux, frères mendiants, *serfs de la Vierge Marie,* porteurs de longues draperies blanches, qu'il consent à loger sur un terrain placé sous leur censive; d'autres pieuses largesses du même genre permettent à ces moines d'avoir là un couvent, une chapelle et un cimetière. Mais un concile de Lyon abolit une partie des ordres mendiants, et sur ce, les Guillemites, ermites de Montrouge, obtiennent de Boniface VIII la permission de fusionner avec les Blancs-Manteaux, qui ne sont plus qu'au nombre de quatre, dont un prieur. Philippe de Valois les autorise, en 1334, à percer le mur de la ville, qui est également le leur, pour que l'accès de leur église, dédiée le 30 novembre 1397 et touchant presque à la porte Barbette, soit plus facile aux gens de la campagne juxta-urbaine, et soixante-dix années plus tard, Paris ayant grandi, Charles VI leur concède une tour et 40 toises de l'enceinte de Philippe-Auguste, moyennant 4 livres 10 sols 8 deniers parisis de rente et 8 sols 6 deniers parisis de fonds de terre. Toutefois en 1618, le couvent est réduit à un prieur, six profès, deux novices, lorsque le cardinal de Retz leur agrége les Bénédictins, futurs auteurs de *l'Art de vérifier les dates*, qu'ils ont le bon esprit de recevoir, malgré le général des Guillemites résidant à Liége; c'est ainsi que la rue des Blancs-Manteaux, noire et tordue comme un vieux parchemin, voit sortir la première du froc parasite de ses moines cette épée flamboyante qui perce et éclaire à jamais toutes les ténèbres de la science historique. A la première église succède, en 1695, celle qui, vendue avec le monastère les 12 vendémiaire et 8 prairial an v, est rachetée par la Ville le 2 novembre 1807 et dure encore. En somme, de saint Louis à Louis XVI, les établissements monastiques sont presque aussi nombreux que se montrent, par exemple, nos stations de chemin de fer. L'art de rester chez soi est à son apogée en ce temps-là; maintenant c'est la locomotion. Blaise Pascal attribue pourtant tous les malheurs du monde à cette unique cause, que l'homme ne sache pas assez s'ennuyer tout seul dans sa chambre.

Le livre le plus populaire qu'on ait écrit sur notre ville, parfois avec beaucoup d'esprit, est à coup sûr *Paris chez soi*. Cet ouvrage collectif a commis un péché véniel en supposant que l'église du couvent n'existe plus. Il assure également que le Mont-de-Piété, cette institution de Louis XVI, a pour siége les anciennes constructions monastiques, ce qui est en contradiction avec les assertions de tous les autres livres. D'après ceux-ci, l'édifice du Mont-de-Piété fut bâti tout exprès en 1786.

Presque toute la rue des Guillemites et le n° 10 de celle que nous explorons datent du xiii° siècle et furent le séjour de ces ermites de saint Guillaume. Le n° 14 est moderne par le fond; mais ses sculptures par devant remontent au temps de son occupation par les Bénédictins.

Un autre bâtiment sculpté, au fond d'une cour, que précède, sous une voûte, un escalier d'honneur avec sa magnifique lisière de fer, se retrouve au 22, que composent deux maisons autrefois distinctes, et qui fut adjugé, en 1847, à M° Blondel, avocat des mieux écoutés; cette arrière-construction masque la moitié d'une tour qui a, par miracle, survécu à l'enceinte de Philippe-Auguste et qui a été concédée au mois de mars 1398 par lettres-patentes de Charles VI. Or, voulez-vous connaître tous les prédécesseurs du possesseur actuel ? 1786, le chevalier Davy de Cussé, correcteur en la Chambre des comptes ; 1712, messire Morel de Vindé, président en la Cour des aides ; 1710, dame De la Grange et sa fille ; 1657, Charles de Bourdeilles, comte de Mattrat et Catherine de Nouveau, son épouse, et à cette date les deux maisons tenaient, d'un côté, à Anjorant de Claye, de l'autre au président Beaubourg ; 1632-1603, Arnould de Nouveau, trésorier des Parties casuelles, et son frère, Robert de Nouveau, et leur sœur, dame Du Besloy ; 1579, plusieurs Séguier, par droit de succession, Nicolas-Jérôme audit nom, ayant pour tutrice Michelle de Fontaine, veuve de Nicolas Séguier, seigneur de *Saint-Cir*, maître en la Chambre des comptes, Pierre Séguier, avocat, Madeleine Séguier, femme de Lescaloppié, également avocat, ces derniers étant nés des premiers noces de Nicolas Séguier avec demoiselle Claude de La Forge, et tous habiles à hériter de Pierre Veau (le nom de cette illustre famille de Séguier portait alors l'*y* au lieu de l'*i*) ; 1575, noble homme et sage maître Jean Veau, conseiller au parlement, époux de Françoise Séguier, et l'une des deux maisons dont il s'agit, portant alors pour enseigne une image de Notre-Dame, ayant pour locataires Alfonse de Maugerny et Chastellier, procureur au parlement, fut l'objet d'un échange entre Jean Veau et noble homme Arnoul de Nouveau, conseiller, notaire et secrétaire du roi ; 1559, Claude Anjorant, seigneur de Claye, conseiller au parlement, acquéreur de l'autre maison dite l'hôtel des Carneaulx, dont Bacquet, vendeur-juré de bestiaux, était détenteur, moyennant 208 livres, 6 sols, 8 deniers de rente sur l'Hôtel-de-Ville, au nom et au profit de M° Nicolas Séguier, propriétaire desdites rentes ; 1512, Nicole Séguier, époux de demoiselle Leblanc, achetant à des ecclésiastiques, ses beaux-frères, leurs parts dans la propriété d'un bâtiment contigu à sa propre demeure, tenant par derrière au jardin des hoirs de feu Anjorant et à l'hôtel des Carneaulx ; 1511, le même Nicole Séguier, notaire et secrétaire du roi, receveur des Aides, acquérant le sixième de la propriété à René Leblanc, fils et héritier de Louis Leblanc, en son vivant greffier des Comptes ; 1507, toujours Nicole Séguier, auquel Leblanc, greffier, vendait la portion principale du n° 22 de notre époque, c'est-à-dire le côté droit ; 1460, Raoul de Reiffuge, maître des comptes, dans lequel néanmoins il ne faudrait pas voir le créateur de ce manoir ; en effet, il achetait le 26 septembre 1460, de damoiselle Denise Baguier, veuve et exécuteur testamentaire de sire Jehan Le Vavasseur, maître des Comptes : 1° une maison et dépendances, assises rue des Blancs-Manteaux, aboutissant par derrière aux anciens murs de Paris, sous la censive du Temple, 2° la moitié d'une vieille tour et environ vingt toises desdits anciens murs d'icelle ville touchant « l'hostel de Bracque

« qui joinct à la porte du Chaulme, en la censive du Roy,
« et dont l'austre moitié de ladicte tour et murs appar-
« tienct à ladicte damoiselle Denise Baguier. »

Au coin de la rue du Chaume, autre construction vénérable. L'escalier en pierre du 25 et sa cage carrée trahissent l'ancien hôtel, ainsi que les allures du 23. Le 33, quoique rabougri, avait encore des plafonds tout dorés à l'avénement de Louis-Philippe; son escalier à petits piliers de bois a certainement connu la Ligue; un petit jardin semble le consoler de la décadence du quartier, qui, aujourd'hui, sert de chenil à une meute de molosses, en arrêt dans de sales boutiques, et dont les reconnaissances du Mont-de-Piété sont la curée. Une jolie balustrade en vieux fer garnit également les degrés de la maison dont le chiffre est 26.

L'indication numérale des maisons a dû changer, je le suppose, depuis le temps où le délateur Turcatti demeurait n° 27; c'était en 1789. Turcatti, Morel et Marquié dénoncèrent alors en secret Thomas Mahi, marquis de Favras, ancien lieutenant des Suisses de la garde de Monsieur et gendre du prince d'Anhalt-Schauenbourg, lequel fut arrêté la nuit, en même temps que la marquise, par l'ordre du comité des recherches de l'Assemblée nationale. Les deux époux séparés, mis au secret, parvinrent néanmoins à s'entendre, grâce à l'intervention du fermier-général Augeard, détenu à l'Abbaye, qui réussit à faire tenir à la marquise des billets de son mari. Familier de l'OEil-de-

Beuf, Favras se trouvait accusé d'avoir ourdi une conspiration avec la cour contre la Nation, en voulant réunir 12,000 Suisses et 12,000 Allemands à Montargis, pour enlever et défendre le roi. L'avocat Thilorier plaidait pour le marquis, qui, lui-même, s'exprimait avec clarté, fermeté, élégance, et protestait de son innocence : il avait servi en Hollande, et son but unique avait été, disait-il, de favoriser, par des intelligences cachées, la révolution qui se préparait dans le Brabant. Le comte de Provence s'était défendu hautement de participation à tout complot. Pendant la procédure, l'effervescence du peuple était si vive, qu'on avait mis des troupes et de l'artillerie dans les cours du Châtelet, prêtes à tout événement, mais qui n'étouffaient pas les cris sinistres et prophétiques incessamment poussés à l'extérieur : — A la lanterne!... La marquise, femme très-énergique, fut rendue à la liberté par un arrêt qui condamnait Favras à faire amende honorable devant la cathédrale et à être pendu en Grève. C'est le 19 février 1790 que le patient déclara de nouveau en public qu'il allait mourir innocent, sans que son calme courageux lui fît un seul instant défaut; puis il prit le papier sur lequel un greffier dressait procès-verbal, et il y corrigea plusieurs fautes d'orthographe. Quelques instants plus tard, le peuple s'écriait avec joie : — C'en est fait du dernier marquis!... Turcatti, peu d'années après, avait passé une nuit avec des filles; la police pénétra le matin dans sa chambre et le trouva pendu aux rideaux de son lit. Cette fin, digne de lui, ne sert-elle pas de moralité à l'épisode du procès de Favras ?

M. le baron de Noirmont possède dans le 35 une maison qui compte une longue série de propriétaires, de même que la suivante, pourvue d'une belle cour carrée et d'un jardin, et de laquelle dispose M. Valton, dont la mère y est née. La serrurerie d'escalier, au 38, sent également son vieux temps. Le 39, en l'année 1634, était au sieur Défault, qui avait pour voisin messire Huguet, un secrétaire du roi; Jean de Saussoy l'achetait en 1683, puis il passa entre les mains de la fille du comte de Brieux, femme de Mgr de la Rochefoucauld, comte de Roye, mestre-de-camp; Salles, ancien procureur au Châtelet, en fit l'acquisition en 1810, et il appartient de nos jours à M. Cornu, ci-devant maire de Romainville. Le n° 40, son jardin et sa grande cour, étaient une résidence de qualité, avant que l'industrie en occupât les logements divisés; il a gardé une aile du temps de la Fronde. Enfin le 47, encore qu'il ait des proportions modestes, tient bon depuis la même époque.

Si, à la fin du règne de Louis XIV, la rue des Blancs-Manteaux avait servi de nantissement à quelque prêt d'argent, par impossible, voici ce qu'eût porté la reconnaissance : *Une fontaine, plus vingt et une lanternes, plus encore cinquante-huit maisons.*

Quant au marché du même nom, il n'a été inauguré que le 24 août 1819; il émane pourtant d'un décret impérial signé à Trianon dès le 21 mars 1813. La rue dite *du Marché-des-Blancs-Manteaux* s'ouvrit deux ans plus tôt que la vente des légumes et du poisson. En l'an III, le 18 ventôse, on avait supprimé au profit des Hospices l'hospice de Saint-Gervais, fondé, sous Louis-le-Jeune, devant la rue étroite de la Petite-Parcheminerie, par un maçon nommé Garin, et par Harcher, son gendre, et que la communauté des hospitalières de Saint-Gervais avait administré longtemps. Ces sœurs avaient acheté, le 7 juillet 1655, l'hôtel d'O, dont les dépendances ont disparu, mais dont l'édifice reste rue du Marché-des-Blancs-Manteaux, n° 2, et rue des Francs-Bourgeois, n° 21. François, seigneur de Fresnes, marquis d'O, était surintendant des finances sous Henri III. Il détestait les protestants, mais le peuple le lui rendait bien; aux femmes et au jeu il distribuait si vite le produit de ses concussions, qu'à sa mort, le 24 octobre 1594, il ne laissa pas de quoi payer ses dettes, encore moins provision pour ses legs, qui montaient à 1,200 écus; il est vrai que ses parents, ses créanciers, ses domestiques l'avaient si bien volé, pendant sa dernière maladie, que la chambre mortuaire était totalement dépourvue de courtines et d'escabeaux. Toutefois, le marquis d'O, inhumé dans l'église des Blancs-Manteaux, rencontra un ami posthume dans Dujon, son médecin, lequel fit imprimer son panégyrique.

RUE BLEUE.

Procès de la distillerie. — Procès Bony. — M. Gisquet. — Mme Saint-Aubin. — La comtesse de Buffon. — Le bourreau. — Barras. — La comtesse Desroys. — Catherin. — Mme la comtesse de Pritelly.

En l'an de grâce 1818, le sieur Laugier a obtenu la permission d'établir une distillerie rue Ribouté ; or cette petite rue, qui doit son nom à un associé de Lenoir, architecte, acquéreur du sol sous Louis XVI, a été livrée à la circulation publique au mois de juin 1781, et elle a toujours eu pour déversoir celle qui est nôtre en la présente notice. L'enquête *de commodo*, antérieure à l'installation de Laugier, n'a trouvé pour contradicteurs, dans le principe, que cinq propriétaires du voisinage, et le conseil de préfecture n'a tenu compte de leur opposition qu'en arrêtant que les cheminées de l'usine seraient disposées pour devenir fumivores. Par exemple, l'année suivante, le ministre d'Etat, préfet de police, a reçu à cet égard une plainte appuyée d'un nombre beaucoup plus grand de signatures et de motifs. Une fumée épaisse, y disait-on, incommode les trois rues voisines ; des écoulements infects et bouillonnants, qui ont déjà brûlé les pieds d'une dame enjambant le ruisseau, inondent une partie de la rue Bleue et de la rue du Faubourg-Poissonnière ; une fermentation constante de résidus rend, d'autre part, le quartier insalubre ; enfin, grâce aux travaux nocturnes de l'usine, les locataires ne pouvant plus dormir, se relèvent la nuit pour signifier congé, comme un seul homme. Malgré tous ces nouveaux griefs, le conseil d'Etat seul avait le pouvoir de réformer la décision des conseillers préfectoraux ; les membres de cette assemblée, devaient avoir, selon Laugier, grand'peine à croire que des exhalaisons pestilentielles pussent émaner d'innocentes pommes de terre dont on tirait l'esprit, appelé à devenir eau-de-cologne. Mais la faillite du distillateur vient soudain dispenser les réclamants de donner suite à leur pourvoi. Le failli cherche en vain, après un intervalle d'environ une année, à rendre l'activité à ses travaux : une interruption de six mois suffit à rendre indispensable, en pareil cas, une autorisation nouvelle. Celle-ci lui est refusée, sur le rapport des architectes de la Ville et du conseil de salubrité. Ainsi est délivré le bas de la rue Bleue d'un excédant de bruit, d'eau bouillante et d'ammoniaque, contre lequel ses habitants avaient élevé, pour digue, un mémoire imprimé et illustré d'un plan où figurent le nom et la maison des opposants. Documents que l'un après l'autre nous allons être heureux d'utiliser. Les considérants du mémoire font valoir avant tout que la rue Bleue, à cette époque, tient au plus beau quartier de Paris, et le fait est que toutes les parties de la ville ont passé tour à tour pour occuper ce premier rang. Chaque nouveau quartier n'atteint-il pas à son apogée un peu avant d'être bâti tout à fait? Puis sa planète décrit une courbe en se rapprochant du commerce, qui lui-même va du grand au petit. Après avoir frayé tant qu'elle a pu avec les dames élégantes, la rue paraît bien aise de s'en distraire, n'étant plus jeune, en restituant jusqu'à leur petite place aux habitants des échopes remplacées par des constructions plus grandioses, notamment aux marchandes de poissons frits et de beignets, modeste profession qu'on oublie d'honorer, comme sa sœur l'agriculture, bien qu'elle soit dans les cités l'alpha dont l'industrie de luxe est l'oméga.

La friture n'est pas ce qui manque à l'une et l'autre extrémité de la rue. De plus, nous trouvons actuellement, à l'angle de la rue Papillon, un restaurant qui a deux ailes, et dont l'enseigne emprunte sa forme à gauche et sa couleur à droite ; c'est un papillon bleu, fixé sur un bouchon, mais sur un bouchon élégant, depuis le commencement du règne de Louis-Philippe. Avant que la maison fût bâtie, il y avait là une masure, servant de remise à maints tonneaux à bras de porteurs d'eau. Son propriétaire la vendit à un entrepreneur nommé Bony, moyennant une rente viagère, qui ne coûta pas cher à l'acquéreur, car le vendeur mourut vingt jours après la signature de l'acte ; et comme il fut prouvé que la maladie mortuaire n'avait pas été contractée avant la vente, Bony eut gain de cause dans son procès avec les héritiers du porteur d'eau.

Le 3, qui appartient à M. Liouville, bâtonnier des avocats,

date de peu d'années avant le procès Laugier, ainsi que la maison suivante; MM. Leclerc et Dassel en étaient les premiers propriétaires. Les jardins du maréchal Mortier, duc de Trévise, dont l'hôtel ouvrait rue Richer, s'étendaient de la rue à la cité qui, toutes deux, portent son nom ; seulement, sur le plan dont nous avons parlé, une propriéte tient, du côté de la rue Bleue, la place de la cité Trévise, et c'est là que, sous Charles X, eurent lieu plusieurs réunions de la société *Aide-toi, le ciel t'aidera*. M. Gisquet, qui était négociant avant de passer préfet de police, et qui s'est retourné vers l'industrie en quittant les affaires publiques, y demeurait à cette époque. Dès le 27 juillet 1830, dans la journée, une affiche fut posée à la porte de M. Gisquet; on y lisait : « Dépôt d'armes pour « les braves. »

Mme veuve Saint-Aubin, pensionnaire du roi, ancienne actrice de l'Opéra-Comique, comptait parmi les signataires du mémoire relatif à la distillerie. C'était alors une bonne femme, dont la loquacité très-abondante survivait à un autre genre de fécondité merveilleuse ; elle avait eu beaucoup d'enfants, et de lits différents, bien qu'elle se fût mariée une seule fois. Deux de ses filles avaient suivi leur mère devant la rampe ; l'une était Mme Duret, l'autre jouait à ravir *Cendrillon;* une troisième avait mieux fait encore, elle avait épousé l'opéra-comique incarné, dans la personne de Planard, infatigable librettiste dont les productions dramatiques n'avaient rien de moins plantureux que la double faconde copieuse de sa belle-mère. Mme Saint-Aubin disposait du n° 6, aujourd'hui à M. Tattet. Le 8, précédé d'un jardin qu'a fait rentrer sous terre un fort magasin d'épiceries, répondait au nom de Laflèche, propriétaire au même temps.

Après avoir été petites maisons de grand seigneur, le 7 et le 9 appartenaient sous Charles X à la comtesse de Vauguyon et à M. Sennegon, ancien juge; un maître de pension tient aujourd'hui à bail un de ces numéros, de M. le comte de Vaufreland. Puis vient une propriété à la disposition de M. Berton en l'an 1820, qui a servi de marraine à la rue Bleue, nous allons dire comment.

Au xviie siècle, la rue n'était encore qu'un marais, *Vallis ad ranas*, autrement dit Vallaroneux, dépendant de l'abbaye de Montmartre. Dès 1714, elle portait le nom de rue d'Enfer, bien qu'elle fût sans maison, sans lanterne, et qu'une levée seulement y livrât passage au public; toutefois un acte du notaire Devier la traitait encore en 1770 de « Marais situé à la Nouvelle-France au lieu dit « Vallaroneux »; ce qui prouve très-bien que le droit est en retard quelquefois sur le fait. Le voisinage des Porcherons et d'une caserne rendait assez bruyante cette chaussée, sans compter les lieux de plaisance qu'y établirent les gens de qualité, pour justifier l'autre dénomination, qui eut ensuite le malheur de déplaire à la comtesse de Buffon, la bru de l'illustre écrivain, qui demeurait au n° 11. Tel père, tel fils est un proverbe qui doit bien plus de soufflets qu'il n'est gros, si chaque démenti en vaut un ; par exemple, le fils du prince des naturalistes n'avait, que je sache, rien d'un aigle, à moins que ce ne fût son aire, qui n'eût été qu'un nid assez obscur si les serres du duc d'Orléans, plus tard Philippe-Égalité, n'y fussent venus fondre sur une proie quasi-royale. La charmante Mme de Buffon était un blanc-manger digne de la friandise princière, et le petit-fils du Régent, qui en soupait, ne trouvait lui-même nul rapport entre le fruit défendu et l'enfer. — Comtesse, lui dit-il, votre rue désormais s'appellerait du Paradis, si l'éclat de vos beaux yeux ne forçait à pâlir jusqu'à celui du ciel. Faites un sacrifice ; prêtez-lui la couleur de vos yeux ; j'arrangerai l'affaire, et elle deviendra la rue Bleue, sans que l'enfer ose protester ; grâce à Cagliostro, j'ai par-là quelque compte ouvert, comme à la cour. »

Que si le fils du grand Buffon n'avait qu'un génie ordinaire, il était, en revanche, bien fait de sa personne, et le cœur ne lui manquait pas : il eut le rare privilége de vider avec dignité la coupe de ridicule amère que le prince lui avait remplie. Celui dont Mme de Buffon était devenue la maîtresse affichée, l'avait fait colonel des dragons d'Orléans ; il lui rendit son régiment. Plus tard, Philippe-Égalité, député à la Convention, fut le plus ardent promoteur de la loi du divorce, compensation qu'il accordait de bonne grâce à M. de Buffon, qui en profita le premier. Mlle Betzy d'Aubenton, toute jeune personne, put devenir ainsi sa seconde femme; mais il mourut révolutionnairement, en laissant à la fille du savant d'Aubenton, presque aussitôt veuve que mariée, toute la fortune de son père, notamment la terre de Montbard, où la seconde Mme de Buffon est morte vers la fin du règne de Louis-Philippe.

Quant au duc d'Orléans, il avait tenu parole à la première : la rue d'Enfer avait changé de nom. MM. Lazare frères, nos devanciers, attribuent l'honneur, il est vrai, d'avoir tenu la rue Bleue sur les fonts, aux sieurs Story et Wuy, fondateurs d'une manufacture de boules bleues. Seulement la rue déjà était vouée à cette couleur par sa propre dénomination, lorsqu'une ingénieuse industrie y fut créée pour suppléer à l'indigo, dont on était privé par le blocus continental.

Rue Beauregard, quelle timidité était la nôtre ! Le lecteur est témoin que nous n'avons pas osé y afficher certaine maison, qui nous était connue et qui avait été la résidence du bourreau. Qu'eussent dit les locataires et surtout le propriétaire, si nous avions frappé d'un stigmate de réprobation, en empruntant un fer rouge à leur devancier, une porte et des fenêtres inoffensives? Les anciens préjugés s'en vont, disent à chaque instant les sages, pour en introduire de nouveaux ; mais en réalité on se contente d'en augmenter le nombre, et si nous écoutions tous ceux du jour, nous aurions trop à regretter la liberté des écrits d'autrefois. Il est donc expédient de s'en tenir aux anciens errements, lesquels nous ont fait hésiter à montrer du doigt, rue Beauregard, l'ancienne demeure de la famille Sansoni, d'origine italienne, dite Sanson dès le règne de Louis XIII, lorsqu'un de ses membres devint exécuteur des hautes-œuvres, commissionné par le duc de Lorges, grand-justicier du roi. Charles-Henri Sanson était né, dans cette maison-là, chez son père, en l'année 1740. À cette époque le bourreau et les siens avaient une sépulture particulière à Saint-Laurent ; le revenu de la place s'élevait à 30,000 livres, grâce au droit de navage prélevé sur le débit des comestibles dans la ville. Les fermiers-généraux ne rognèrent qu'une partie de ce traitement considérable en faisant substituer au droit de navage, lors de l'avénement de Louis XVI, 16,000 livres d'appointements fixes. L'entretien de l'échafaud et du pilori, en surplus, coûtait 2,000 écus par an. Quelques années avant cette modification purement financière, Charles-Henri avait succédé, comme fonctionnaire, à l'auteur de ses jours. C'était, dit-on, un homme pieux et doux ; il habitait une maison, rue Bleue, qui se trouvait près de la rue Ribouté, mais qui a été démolie : circonstance qui nous laisse plus de latitude ici que rue Beauregard. Immédiatement après l'exécution de Louis XVI, M. de Paris tomba malade, et à son tour il transmit la place à son fils, par les mains duquel ont passé la reine, la sœur du roi, Philippe-Égalité, etc.

Le général Dalton, quelque temps gouverneur d'Alger, n'en a pas moins habité le 14, appartenant au sieur Cattu et bâti, ainsi que le 16, à la place du logis de M. de Paris. Un des appartements du sieur Boucou, au n° 18, était un peu plus tard occupé par Fétis, fils et père de musiciens, compositeur lui-même. Au 20, qui a été édifié en 1810 par le père de M. Saussine, s'est abrité, cinq ans ensuite, Barras, qui avait passé les Cent-Jours dans sa belle terre des Aigalades, maintenant à M. Jules de Castellane. Ses déceptions, plutôt que ses plaisirs, avaient déjà fait vieux l'ancien membre du Directoire ; cachochyme et morose, il se souvenait mieux de Bruxelles, roche tarpéienne de l'exil, que des grandeurs et des fêtes du Luxembourg, son Capitole.

Après M. de Rubempré, dont l'immeuble se trouvait aux n°s 13 et 15 d'aujour'hui, venait M. Thomas, dont le fils est maintenant le président de la chambre des notaires, c'est-à-dire n° 17. Deux vernes du Japon, plantés sous le premier empire, précèdent le bâtiment du fond, que M. Thomas père inaugura vers 1795. Une partie de la maison, au reste, a été édifiée avec les pierres des maisons démolies, dans la rue Saint-Nicaise, à la suite de l'explosion qui avait menacé les jours du premier consul. Parmi les locataires qui y ont laissé traces de leur passage, il convient de citer le général Taviel, président de la commission à laquelle le général Drouot dut son acquittement, sous la Restauration, et Oberkampf, fils de l'introducteur en France de l'industrie des toiles peintes. Ce dernier a rendu le dernier soupir en 1836, dans un appartement où avait résidé la veuve du général Hoche. La comtesse Desroys, fille du même général illustre, était d'une rare beauté et vivait auprès de sa mère. Bien peu de temps après les journées de juillet 1830, elle reçut la visite du nouveau roi, qui, pour cette fois seulement, suivait un chemin autrement familier à son père, le duc d'Orléans. C'était encore se conduire en prince, et on a remarqué depuis que Sa Majesté, par prudence ou par étiquette, y renonçait absolument et ne sortait qu'avec escorte. Grâce à cette exception, la rue Bleue prit sa part du plaisir d'être représentée ; la haute chambre législative ne tarda pas à recevoir un nouveau membre, le comte Desroys.

Du 22 que vous dire? Mme Constant-Prévost, veuve d'un savant, jouit de cette propriété, qui est l'une des douairières de la rue et qui avait pour maître M. Bévière il y a trente-sept ans. Sous le toit du 24 expira l'amiral Rolland. Un jardin, du côté de la rue de Trévise, arrondissait autrefois le 25, domicile mortuaire de l'amiral Delsaigne, qui avait pris et repris la Guadeloupe. Au 27 se rattache encore le nom d'un fameux carrossier, dont le neveu a été l'héritier, ce qui est d'un exemple fort salutaire à proposer aux oncles qui seraient portés à ériger leur gouvernante ou l'Institut en légataire universel. Catherin était premie garçon chez Hariether, carrossier rue Feydeau, qui fut empoisonné, probablement par un de ses confrères, en Espagne, où il allait livrer des voitures de gala aux grandesses et à la cour; ce sinistre fit monter Catherin sur ses propres chevaux; du moins il passa maître et devint le fournisseur par excellence des carrosses si bien dorés des maréchaux, des sénateurs, qui n'avaient pas encore le droit de se rendre aux Tuileries dans des coupés couleur de suie et grands comme des chaises à porteur.

Du 29, numéro final pour cette notice, dispose M. Baleine. M. Rousseau n'a pu savoir si ce propriétaire est fils ou neveu de certain traiteur du même nom, illustré par les chansonniers, quand on chantait, ou peut-être lorsque les traiteurs le méritaient. La mère d'un de nos jeunes généraux, dont la bravoure a jeté le plus vif éclat en Afrique, Mme la comtesse de Pritelly, en premières noces Mme Fleury, a longtemps habité cette maison, qui la regrette. Non loin de Mme de Pritelly a séjourné, ou bien séjourne, un charmant écrivain, Léon Gozlan.

RUE BONAPARTE.

Vicq-d'Azyr. — Le vicomte de Beauharnais. — Mlle Clairon.— Monge. — Les Petits-Augustins. — Rue des Beaux-Arts. — Le duc d'Enghien. — Vendôme. — Les Savalète. — Les Laplagne-Barris. — Les Jésuites.— Le cardinal de Polignac.

Mme la marquise de Chavaudon a reçu, à titre de legs, de son parent, le comte de Chavaudon, la maison du n° 1, où est mort en 1794 Félix Vicq-d'Azyr, fondateur de l'Académie de médecine. Il avait succédé à La Sonne, comme premier médecin de la reine, et à Buffon, comme académicien. Obligé d'assister à la cérémonie où Robespierre proclama l'Etre-Suprême, il dut à cette fatigue la rupture d'un anévrisme, qui l'enleva à quarante-six ans.

Le 3 dépendait du même hôtel; il est exploité en maison meublée depuis quarante années. En 1789, le vicomte de Beauharnais, député aux Etats-Généraux, l'a eu pour domicile, durant l'absence de la vicomtesse; car la future impératrice s'est rendue à la Martinique, près de sa mère, fin 1787. Beauharnais présidait la mémorable séance de la Constituante où fut reçue la nouvelle de la fuite du roi; il passa à l'ordre du jour, et les affaires de la nation suivirent leur cours accoutumé avec une imposante placidité.

Le 5, ancien hôtel Bessan, a servi de siége à l'imprimerie Dentu, avant d'appartenir aux libraires Pourrat frères, qui l'ont remis à neuf. Le cercle de la librairie s'y trouvait installé; il a été depuis transféré au n° 1. Le docteur

Andral et M. Gide, éditeur, figurent actuellement parmi ses nombreux locataires. Il est permis de croire qu'à l'origine l'hôtel du marquis de Persan, premier maréchal-des-logis du comte d'Artois (n°s 7 et 9), n'avait fait qu'un avec l'hôtel Bessan. Mlle de Persan, sœur du marquis, est demeurée propriétaire jusqu'à sa mort, en 1846 ; un membre de sa famille, ci-devant attaché à la maison militaire du roi, était décédé bibliothécaire à Dôle, son pays natal, pendant les Cent-Jours. Sous le même toit ont habité Mme de Pont-carré, sous Louis XV, puis Mlle Claire de La Tude, connue sous le nom de Clairon. Celle-ci avait débuté, à l'âge de 12 ans, à la Comédie-Italienne, puis à la Comédie-Française en 1743 ; son rôle triomphal était Aménaïde dans *Tancrède*, et Louis XV la fit peindre par Vanloo en Médée. Douée du plus noble caractère, Mlle Clairon refusa de jouer un soir avec un comédien qu'elle méprisait ; la femme de l'intendant de Paris la conduisit elle-même dans sa voiture au Fort-l'Evêque, pour y subir la peine de cette faute disciplinaire. Décidée à quitter la scène, elle se trouvait à la tête d'une modique fortune, que les cadeaux n'avaient jamais enflée, et que les opérations de l'abbé Terray anéantirent presque entièrement ; elle se retira dans les Etats du margrave d'Anspach, avant de revenir à Paris, pour y mourir bien loin du faste le 18 janvier 1803. Les mémoires de la grande actrice avaient vu le jour cinq ans plus tôt. Une célébrité d'un autre genre, le géomètre Monge, occupait à cette dernière date l'hôtel Persan; ancien ministre de la marine, ancien chef, comme savant, de l'expédition d'Egypte, Monge ne tarda pas à être sénateur, comte de Peluse, etc.; mais il avait abandonné son traitement de professeur à l'école Polytechnique, aux élèves sans fortune qu'en excluaient les rigoureuses conditions du programme. Le géomètre, malgré l'admiration qu'il avait vouée de bonne heure au fondateur de l'ère napoléonienne, et malgré les railleries que Mme Roland ne lui avait pas épargnées au commencement de son exercice du pouvoir, avait gardé des sentiments platoniquement démocratiques; il avait été le dernier à exiger que ses élèves le tutoyassent. A la rentrée de Louis XVIII, il fut rayé des listes de l'Institut, et le conventionnel Eschassériaux, son gendre, frappé de bannissement. Le chagrin qui en fut la suite causa sa fin, après plusieurs accès de congestion cérébrale, le 28 juillet 1818.

Le 10 faisait partie du couvent des Petits-Augustins; ses chambres, qui se louent meublées, donnent par derrière sur l'ancienne chapelle des moines, à laquelle il servait de passage sous Louis XIV; l'école des Beaux-Arts a été le vendeur de cette modeste propriété. Le trésorier des religieux logeait au 12, qui fut donné à bail emphytéotique pour quatre-vingt dix-neuf ans, par les Augustins à des particuliers, en octobre 1784, moyennant 2,200 livres par an, avec augmentation de 100 livres également annuelles par période de vingt années. Le 18 germinal an v, la famille de M. Hubard, plus tard député belge, traita du bail emphytéotique avec ses détenteurs, et puis de la nue-propriété avec le domaine national. Les n°s 11, 13 et 15, quant à eux, sont élevés sur les dépendances de l'ancien hôtel La Rochefoucauld, qui comptait en 1714 des jardins et des pièces d'eau, tout comme vingt années plus tard, mais qui d'abord n'allait pas tout à fait jusqu'à la rue qui nous occupe et donnait seulement rue de Seine. Toute la rue des Beaux-Arts a été percée sur le territoire La Rochefoucauld ; seulement Detroye, entrepreneur, l'a bâtie sans se conformer au tracé indiqué par la Ville ; il en a coûté à la rue d'être classée comme passage. En face du 16, cette succursale du Mont-de-Piété, ancien corps de logis des Augustins, se dresse une maison respectable qui, comme hôtel garni, a porté le nom d'Orléans ; le berceau du roi de Rome y a été mis en dépôt à la chute du premier empire.

Immédiatement après, c'est-à-dire au 19, voici l'ancien hôtel Rohan-Rochefort. Dans l'alcôve du docteur Moulin, où s'est reposé précédemment le docteur Double, de l'Institut, sont nées deux petites filles d'une liaison contractée en 1794 entre Mlle de Rohan et l'infortuné duc d'Enghien. On sait la fin tragique du prince qui, après les campagnes de l'émigration, s'était retiré à Altenheim, dans l'ancien château du cardinal de Rohan, et qui, avant d'en être enlevé, s'était souvent rendu incognito à Strasbourg, à Paris.

Mme Reillerand, fille du magistrat Sévestre, s'est rendue adjudicataire de cet immeuble le 15 fructidor an x.

N° 20 est une propriété que Bastide, tailleur de Napoléon Ier, a léguée à sa famille; saluons en elle la résidence de César duc de Vendôme, ce vaillant fils de Gabrielle d'Estrées, auquel Henri IV pensa laisser la couronne, faute d'héritier légitime, et qui, en 1610, avait rang à la cour immédiatement après les princes du sang. Son fils, le duc de Beaufort, entraîna Vendôme dans les séditions, après la mort du Béarnais; réconcilié ensuite avec ses adversaires, il cessa de vivre dans le même hôtel à l'âge de soixante-onze ans, le 21 octobre 1665. Du même temps est le 21, que M. Boulard, notaire et maire du 10e arrondissement, a acquis en 1804; par conséquent il est contemporain de l'ouverture de cette partie de la rue qui a porté le nom des Petits-Augustins, postérieurement à celui de la Petite-Seine. Le canal dit la Petite-Seine a séparé jadis le grand Pré-aux-Clercs du petit, qui a passé à l'Université l'an 1368, en échange du terrain des fossés de Saint-Germain-des-Prés. C'est de 1664 à 1852 que la rue où l'ancien canal avait passé s'est appelée comme le couvent fondé sous la minorité de Louis XIII. On y comptait, à la mort du roi subséquent, 10 lanternes et 20 maisons.

Le second tome de la rue est un livre plus moderne, bien qu'illustré réellement d'une partie des restes de l'abbaye royale de Saint-Germain-des-Prés. Le 29, par exemple, ainsi que les n°s 17 et 19 de la rue de l'Abbaye, furent bel et bien cette bibliothèque des Pères qui contenait tant de volumes. Au reste, ces religieux louaient eux-mêmes des maisons à des laïques, notamment le 28, vénérable construction dont les fenêtres à tabatières disent l'âge. Tracée en 1804 sur le jardin de l'abbaye, cette seconde partie s'est appelée rue Bonaparte en 1810, puis de la Poste-aux-Chevaux, puis Saint-Germain-des-Prés, avant de recourir à sa première dénomination.

Rien à dire du troisième volume, puisque nous feuilletons comme un livre la rue Bonaparte; la mise en page, en ce qui le concerne, a reculé le bon à tirer jusqu'en 1852.

Le titre du dernier tome a varié davantage, et il nous faut secouer la poussière de quatre siècles afin de le lire couramment; son frontispice est la place Saint-Sulpice. A l'avénement de Louis XII, son titre s'épelait ainsi : *Ruelle tendante de la rue du Colombier à Vignerei;* Vignerei était un clos enclavé depuis dans le Luxembourg; la ruelle longeait le clos Férou. Ce futur couronnement de la rue Bonaparte devint d'abord la rue Henry du Verger, du nom d'un bourgeois y logeant, celle des Jardins de Saint-Sulpice, celle des Jésuites et enfin celle du Pot-de-Fer, en raison d'une enseigne qui, au contraire, a joué le rôle précaire du pot de terre de la fable.

Si la parole est au 74, il va nous dire que Denis du Chesne était son maître en 1618 et avait les jésuites pour

cquéreurs sept ans après, lesquels, en l'an 1637, l'échan-
eaient contre une maison de la rue Cassette; il ajoutera,
u'en 1648, Charles Foucault, maître des Comptes, s'en
endait acquéreur, et que François Sonicque, trente-quatre
nnées plus tard, en traitait avec Claude Foucault, un con-
eiller au parlement. Ce dernier a réédifié l'hôtel et son
ronton motivé par un mascaron; une quittance paraphée par
harles-Pierre Savalète de Magnanville, conseiller du roi,
arde de son trésor royal, en septembre 1760, atteste que
a contribution pour les boues et lanternes était de cinq li-
res onze sols par année. Or, il y avait alors rue du Pot-de-
'er six lanternes, pour les treize maisons qui s'y trouvaient.
avalète est le nom actuel d'un des entrepreneurs des
oues de Paris; il en appert, si c'est la même famille, des
ntécédents bien suivis. Les Louvencourt, noblesse parle-
ientaire, ont aussi occupé l'hôtel qu'a habité M. Barris,
résident de la Cour de cassation sous l'Empire; M. La-
lagne-Barris, neveu de ce dernier et ministre, s'est abrité
us le même toit, ainsi que la famille Lacave-Laplagne,
ont un membre, Mme Nicod, y séjourne depuis cinquante
ns. Pour le 78, il remonte aussi à deux siècles et n'avait
dis qu'un étage; un chasublier, M. Biais aîné, y reste à
tête d'un commerce établi en 1802. Les deux immeubles
ui viennent ensuite sont l'ancien noviciat des jésuites, au-
ement dit l'hôtel Mézières que Madeleine de Sainte-
euve a donné à ces pères en 1610. Henri de Bourbon,

duc de Verneuil, bâtard de Henri IV, posa la première pierre de leur église, dont le maître-autel fut décoré par un tableau du peintre des gens d'esprit, c'est-à-dire le Poussin. Aussi bien plusieurs oubliettes n'ont-elles pas été retrouvées, tout récemment, dans les caves du 80? Sous Louis XVI, le noviciat était transformé en loge maçonnique; Voltaire y fut reçu, en 1778, dans la loge dite des Neuf-Sœurs. Pendant la République, un carrossier possédait tous ces bâtiments qui, en 1806, se vendirent en trois lots. Mme la comtesse de Prémorvan en acheta un qui fut depuis le théâtre d'un sinistre ; les magasins de Gaume et de Lenormant, libraires, y devinrent la proie d'un incendie, sous le règne de Louis-Philippe.

Le cardinal de Polignac, diplomate et savant, loué par Mme de Sévigné et par Voltaire, et qui a succédé à Bossuet, à l'Académie, était octogénaire au moment où il rendit l'âme, en 1741, au n° 88 de notre rue. Il y avait réuni une magnifique collection de statues antiques, adjugée après lui au roi de Prusse. On ne saurait oublier que Louis XIV disait de ce savant ambassadeur : —Il a l'art de de me contredire, sans que je puisse un instant m'en fâcher..... Roger Ducos, membre du Directoire, puis consul provisoire, ensuite sénateur, exilé en 1816, s'était à bon droit contenté des restes du prince de l'Eglise. M. Verdière, un des maires de Paris, y a succédé à Ducos. Une belle rampe d'escalier et de merveilleuses boiseries sculptées sont encore telles qu'au temps de son Eminence. Le n° 90, aujourd'hui pensionnat, faisait partie de cet hôtel.

PASSAGE DU BOIS DE BOULOGNE.

Un clerc d'avoué assez râpé, et qui même n'avait su passer aucun des examens de droit permettant de viser à passer chef d'emploi sur le théâtre de la procédure, se trouva fort au dépourvu, quand l'âge de traiter d'une étude, ou de se faire avocat, fut venu. Il eût été réduit à s'occuper de littérature, ou des affaires de la petite Bourse, sans le hasard providentiel qui amena, un beau soir d'été, dans la chambre d'hôtel touchant la sienne, une jeune personne orpheline et fraîchement sortie de la maison de la Légion-d'Honneur; elle arrivait de Saint-Denis, par l'omnibus dont le bureau se trouve presque en face ladite hôtellerie. Cette nouvelle débarquée, qui avait un procès, reconnut, dans l'étude où il était suivi, le voisin que la veille elle avait aperçu à une croisée près de la sienne, et il en résulta plus d'attentions pour elle, auxquelles elle voulut bien attribuer en partie le gain de sa cause. A quelques mois de là un mariage était célébré : la jeune personne, nièce d'un général, avait eu le crédit d'obtenir, au moyen de sa dot avancée comme cautionnement, une recette particulière pour l'ancien clerc jusque-là sans avenir. Depuis cette bonne fortune, bien des scribes attachés aux études d'avoué cherchent à passer locataires dans l'hôtel qui occupe le rond-point où fait coude le passage du Bois-de-Boulogne. Les mansardes, assure-t-on, y sont retenues longtemps d'avance, et au lieu de passer leurs soirées à Valentino ou au café, des jeunes gens à lunettes, avec un dossier sous le bras, bien peignés et rasés de près, stationnent volontiers près la grille du faubourg Saint-Denis. — Hommes noirs, d'où sortez-vous? leur demande des yeux chaque sergent de ville qui passe. — Nous attendons la voiture de Saint-Denis.

Autrefois ce conduit était une salle de bal; les commis de la rue Saint-Denis s'y mettaient à l'affût d'aventures plus faciles, et dont les suites n'allaient pas aussi loin. Le bal portait ce nom, qui déroute bien des étrangers et donne lieu à des quiproquos. Combien de fois les gens de Brives-la-Gaillarde ont-ils été chercher entre la porte Maillot et Bagatelle l'hôtel qui a servi d'entremetteur aux noces de notre bazochien!

M. Dyvrande fut lui-même ou avoué, ou frère d'avoué; Mme Dyvrande est une femme du monde dont la réputation irréprochable ne le cède en rien aux avantages personnels; tous deux possèdent la plus grande partie du passage du Bois-de-Boulogne. Du côté de l'ancienne rue des Fossés-Saint-Denis, aujourd'hui boulevard Saint-Denis, Mme Grillé de Beuzelin est propriétaire d'une maison qui sert de limite à ce chemin de communication très-fréquenté; les deux corps de ce bâtiment sont reliés par un petit pont derrière la grille.

Paris.—Imprimerie de POMMERET et MOREAU, 42, rue Vavin.

LES ANCIENNES MAISONS

Des rues de Bondy, du Bon-Puits, des Bons-Enfants, Boucher et du boulevard Bonne-Nouvelle.

NOTICES FAISANT PARTIE DE L'OUVRAGE INTITULÉ :

LES ANCIENNES MAISONS DE PARIS SOUS NAPOLÉON III,

PAR M. LEFEUVE,

Monographies publiées par livraisons séparées en suivant l'ordre alphabétique des rues.

RUE DE BONDY.

Hôtel Portalis—Les Théâtres.—Le 66.—M. de Lariboisière.—Rosambo et d'Aligre. — Truchot.—Mlle Laguerre. — L'Hôtel en Loterie.

Louis XIV avait cessé de vivre depuis treize ans lorsqu'on se décida à numéroter les maisons. Le chemin, dit alors de la voirie, plus tard rue des Fossés-Saint-Martin, puis rue de Bondy, ne fut pas des premiers à se ressentir de cette classification : il n'avait que quatre maisons, pourvues le soir d'un double luminaire. Une des quarante-huit sections de Paris lui emprunta son nom définitif, sous la première république.

Le restaurant Deffieux, dont la spécialité est les repas de corps et les noces, n'a quitté le boulevard du Temple qu'en 1853, pour s'installer près de la Porte-Saint-Martin, à l'angle d'un pâté de maisons appétissant pour cet ogre de Paris nouveau, en train de dévorer à petites bouchées ce qui surcharge l'assiette de l'autre Paris, Gargantua plus vorace encore, sauvé par ce nouveau convive d'une indigestion gigantesque. L'établissement Deffieux n'en date pas moins de cent vingt ans ; son local d'à présent est tributaire de M. Romieu, cousin et homonyme du célèbre dîneur, qui a été préfet dans le département des truffes. Le superbe balcon qui domine la *porte-princeps* a été encombré, les jours où le boulevard devenait un spectacle, par les membres du Cercle du commerce, occupant cette espèce de promontoire de pierre antérieurement au boulevard Poissonnière. Aussi bien, le général Schramm et l'ambassade de Turquie ont habité l'hôtel qui a été primitivement au comte de Portalis, ministre et avant tout ingénieux avocat. On se rappelle que, plaidant en séparation de corps pour la comtesse Mirabeau, la redoutable partie adverse tint à se défendre en personne. Mirabeau se vanta d'avoir eu pour sa femme tous les ménagements, bien que ses mains fussent pleines, disait-il, de lettres qui prouvaient des oublis. —Je vous défie de les montrer, s'écria Portalis. — Alors, je vais les lire, répliqua le bouillant orateur... Le fait est que sa correspondance incriminait la demanderesse ; mais, quand tout en fut divulgué, l'avocat reprit la parole : — Après un tel éclat, messieurs les juges, une cohabitation est-elle possible ?

Un balcon plus modeste ressort du foyer des acteurs de la Porte-Saint-Martin, décoré des bustes de Potier, de Mazurier et de Mme Dorval; c'est au n° 15, qui ouvre d'autre part sur le boulevard, et laissé par un oncle à M. Havin, naguère député; il faisait partie autrefois de l'immeuble du théâtre, qui y conserve à bail ses bureaux et ses loges d'acteurs. Les n°s 13, 11 et 9, ont été également bâtis par les entrepreneurs de la même salle de spectacle; un étage de plus, du côté de la rue, sert de socle aux trois édifices, qui n'en étaient qu'un au début, et le même piédestal, au reste, supporte les maisons voisines. M. Gournay père a légué à son fils le 7, demeure de Paul de Kock, et dernièrement de Frédéric-Lemaître. Le 5 et le 3, eux aussi, sont à double porte et presque machinés à portants, comme des coulisses; de plus il règne à l'intérieur un balcon, dans une cour carrée, qui rappelle la décoration d'une fameuse auberge, celle des Adrets. Le théâtre de l'Ambigu tient la place de l'hôtel Murinais, dont le jardin était à l'engrenure. Le chevalier d'Auberjon-Murinais, comme député, attaqua Mirabeau, Philippe-Egalité et Robespierre; puis, membre du conseil des Anciens, il s'affilia au club de Clichy et il succomba, déporté à Sinnamary.

Le n° 96 fut bâti étage par étage, et celui qui le touche date également de Henri IV. Le 70, qui remonte à près d'un siècle, avait le Temple pour seigneur censitaire. L'origine est la même du 68, sur le devant, mais dont le fond, plus vieux, a servi de logis au cultivateur de la vigne qui y florissait tout d'abord. Sur les ordres du comte de Sechtré, le 66 a reçu le jour ; sa veuve l'a possédé et en a fait deux lots pour ses filles, Mme de Rennepont et Mme de Castéja, qui a brillé à la cour de Louis XVI. M. Worms de Romilly, maire du Ve arrondissement, a acheté l'hôtel du fond, vers 1830, et M. Lecomte, un peu après, s'est pourvu de celui qui sert de vestibule à l'autre ; deux étages ont été ajoutés devant et derrière.

Giamboni, banquier de la cour, est le premier seigneur d'une résidence qui a des arbres jusqu'à la rue du Château-d'Eau, et dont l'avenue de tilleuls est précédée d'une statue en marbre de Cicéron, glorieuse sentinelle. La fille du financier l'a vendue, en 1810, au général comte Baston de Lariboisière, un des héros de la journée d'Austerlitz, dont le fils, ancien pair de France et sénateur, est le digne héritier : un hôpital, portant ce nom, rappelle le testament de la femme du général, qui était fille du comte Roy. La comtesse Merlin a donné là, rue de Bondy, des soirées musicales, et M. de Lariboisière des bals où assistaient les princes ; le comte Desaix, fils du général tué à Marengo, occupe l'appartement de Mme Merlin. Pour le n° 64, il n'a qu'une croisée par étage sur la rue ; c'est un fleuron tombé, comme par surprise, de la couronne fondue avec l'or du banquier de la cour.

Un cottage a gardé ses fleurs et son aspect tranquille, depuis Louis XVI, au n° 60. Un autre grand hôtel touche ce pavillon ; il a été inauguré par le président Rosambo, fils de Louis Le Pelletier, revêtu des mêmes fonctions et père d'un autre président à mortier, mort l'année 1760. Louis, marquis de Rosambo, fils de ce dernier, a porté sa tête sur l'échafaud en 1793, avec l'illustre Malesherbes, son beau-père. Pendant de longues années, M. le baron Taylor a séjourné sous l'ancien toit des Rosambo.

Puis vient l'hôtel d'Aligre, dénomination qu'ont portée le 56, pavillon au bout d'une avenue, qu'un grand industriel, M. Christofle, a restauré en l'augmentant beaucoup, et en outre le 54, maison à façade sculptée adjugée en 1823 à M. Lavalaise et dont M. Planchat, notaire, jouit maintenant. Ces lieux ont été occupés par Etienne-François d'Aligre, premier président du parlement sous Louis XV et décédé en 1798. Le corps de logis principal a pour auteur le sieur Ferrand, disposant d'un terrain d'environ 130 perches et acheté au lieu dit les Coutures-Saint-Martin, d'Antoine Jugié, jardinier, qui le cultivait, moyennant 25,000 livres ; l'acte de vente y relatif a été entériné en 1767 par le prieur claustral de Saint-Martin-des-Champs.

Vers la même époque, le nommé Lécluse fit bâtir une salle en bois, grandie six ans plus tard en théâtre des Jeunes artistes ; Désaugiers, Martainville, Brazier y donnaient des vaudevilles ; supprimée en 1807, la salle et sa jolie devanture furent transformées en maison ordinaire ; Mme Foignez, duègne en province et veuve du directeur de ce spectacle, où elle a joué avec Juillet, Volanges, Monrose, les deux Lepeintre et Mme Vautrin, a conservé un pied-à-terre dans cet immeuble, portant le chiffre 52.

A l'autre coin de la rue Lancry, un restaurant a ceci de particulier qu'il porte le nom de Truchot, chef d'un établissement rival, et ce transfuge peut dire, au détriment de la maison qu'il a d'abord fondée :

Rome n'est plus dans Rome, elle est toute où je suis.

Dupuy, marchand de chevaux, avait acquis dans ces parages les marais de trois ou quatre jardiniers, placés sous la censive de Sainte-Opportune; il obtint, le 18 octobre 1770, le prolongement de la rue de Bondy facilité par un échange de sol, et puis il divisa sa propriété en dix lots. Le père d'un magistrat qui écrit avec de l'esprit et du savoir, M. Hortensius de Saint-Albin, traita d'une de ces parts, et au maître maçon Delafond échut l'emplacement des n°s 32, 30, 28, 26 et 24. Ayant fait de mauvaises affaires, celui-ci transporta le tout; un de ses cessionnaires fut Lemaistre, en ce qui regardait les fondements du n° 30. Bientôt Mlle Laguerre, première chanteuse de l'Opéra, compta le prix de cet hôtel à Lemaistre, avant de l'accroître d'un corps de bâtiment, à présent celui du milieu, car M. Michel Aaron a ajouté depuis celui du fond. La voix claire et brillante de Mlle Laguerre était parfois ternie par quelque nuage; on dit que les fumées du champagne la firent chevroter tout un soir dans *Iphigénie en Tauride*. Mlle Laguerre ne mourut que d'avoir bien vécu ; on trouva dans son portefeuille 800,000 livres en billets de la caisse d'escompte ; elle laissait en outre 40,000 livres bien trébuchantes, force bijoux, son hôtel et plusieurs enfants : tout lui venait des plus grands seigneurs. On peut à plus forte raison regarder comme sienne la fille qui, à la mort du maréchal de Saxe, frère naturel de la Dauphine, fut reconnue à la diligence de cette princesse et de Mme de Chalut, par un acte de notoriété, comme née du vainqueur de Fontenoi. Grâce à cette adoption posthume, et sans qu'il fût question de sa mère dans le titre qui lui rendait son père, l'enfant eut une position qui lui permit de s'unir au financier Dupin de Francueil, le grand-père de Mme Sand. En tout cas, la maison de la mère de Mme Dupin n'a pas passé directement dans les mains de M. Aaron, notable négociant, propriétaire actuel.

Dupuy avait réservé un passage pour les chevaux dont il faisait commerce, et c'est maintenant l'entrée du café Parisien qui, lui-même, tient la place d'un hôtel édifié par Delafond, acheté ensuite par Mazières, fermier-général et grand joueur, qu'exproprièrent ses créanciers. Son successeur fut le marquis de Myons, gentilhomme dont l'émigration fit placer sous séquestre cette propriété, mise en loterie le 29 germinal an II et gagnée par le sieur Roussel, porteur du n° 55,501. Une tradition ajoute que l'impératrice Joséphine, alors Mme de Beauharnais, y vécut quelque temps, bien avant que ce fût une des mairies de Paris, démolie pour faire place à une vaste, mais fort triste halle aux demi-tasses. Comment douter que le 24 ait été le frère du 26 ? Lepassage de l'un était béant, bouche de servitude, sur la face de l'autre construction, remarquable par son escalier et par un balcon sur la cour. Pourquoi ne pas dire, en passant, de son vis-à-vis, le Château-d'Eau, qu'il fut seulement inauguré le 15 août 1811 ? Magnifiques escaliers au 22 et au 20, où logèrent la marquise de Ferrières, le marquis de Folleville et bien d'autres.

Quant au véritable Vaux-Hall, où se donnaient les fêtes de Tempé en 1782, inutile d'en chercher vestige ; tout s'en est évanoui comme les feux d'artifice que l'Italien Torré y tirait à la fin du règne de Louis XV. C'était déjà une Bourse pour l'amour et dont la tradition, par exemple, ne s'est point perdue. Centre d'un arpent et demi d'anciens plants d'artichauts transfigurés en parc, une salle de danse de forme elliptique y régnait; son plafond élevé portait sur de belles cariatides ; les bruits d'un café souterrain n'arrivaient qu'à peine aux galeries, qui l'environnaient sur deux rangs. Le prince de Soubise y fit plusieurs emplettes : la nièce de Mlle Lany y assistait à une fête foraine mêlée d'ariettes et de farces, à l'issue de laquelle, par une métamorphose qui n'était pas dans le programme, elle devint princesse de la main gauche pour quelque temps.

BOULEVARD BONNE-NOUVELLE.

La galette du Gymnase jouit d'une notoriété que lui envient bien d'autres œuvres d'art ; inventée par Guillet, lequel est parvenu à un âge avancé probablement parce qu'il n'en mangeait pas, elle a fait la fortune de deux familles au moins de pâtissiers, dont la personne a gardé quelque chose de la simplicité rustique de ce produit. Il est vrai que la propriétaire de cet heureux établissement habite la petite maison deux fois séculaire dont il dépend, et qui n'a pas d'autre portière qu'elle-même. Les mitrons qui franchissent par privilége unique la grille de cette masure ont à éviter une chute dans une sorte de fosse, voisine du fournil, et qui a survécu à la rue Basse-Porte-Saint-Denis ; cette dernière a été supprimée au commencement du règne de Louis-Philippe, ainsi que trois culs-de-sac, ses affluents, dont l'un était l'impasse des Babillards ; seulement toutes les maisons neuves sur la même ligne se ressentent du péché originel du sol, dont l'inégalité donne lieu à un étage de plus du côté qui ne fait pas face au boulevard. Dans le plan de Turgot, un jardin apparaît à la place du café Français, et il a dû se rattacher à l'origine au réduit où la galette bat monnaie. Dans l'envergure d'une des ailes de cet aigle moderne, dont tous les sous frappés à la

Monnaie deviennent la proie, a été couvé un théâtre, nid lui-même de l'esprit et des manières élégantes. Mais c'est à tort que dans *Paris chez soi* on prétend ce théâtre bâti sur un cimetière; quelques auteurs de cette œuvre collective ont eu des pièces mitraillées au feu de la rampe du Gymnase, et c'est par anticipation qu'ils y ont pris des blessés pour des morts.

A l'autre extrémité du boulevard Bonne-Nouvelle, même côté, subsiste encore le n° 8 en saillie, c'est dire qu'il succombera prochainement à l'épidémie d'alignement qui laisse le champ libre à des édifices plus conformes aux besoins actuels de Paris. La maison de M. Briand, dont le rapport est considérable, ne se trouvait en 1734 qu'un grand hôtel avec jardin, n'ayant que sa façade pour corps de bâtiment.

Un établissement déjà ancien se relie à cette partie du boulevard, qu'on appelle aussi place de la Porte-Saint-Denis; nous voulons dire celui d'un perruquier dont l'enseigne comporte des vers que nous nous empressons de reproduire :

> Passant, contemplez la douleur
> D'Absalon pendu par la nuque;
> Il eût évité ce malheur,
> S'il eût porté perruque.

Les n°ˢ 6, 4 et 2 sont également des constructions d'un autre siècle et menacées de l'expropriation; l'un d'eux est occupé par un hôtel garni dans les prix doux, mais on n'en peut pas dire autant des lits, et un bureau de placement des garçons boulangers sert de dépôt de recrutement à sa clientèle ordinaire. Dans une boutique voisine, figurait naguère une lingère dont le magasin était tenu au xviii° siècle par Mme Soudain, jurée de ce corps de métier

Traversons la chaussée et remarquons, n° 3, une niche ronde au-dessus d'une porte bâtarde; il est évident que ce petit enfoncement est veuf de quelque image de Notre-Dame. Quand la maison avait une sortie sur la rue Basse-Villeneuve, que le boulevard a englobée, Guillaume Andouard, marchand boucher, la possédait au milieu du xvii° siècle; ensuite elle appartint à Mme Carton, femme d'un excellent maître de clavecin, mort en 1758; rebâtie par Callou, entrepreneur, elle fut vendue en 1830 à Mlle Avrillion, qui avait été première femme de chambre de l'impératrice Joséphine et qui a publié des mémoires chez Ladvocat; le neveu de Mlle Avrillion en est encore propriétaire. Le rez-de-chaussée et l'entresol du 5 sont loués par un restaurateur qui a succédé à Thierry, chez qui plusieurs fils de famille avaient compte ouvert autrefois, ce qui lui avait fait un établissement de premier ordre.

Une redoutable concurrence est faite à la galette du Gymnase, depuis quelques années, par un marchand de brioches au coin de la rue de la Lune; une autre boutique de la même maison a pour enseigne deux Indiens, peinture sur placage placée en 1804 au seuil d'un magasin de papiers peints fondé quatorze années plus tôt. Dans un temps plus reculé encore, l'immeuble portait lui-même une enseigne : Au petit Montmartre ; lorsqu'il était situé sur le rempart de la grande ville, les soldats avaient le droit et l'habitude d'y prendre quelque repos à l'arrivée. Un serrurier y était déjà établi pendant les troubles de la Fronde ; il avait acheté son terrain à raison de 25 livres tournois la toise aux religieuses des Filles-Dieu, dont Jacqueline Lefébure était prieure en 1646. Un seul corps de logis composait alors la maison, précédé d'une charmille entre le boulevard et la rue Beauregard ; mais le terrain était carré, et il ne devint triangulaire que par suite d'expropriation pour élargir la voie publique. Bettancourt, maître serrurier, obtint de Mgr de Bernage, prévôt des marchands sous Louis XV, la permission de bâtir sur le jardin, avec l'agrément des Filles-Dieu desquelles il relevait ; le principal motif de sa requête était que cette bâtisse supplémentaire ferait embellissement pour la ville ; on lui imposa, par exemple, d'éviter l'angle aigu en se donnant pour encoignure un pan coupé d'au moins huit pieds. Ce pan coupé subsiste religieusement du haut en bas de la même maison, toujours belle et solide en dépit de ses six étages, et dont l'entrée a changé plusieurs fois, tantôt rue Beauregard, tantôt rue de la Lune, tantôt enfin sur le boulevard.

Un dompteur d'animaux occupait autrefois la vieille

propriété qui répond au n° 7, et, où un magasin de nouveautés fut fondé en 1832; elle date d'environ quatre siècles, quoi que disent le badigeon et les glaces qui la rajeunissent; en guise de mouches, elle a porté les traces de la mitraille, notamment en décembre 1851. Un jardin et une grille sur le devant, supprimés vers 1840, servaient de vestibule à cette maison de montreur d'ours. Le 9 a-t-il eu pour aînée la Porte-Saint-Denis? nous en doutons. Lui aussi, le n° 11, fut primitivement un cottage; un petit bal y attirait les commis de la rue Saint-Denis; le corps de bâtiment sur le boulevard n'est toutefois âgé que d'un demi-siècle. Les Hospices sont propriétaires du 13, qui n'a rien de plus jeune, si ce n'est le magasin de nouveautés *A la Favorite*, créé en 1837 par son propriétaire actuel. L'immeuble qui vient après est pourvu d'une terrasse et moderne sur le boulevard; mais ses derrières sont d'un autre âge. Le 17, qui se contente de remonter au Consulat du côté de la rue de la Lune, n'est pas même majeur dans la partie qui regarde le Gymnase. Deux faces disparates appartiennent de même au 19. La maison subséquente a été bâtie avec les pierres provenant de la démolition de la Bastille et de l'ancienne église de Saint-Paul, rue Saint-Paul.

RUE DES BONS-ENFANTS.

Liste des propriétaires ou principaux locataires de toutes les maisons de la rue des Bons-Enfants en l'an 1780 :

CÔTÉ GAUCHE	CÔTÉ DROIT
EN VENANT DE LA RUE SAINT-HONORÉ.	
Les chanoines de Saint-Honoré; — De la Planche; — D'Argenson; — Mme de Saincou; — Bellet; — Mme de Matignon; — Le Vasseur; — Mme de Matignon; — Le Boutier, prieur; — de Courville; — Courtois.	Les chanoines de Saint-Honoré; — De Serrant; — Ranchin et Mme Rassin; — De la Guillonnière; — Chenut et Fontenay; — De l'Estoile.

Deux des maisons susdites étaient tenues en hôtel garni dès le milieu du même siècle; l'une d'elles, sous le nom d'hôtel d'Orléans; l'autre, appelée hôtel de Candie : on y dînait pour 30 sols, et le prix du logement variait de 12 à 30 livres par mois. Nous ne pouvons montrer du doigt ni ces deux hôtelleries, ni le toit sous lequel chercha refuge, rue des Bons-Enfants, le connétable d'Armagnac, dans la nuit du 28 au 29 mai 1418, après le crime de Perrinet-leclerc. La porte de Buci venait alors d'être livrée aux Bourguignons et aux Anglais. Bientôt le connétable fut dénoncé par un maçon habitant la maison où il s'était caché. Quinze jours plus tard, la foule, n'y tenant plus, forçait la porte de la Conciergerie, et d'Armagnac, ce descendant de Clovis par Charibert, frère de Dagobert, était percé de mille coups, puis son cadavre traîné par les rues jusqu'à la voirie.

Les n°s 1, 3 et 5 sont bien évidemment les propriétés que désigne au commencement de la rue, côté gauche, le le catalogue produit un peu plus haut; l'une d'elles a conservé une escalier à balustres de bois antérieur, certes, au Palais-Cardinal. Une famille honorable possède depuis soixante-dix ans l'immeuble moins exigu qui vient après, hôtel Baillif à l'usage des voyageurs. Le 7 est le passage Henri IV; un Allemand y prospère à la tête d'un restaurant que hantent les petits employés; on y dîne presque au même prix qu'à l'ancien hôtel de Candie; seulement les pièces de 24 sols à l'effigie de Louis XV ont eu la valeur relative d'environ 5 fr. de nos jours. La maison dont s'agit ouvre sur la cour des Fontaines, où nous saurons la retrouver. L'autre passage qui vient après existe sur le plan de 1714, époque où notre rue était forte de 25 maisons, de 11 lanternes. On l'appelait *passage du Palais-Royal rendant de la rue des Bons-Enfans au travers des basses-cours dudit palais*. En 1680, on avait aligné la rue en cet endroit, de par le roi; pour ce, on avait démoli un bâtiment qui l'obstruait; l'ordonnance royale y relative avait édicté que les propriétaires de ladite rue et quelques-uns des rues Saint-Honoré et Neuve-des-Bons-Enfants seraient tenus de contribuer aux frais de cette rectification suivant les avantages que leurs maisons en tireraient. L'édilité parisienne d'à présent est assurément plus prodigue ; elle aligne, sans rien préveler sur la plus-value des immeubles, et la fortune publique n'en est que mieux la cause, en même temps que l'effet, de la prospérité particulière multipliée.

Quant à M. Bellet, cité dans notre liste, c'est assurément le nom d'un locataire, nous le prouverons tout à l'heure. Sous le couvert de Bellet voyons l'ancien hôtel de la chancellerie d'Orléans ; nous trouvons en effet dans l'*Almanach royal*, année 1780, que l'abbé de Breteuil, chancelier du prince, réside rue Saint-Honoré, près l'Assomption, à cette date, bien que d'autres officiers de la maison et Petit, son médecin vétéran, séjournent encore soit au Palais-Royal, soit rue des Bons-Enfants.

Cet hôtel est acquis au domaine privé d'Orléans dès le 24 juillet 1702. On sait qu'avant la mort de Louis XIV, son oncle, l'élève de Dubois, dont le courage et la supériorité d'esprit n'ont jamais fait doute, s'entoure d'une jeune cour livrée comme lui au plaisir, dans laquelle figurent déjà d'Effiat, Broglie, Canillac, Nocé, Brancas, La Fare, futurs commensaux de ses soupers ; néanmoins, il sauvegarde certaine déférence pour sa femme, fille du roi et de Mme de Montespan. Il a confié ses sceaux de prince du sang à Guillaume de Bautru, comte de Serrant, qui ne meurt qu'en 1711, à l'âge de quatre-vingt-treize ans. Charlotte Bautru, nièce de celui-ci, est l'épouse en secondes noces du prince Armand de Rohan de Montauban, que Moréri prend à tort, dans son *Dictionnaire historique*, pour un prince de Montbazon, et elle se trouve propriétaire de l'immeuble de la chancellerie, que lui rachète le régent le 17 avril 1720. Cette dame s'en réserve uniquement l'usufruit viager, et elle cesse de vivre le 10 décembre 1725. Est-il possible, au surplus, d'oublier une anecdote qui rend tout drôle le nom de la princesse de Montauban? Un jour elle va demander une grâce à Dubois, qui lui répond : — Allez vous faire f..... Mme de Montauban se hâte de s'en plaindre à Philippe d'Orléans. — Que voulez-vous, lui dit le prince; Dubois a ses moments d'humeur; mais c'est, au fond, un homme de bon conseil.

Rappelons aussi que le régent a plusieurs bonnes raisons pour conserver l'hôtel dont nous nous occupons, et que la reconnaissance en est une. Le jour où, comme on sait, une émeute populaire en voulait à ses jours, il a échappé au danger en passant par une de ses fenêtres et quitté le Palais-Royal.

Au décès de la princesse de Montauban, l'usufruit de l'immeuble se trouve réuni à la nu-propriété, entre les mains de Louis, duc d'Orléans, fils unique du régent : ce dernier était mort d'un coup de sang entre les bras de la duchesse de Phalaris, en décembre 1723. Après ce prince, qui a survécu peu de mois au cardinal Dubois, le comte d'Argenson, chancelier, chef de son conseil, surintendant de ses maison et finances, conserve les mêmes fonctions près de Louis d'Orléans, son fils unique, premier prince du sang; mais il se démet de la charge de lieutenant de police et passe d'abord conseiller d'Etat, puis ministre de la guerre. Le chancelier, outre qu'il remet de l'ordre dans les finances princières, arrange, en 1724, le mariage du duc avec la princesse de Bade, puis il suit à Strasbourg le prince qui, par procuration, épouse, pour Louis XV, Marie Leczinska de Pologne. Malheureusement la princesse de Bade meurt après deux années d'union, et le fils du régent en demeure inconsolable; peu lui importe que le cardinal de Fleury l'ait dépouillé de la charge de colonel général de l'infanterie française. Pieux et ami des jansénistes, bienfaisant, protecteur des lettres, il prend un peu plus tard appartement à l'abbaye de Sainte-Geneviève, où il finit par se fixer, en remettant l'administration de ses affaires à la douairière d'Orléans, et il ferme les yeux en 1752. Or, par acte daté de vingt-six ans avant sa mort, il a donné à vie l'hôtel de la chancellerie au comte d'Argenson. L'an 1740 voit également le même d'Argenson, devenu surintendant de la généralité de Paris, se démettre de la chancellerie d'Orléans, un peu avant la disgrâce de Mme de Châteauroux, en faveur de son frère aîné, le marquis d'Argenson, déjà ministre, ancien condisciple de Voltaire, et qui a recueilli une foule de chansons publiées de nos jours. En 1752, un autre duc d'Orléans, fils unique du pensionnaire de Sainte-Geneviève, fait donation de la pleine propriété dont nous vous parlons à Marc-René de Paulmy d'Argenson, marquis de Voyer, fils du comte d'Argenson, et à Jeanne-Marie-Constance de Mailly, son épouse, sous la réserve du droit de retour en faveur des princes d'Orléans, en cas d'extinction de la postérité des donataires. Vers ce temps-là, Silhouette est chancelier de la maison ; seulement les enfants du marquis refont, en 1784, un bail, moyennant 10,000 livres de rente foncière, non rachetable, payable jusqu'à l'extinction de la postérité desdits enfants, au prince Louis-Philippe, duc d'Orléans. Ce dernier étant mort le 18 novembre 1785, laisse l'hôtel à son fils, plus tard Philippe-Égalité, tant comme héritier principal que comme cessionnaire des droits successifs de sa sœur, princesse de Bourbon-Condé.

Ce père du roi Louis-Philippe fait construire les galeries qui, soudain, privent tous les propriétaires du côté gauche de notre rue d'avoir une sortie sur l'élégant jardin, où alors les promeneurs n'étaient pas reçus en négligé. Philippe-Égalité ne tarde pas à supprimer ce décorum obligatoire; mais les propriétaires voisins continuent à lui en vouloir, et une caricature à calembour paraît, qui travestit le prince en chiffonnier ramassant, avec un crochet, des *locataires*. Le 6 mars 1792, en exécution d'un concordat arrêté entre le duc d'Orléans et ses créanciers le 9 janvier précédent, l'hôtel est mis en vente, et l'année suivante, le 13 août, en présence d'un agent du trésor public, le citoyen Alexis-Louis Arnoult en est mis en possession. Pendant la République, Mme de Maurville, épouse divorcée, poursuit la saisie de cette propriété contre François-Jean Bellanger des Boulets, son propriétaire; cette dame, née de Ligeac, est créancière de 2,000 livres de rente viagère.

Méot, traiteur en vogue sous le Directoire, est aussi installé dans la ci-devant chancellerie d'Orléans. L'abbé Delille, dans *l'Homme des champs*, parle de jeunes botanistes herborisant dans les montagnes et déjeunant avec frugalité, et à ce propos il dit d'eux :

Leur appétit insulte à tout l'art des Méots.

Tout à la fin du règne de Louis XVIII, M. Pape, facteur de pianos, acquiert l'immeuble, et il l'occupe encore, bien qu'en 1853 il l'ait vendu à M. Fastré, avocat, père du propriétaire actuel. Du côté de la rue de Valois sont les bureaux du *Constitutionnel*, qui comportent deux salons merveilleusement décorés, dont l'un conserve des peintures de Lebrun.

Mme de Matignon que, sous Louis XVI, nous eussions rencontrée, 21, rue des Bons-Enfants, avait pour père le baron de Breteuil et pour fille la duchesse de Montmorency. On assure qu'elle était coquette au point de s'abonner avec

Mlle Bertin, marchande de modes, pour changer de pouf tous les soirs. Aussi bien l'évêque de Pamiers passa pour ne fermer les yeux près d'elle que sur les séductions dont celle de Sa Grandeur fermait la marche. L'hôtel tenu alors par Mme de Matignon, bien que Dupuy de la Garde, premier commis de la guerre, y eût également ses pénates, avait porté le nom d'Effiat et celui de La Roche-Guyon ; or, un d'Effiat, nous le répétons, avait compté parmi les compagnons de plaisir du régent. La même propriété, adjugée en 1720 au marquis d'Artaguette, beau-père du comte de Carvoisin, fut vendue par M. de Lussac, gendre de ce dernier, à Marigner, receveur général de Paris, en 1791 : elle se trouvait encore sous la censive de la Nation, représentant le chapitre de Saint-Honoré. L'acquéreur payait 20,000 fr., indépendamment de l'immeuble, ses boiseries, glaces et ornements, parmi lesquels, au rez-de-chaussée, figurait *Don Quichotte*, une tapisserie des Gobelins. M. Bertrand, notaire, acheta l'hôtel l'année 1821.

Le nom de Le Vasseur se rapporte au 23, maison à porte monumentale, augmentée sous l'Empire et qui, depuis lors, appartient à la famille de M. Boullay ; mais, parmi les prédécesseurs de ce dernier, ont figuré Mme Caqué et Jean-Louis Aymard de Clermont-Tonnerre, pourvu en 1743 d'un bénéfice à Luxeuil, diocèse de Besançon. La propriété dont s'agit a de commun avec les précédentes qu'elle a tenu table ouverte aux médianoches de l'autre siècle, que l'une de ses deux portes a longtemps abouti à la promenade du palais, que ses glaces et décorations ont mérité, à chaque mutation, d'être vendues en lot à part, et que sa toiture est de cuivre.

Mme de Matignon, déjà nommée, a disposé, pour les gens de son service, du n° 25, que perce d'outre en outre un passage déjà vieux menant rue de Valois. Le 29 nous paraît avoir changé de face, depuis que ce n'est plus un logis prioral. La porte bâtarde qui vient après s'ouvrait pour les Courville, et pourquoi ne pas remarquer à l'intérieur la jolie rampe d'escalier que tant de mains ont touchée, en s'y usant plus vite que le fer? Or, il y a eu deux familles de ce nom, l'une provençale et l'autre du pays chartrain, où la terre de Courville a été érigée en marquisat pour le duc de Sully, en 1636.

Passons du côté droit, en commençant par les hauts numéros. MM. de l'Estoile, que nous vous avons annoncés, portaient : d'azur à une étoile d'or. L'âge est parlant aussi de leur hôtel, qui répond au chiffre 32. En 1751, Mainpoud de la Roche vend le n° 30 à Mme de la Maisonrouge, et la bru de celle-ci le laisse aux Rotinet, ses père et mère, faute de descendants, l'année suivante; il passe de là à Claude Menand, dont Chenut et Fontenay sont simplement les locataires, puis à son neveu Bonnet, quelques années avant la prise de la Bastille. M. de la Guillonnière est propriétaire, sous Louis XVI, de l'immeuble contigu, que confisque la Révolution. Le 5 brumaire an IV, comparaît, rue Montmartre, dans le ci-devant hôtel d'Uzès, par-devant François Duchâtel, Guillaume-Jacques-Adrien Guillotin, Louis-Charles Melchior Rémusson, membres du bureau du Domaine national du département de Paris, etc., le citoyen Charles-Frédéric Cramer, professeur et Danois, porteur du n° 583,620, lequel vient de gagner à la loterie ladite propriété. Cramer est envoyé en possession d'une maison nue, car le Domaine reprend les glaces et les effets mobiliers garnissant les appartements. Sylvestre, ce fondateur de l'établissement où les livres se vendent encore à la criée, achète de Cramer, le 19 frimaire an XIV; puis M. Barbé traite, en 1853, avec les héritiers de Sylvestre, mort à Auteuil depuis seize ans; Mme Rassin, M. Ranchin, en l'an 1780, sont locataires ou propriétaires du 26. Le comte de Serrant, qui, à la même époque, jouit du 24, qu'on a rebâti de nos jours, est bien évidemment quelque neveu de Bautru-Serrant, chancelier d'Orléans.

Reste l'espace compris de notre temps entre la rue Saint-Honoré et la maison Serrant; tout en appartenait au chapitre de Saint-Honoré. Néanmoins la partie la plus élevée dans la rue de ce domaine canonial, dont il reste plus d'un pan de mur et force caves, était le siége d'un petit collége des Bons-Enfants, fondé au siècle XIII, rétabli par Jacques Cœur en 1450, et un siècle et demi plus tard par les chanoines de Saint-Honoré. Quand Belot et Ada, ménage de bourgeois, en firent construire l'édifice pour treize pauvres écoliers de Paris qui, au début, s'en allaient quêter par la ville, on appela notre rue, non plus chemin de Clichy, mais *ruelle où l'on va au collége des Bons-Enfans*. Cette institution, au surplus, n'était qu'à peine postérieure à l'église bâtie aux frais de Chérey, boulanger, sous l'invocation de saint Honoré, évêque d'Amiens, sur l'emplacement d'un marché aux pourceaux, auprès des portes de Paris. Le chapitre de Saint-Germain-l'Auxerrois nommait aux prébendes des chanoines alternativement avec l'évêque de Paris, collateur des bourses du collége ; mais une chapelle indépendante, fondée par Jacques Cœur, un peu plus haut que la rue Montesquieu actuelle, servait spécialement aux écoliers, et une confrérie s'y établit trente-six années après, sous le patronage de sainte Claire. La chapelle fut vendue en 1792.

L'église Saint-Honoré avait d'abord un cimetière bordant la rue des Bons-Enfants. Le passage du cloître était public pendant le jour, et l'édifice religieux s'y ouvrait entre la rue Saint-Honoré et le petit passage de la Pompe, que croise le passage d'Athènes. Sa grosse tour datait de Philippe-le-Bel ; les autres accroissements, de Henri III ; elle devint, au xviiie siècle, la plus riche collégiale de Paris. Philippe de Champagne était l'auteur d'une *Présentation au temple* ornant le maître-autel. La première chapelle à droite possédait le mausolée du cardinal Dubois, sculpté en marbre par un Costou, et qui se retrouve maintenant à Saint-Roch. Cette figure, dont la tête se retournait du côté de la porte, avait été laissée tout près du seuil par le chapitre, qui avait hésité à lui livrer, sous une arcade à droite du maître-autel, la place d'honneur que d'abord on lui destinait. Par un scrupule du même genre, Couture, chargé de l'épitaphe, s'était borné à l'énumération des dignités de cet ancien ministre, prince de l'Eglise, et le fait est que le sujet n'eût prêté à l'éloge qu'au point de vue des roueries de la diplomatie et autres.

Juste à l'endroit où, durant tant d'années, ce mausolée a figuré, il s'est ouvert, sous la Révolution, une maison de prostitution, ainsi que pour rappeler celle de la Fillon, assidûment fréquentée par Dubois, qui y surprit le secret de la conspiration de Cellamare. Une crémerie tient aujourd'hui la place, au n° 14 du Cloître, où une statue vivante, Mme Couturier, fut longtemps debout tous les soirs pour présider au va et vient des femmes fardées et décolletées qu'elle envoyait au-devant des passants. La voix de rogomme qu'avait cette matrone servait d'horloge dès que la nuit tombait, car, à chaque quart d'heure, elle criait :
— Reviens! à une de ses pensionnaires; puis elle disait :
— Sors! à une autre.

RUE DU BON-PUITS.

Le puits public qui a donné son nom à cette petite rue, ainsi appelée dès le règne de Philippe-le-Hardi, n'existait déjà plus en l'année 1714, époque où elle comptait 25 maisons, 4 lanternes. En 1639 elle s'étendait jusqu'à la rue Clopin; on nommait sa prolongation rue de Bonne-Fortune à l'origine; quelques années après la mort du roi Louis XV, elle fut bouchée du côté de la rue Clopin, ce qui donna naissance à l'impasse du Bon-Puits, masquée à notre époque par un grand mur, où fait cascade l'égout de l'Ecole Polytechnique, et cet embellissement ne parfume guère la pente de notre rue, déversoir sur lequel l'égout cesse d'être souterrain. Cette continuelle irrigation d'eau sale se plaît à démentir la dénomination de la rue du Bon-Puits. Il est vrai que c'est provisoire, attendu que de grands projets sont à la veille d'assainir, c'est-à-dire de supprimer la rampe dont nous parlons ici.

Plus d'un garni se trouve rue du Bon-Puits; mais on y a gardé de vieilles traditions, en y ajoutant celle de loger les hommes par chambrée à raison de 4 sous la nuit. Les ivrognes, assure-t-on, sont consignés; on leur rend leur argent, s'ils sont surpris à trébucher dans l'allée ou l'escalier sombre qui mène à la chambre commune. Les naturels de la Savoie ont en prédilection cette partie du quartier Mouffetard; le fait est qu'au n° 13, rue du Bon-Puits, un compatriote les accueille, dont le nom est écrit en grosses lettres sur la porte : *Tron, des Alpes, logeur.*

Une maison biscornue, le 4, a conservé une poulie en relief sur la rue, comme pour y monter le foin, bien que sa porte ne soit nullement cochère et à peine de la taille ordinaire de l'homme : nous sommes tenté de croire que cette roue sert à monter là-haut les locataires. La porte du 15 est sculptée, empreinte d'écussons effacés; on pourrait inférer qu'elle ouvre sur un ancien logis d'homme de robe; mais cet huis a été la porte d'une église de campagne, achetée après démolition; derrière elle paissent innocemment, au ratelier, les chevaux qui transportent incessamment les détenus de la Préfecture aux prisons.

L'enseigne d'un nourrisseur est restée au n° 9, dont les vaches viennent d'être abattues, à cause de la cherté appétissante de tout ce qui est chair un peu fraîche. Leur fumier seul a maintenu dans la rue quelque odeur de villégiature, dont le souvenir lui-même va s'exhaler, et les bavolets des laitières ne tarderont pas à y pendre aux fenêtres, à l'état déchu de haillons, comme aux maisons du voisinage.

Jetons un dernier regard sur le n° 20, masure du temps de Louis XI, qui a gardé l'aspect originel. Un cloutier y redresse la vieille ferraille, sans trop la marteler, sous un toit qui couvre à demi cette maison, comme une armure; de vieux barreaux de fer y veillent d'un air farouche sur des trésors absents, et dans cet ancien domicile d'Enguerrand, le crieur de nuit, il semble que même en plein jour ce soit déjà l'heure du couvre-feu.

RUE BOUCHER.

Lorsque les échevins de Paris cédèrent au roi l'hôtel de Conti, pour y établir le nouvel hôtel des Monnaies, Sa Majesté leur donna en échange l'ancienne Monnaie et dépendances, dont il ne reste plus de vestiges dans la rue Boucher, ouverte en 1776 sur l'emplacement de cette usine royale. Pierre-Richard Boucher, écuyer, conseiller du roi et de la ville, était échevin depuis plusieurs années, quand cet échange fut consenti, c'est-à-dire sous la prévôté de Jean-Baptiste-François de la Michodière. L'honnête échevin obtint à juste titre de tenir sur les fonts la rue nouvellement née. Tout nous porte à lui reconnaître d'autres vertus encore que les quatre vertus cardinales, et tout Paris lui attribuait surtout celle de l'ordre. Ayant perdu toutefois quelque partie de sa fortune dans les affaires de la Compagnie des Indes, il faillit compromettre le reste, bien qu'il fût difficile de la placer plus loin; par bonheur il avait une sœur, D^lle Madeleine Boucher, bourgeoise que l'échevinage n'avait pas anoblie, mais qui, restée marchande en ce qu'elle continuait à tenir parfaitement les livres, trouvait fort mauvais, quant à elle, tout ce qui était aléatoire. Boucher avait, sans en rien dire, imaginé de combler en quelques nuits son déficit, en risquant sur le tapis vert de l'ambassadeur d'Angleterre, à l'insu de Madeleine et de ses anciens collègues, quelques louis qui, multipliés, prirent peu à peu la plus grande importance; il jouait le biribi, sans que personne s'en doutât, par l'entremise d'un chevalier de Puisaye, qui avait son entrée dans les brelans de l'aristocratie et qui demeurait rue Boucher, dans une maison pourvue d'arcades, qui porte actuellement le n° 2. Puisaye, chose assez rare pour un chevalier de lansquenet, était encore un honnête homme; nous en aurions déjà la preuve par la veine défavorable qui s'acharna sur lui avec une rare persévérance. Les emprunts qu'avait dû contracter l'ancien échevin, dont la vieillesse devenait en secret plus orageuse encore que sa jeunesse n'avait été sereine et limpide, allaient à jamais démentir sa réputation de prudhomie, lorsqu'au dernier moment, c'est-à-dire à la veille de son dernier enjeu, notre joueur par procuration apprit tout à coup que sa sœur avait prévu le mal en le réparant à l'avance. Celle-ci, qui n'avait pas osé se montrer avertie des faiblesses hors d'âge de son frère, avait mis un autre homme de paille aux trousses du chevalier de Puisaye, et ce dernier prête-nom, qui suivait le premier partout, jouait constamment le jeu contraire et tenait tout ce qu'il plaisait à l'autre de jeter sur le tapis de l'ambassadeur britannique. Quand la ruine de Boucher lui parut consommée, elle lui révéla délicatement sa ruse ingénieuse et persévérante, et le bonhomme, dont la confusion ne le cédait qu'à sa reconnaissance, jura de rompre avec le chevalier et le tripot diplomatique.

Au reste, nul ne sait bien à quelle époque remonte l'établissement de la Monnaie sur le sol de la rue Boucher et des voies publiques attenantes. Le géographe Jaillot, dans ses *Recherches critiques sur Paris*, écrivait, l'an 1775, qu'il avait vu antérieurement les bâtiments de cet hôtel, et que leur architecture annonçait le règne de saint Louis ou de Philippe-le-Hardi. Louis XIII avait fait battre l'or, l'argent et le cuivre au Louvre momentanément, et il avait disposé du jardin annexé à la Monnaie, l'an 1619, en faveur du sieur Cottignon, qui s'y était bâti une maison. Néanmoins, sous les règnes suivants, on était revenu à battre monnaie près de la rue qui porte encore ce nom : un passage public, qu'on fermait seulement la nuit, traversait l'hôtel, sous Louis XV, et menait rue Thibaut-aux-Dés.

La plupart des maisons de la rue sont à arcades et datent d'avant la fin de l'autre siècle ; on juge à leur stature, ainsi qu'à leurs dispositions à l'intérieur, que leurs premiers propriétaires n'avaient en vue que le rapport. Celle du n° 1, dont le beau balcon fait retour sur la rue de la

Monnaie, appartient à M. Orsel, comme le 3, et l'oncle de M. Orsel a fait élever ladite maison, qui a peu de profondeur, mais beaucoup de façade. La famille de Mme Mallat a acquis le n° 4 il y a environ trente années, de Ducret, architecte qui l'avait fait bâtir en belles pierres de taille pour lui-même, et on sait que les architectes, en pareil cas, sont consciencieux. A peu près à la date de l'ouverture de la rue, remonte également le 8 ; *item* le 5, que tient Mme de Bitte des héritiers du général Dupont.

Charles-Simon Trudon s'est associé avec Antoine-Jean Meslin, pour édifier le 12 et une autre maison de la rue; Meslin a cédé ledit immeuble, en 1812, à Petibeau, médecin. Aussi bien c'est Trudon qui, l'an 1776, a traité de la plus grande partie du territoire de la rue, par spéculation, avec la Ville, qui l'avait depuis trois années à sa disposition.

Une seule maison, avec cour donnant sur la rue, paraît avoir été dans le principe un hôtel; nous devons supposer que l'échevin Boucher l'a habitée avec sa sœur. Le 24 floréal an VIII, M. Roëls l'achetait du sieur Eloy Coulon et de Mme Saunier, sa femme ; Mlle Roëls la laissait, en 1823, à trois tantes, ses seules héritières, et deux de ces dames, nées Aubertot, avaient pour maris MM. Cheuvreux et Bouruet. Il semble bien qu'à tous les titres ces deux beaux-frères, MM. Cheuvreux et Bouruet, étaient prédestinés de naissance à cette heureuse association qui a greffé leur nom sur celui d'Aubertot, non seulement par le mariage, mais encore comme raison de commerce; ces notables marchands de nouveautés avaient reçu en naissant les mêmes prénoms, l'un François-Casimir, et l'autre Casimir-François. Leur hôtel a porté autrefois le n° 9. Aujourd'hui c'est le n° 6, et, sous le dernier règne, un avoué, un banquier, qui avait nom Martin-Didier, y donnaient leur adresse au bas de leur carte de visite. Un jugement d'expropriation, en 1855, l'a fait passer des mains de M. Dernis entre celles de la Ville, qui y a établi, à titre provisoire, la mairie du IVe arrondissement. L'édifice de la place du Louvre ne tardera pas à recevoir les bureaux de ladite mairie; il en résultera pour la porte de l'hôtel de la rue Boucher l'échange du drapeau tricolore contre des écriteaux de location.

LES ANCIENNES MAISONS

Des rues Boudreau, des Boulangers, des Boulets, du Bouloi, Bourbon-le-Château et Bourbon-Villeneuve.

NOTICES FAISANT PARTIE DE L'OUVRAGE INTITULÉ :

LES ANCIENNES MAISONS DE PARIS SOUS NAPOLÉON III,

PAR M. LEFÉUVE,

Monographies publiées par livraisons séparées en suivant l'ordre alphabétique des rues.

RUE BOUDREAU.

Le sieur Aubert a pris des religieux Mathurins, le 13 février 1779, 3,285 toises de terrain à bail emphitéotique, pour 99 années ; les cessionnaires d'Aubert ont vu depuis se régulariser en acquisition pure et simple cette position exceptionnelle. Un sieur Lafreté, entre autres, a tenu d'Aubert pour son compte personnel 891 toises, 16 pieds, 8 pouces dudit sol, et Mme Chabanon a fait bâtir en 1798 le n° 6 actuel de la rue Boudreau sur cet emplacement ; Mme Renou, propriétaire ensuite, a laissé, moyennant des rentes à servir, ladite maison au carrossier Catherin, dont nous avons parlé rue Bleue, et qui est mort le 4 mars 1848 ; un des neveux de Catherin en est actuellement détenteur.

Le comte d'Imécourt s'est rendu acquéreur en 1780 de la partie de territoire occupé actuellement par l'hôtel magnifique de M. Schneider, vice-président du Corps législatif; M. Schneider a traité de cet immeuble avec le fils du comte d'Imécourt. Mme la vicomtesse d'Imécourt a été attachée comme dame d'honneur, sous Louis XVI, à la princesse Elisabeth.

Le n° 3 a été longtemps habité par la fille du comte Français de Nantes, Mme Bullot.

Quant au parrain de cette petite rue, il n'était autre qu'un greffier de l'Hôtel-de-Ville à l'époque de son ouverture.

RUE DES BOULANGERS.

A l'avénement de Jean-le-Bon, il existait déjà une rue Neuve-Saint-Victor, dont le nom modifié se ressentit un peu plus tard de la fréquentation d'un grand nombre de boulangers. Le plan de 1714 ne nous signale dans cette rue en équerre aucune maison importante; toutefois il en subsiste à notre époque dont l'origine remonte plus haut, et le fait est qu'à la mort de Louis XIV, dont plusieurs enfants naturels avaient été mis en nourrice au n° 34 actuel, le rectangle de cette rue montueuse mesurait déjà bel et bien 34 maisons et 5 lanternes.

Les derniers numéros impairs, depuis le 19, font partie du couvent des religieuses anglaises, dont nous aurons à parler au lecteur quand nous le conduirons rue des Fossés-Saint-Victor; deux étages de jardin dominent notre rue de ce côté, derrière les corps de bâtiment ou les simples murailles de ladite maison religieuse; au n° 33, par exemple, est une niche où la Révolution a fait le vide. Presque en face de cet enfoncement, les n°ˢ 40 et 38 composent une seule maison plusieurs fois centenaire, sous la porte cochère de laquelle est resté un buffet du xvii⁰ siècle à larges vantaux de chêne solidement ferrés, et qu'on case là, faute de place dans les appartements devenus trop étroits pour ce meuble. La présidente de Beaufort, le sieur Maboul, maître des requêtes, et Le Sêtre, lieutenant invalide, ont possédé l'immeuble successivement au XVIIIe siècle. Aussi bien, de ce côté pair, la plus grande partie des maisons ont plusieurs étages de sous-sol et des jardins qui descendent, en outre, tout près de la rue Saint-Victor ; du haut de leur belvédère, ou tout bonnement de leurs croisées, on jouit d'une vue très-étendue sur la Seine, le Jardin-des-Plantes, Bercy, Belleville, etc. Le 26 et le 24 ne sont pas des plus jeunes, et le 22 lui-même, en dépit des restaurations qui le transforment, passe pour avoir appartenu à quelque vieux collége du voisinage. Cette maison s'est adjoint une autre construction; par conséquent, elle a le choix entre deux sorties différentes, voisines de l'une et de l'autre extrémité de la rue des Boulangers ; elle sert aujourd'hui de lieu d'exploitation à la grande fabrique de lits de fer de M. Bainée. Presque toute la journée il s'exhale de ces ateliers un bruit sourd qu'à force d'habitude les voisins n'entendent plus du tout, et qui, pareil à des accords tirés d'un orgue immense, surprennent agréablement le passant égaré par le hasard dans cette rue peu connue. Le citoyen Léonor Viel a gagné cet immeuble, mis en loterie par suite d'un décret de la Convention en l'an III ; il était porteur du n° 5324.

On retrouve au 19 un ancien puits public, fermé de nos jours au cadenas ; il est patent que l'eau de ce vieux puits a servi à faire le levain de bien des pains au xve siècle. Le 13 est certainement la maison doyenne de la rue; sa vaste cour, sa vénérable rampe d'escalier en fer, les petits carreaux de ses croisées, et des cheminées en marbre bien travaillé, rehaussent la pauvreté de ses êtres, empreints d'une odeur de moisissure qui sent surtout la décadence: plusieurs siècles sont venus tour à tour modifier la destination de cette ancienne demeure, malheureusement muette sur ses antécédents. Pourquoi ne pas rappeler ici que l'ancien monticule des boulangers, depuis le moyen-âge, a changé plusieurs fois d'aspect, et qu'on a hissé jusque-là une ou deux de ces petites maisons de grand seigneur, où le biscuit se grignotait plus que le pain? La porte ronde et bâtarde du 10 a quelque chose de massif, et à quoi bon les gonds qui s'y attachent? son allée noire ne la protége-t-elle pas suffisamment? Le 6 a pour acte de naissance une gibbosité, que le tassement de ses vieilles pierres a produite; un épicier du xive siècle, pourvu qu'il revînt à la vie, se croirait aisément chez soi dans la boutique y attenante. Une autre bosse de même nature ferait classer, elle aussi, le n° 1 parmi les maisons pleines d'esprit, si le proverbe appliqué aux bossus s'étendait jusqu'aux édifices.

RUE DES BOULETS.

Les carrosses n'allaient pas aisément jusque-là au milieu du siècle dernier; mais un service de chaises à porteur, dont les stores se baissaient, amenait, en cas de besoin, les invités de l'un et de l'autre sexe à la Folie-Titon, rue des Boulets. Pierre Titon, écuyer, vicomte de la Forêt-Taunier, seigneur de Coigny et autres lieux, était d'une famille parlementaire; à force de recevoir dans sa petite maison les jolies femmes qu'il aimait, il allait être réduit lui-même à ce déshabillé des amours tout nus de Boucher, quand la mort vint fermer ses yeux si éveillés pour le plaisir. Le 25 avril 1764, sa petite maison et un clos qui en dépendait, le tout mesurant quatre arpens, fut l'objet d'un décret; la saisie avait lieu à la requête de sa veuve, Jeanne-Cécile Le Gray, demeurant rue Gérard-Beauquet, puis rue Beautreillis, et réclamant son douaire par préciput. Les quatre criées officielles eurent lieu à l'issue de la grand'messe, au seuil de l'église Sainte-Marguerite; puis, la vente se fit au Châtelet, où le dernier feu s'éteignit sur l'enchère du procureur de Marguerite Joly, veuve de Michel Chauvière, marchand à Montreuil-sous-Bois, et bisaïeule de madame Lallier, propriétaire actuelle.

La rue avait dès lors sa physionomie d'à présent;

des maraîchers de nos jours font merveilles avec le fumier de la grande ville, derrière une grande partie des murailles qui la bordent, tout comme au temps de la Folie-Titon. Tant que le boulevard du prince Eugène n'aura pas renouvelé cette partie reculée de Paris, on sera tenté de croire que la rue des Boulets est encore un chemin de ronde. Jadis, près de la Croix-Faubin, laquelle donnait son nom à un quartier *extrà-muros* et s'élevait rue de Charonne, au coin de celle des Boulets, un bureau se trouvait pour recevoir *les droits d'entrée des vins, pied fourché, domaine, barrages et poids le Roy.*

On distingue au 43 une vieille porte cintrée, condamnée par un tas de fumier derrière le mur, et qui date probablement d'avant l'ouverture de la rue, laquelle tire son nom, dit-on, d'une canonnade pointée de ce côté par les partisans de Mlle de Montpensier. A coup sûr le plan de Jouvin, publié en 1676, appelle ainsi la rue qui nous occupe. Seulement, une autre version veut que cette dénomination remonte au xvie siècle et soit à l'origine celle du territoire, dit aussi les Basses-Vignoles. Mais, que dis-je, rue? c'était encore un simple chemin au commencement du xviiie siècle.

Le 41 n'est que vieux; d'autres constructions près de la sienne sont déjà parvenues au grade plus élevé de masure. Le 19 porte des chevrons, mais il semble commander encore au voisinage; c'est une grande partie de l'ancienne Folie-Titon ; Modeste Guérin, jardinier, occupe maison et jardin. Le sieur Chantereau tenait une pension là où se voit à notre époque une fabrique de papiers peints, n° 12. Un soldat laboureur a fait l'acquisition du 10, il y a un demi-siècle ; son fils, également horticulteur, veille avec modestie sur son orangerie, ses couches de melons, etc. ; mais la vieille porte de son clos annonce encore une ci-devant petite-maison de grand seigueur.

Toutes nos rues au surplus pourraient s'appeler des balles et des boulets, surtout celles qui en 1814 et 1815 étaient déjà limitrophes de la ville. Nos guerres civiles sont une maladie périodique, non-seulement depuis la grande révolution, mais encore depuis que Paris est le centre d'un grand royaume. Quant à l'origine de la Croix-Faubin, remplacée et multipliée par une quantité de petites croix à vendre et destinées au Père-Lachaise, nous avouons que l'origine de son nom nous est inconnue, en dépit des recherches auxquelles nous nous sommes livré.

RUE DU BOULOI.

Le tabac. — Le chancelier Séguier. — La ferme générale. — Le Courrier français. — Les Lussan. — Les hôtelleries. — L'ancien Jeu de paume. — Le duc du Lude. — Dreux d'Aubray. — La Reynie. — Les Carmélites. — M. Véro. — Passage Véro-Dodat.

Un jeu de boules a donné son nom à une maison de bonne bourgeoisie, dite du Bouloi, et qui figure très-bien dans le plan de Nolin en 1699, partant du coin de la rue Coquillière et allant assez loin dans la rue du Bouloi, côté des numéros impairs les plus élevés. La rue s'était appelée des Bouliers et surtout du Bouloir, du XIVe à la fin du XVIIe siècle. En 1674, la ferme des tabacs a été établie, mais elle n'a été distraite de la ferme générale qu'en 1697, et elle a eu pour siége particulier l'hôtel du Bouloi ; jusque-là cette denrée n'avait été imposée, en 1621, qu'à 40 sols du 100 pesant, puis à 7 livres onze ans plus tard ; lors de la division, elle était affermée moyennant 150,000 livres, à la charge de payer 100,000 livres par an à la ferme générale. En l'année 1714, la progression devient déjà considérable : un bail est fait pour six années, moyennant 2,000,000, plus 200,000 livres en sus pour les quatre dernières années. Avant l'expiration du bail, la compagnie d'Occident s'en charge au taux de

4,020,000 livres, puis la culture de cette plante est interdite dans le royaume ; mais on revient au fermage l'année 1721 ; la Compagnie des Indes, deux ans plus tard, est subrogée au fermier des tabacs ; enfin c'est en 1730 que la vente exclusive de ce produit à vogue toujours croissante est réunie de nouveau à la ferme générale, moyennant 7,500,000 livres pour les premières années, 8,000,000 pour les autres. L'ancien hôtel de la ferme des tabacs, qu'il ne faut pas confondre avec celui de la ferme générale, devient habitation particulière, puis siége de l'administration des domaines. A notre époque encore, une porte monumentale fait distinguer, n° 21, la vaste cour toujours dite des Domaines, qui a une sortie sur la rue Coquillière et qui en a eu rue Croix-des-Petits-Champs une autre. L'ancien hôtel a été transformé en une sorte de cité industrielle ; seulement sa façade, circonstance assez singulière, est séparée, comme propriété, des bâtiments en fer-à-cheval du fond. Les n°s 19 et 23, pris sur cette façade, ont fait d'anciennes fausses portes, leurs deux entrées.

Toutefois, il faut rappeler qu'au siècle xv la rue portait aussi l'appellation de rue Basile. La cour du même nom était voisine du cimetière Saint-Eustache, rue du Bouloi ; le chancelier Séguier, vers le commencement du règne de Louis XIV, a reçu la cour et une partie du cimetière en échange d'un terrain où il a fait bâtir l'église Saint-Joseph, aujourd'hui marché au dit nom. Ainsi s'est élevé dans notre rue l'hôtel Séguier; mais de date beaucoup plus ancienne, cette famille de magistrats avait dans le quartier ses affections et habitudes : Blaise Séguier, bisaïeul de celui dont nous parlons, avait épousé Catherine Chenou, fille d'un maître de la Monnaie ; ses descendants, à cause de cette dame qui avait été la bienfaitrice de l'église Saint-Honoré, y ont toujours nommé les titulaires de la chapelle des Vertus. Des deux filles du chancelier, l'une a épousé le marquis de Coislin, puis le marquis de Laval; l'autre, le duc de Sully, puis Henri de Bourbon, duc de Verneuil, fils naturel de Henri IV. Ces illustres alliances n'ont jamais empêché Séguier d'aller au devant du mérite inconnu, en accueillant et protégeant les gens de lettres, les savants. Son hôtel, qui n'est pas resté longtemps dans la famille, existe encore au n° 24, dont l'entrée principale est rue Grenelle-Saint-Honoré, où nous comptons bien le retrouver; il a été le plus grand corps de bâtiment de l'hôtel des fermes générales pendant plus d'un siècle.

Le n° 26, édifié aux dépens des fermiers généraux sur le jardin dudit hôtel Séguier, a été, sous la République, adjugé au sieur Desmarré, qui, le 24 thermidor an IX, a vendu ladite maison à réméré à la banque territoriale; le retrait de ce réméré a été exercé plus tard par Desmarré, qui est rentré en possession de l'immeuble où, sous Louis-Philippe, on a vu les bureaux du journal *le Courrier français*, parmi les rédacteurs duquel nous figurions sous la direction de M. Durrieu, et qui payait déjà loyer à la famille de M. Brinquant. Quant à l'espèce de tour qui fait l'angle de la rue Coquillière, du même côté, elle n'a pas fait partie non plus de l'hôtel Séguier ; mais on la trouve dans les plans de Paris en relief du commencement du xviiie siècle, attenante à la ferme générale et toute pareille à ce qu'elle est demeurée.

Aussi bien la rue du Bouloi avait, dès cette époque, un nombre de maisons qui n'a aucunement varié ; elles étaient 26, pourvues le soir de 10 lanternes.

Vers le même temps encore, on eût rencontré des Lussan en face des fermiers-généraux. Famille alors très-haut placée ! Le comté de Lussan a été érigé dans le diocèse d'Uzès, en 1645, en faveur du père de Jean d'Audibert, baron de Valrose, seigneur de Saint-Marcel, premier gentilhomme de la chambre du grand Condé, prince du sang. La fille de celui-ci a épousé Fidtz-James, duc d'Albermale, lieutenant-général des armées navales de France, pair de la Grande-Bretagne, fils naturel de Jacques II ; elle eut d'un autre lit Forth-Drummond de Melfort, comte de Lussan, seigneur de Brignon, Rosières, etc. Il y a eu un Lussan encore, premier gentilhomme de la chambre du comte de Charolois, lieutenant-général en 1748. Leur souvenir mérite et au delà d'être accolé au n° 17, qui a été au moins le petit hôtel de la famille, communiquant avec le 21 et la propriété contiguë rue Croix-des-Petits-Champs. Sous Charles X, un roulage s'y trouvait, et cette exploitation n'était pas trop pour vivifier la grande cour. Il y a tantôt vingt ans, des ouvriers y firent à peu près comme le laboureur des *Géorgiques;* ils découvrirent des cercueils, à force de piocher dans la muraille à réparer d'une cave; frappés de cette apparition, ils appelèrent à en jouir un très-vieux domestique de la propriétaire, qui était loin d'en réclamer sa part, mais qui eut plus encore que la sienne. Les derniers jours de ce vieillard furent avancés par cet aspect sinistre, qui de gris avait rendu chauve en une nuit son propre crâne.

Bien d'autres maisons de notre rue, pour conserver leur ancienne qualité d'hôtel en quelque chose, se sont ouvertes aux voyageurs. N° 20 on lit ces mots : *Hôtel d'Albion.* Un escalier à rampe de fer dit l'origine vénérable de cette propriété, qui a appartenu de 1739 à 1810 aux Pellegrain de Lestang. Des armoiries sculptées en pierre étaient encore visibles sur le seuil, lorsque le marquis de Goimpy, chevalier de Saint-Louis, a traité de l'immeuble, en 1827, pour en faire *l'hôtel de Grenoble.* Cet ancien émigré avait été pour 150,000 fr. partie prenante au milliard de l'indemnité; néanmoins ses affaires allaient d'un train médiocre, bien que les gardes du corps, prenant place à la table d'hôte, en fissent tant et plus chez lui, et ne s'épargnassent pas de courtiser les jolies demoiselles, ses filles, qui y présidaient au service.

Le n° 37 de la rue du Bouloi, section de la halle au blé,

qui provenait de l'hospice de l'Humanité, et qui porte aujourd'hui le n° 18, avec le titre d'*hôtel du Commerce*, était adjugé, le 4 messidor an III, au citoyen Vignon, mercier, par Duchâtel, Guillotin et Rennesson, membres du bureau du domaine. La fille de Vignon, femme divorcée du citoyen Mahault, a épousé plus tard un chef de parc des équipages militaires du quartier général de l'armée d'Allemagne, M. Hatton, et puis elle a vendu en 1814 l'immeuble à la belle-mère de M. Pichard du Verger, officier supérieur.

On comptait au surplus sept hôtelleries dans la rue, en l'an de grâce 1769. Deux seulement ont gardé le même nom jusqu'à nous, c'est l'hôtel Notre-Dame, que tenait alors Doulay, et où le repas coûtait 32 sols, puis l'hôtel du Bouloi, ou Gion logeait par mois au prix de 18 à 30 livres, et dont la porte-cochère et l'escalier à cage carrée, à rampe de fer jusqu'au 1er étage, puis à balustres de bois plus haut, sont de véritables reliques. Ces deux hôtels séculaires se retrouvent n°s 9 et 5. Que si, comme hôtellerie, le 13 date modestement de dix lustres et a porté l'enseigne du *Croissant*, avant de passer *hôtel d'Allemagne*, ce n'est pas une raison pour que, comme édifice, il reste le cadet des numéros voisins, presque tous frères, ayant suivi de près ou devancé de peu la construction Séguier. Des bureaux de chemins de fer et d'omnibus correspondants maintiennent dans ce quartier, quoi qu'il en soit, l'affluence de voyageurs qu'y avait attirée la proximité des messageries de Laffitte et Caillard. Est-ce que bientôt Paris ne sera pas, d'ailleurs, assez grand pour que les Parisiens eux-mêmes soient forcés de payer leur gîte pour la nuit, dans les quartiers où ils se seront attardés ?

Pour si petit que soit le 12, il n'y a rien à rabattre de son âge, porte-respect fort honorable; de plus, il a rendu de longs services, en livrant passage au public sur la rue de Grenelle, et avant des logements il y avait là un jeu de paume, dont le passage gardait la dénomination. Puis n'avez-vous pas vu briller dans les chroniques, parmi tant d'autres noms, celui de Palluau ? Un comte de cette lignée fut maréchal de France en 1753. Pendant plusieurs générations, cette ancienne race a disposé du 11, propriété profonde, qu'elle a transmise en 1728 à Janot, bourgeois de Paris, et dont un escalier, celui du centre, montre une rampe de fer magnifique aux étrangers qui de nos jours descendent à *l'hôtel des Empires*.

Le 8 et le 10 ne faisaient autrefois qu'un grand immeuble. Henri de Daillon, comte du Lude, lieutenant-général, puis duc et pair en 1675, eut cet hôtel à lui, et, comme on voit, la rue qui nous occupe était noblement habitée. La seconde femme du duc devint dame d'honneur de la dauphine, lorsqu'elle n'était que duchesse de Bourgogne. Mais pourquoi ne pas rappeler que du Lude préférait l'esprit à la grandeur, Mme de Sévigné à toutes les princesses de la cour? Le duc, dont le bon goût n'était pas contestable, laissa une fortune immense, dont Dieu nous garde d'aller chercher la trace, mais aussi un trésor de jolis mots de lui, qui courent encore.

Messire Dreux d'Aubray, conseiller du roi et lieutenant civil de la ville, prévosté et vicomté de Paris, sous la régence d'Anne d'Autriche, eut sa résidence à côté, si ce n'est même sur une portion du territoire du duc et pair; elle était divisée originairement en grand et petit hôtel, comme tous ceux de même importance.

Gabriel-Nicolas de la Reynie, pour lequel Louis XIV créa la charge de lieutenant-général de police, y succéda au lieutenant civil. Jamais ne s'oublieront les règlements utiles dus à ce magistrat plein d'équité, de dévouement et mort à 85 ans, peu de mois avant le grand roi. Jean-Nicolas de la Reynie, seigneur de Saint-Sulpice, hérita de l'hôtel, lequel passa ensuite entre les mains de Jacques d'Alby, conseiller du roi, lieutenant particulier, assesseur au siége de Brives, puis de Louis-Antoine Rouillé de Boissy, conseiller honoraire au parlement. Un fronton, un joli balcon, des mascarons et médaillons décorant une large façade, voilà de quoi faire remarquer encore cette maison à coup sûr historique, possédée par un ancien notaire, M. Valpinçon.

Le 2, si nous osons le présumer de notre chef, a été pendant peu d'années le séjour d'une communauté de Carmélites, venues en 1656, mais qui ne sont restées rue du Bouloi que bien juste le temps, pour Mᵐᵉ de Sévigné, de parler d'elles dans ses lettres. Ces dames y recevaient les maîtresses du roi, les mains toutes pleines de bouquets, et elles servaient parfois d'intermédiaires aux intrigues de la cour, ce qui les exposait souvent à l'impatience, non sans malédictions, de Sa Majesté. Que si les Carmélites n'avaient pas occupé le 2, de toute nécessité alors, sans conserver le moindre doute, nous les logerions au 24 : les dates et toutes les autres inductions nous le permettraient aussi bien. En tout cas la Croix-des-Petits-Champs se dressait vis-à-vis du premier des numéros pairs de la rue, dont autrefois les cours et les jardins étaient considérables.

La Tynna, au commencement de notre siècle, parle du susdit hôtel, en lui donnant le nom de Quatremer, qui se rattache aux fastes parlementaires. Lequel de vous, au reste, ignore que, sur les dépendances de ce n° 2, un passage a été ouvert par les sieurs Véro et Dodat, sous la Restauration. Véro, qui avait fait sa fortune comme charcutier, était arrivé au pinacle : il avait l'assurance non seulement que son nom passerait à la postérité, mais encore que celle-ci passerait sous son nom écrit en lettres d'or. Son château de Brunoy dominait, effaçait pour ainsi dire la maison de campagne de Talma, qui en était proche. Hélas ! pourquoi faut-il que tant d'honneurs et de satisfactions aient fini par troubler les esprits ravis de Véro? Assis devant une table, qui devenait démesurée, le convive n'entendit pas même gronder l'orage, il ne vit pas luire la foudre, il ne lut pas un seul des mots cabalistiques tout à coup écrits sur le mur : son appétit avait passé, et avec lui sa clairvoyance, l'usage de toutes ses facultés. Un jugement d'interdiction, tel était le *mané, thékel, pharés* de cet infortuné fabricant de saucisses truffées. Peste soit de la chute de phrase! j'en conviens. Certaines professions ont vraiment un côté par trop vulnérable, que je déplore. Le moyen de s'intéresser, sans je ne sais quelle ombre de réticence, aux malheurs, quelque grands qu'ils soient, d'une maîtresse qui vous a trahi, du prêtre d'une religion qu'on n'admet pas, d'un avoué du ressort dont on relève, ou bien encore d'un apothicaire, d'un pâtissier, d'un marchand de chaînes ou de baudruche de sûreté en détail! Passe encore, si c'était en gros.

De 1838 à 1842, Mlle Rachel eut son appartement dans la galerie Véro-Dodat. Ainsi aucune des faces de la gloire n'aura manqué à cette rue du Bouloi, pour laquelle les jeux de la scène ont succédé à l'innocent jeu de boules, si cher aux procureurs du temps de Furetières, s'il faut en croire le *Roman bourgeois*.

RUE BOURBON-LE-CHATEAU.

L'annonce n'est pas du tout une invention de notre siècle, qui s'est borné à la perfectionner. On lit dans l'*Almanach de* 1769 :

Le sieur Rousset, à l'Abbaye de Saint-Germain-des-Prés, débite le Béchique, souverain contre les maux de poitrine.

Le sieur Lasserre, à l'Abbaye-de-Saint-Germain-des-Prés, vend avec succès par privilége du roi, en conséquence de la délibération de la commission royale de médecine, un élixir pour les dents, qui est le fruit de vingt années de travail : cette liqueur est claire, transparente, agréable à la vue et flatteuse à l'odorat. Elle apaise et guérit radicalement tous les maux dont les dents peuvent être attaquées. Prix : 3 livres, 36 sols, et gratis pour les pauvres.

Rousset et Lasserre, ces locataires de l'Abbaye royale, demeurant au n° 6 actuel de la rue Bourbon-le-Château, de leur vivant rue du Petit-Bourbon, propriété qui a gardé de cette époque bon nombre de petites vitres à ses fenêtres.

Une autre maison, n° 3, qui s'affaisse sur elle-même depuis le règne de Henri IV, est également pourvue de fenêtres à coulisses et dépendait du monastère, sans que ses habitants d'alors fussent plus cloîtrés que les filles de joie, faméliques et isolées, qui occupent une partie de ses chambres de nos jours. Le 4 fut l'hôtellerie de l'Ecu, tenue par

Dialan; le gîte n'y coûtait pas moins de dix à douze sols par homme, le repas 20 sols, et, circonstance assez bizarre que nous révèle encore l'*Almanach des Arts et Métiers !* on devait à Dialan 30 et 40 sols pour un cheval, par nuit, et rien ne prouve que le cavalier fût par-dessus le marché hébergé et nourri en payant l'écot de sa monture, qui nous semble disproportionné. Le 2 fut élevé en bonnes pierres de taille, et sur un plan assez original, par Mme Bancelin, du restaurant du Cadran-Bleu, il y a trente ans, à la place d'une maison basse datant de la construction du palais abbatial par le cardinal de Bourbon, parrain de la petite rue dont nous parlons. Le 1 remonte au moins à cent ans; ses boiseries du premier étage étaient dorées, les chambranles de ses cheminées sentaient de même l'habitation d'homme ayant charge, avant qu'un cafetier appropriât le tout aux besoins de son industrie, encore plus lucrative qu'autrefois les charges de cour.

Le jeu de paume de l'Abbaye se trouvait, au temps de Louis XIV, près de la rue Bourbon-le-Château, laquelle éclairaient deux lanternes. A ce nom plus que seigneurial furent substitués l'un après l'autre ceux de Lucrèce Vengée, de la Chaumière et de l'Abbaye, de 1793 à 1814.

RUE BOURBON-VILLENEUVE.

N° 1. — Les architectes modernes, pour économiser le sol, remplacent souvent la cour par une allée; mais la maison dont il s'agit céans a mis dans la tirelire, dont le soupirail de la cave figure à peu près l'embouchure, l'allée elle-même, ce sou pour livre de la cour. On dirait que, par exception, la dernière marche de son escalier vermoulu va, au premier moment, marcher sur le pied des passants, pour se venger des piétinements subis depuis le XVIe siècle, date où la rue Bourbon-Villeneuve s'appelait *Saint-Côme-du-milieu-des-Fossés*.

N° 3. — Construction plus élevée, mais moins ancienne, dont le rez-de-chaussée est occupé par un boucher, et justement nos mères, au temps de la Fronde, allaient ou envoyaient chercher la viande au même endroit : une des boucheries autorisées était établie dans la maison qu'a remplacée, sous le règne de Louis XV, le n° 3 d'à présent.

N°ˢ 6, 8, 10, 12, 14, 16. — Si le lézard est ami de l'homme et de la lézarde, il a de quoi se contenter dans ces masures, pleines de locataires jusqu'au débord. Pas un lit qui n'y serve à une seule personne, fût-elle vierge; pas une chambre où il n'y ait qu'un lit; pas un coin de chambre sans crevasse, encore habitée quelque peu. Bien que l'une d'elles soit ornée d'un fronton, ces façades n'ont pas été faites pour l'écusson. Les fissures de leur mur à l'intérieur boivent avidement, dans les jours de sécheresse, le mastic, la chaux ou la colle, dont les badigeonneurs se sont servis comme pour tromper la soif d'eau du ciel et d'air qui leur manquent. La bouche de bien des habitantes de ces lieux s'entr'ouvre, par des efforts presque pareils, pour sourire aux passants toujours : mainte et mainte fille en chambre, qu'on croirait plutôt vers le soir les locataires de l'allée, y prolongent d'étage en étage cette senteur particulière qu'elles traînent partout après elles, malgré les baies et les crevasses.

N°ˢ 5, 7, 9, 11 et 13. — Nous nous inclinons devant l'âge plus ou moins avancé de ces édifices disparates ; seulement rien n'est venu jusqu'à nous de remarquable dans leurs antécédents bourgeois, et il en est de même des quelques autres immeubles centenaires que nous passerons sous silence, si le lecteur le trouve bon.

N° 18. — Il a servi de borne à l'ancienne cour des Miracles, Ilion de la bohême dont Victor Hugo est l'Homère. Louis-Philippe régnant, on y voyait un marchand de vin à l'enseigne des *Trois-Lurons*, représentés par des forts de la halle, et déjà la maison appartenait à l'illustre famille des Chevet du Palais-Royal.

N° 20. — Delestville, marchand chandelier, demeurait en l'an III rue Neuve-de-l'Égalité, c'est-à-dire rue Bourbon-Villeneuve, n° 20, dans une maison qu'il vendait à Hulot Delatour, le 7 pluviôse, et qui portait le n° 333, division Bonne-Nouvelle. Le citoyen marchand l'avait fait bâtir nouvellement sur l'emplacement de celle adjugée le 16 décembre 1790 au nom du citoyen Loyson. Au reste en 1714 une place, quadrilatère oblong, servait de vis-à-vis à la maison; les rues de Cléry, de Sainte-Foy, des Filles-Dieu, de Saint-Claude et de Bourbon-Villeneuve étaient les affluents de ce bassin; un corps-de-garde s'y trouvait; mais le quartier alors avait sans doute moins besoin qu'aujourd'hui de la surveillance assidue des sergents de ville, nouveau modèle, dans les nombreuses attributions desquels rentre le maintien de la décence et de la modestie des femmes. Cette partie de leur service était dévolue à Athènes à vingt officiers, dits γυναιχονόμοι, et ce corps d'officiers tout entier ne serait pas trop pour notre rue toute seule à l'heure qu'il est. Il est vrai qu'à la fin du règne de Louis XIV elle ne comptait encore que 36 maisons, 11 lanternes. Une autre place, celle du Caire, a succédé de l'autre côté de la rue à celle qui, de fait, n'existait déjà plus du vivant de Louis XV, et la place du Caire avait pour déversoir tout d'abord la rue d'Aboukir, dénomination transitoire qui avait remplacé celle de Neuve-Égalité. C'est à la rentrée de Louis XVIII que l'ancien nom reprit ses droits, pour en perdre encore la moitié lors d'une révolution nouvelle, en s'appelant Villeneuve tout court de 1830 à 1837.

N°s 24 et 26. — Beaune de Samblançay, ancien général des finances, a été condamné en 1527 à la corde, pour péculat; aussi bien les procès qu'on se rappelle au bout d'un certain temps, et dont on étudie la marche à travers des passions éteintes, donnent presque toujours lieu à réhabiliter la mémoire de ceux qui ne les ont pas gagnés, et ce devrait être une leçon pour ceux qui craignent tant d'en perdre. N'est-il pas avéré depuis longtemps que les juges de Samblançay étaient dévoués au chancelier Duprat et à la duchesse d'Angoulême, dont la mémoire n'a pas tardé à souffrir de cette violence? Pour aller de la Bastille à Montfaucon, le patient a été conduit par le lieutenant Maillard à la Croix des Filles-Dieu, en vertu d'un privilége qui permettait aux condamnés cette station à mi-chemin du supplice, pour y prendre de l'eau bénite et quelques aliments suprêmes, après avoir baisé la croix qui les attendait sous un dais, dans la cour de ces religieuses.

au chevet de l'Église, côté de la rue Saint-Denis. Au xviie siècle les Filles-Dieu logeaient des religieux de leur ordre, leurs directeurs ou bien administrant leur temporel, dans les seules parties du couvent qui subsistent encore de nos jours, lesquelles font l'objet de cet alinéa.

L'origine des Filles-Dieu remonte au commencement du siècle xiii, et jamais, dit Sauval, il n'y avait eu autant de femmes de mauvaise vie qu'alors dans le royaume. Grâce à une charte de Baudouin, vingtième prieur de Saint-Martin-des-Champs, 200 femmes, folles de leur corps, s'étaient établies hors Paris, en l'année 1226; le curé de Saint-Laurent leur avait imposé de tenir un hôpital. Sous le roi Jean-le-Bon, on avait démoli leurs bâtiments, de peur que les Anglais s'y retranchassent, et bientôt elles s'étaient installées rue Saint-Denis, en se chargeant d'une léproserie que Lyons y avait fondée. Des désordres n'avaient pas tardé à s'introduire dans la maison que Charles VIII, à la prière d'Anne d'Orléans, avait donnée par suite aux dames de Fontevrault, en y posant la première pierre d'une nouvelle église; bien que ces nouvelles-venues ne fussent pas des religieuses dites hospitalières, il leur avait été formellement imposé de garder une nuit toutes les pauvres femmes entrant en ville et de leur donner un denier parisis. Or, malgré les évêques et grâce à l'immense crédit de cet ordre de Fontevrault, divisé en quatre provinces et dont le chef d'ordre comptait pour supérieures quatorze princesses, parmi lesquelles cinq étaient de la maison de Bourbon, le couvent des Filles-Dieu se défit de l'hôpital, qu'il remplaça par des maisons de rapport prenant jour sur la rue Saint-Denis.

Quant à la rue Bourbon-Villeneuve, elle tenait ce nom de Jeanne de Bourbon, abbesse de Fontevrault, vers l'époque du mariage de Marie de Médicis avec Henri IV. Une autre grande-prieure de l'ordre, Marguerite de Rochechouart, accepta l'hospitalité, en 1778, dans les corps de logis qui ont survécu à ce cloître ; Mme de Rochechouart, qui passait abbesse à Montmartre, hivernait aux Filles-Dieu, en attendant l'achèvement de grands travaux qu'elle avait ordonnés. Plus tard des locataires ordinaires s'en vinrent occuper les deux maisons dont nous parlons ; Biers, agent de change du duc d'Orléans, y séjournait vers la fin du règne de Louis XVI ; vendues par la nation, avec une troisième de la rue, en 1791, elles tenaient encore alors du côté du levant à l'ancien jardin des religieuses, du côté du midi à la halle qui a eu pour successeur le passage du Caire.

N° 32. — Petite maison à façade capitonnée, qui a servi de retraite à quelque homme de robe, avant de passer à la noblesse de bouche, comme le 18 de la rue. Là les Chevet, mais ici les Chapard, émérites restaurateurs, signent les quittances de loyer.

N°s 33, 35, 37. — Maisons bourgeoises très-vénérables ; l'une d'elles a été le plus coquettement du monde restaurée ; un titre de fraîche date recommande l'autre à la postérité, en ce qu'elle comporte le bureau d'un journal à l'existence duquel nos arrière-neveux croiront difficilement, le *Moniteur de la cordonnerie ;* la troisième est pourvue d'un escalier à rampe de fer qui a fait le pendant de plus d'une canne à pomme d'or, comme on en portait autrefois : Le Blanc, exempt du guet, logeait sous l'un de ces toits-là, au milieu du siècle dernier.

N°s 34 et 36. — De ces constructions d'environ 150 ans, l'une est encore pourvue d'un vieux balcon charmant, que notre diligent M. Rousseau aurait eu à escalader, s'il eut absolument tenu à prendre connaissance des lieux ; l'incorruptible portier l'a renvoyé au propriétaire, M. de Gheldre, 9, quai Bourbon, d'où un autre portier, de naturel moins malléable encore, l'a renvoyé rue Bourbon-Villeneuve. L'édifice n° 36 appartient à quelqu'un de beaucoup moins tudesque ; mais la lettre obligeante qu'a reçue M. Rousseau de ce propriétaire ferait double emploi, si nous reproduisions ses documents intéressant la rue.

N° 39. — C'est un de ceux qui ouvrent aussi sur la rue de Cléry. En novembre 1778, Leclerc, tapissier, vend l'immeuble à Béraud, baron de Courville, mestre-de-camp de cavalerie, capitaine général des chasses du comte d'Artois; trente ans plus tard, Daston, receveur général des droits réunis du département des Vosges, achète des héritiers Courville; enfin le 21 octobre 1812, l'entrée dans le monde y a lieu d'un enfant destiné à devenir un archéologue distingué, dessinateur en outre et graveur au besoin, M. Ernest Breton, auteur de *Pompéia*.

N°s 38 et 40. — Bureau de Mont-de-piété d'une part, maison de tolérance de l'autre, payant tribut au même propriétaire. Des relations de si bon voisinage existent d'un numéro à l'autre, qu'ils ont la même clientèle : ceuxci vont au 38 en sortant du 40, ceux-là suivent la marche contraire.

N°s 41, 45, et 46. — Du premier nous savons seulement qu'il porte à peu de chose près trois siècles. La maîtresse du citoyen Caussidière, préfet de police, habitait le second, en 1848. Le troisième immeuble dont s'agit, cidevant occupé per le dépôt de filature des pauvres, fut vendu par l'État, le 16 vendémiaire an V, à Joseph Grubert, fabricant de forté-pianos; il tenait par le levant à la veuve Tardu, par le couchant au citoyen Vrémant; les noms des membres du domaine étaient au bas de l'acte de vente *Guillotin*, *Duchâtel*; la receveuse du domaine signait *la citoyenne Vallon-Villeneuve*. Près d'une année avant cette adjudication immobilière, le bail de la maison avait lui-même été mis aux enchères; le citoyen Carruyer, négociant de Rouen, avait été le plus fort enchérisseur.

Le bail de Carruyer lui imposait, entre autres clauses, de payer les gages du portier au taux fixé par la décision du bureau du domaine.

N° 54. — Jolies croisées, ourlées de légers ornements, ferrées avec coquetterie et ne laissant pénétrer à l'intérieur qu'un demi-jour, sur quel établissement projetez-vous la faveur de ce clair-obscur? La description et les éloges ne sauraient aller plus avant, sans compromettre la dignité de notre collecteur de notes, car il s'agit encore d'une maison où l'amour coûte le même prix qu'une heure de coupé. Mme Delaunay, vers la chute du premier empire, a créé la maison que tient depuis douze ans la mère Frédéric.

N°s 53, 55, 56, 57, 58, 59 et 61. — Les deux premières maisons que désigne ce paragraphe ont été restaurées pour et par M. Gisors, architecte, estimateur des biens nationaux sous la République; on y remarque un large escalier qui dévoile un passé fastueux, faisant contraste avec l'aspect actuel, surtout par derrière la maison : là, on pourrait se croire dans une ville retrouvée sous les décombres, comme à Herculanum; des croisées démantelées, où il pend du linge oublié par des générations éteintes de ménagères, attristent l'explorateur qui se hasarde jusque-là. Le 56 fut édifié pour un intendant de grande maison et fort probablement aux frais d'icelle; un pâtissier en bonne odeur, Lançon, s'y est fait à son tour l'intendant de la friandise du public. Un quincaillier de la rue Saint-Denis, a fait bâtir le 57, un an avant la mort du roi Louis XV, sur un terrain lui venant de son beau-père. A l'époque de cette construction, le vis-à-vis, n° 58, tenait d'un côté à Mme Chappan, et de l'autre à M. Lalouette, médecin; la prieure des Filles-Dieu, qui était alors Marie-Françoise-Geneviève Flavigny, touchait encore le cens seigneurial, stipulé à nouveau en 1622 par lesdites dames du fief de la Ville-Neuve ; néanmoins la propriété devait 20 sols de rente au domaine de la Ville, non rachetable, depuis l'an 1673. Au 59, qui a été refait, demeurait le fleuriste de la reine Marie-Antoinette, chez lequel, un peu plus tard, Constantin, empereur actuel du même charmant état, n'était encore qu'apprenti, étudiant les secrets diplomatiques de bien des cabinets... de toilette. En 1791, le grand-père de M. Lefébure, qui dispose actuellement du n° 61, spéculait sur la boissellerie ; bien avant de l'acquérir, il en était le locataire.

L'éternelle jeunesse à laquelle, par son nom, reste vouée cette voie publique, semble sourire à des myriades de jeunes ouvrières qui font des chapeaux, des corsets, des enveloppes en papier, du linge, de la passementerie, des fleurs artificielles pour les deux mondes. Grâce aux gens de bourse, c'en est, pour ainsi dire, fait de la grisette. Toutefois la plus grande partie de la population féminine de notre rue s'en tient obstinément à l'espèce de juste-milieu, en matière de pudeur et de moralité, qui peut-être les éloigne également des Filles-Dieu, dont l'exemple n'est plus que mémoire, et des filles de Satan, desquelles nous parlions plus haut. Le cidre et les marrons défrayent encore les galanteries de ce quartier exceptionnel : la grisette y reprend ses allures par intermittences, et la vénalité, accident qui commence ou qui termine seulement le cours de ses véritables amours, y fait encore rougir son jeune front et saigner son cœur. L'affection y est courte, mais désintéressée de part et d'autre ; la jeune fille, trop heureuse d'avoir été aimée au pair, sans interrègne, par un certain nombre de princes qui avaient la jeunesse pour couronne, la tendresse, pour sceptre, finit par s'établir dans quelque ville lointaine ou l'hyménée et le droit de bourgeoisie, trônant dans un comptoir, l'attendent.

Par malheur, tous les financiers au sou pour livre de notre époque ne se contentent pas de spéculer, dans les prix doux, sur la difficulté qu'éprouve une ouvrière à subsister du travail de ses doigts ; ils sont prêts, pour surcroît, à accabler de leur mépris la vraie grisette, s'ils viennent à la rencontrer. Pour eux, la langue française est souple et change ses mots d'acception : ils ne traitent plus de drôlesse la femme qui se vend, mais celle qui se donne. Voyez un peu si notre siècle marche ! Un commis d'agent de change ne craignait pas de dire tout haut, l'autre soir, à une très-jolie frangeuse blonde, tremblante et les yeux humides, au seuil d'une des maisons qui nous occupent ici : — Sotte et vicieuse créature, vous avez trop d'amants ; vous en compteriez beaucoup moins si vous aviez l'esprit de les faire payer comme il faut, Adieu, vous n'êtes que la p..... des pauvres.

LES ANCIENNES MAISONS

Du quai Bourbon et de la rue des Bourdonnais.

NOTICES FAISANT PARTIE DE L'OUVRAGE INTITULÉ :

LES ANCIENNES MAISONS DE PARIS SOUS NAPOLÉON III,

PAR M. LEFEUVE,

Monographies publiées par livraisons séparées en suivant l'ordre alphabétique des rues.

QUAI BOURBON.

Marie, La Grange et les syndics de l'île. — M. de Charron. — Les Jassaud. — Histoire d'une dot au xvii" siècle. — François Levau. — Le maître-d'hôtel du roi. — Le procureur qui se poursuit. — Un devis en 1640. — Choppin de Gouzangré. — Maisons diverses.

Epargnons à l'ami lecteur, comme d'habitude, la peine de consulter lui-même, en ce qui regarde le quai Bourbon, les 130 plans de Paris que nous avons eus sous les yeux. En 1609, d'après le plan de Quesnel, pas une construction n'historiait l'île Notre-Dame, pas une non plus l'île aux Vaches, et ces deux dépendances champêtres du cloître Notre-Dame, accessibles aux canotiers et aux baigneurs de ce temps-là, ne formaient pas encore, réunies l'une à l'autre par Cristophe Marie et ses deux coopérateurs, l'île Saint-Louis. Quant au canal qui, même de nos jours, la sépare de la Cité, il fut bien stipulé entre le roi et le chapitre, en 1642, qu'il ne serait jamais comblé. A cette condition expresse, les chanoines vendaient moyennant 50,000 livres à Louis XIII, touchant à sa fin, l'île sur laquelle leurs droits n'étaient pas sans contestation, et qui, depuis la mort de Henri IV, avait vu surgir des maisons et masures en assez grand nombre pour supporter entièrement la levée des susdites 50,000 livres, à raison de 50 sols par toise de terrain. Du pont Marie, tenant à notre quai, la première pierre avait été posée le 11 octobre 1614 par le même roi, alors enfant, et par Marie de Médicis, en présence de Miron, le prévôt des marchands, et d'un concours immense. Marie, Poulletier, Le Regrattier, entrepreneurs des quais, rues et ponts de l'île, ayant interrompu leurs travaux, Jean de la Grange, secrétaire du roi, en avait pris la suite en 1623 et obtenu le droit d'établir un bain, un jeu de paume, douze étaux de boucher, des bateaux de lavandières, ainsi que des galeries d'étages latéraux sur le pont des Tournelles, dont la construction lui fut due, et sur le pont Marie, qui par-là put devenir le centre du commerce des pierres précieuses. La Grange fut aussi l'auteur du pont de bois, reliant le quai Bourbon tout neuf au vieux quartier de Saint-Landry; puis Marie et les siens reprirent les travaux; enfin ce fut sans nombre des difficultés, des procès entre la compagnie Marie, les chanoines et les insulaires, mécontents réunis sous la conduite d'Hébert, l'un d'eux. Ces démêlés durèrent tout le temps où Richelieu administrait magistralement la France, n'en perdant guère de vue que ce désert, transformé comme à son insu en une petite cité nouvelle, où de notables entrepreneurs, qui n'étaient pas que des maîtres maçons, contribuaient pour la première fois avec les princes du ciel et de la terre, avec les saints aussi du calendrier de l'échevinage, avec les bienheureux de la magistrature, à patroniser ponts et rues. L'année même de la mort du roi, Hébert et les syndics, représentant les habitants de l'île, parvenaient, mais en assumant toutes les obligations relatives, à être subrogés à Marie, ainsi qu'à La Grange, dans tous leurs droits, parmi lesquels ils figuraient 12 deniers de rente pendant soixante années, dus par chaque propriété.

Sur le plan en relief de Gomboust (1652) une légende particulière accompagne un seul des hôtels du quai dont nous parlons, et la voici : *M. de Charron.* Cette résidence est désignée à égale distance de la rue des Deux-Ponts et de la rue de la Femme-sans-Tête, autrefois Regrattière; Nolin, contemporain de Gomboust, la case un peu plus près du pont Marie. Somme toute, et en tenant compte des changements survenus en hauteur, en distribution, en dépendances, nous n'hésitons pas à loger messire Claude le Charron, seigneur de Villemaréchal, dans une belle maison, n° 15, qui a gardé ses mascarons et de laquelle dépend le 13. Quarante-deux années avant que le quai Bourbon fut commencé, un membre de la même famille avait été élu prévôt des marchands. Claude, de son côté, devenait conseiller au parlement le 13 mars 1615, maître des requêtes en 1624, puis conseiller d'État, intendant des finances. Il épousa en secondes noces Françoise Garin, fille d'un conseiller, de laquelle il eut sept enfants, entre autres Françoise, abbesse de Panthemont. Au commencement du règne suivant, l'hôtel Charron était entre les mains de François-Louis-Philippe-Jacques de Vitry. Le contingent en édifices et en lumières du quai Bourbon était alors : 33 maisons, 10 lanternes.

Une façade à trois frontons et un joli balcon signalent à l'attention une autre résidence de magistrat du xviie siècle. La Tynna ne lui connaissait d'autre nom, sous le règne du premier des Napoléon, que celui de son fondateur; le second empire lui-même, malgré tout l'intervalle qui l'a séparé du premier, ne passe pas sans découvrir encore, au-delà de sa large cour, quelques arbres éloignés du bruit dont les planteurs sans doute, lorsqu'on élevait l'hôtel dont ils dépendent, chansonnaient Mazarin vivant encore et par conséquent gouvernant. Nicolas de Jassaud, maître des requêtes, a fait construire ce grand hôtel Jassaud, qui aujourd'hui porte le chiffre 19, et le petit hôtel du même nom, qui attient à l'autre, rue de la Femme-sans-Tête, n° 6. Un de ses fils, Louis-Nicolas, a souvent approché le régent, comme exempt de ses gardes-du-corps; Guillaume, fils également du créateur de la propriété, a rempli les fonctions de conseiller en la grand'chambre dès 1681, et est mort trente-sept ans plus tard, laissant pour fils aîné

Pierre-Guillaume, lui-même conseiller en 1722. Les Jassaud ont fini par prendre à juste titre la qualité de chevalier, seigneur de Boischantel, Bornanville, etc. De plus, un membre de cette famille, seigneur d'Arquinvilliers, s'est rendu locataire, en 1692, de la maison sise sur le quai, après la rue de la Femme-sans-Tête, que longtemps il a occupée à raison de 1,450 livres de loyer.

Cet autre immeuble, quoique moins considérable, a été divisé en deux ou trois habitations; le quai lui a compté deux portes, et la rue une troisième, dont la clef coûtait 300 livres par année au locataire qui avait pour voisin Jassaud d'Arquinvilliers. Mais pourquoi ne pas remonter à l'origine de cette triple résidence? Le sol en est vendu en 1620 par Marie et consorts à Forestier, maître-tailleur; sa veuve, vingt ans après, le transporte à son gendre Chabas. Ce terrain alors tient d'une part à Guillaud, marchand de bois, d'autre part à M⁰ Gayant, procureur au Châtelet, à Lhuillier, maître des comptes, et d'un bout par-derrière à Auger, charpentier de bateaux. Rangé sous la censive du roi, le lot dont il s'agit a en outre pour créanciers, comme tous les territoires insulaires, les suzerains Poulletier, Le Regrattier, Marie. C'est toutefois à MM. du chapitre de Notre-Dame que, par suite d'arrangements nouveaux, est dû l'énorme cens de 12 deniers par toise, lorsque le sieur Chabas transmet à titre d'échange la même portion de terre à messire Nicolas Gaillard, qui enfin fait bâtir l'hôtel.

et qui d'ailleurs a acheté de Sarrus, un conseiller au parlement, 211 autres toises 15,825 livres. L'an 1653, Gaillard donne à son fils en mariage la maison, et puis son office de conseiller du roi, auditeur en la chambre des comptes, qui a coûté 72,000 livres ; Mlle Cousinet, de son côté, apporte en dot 62,000 livres, espèces, ne demandant qu'à trébucher. Devenu seigneur de Pommeray, que sais-je encore! le jeune Gaillard résigne avant peu sa charge d'auditeur, sans se résigner davantage à celle d'époux irréprochable. Neuf années d'exercice suffisent, en revanche, à la patience conjugale de Mlle Cousinet, et elle obtient judiciairement cette séparation de corps qui entraîne toujours celle des biens, et ces deux-là font du moins bon ménage. Bien que les créanciers de Pommeray se lancent dans la procédure après sa mort, sa veuve retient l'immeuble et puis le lègue à son second mari, Thomas, sieur de la Tour; ce dernier se remarie lui-même avec dame Geneviève de Thibert, déjà veuve de Lacour, un des marchands de vin de Louis XIV. En fallait-il donc plus que ce divorce, suivi de trois ou quatre veuvages qui y ressemblent, pour que l'immeuble passant de main en main procédât, presque de lui-même, à sa propre séparation ? Outre que les infractions du premier lit ont bien pu écorner l'hôtel, tout apport, à force d'être couché dans les contrats, s'use en vertu de la même loi que la vigueur d'un homme trop longtemps alité, et il en reste quelque deuil partiel à porter, ou à noyer, si l'on convole, dans l'écritoire des notaires. Peut-on, d'ailleurs, reprocher à des veuves d'avoir aidé à fractionner ce que, faute de temps, Gaillard de Pommeray n'avait pas dissipé de l'héritage paternel? Toute veuve se fractionne bien elle-même, et femme qui se partage morcelle en même temps quelque autre chose. Aussi bien les deux ou trois lots de la maison sont réunis postérieurement par Nicolas Poulet, secrétaire du roi, lequel a, vers la fin du xviie siècle, pour acquéreur Jean Le Boulenger, maître en la chambre des comptes. Cappelet, maître en la même chambre, occupe déjà l'aile de la maison qui fait coin de rue, lorsqu'il achète encore, en 1754, l'aile qui maintenant touche le n° 23.

Or, ce n'est pas seulement au 21 que nous rencontrons, quai Bourbon, la famille Le Boulenger. Pierre-Charles de Chavannes, contrôleur-général à l'extraordinaire des guerres, acquérait la dernière maison du quai, vers la fin de l'année 1768, des hoirs de Louis-Charles Le Boulenger, seigneur de Chaumont, conseiller du roi, maître en sa chambre des comptes : deux de ces héritiers, sur trois, étaient encore maîtres des comptes. L'année de la mort du grand roi avait vu Louis Rillard, seigneur de Fontenay, abandonner l'hôtel à Lebrun, avocat, en échange d'une maison de campagne à Cormeilles, avec droit au banc dans l'église de ce village près Pontoise. Jean Rillard de Fontenay l'avait hérité de sa femme; celle-ci était fille de François Levau, architecte ordinaire des bâtiments du roi et de Mademoiselle, ainsi qu'auteur de l'édifice qu'il avait habité et laissé à sa fille. François avait pour frère Louis Levau, architecte de l'hôtel Lambert et directeur des bâtiments du roi ; de plus, il demeurait tout près de Philippe de Champagne, peintre de Sa Majesté, comme on verra plus bas ; d'où il suit que si les artistes habitant maintenant l'île Saint-Louis croient y avoir uniquement succédé à des robins, l'erreur est manifeste. Il est vrai que les arabesques, les médaillons, qu'on retrouve au premier étage, dans le salon datent seulement du règne de Louis XV ; mais une plaque de fonte fixée dans la cheminée de ce salon porte le millésime de 1659. La famille Lecocq a été adjudicataire de cette maison frontière, dès le 9 floréal an IX, par suite de licitation entre les deux fils de Charles de Chavannes.

Que si la pénultième propriété du quai Bourbon appartient au maire de Montreuil, descendant du poète Rotrou, qui lui-même administrait si noblement une ville, elle a d'intéressant, en outre, ses rapports d'origine avec l'hôtel Levau, et voici comme. Dublet, juré du roi, vendait le 16 novembre 1657, au prix de 22,654 livres, tant à François Levau qu'au maître maçon Charles Thoison, son beau-frère, une place à bâtir de 227 toises, dans l'île Notre-Dame à la pointe du pont Saint-Landry, tenant d'un côté à Champagne, peintre ordinaire du roi, à Buisson, menuisier, d'autre côté faisant face au quai Bourbon, etc. Cette place à bâtir appartenait au sieur Dublet, comme faisant partie d'un terrain à lui adjugé par les successeurs de Marie aux termes d'un contrat signé *d'Aunoult ;* des murs de fondation y existaient déjà quand l'adjudicataire s'en dessaisit. A Thoison, qui était de moitié avec son beau-frère, il échut de quoi bâtir le n° 51.

Au reste, sur le quai dont nous nous occupons, divers liens de parenté font tenir chacune des maisons à plusieurs autres ; pas d'isolement possible. Le gendre de Levau, que nous vous citions tout à l'heure, est le père de Louis-Hubert Rillard de Fontenay, maître d'hôtel du roi, qui a laissé le 49 à Maussion de Candé, son gendre, mort conseiller au grand conseil en 1758. Ses fils, l'un seigneur de Candé et conseiller au parlement ; l'autre, seigneur de la Frizelière et membre du grand conseil comme son père, ont vendu le 4 juillet 1767 à Jacques Poirée, joaillier, *deux maisons en face du pont de bois, joignant l'une l'autre, occupée l'une par Constantin, procureur au parlement, et l'autre par le sieur de Blanzac.* Les numéros de ces deux maisons juxta-posées sont aujourd'hui 49, 45, car le n° 47 a disparu à tout jamais : c'est une échoppe d'écrivain public, à roulettes, qui répondait au chiffre absent.

On peut croire, qui plus est, que le n° 43 a fait trio avec les deux autrefois réunis, et que des dépendances s'y ajoutaient encore par-derrière. Son escalier à balustres de bois s'éclaire sur une cour banale, qu'un petit mur divise en plusieurs cases, lesquelles rayonnent autour d'un puits commun. Au lieu de s'égayer de palier en palier, la vue dont on jouit en montant, par les échappées qui s'y trouvent, finit par être à l'excès pittoresque ; ces derrières d'hôtel, qu'ils aient appartenu ou non à un maître-d'hôtel royal, abusent de ce que les ordonnances concernant l'entretien externe regardent seulement les façades ; on y néglige jusqu'à l'échenillage ; trop de mousse grimpante sur des murs décrépits, pas assez de vitres aux fenêtres, voilà un double signe d'abandon qui devrait être justifié par la lèpre. En 1792, le 13 avait pour tenants à l'orient le citoyen Vitard de Passy et de l'autre côté la citoyenne veuve de Jacques Poirée, sur le quai de la République, dans l'île de la Fraternité.

Napoléon fit, dès le Consulat, appeler d'Alençon ce quai, qui, après lui, reprit son premier nom ; mais alors, Vitard de Passy habitait une autre île, celle de la Réunion ; il vendait, par procuration, à des merciers de la rue Saint-Denis, les sieurs Ducatel et Mercey, la maison qu'il tenait de sa femme, veuve en premières noces de Monguillon, fils décrassé d'un procureur au Châtelet.

Au nom de la République également a eu lieu, le 25 floréal an VII, l'adjudication régulière *du fonds, tresfonds, propriété, superficie et jouissance* d'un grand immeuble touchant celui de Vitard de Passy, au profit de la citoyenne Marie-Adélaïde de Loynes, veuve de François-Auguste Leclerc de Lamotte, propriétaire antérieurement. Ce bien se composait du n° 39, que des réparations ont rajeuni du haut en bas, et du 37, dont la vieille porte est encore piquée de fer. En 1774, la même propriété, placée sous la censive de l'Eglise de Paris, s'était vue l'objet d'un litige entre le marquis de Bonneval et Marguerite Frézeau de la Frizelière, son épouse, non commune en biens. Le nom pimpant et noble de la dame nous rappelle qu'un de ses parents contracta hyménée avec la nièce du poète Le Roy, auteur de ballets et d'opéras, et que leur fille fut marquise de Persan ; quant aux Bonneval, voici leur armes : « d'azur à un lion d'or, armé et lampassé de gueules ; support : deux griffons d'or. » Bien que l'union fût assez assortie, ne nous étonnons pas que, sous leurs pieds, ait levé la graine processive qu'y avait semée à pleines mains le propriétaire précédent, procureur au Châtelet, ayant nom maître Pierre Roy.

Lorsque les plaideurs hésitaient à passer l'eau pour élire domicile chez ce procureur insulaire, il s'intentait des procès à soi-même, d'abord pour ne pas déroger. Exemple : une de ses deux maisons (le 37), dont il a en partie démoli l'édifice pour le mieux rétablir et puis agrandi le jardin, se trouve décrétée, au commencement de 1695, à la requête de son confrère Barbier, qui l'a saisie pour une faible somme. Donc les criées ont lieu sur les marches de l'église Saint-Louis, et tous les paroissiens de s'apitoyer sur le désastre qui menace un des leurs. Oh! que les bonnes gens sont déjà bêtes en ce temps-là! Le décret n'est qu'un leurre imaginé à bon escient par ce matois de procureur, qui tient à passer pour gêné, et la preuve en existe parmi les titres de propriété dans la contre-lettre suivante :

> Je soussigné, procureur en parlement, reconnois que quoy qu'il paroisse par un projet de sentence que Monsieur Roy, procureur en la Cour, mon confrère, me doive la somme de 500 livres, portée en la promesse y mentionnée, néanmoins la vérité est que je n'ay point de promesse de luy et qu'il ne me doit aucunes choses, ne luy faisant que prester mon nom, pour, à ma requète, faire prendre un décret volontaire sur luy de sa maison qu'il a acquise de la veuve et des héritiers de M. du Corroy, au moyen de quoy la sentence qui interviendra en conformité du projet ne pourra avoir aucun effet à mon égard.   Fait ce décembre 1694.
> BARBIER.

François du Corroy, secrétaire de la chambre du roi, a en effet cessé de vivre lorsque sa maison fixe l'attention de trois honnêtes procureurs, Monguillon, Bourjot, Roy, brelan d'amis qui se servent de prête-nom l'un à l'autre pour déprécier, surenchérir, acheter ou revendre dans l'île ce qu'ils y trouvent disponible, et Roy se fait aider par ses deux acolytes pour amener l'opération à bien. Un peu avant cette mutation, la veuve ou la sœur du défunt administre la propriété, lorsque les syndics-directeurs qui ont succédé à Marie remplacent l'impôt original, payé pour chaque maison depuis près de soixante années, par une contribution forcée de 8 livres par toise une fois payées et pour libération définitive (année 1693). En remontant enfin à l'origine de la construction, on rencontre Bertrand du

Corroy, juré-mesureur de grains, père de François ; un devis notarié, qui se retrouve aux pièces, a été disposé en 1640 et témoigne de la prud'homie de du Corroy, tenant à prévoir au juste la dépense ; seulement un des maçons ne sachant pas signer son nom, on lui a demandé une croix ; il a dessiné un marteau, qui conclut mieux, vu la nature de l'acte. Le 39, il est vrai, n'a pas eu le même fondateur que le 37 ; quatre ans après avoir pendu sa première crémaillère, le juré-mesureur a traité de l'autre bâtiment avec un conseiller au parlement, Michel Parrua.

Le citoyen Courmont disposait en l'an vii du n° 35, où avait résidé en 1789 M. Hermant, ministre du prince évêque de Spire. Au milieu du même siècle, un conseiller au grand conseil avait eu également ses pénates sous ce large toit ; c'était Choppin de Gouzangré, qui depuis longtemps aussi remplissait la charge de 1er président à la cour des Monnaies. Le père du président avait été lieutenant-criminel, et son fils, Charles-Étienne entrait au parlement avec la qualité de conseiller, en 1751. L'hôtel n'a pas porté, que nous sachions, le nom de cette famille, originaire de l'Anjou, qui pouvait bien n'en être que locataire. Des sculptures, un balcon décorent sa façade, et des peintures qui ont passé le temps où la mode les traitait de surannées, font dessus de portes à l'intérieur.

Cette épée flamboyante d'archange qui a chassé Adam du paradis terrestre semble s'être allongée, tordue en arabesques, pour aider, au contraire, depuis plus de deux siècles, à monter l'escalier du n° 33, dont la splendeur déchoit évidemment depuis que la marquise de Nesles n'y est plus, en d'autres termes, depuis la fin de Louis XVIII.

Quel beau morceau ensuite que la porte du 31, toute lardée de gros clous à tête! La maison attenante est ferrée d'une rampe d'escalier comme on ne saurait plus en battre; elle aidait à monter, en 1750, messire Roualle de Boisgelou, non pas à des honneurs (Boisgelou était déjà membre du grand-conseil), mais tout bonnement à son appartement. Saluons dans le 25 un des doyens de l'île Saint-Louis; on dit que ce fut un des hôtels des ducs de Nevers, neveux de Mazarin. Comme le 9 appartient à M. de Gheldre, nous voilà obligés de renvoyer notre lecteur au n° 34 de la rue Bourbon-Villeneuve, dans notre publication même; ce multiple propriétaire est excentrique. Au reste, en se rapprochant de la rue des Deux-Ponts, les maisons changent totalement d'aspect; leurs portes, qui sont bâtardes, font ressortir l'ampleur des autres, qui convenait si bien à la grande robe. Finissons-en par le n° 1, dont l'allée basse et l'escalier sans rampe se font jour avec peine à travers une bâtisse portant assurément deux siècles, mais magnifique encore de suffisance, comme un gueux qui s'en va drapé de la couverture de son lit; pourtant, que dis-je! beaucoup de gens franchissent son allée basse, ses degrés inégaux, en soupirant après un lit dressé dans quelque maison plus modeste : c'est un bureau de placement.

RUE DES BOURDONNAIS.

Rue Lenoir. — Le Café. — La Fosse aux chiens. — L'historiographe. — Mazarin. — Fief de la Trémoille. — Les drapiers. — Les Bellièvre. — Les Villeroi. — Hôtel d'Onzembray. — La Croix-d'Or. — Rue Thibautodé. — Le père André. — Maisons diverses. — La Monnaie. — Le 13. — Saint-Pavin. — M. de Saint-Geniès. — L'arche Marion.

1° *Entre la rue de la Poterie et la rue Saint-Honoré.* — MM. Lazare sont trop bien informés pour que ce bout de rue survive de beaucoup aux prédictions sinistres qui le concernent dans la 2ᵉ édition du *Dictionnaire des rues de Paris*. Sur le plan de Turgot se voit parfaitement la maison de la rue de la Chaussetterie, maintenant reliée à celle Saint-Honoré, maison qu'il a fallu couper, en 1787, pour percer la petite rue Lenoir, et qui se retrouve aujourd'hui, rue des Bourdonnais, 45. En effet, à travers une grille, voyez cette cour réduite de moitié, ces balcons ou plutôt ces ponts, renouant à chaque étage la communication interrompue; voyez enfin ces jours, pris sur la rue par des croisées qui uniquement sont peintes, comme dans un décor de théâtre. Le nom propre qu'on ne lit plus sur les écriteaux bleus à lettres blanches était celui de Lenoir, lieutenant de police. Le passage de l'Échaudé, déjà ouvert sous Louis XIV, allait de la rue au Lard à la boucherie de Beauvais, rue de la Poterie; les étaux à la viande commençaient avec ce passage.

Une porte à colonnes, dominée par un grand balcon, fait remarquer la plus moderne des maisons de l'ancienne rue Lenoir ; l'architecte Souris l'édifiait, sous Louis XVI, pour Mme Damesme, marchande de vin vis-à-vis, dont le fils ensuite fut banquier.

2° *Rue des Bourdonnais proprement dite, entre les rues Saint-Honoré et Rivoli :* 26 maisons, 7 lanternes en 1714. — Le nom de *rue Adam-Bourdon et sire Guillaume Bourdon* est porté tout au long, en 1297, par celle qui l'abrège un peu plus tard. On y compte plus d'une boutique dès l'origine de la rue, à commencer par le magasin des frères Bourdon ; mais tant s'en faut que l'élément marchand y soit seul comme en notre temps.

La draperie, la bonneterie, la toile et autres branches du commerce des tissus ont leur café de prédilection au coin des rues Saint-Honoré et Bourdonnais ; la laine s'y assouplit, le coton s'y détord, le crin lui-même s'y amadoue, depuis l'époque de la Convention, et souvent, sous le dernier roi, dit la chronique, un simple commis-voyageur y gagnait ou perdait dans sa soirée 450 demi-tasses, marquées par la dame du comptoir au débit de l'un et au crédit de l'autre. Les maisons neuves sont rares dans ces parages ; nous aurions donc la liberté du choix, si le plus ou moins d'intérêt de chaque bilan domestique ne nous le dictait pas assez. Le 39, par exemple, est décoré de sculptures qu'on a peintes, barriolé d'enseignes commerciales ; plusieurs détails de son architecture, en dépit des injures du temps et des affaires, arrêtent l'artiste au passage ; c'est la maison de la Barbe-d'Or, dont l'origine est l'époque de la Renaissance ; Barbier, marchand de soieries, s'y installait l'an IV.

Bien avant que le commerce l'appelât Barbe-d'Or, ce manoir avait plusieurs portes sur l'impasse des Bourdonnais, qui en 1421 se prolongeait jusqu'à la rue Tirechappe, sous le nom de rue *du Cul-de-Sac*, puis de rue *qui aboutit à la rue des Bourdonnais*. Pendant le XVIe siècle, une dénomination plus pittoresque prévalut, celle de ruelle, puis cul-de-sac de la Fosse-aux-Chiens. Le sol effectivement avait servi de voirie, qu'avait alors la ville au-delà de sa deuxième enceinte ; puis il était devenu marché aux porcs ; en 1319, on y avait brûlé deux femmes hérétiques, de la secte des Turlupins, et cet auto-dafé purement d'essai avait été suivi, trois siècles après, de beaucoup d'autres, en vertu de la loi incessante du progrès ; on y avait aussi plongé dans l'eau bouillante des schismatiques d'un autre genre, je veux dire des faux-monnayeurs. Un peu avant la mort de Louis XIV, l'impasse comportait 4 maisons et 2 lanternes conciliantes, toujours prêtes à fermer les yeux sur bien des choses ; ses murs bossués, ses portes presque romanes, ses fenêtres dont bien des vitres sont en papier, d'autres en verre de bouteille, enfin ses escaliers à marches déprimées, ont encore moins dégénéré que le rang de ses habitants. Nous doutons, il faut en convenir, qu'Henri de Valois, seigneur d'Orcé, historiographe du roi, rencontrât plus de fondrières et de flaques d'eau, au XVIIe siècle qu'au moment où nous écrivons, pour rentrer dans l'hôtel où il vivait avec sa mère et ses frères (2me porte cochère à gauche dans l'impasse). Cette circonstance n'était pas de nature à guérir la mauvaise humeur qui lui était avant tout familière, mais qui ne l'empêcha pas de se marier, à l'âge de 60 ans et aveugle, avec une jeune femme, de laquelle il eut sept enfants. Son frère, Adrien de Valois, également historiographe et pensionné comme homme de lettres, fit un mariage tout aussi peu précoce. L'un d'eux était le père du modeste et méfiant Charles de Valois, de l'Académie des Inscriptions et auteur de *Valesiana*. Même impasse, n° 6, un escalier à belle rampe est de l'âge qu'auraient les Valois; un maréchal de camp possédait la maison, avant qu'elle fût réparée en 1770 par le vendeur du grand-père de M. Hérelle. Quant à la Fosse-aux-Chiens, son nom a été supprimé seulement en 1808, sur la demande des habitants, accueillie par Frochot, préfet de la Seine.

L'hôtel Valois, au reste, dépendait de l'hôtel Mazarin (n° 35 de la rue); et quoi d'étrange à ce que le cardinal-ministre logeât Henri de Valois, auquel il servait une pension, tout comme le président de Mesmes, et qu'il mit sur son testament? Alors on se préoccupait peut-être un peu trop tôt, mais cela vaut mieux que trop tard, du qu'en dira-t-on de l'Histoire, qui, pour ne pas s'écrire dans un grenier, loin des secrets d'Etat, ne les en surprenait que mieux. L'unité, il est vrai, n'en avait pas fait une énigme difficilement déchiffrable; il y avait en ce temps-là les prétentions ou droits des parlements et des juridictions, ceux de l'Église, ceux encore de la Réforme, et puis les intérêts de ville, de seigneurie, de bourgeoisie, ensuite les secrets particuliers du roi, des princes, des ministres, qui n'avaient pas d'autre rapport que de se trahir l'un par l'autre en faisant eux-mêmes leur police, et l'Histoire brochait sur le tout. Comme ce tout-là pouvait être simplifié ! L'unité a pour avantage de s'opposer à ce qu'on la devine à l'avance, mais en est-ce un de rester toujours incompris ? Aussi bien ce premier hôtel de Mazarin, car il y en eut d'autres, fut sans doute bâti ou refait lors son arrivée en France avec la qualité de nonce du pape, époque où Richelieu, dont il était déjà la créature, le fit loger au palais Cardinal! Gomboust, lorsqu'il gravait son plan de Paris, soulignait cet hôtel, bâtiments et jardins, d'une légende microscopique en lettres italiques, qu'au moyen d'une loupe nous avons déchiffrée ainsi *La Donania;* ce nom nous paraît impossible, nous croyons donc à une faute d'impression et que l'hôtel Mazarin était alors ou bien *La Douane* (qui pouvait avoir là son siége, avant d'aller hôtel des Fermes), ou *La Monnaie* (que Louis XIII pour un temps avait ôtée à la rue de ce nom, pour la placer au Louvre), ou bien encore *Le Domaine* (et il se peut alors que cette dénomination soit applicable au 31, et non plus au 33) : hors de ces trois hypothèses pas de salut. En tout cas fort bel édifice, formé de trois corps de logis, propriété actuelle de M. Lesage de Mongey; magnifiques escaliers en pierre à rampe de fer larges comme ceux des Tuileries; l'un d'eux a fidèlement gardé le chiffre de Son Eminence. M. de Mongey a transporté dans sa maison de campagne un immense portrait du cardinal, dont la famille Séguier a la copie, et qui ornait le grand salon du premier ; son appartement de Paris est enrichi de consoles et de girandoles fortes en dorures, supprimées dans la même pièce pour y établir des rayons. Le derrière de l'hôtel va être prochainement entamé, pour élargir la rue Tirechappe. M. le comte d'Hauterive, propriétaire de la maison attenante, s'est empressé de mettre ses titres à la disposition des *Anciennes Maisons de Paris*; seulement ils ne remontent qu'au milieu du siècle précédent, et malgré sa très-large porte cet hôtel n'a eu d'autre existence historique que celle d'un des manoirs qui l'enserraient, et dont il n'était que dépendance.

31, c'est l'ancien hôtel des Carnaux, dit beaucoup plus tard la Couronne-d'Or. Des négociants, MM. Cohin et Cie, l'ayant fait reconstruire en 1841, ont donné, pour ne pas tout perdre de cet édifice merveilleux, manoir aux pierres brodées comme par les fées, une tourelle et un escalier fort remarquables à l'école des Beaux-Arts. Deux pierres finement sculptées ont échappé, toutes seules, et à la destruction et à l'exil ;

on les a incrustées de chaque côté du portail, à l'intérieur de ce temple du commerce aux comptoirs si multipliés. Les arabesques enchâssées dans cette cour rappellent aux initiés l'histoire de la maison la plus célèbre de la rue. Une partie seulement en fut construite par Pierre Le Gendre, trésorier de l'extraordinaire des guerres sous Louis XII, car elle était déjà, au XIIIe siècle, séjour royal ; Philippe-le-Bel, puis Charles d'Orléans ensuite, frère du roi Jean, y avaient résidé. Guy de la Trémoille y séjourna, le fit décorer avec goût ; puis vint Louis de la Trémoille, sur qui le roi ne vengea pas ses querelles de duc d'Orléans. Indépendamment de l'hôtel, il y avait fief érigé au profit de la famille de Guy, et ce domaine noble, s'étendant plus loin que la rue, portait la dénomination de petite et grande Trémoille. Jusqu'à la Révolution, le droit seigneurial fut payé aux tenanciers de ce fief, sans l'entérinement desquels les propriétés d'alentour ne pouvaient être transférées. Les la Trémoille ne se contentèrent pas d'avoir au cœur de Paris des vassaux et d'être grands officiers de la couronne de France; en 1521, Anne de Laval, fille de Charlotte d'Aragon, princesse de Tarente, en épousant un membre de cette famille, lui apporta ses prétentions au trône de Naples, lesquelles firent accorder le titre d'altesse aux descendants. Mais tout nous porte à croire que cette vaste et princière construction, qui longeait toute la rue de Béthisy jusqu'à celle Tirechappe, le tout avec plusieurs issues, fut incessamment divisée. François Ier régnant, une portion tout au moins en appartint à Antoine du Bourg, chancelier de France. Néanmoins les drapiers acquéraient, dès 1527, un autre côté de l'hôtel, et non pas la totalité, comme on l'a dit; ils y installaient leur bureau, et puis y mettaient les maçons, pour refaire le bâtiment, au milieu du siècle suivant. L'an 1629, cette corporation, dont Philippe-Auguste avait érigé les statuts, demandait des armoiries aux prévôt et échevins, et bientôt elle portait : un navire d'argent à la bannière de France flottante, un œil en chef sur champ d'azur. Mais cette confrérie avait une rivale dans celle des drapiers-chaussetiers, dont le patron était différent, et qui lui disputa le pas jusqu'à la réunion des deux corps, en l'année 1648. Cependant Pomponne de Bellièvre, surintendant des finances d'Henri III, puis disgracié, puis chancelier de France sous Henri IV, puis encore déshérité de la faveur royale, laissa la partie de l'hôtel dont avait joui antérieurement le chancelier Dubourg à Nicolas, un de ses fils, président à mortier doué d'une énergie héroïque; ce dernier engendra un autre président, qui épousa la fille de Bullion le surintendant, et qui vécut avec magnificence, tout en fondant à ses dépens l'hôpital général.

La famille de M. Lacrosse dispose depuis 1820 du coin de la rue de la Limace, bâtiment adjugé en 1787 à Muraine, marchand de draps. Le reste de ses antécédents se confond avec ceux d'une maison à laquelle il se rattachait, et dont nous allons vous parler.

La belle porte, au n° 30 ! et comme cette façade imposante annonce bien encore un hôtel cousin, par origine, si ce n'est frère, du siége féodal des Trémoille petite et grande ! Le même Pierre le Gendre, qui avait fait élever une partie de la Couronne-d'Or, se trouvait prévôt des marchands sous le règne de François Ier, lors de cette bataille où tout fut perdu *fors l'honneur;* il transmettait ledit séjour, achevé ou non, ainsi que d'autres terres et seigneuries, à son petit neveu, Nicolas de Neufville, lequel fut élu à son tour, en 1566, prévôt comme son oncle. Neufville, qui vécut encore trente-deux ans, et que le roi fit chevalier de son ordre, se trouva le grand'père du marquis de Villeroi, gouverneur du Lyonnais en 1615, mort à vingt-sept années de là. Nicolas, fils de celui-ci, eut, au lieu d'une province, l'enfance de Louis XIV à gouverner, fut maréchal de France, puis duc et pair. Ainsi la rue des Bourdonnais, avant que plus d'un porte-balle venu à Paris en sabots s'y transformât lui-même en millionnaire, assistait aux progrès de la fortune des ducs de Villeroi, œuvre poursuivie par des générations. Le maréchal vivait encore lorsque Pajot acquit l'hôtel, ayant alors une seconde entrée rue des Déchargeurs, et il en fit bientôt celui des Postes, dont il était contrôleur-général ; Pajot, reçu secrétaire du roi en 1680, était l'époux de Marie-

Anne Oger, dame de Villers, Onz-en-Bray et Saint-Aubin. Son fils, comte d'Onzembray, fut aussi contrôleur-général des postes et relais de France, et de plus gendre de Bouillé, qui avait rempli la même charge; ils avaient leur hôtel de campagne à Bercy, où mourut bien plus tard Louis-Léon, un de leurs enfants, honoraire de l'Académie des Sciences, ancien intendant-général des postes; Pajot de Villers, frère de ce dernier, avait tenu l'emploi presque inféodé de son père et de son aïeul. *Le Mercure de France* de septembre 1739 parle de cette famille; mais comment se rattachait-elle de près ou de loin à celle des Le Gendre? A coup sûr le savant parmi les d'Onzembray, lequel est mort sexagénaire en 1754, nomma son légataire universel Léon-François Le Gendre d'Onzembray, lieutenant-général des armées du roi, et par suite l'hôtel s'adjugea en 1768 à Antoine Gérard Galley, directeur des bâtiments du roi. M. Combe, directeur de l'entrepôt des verreries de Saint-Quirini, achetait la même propriété, en 1792, des hoirs de Ducloslange, décédé secrétaire du roi cinq ans avant. Enfin Tollard, marchand de graines et médecin, prenant aussi dans les contrats sa qualité d'auteur du *Traité des végétaux*, la léguait en 1842 à M. Gervais.

Encore une maison, le 28, détachée de l'hôtel voisin et tributaire jadis des deux Trémoille. Pourtant l'une des propriétés de la rue portait l'enseigne de la Croix-d'Or, et nous penchons par induction à en doter cet immeuble de

M. Marchand, qui alors eût servi d'annexe au fief d'en face. En 1699, Michel Boutet, un des quartiniers de la ville de Paris, demeurait à la Croix-d'Or, rue des Bourdonnais, et il achetait le fief de la Trémoille.

3° *Ancienne rue Thibautodé, réliée à celle Bourdonnais en 1852: 29 maisons, 6 lanternes en 1714.*—Ce tronçon de la rue dont nous nous entretenons serpente entre la rue de Rivoli et celle Saint-Germain-l'Auxerrois. Thibaut-Odet, trésorier d'Auvergne en 1242, lui a donné son premier nom, au dire de l'abbé Lebeuf; toutefois, on l'écrivait *Thibault-aux-dez* au siècle XIII, et cette orthographe nous reporte à l'existence probable d'un joueur heureux, qui a bâti pignon sur rue au lieu de se jeter à l'eau. Au début du règne de Louis XV, des boutiques commençaient à remplacer, au rez-de-chaussée des maisons de cette rue, les écuries des petits hôtels de magistrat qui s'y trouvaient, mais qui étaient beaucoup plus divisés et par conséquent plus nombreux que les maisons de notre époque, affectées au commerce en gros pour la plupart. Les édifices, à la division près, sont demeurés ce qu'ils étaient alors qu'ils ressortissaient en partie, tout comme ceux déjà passés en revue, du fief de l'une et de l'autre Trémoille. Reprenons donc le cours de notre pérégrination.

26, ancien hôtel Le Boullanger. Plusieurs branches de la même famille, ou plusieurs familles à peu près du même nom, se sont illustrées dans la robe. Vincent Le Boullanger, avocat au parlement de Paris, procureur du roi à Amiens, uni à Antoinette du Béguin, « dont le père était mayeur « de la même ville, » a fait imprimer en 1586 des *Ordonnances politiques*. Son fils, Philippe Le Boullanger, seigneur de Salleux, Hamel et autres lieux, conseiller du roi, élu en l'élection d'Amiens, a été à son tour le père de Nicolas, avocat au parlement. Ces deux derniers ont bien connu le petit père André Le Boullanger, parent des magistrats, et de plus augustin réformé, qui a prêché pendant 55 ans dans le royaume et n'est mort qu'en l'année 1657. La reine-mère, le prince de Condé, et beaucoup d'autres autant qu'eux, goûtaient son genre d'éloquence exubérante d'originalité. Un jour, entre autres, il comparait les quatre docteurs de l'Eglise à des rois, à ceux du jeu de cartes : saint Augustin était roi de cœur, à cause de sa charité ; saint Ambroise, roi de trèfle, pour les fleurs de son éloquence ; saint Jérôme l'était de pique, en vertu de son style mordant ; et de carreau, saint Grégoire-le-Grand, vu sa logique terre à terre. La famille de M. Leclère dispose, depuis 60 ans, de la maison qui déjà n'était plus aux descendants de ces Le Boullanger, et où, pour délecter les amateurs, se retrouvent un large escalier à rampe de fer plus d'une fois séculaire et une belle porte toute mouchetée de clous.

M. Rousseau a trouvé au 22, jadis ne faisant qu'un avec le n° 24, un escalier non moins intéressant ; mais le nouveau propriétaire habite un château éloigné, et le concierge, dit-on, n'a pas même l'état des glaces à réclamer aux anciens locataires. Malgré tant de lacunes, M. Rousseau a recueilli avec soin ces traditions orales, suffisante matière aux légendes. La maison fut à l'origine celle des commandements de la reine Blanche ; elle attenait à la campagne ; on y vénère encore une borne, dite le pas de la reine, dont elle se servait pour monter sur un âne. Un prévôt des marchands a postérieurement habité ce petit manoir historique ; seulement son nom n'a pas fait comme la borne, et vainement nous avons couru après, faute de date.

L'impasse des Trois-Visages vient ensuite, mais elle est fermée par une grille, comme celle des animaux carnassiers au Jardin des Plantes. Un négociant fort honorable, comptant de plus parmi nos édiles parisiens, est locataire du n° 20, hôtel qui sent encore la grande robe et que pourtant a occupé en l'an 1780 Froisy, simple procureur au grand-conseil.

Or çà, vieille porte à clous du 16, dont la sonnette est un anachronisme, veux-tu reprendre pour un moment ton marteau d'autrefois ? — Pan ! pan ! messire l'hoste de Beaulieu est-il céans ? — Vous le trouverez à la cour des comptes..... Or, cette indication ne nous dit pas grand'chose, quant à l'année. L'hoste, seigneur de Beaulieu, était maître des comptes dès 1683 ; mais son petit-fils l'était aussi, quand commença la guerre dite de sept ans; un membre du grand conseil, qui s'était démis de sa charge en l'année 1722, était fils de l'un, père de l'autre. Pinguet de Bellingan laissa ensuite comme héritage à la veuve d'un Le Boullanger, seigneur de Rivery, conseiller du roi, lieutenant au bailliage et siége présidial d'Amiens, l'hôtel qui se trouvait sous la censive de la chapelle des cinq saints, sous l'invocation de saint Jacques, faisant partie de l'église Saint-Germain-l'Auxerrois. Hariagne de Guiberville, seigneur des Corcelles, président honoraire au parlement, disposait alors d'une maison toute voisine, qu'on ne tarda pas à joindre à l'autre et qu'il tenait de sa mère, veuve de Pierre Hariagne, secrétaire du roi, trésorier du duc d'Orléans, et après la signature du funeste traité de Paris, conclusion de la guerre de sept ans, le sieur Cosseron, ancien mercier de la rue Saint-Honoré, possédait l'une et l'autre propriété, qu'il joignait en les réparant. Le graveur général des monnaies sous l'Empire, M. Tiolier, était propriétaire de l'immeuble qui nous occupe. M. le général baron de Béville, à présent aide-de-camp de l'Empereur, a épousé une D[lle] Tiolier ; c'est ainsi que M. Grenet a traité de l'immeuble avec M. de Béville, comme du n° 18, que ce dernier avait acquis pour le refaire presque en entier.

Un passage faisait communiquer la rue Thibautodé avec l'ancienne Monnaie. La maison de la direction a entièrement échappé à la démolition des bâtiments de cet établissement, autorisée en 1776; elle se retrouve n° 19, dans notre rue; une cour précédant l'édifice orné de sculptures le distingue des habitations voisines; des vestiges de peintures y apparaissent derrière les rayons des magasins. Georges de Saint-Julien, procureur au Châtelet, se l'est fait adjuger après la translation de la Monnaie; depuis lors, mais en vain, l'Etat a essayé de revenir sur l'adjudication. Que dire ensuite du 14, après avoir franchi sa porte à clous? Au fond d'une cour bien étriquée, fleurit un arbre qui, à bien voir, est une curiosité, au milieu de toutes ces maisons, serrées comme des capucins de cartes pour économiser l'espace.

Quelles ombres va évoquer le 13, au fond duquel est maintenant une hôtellerie, dite de Grammont? Parais d'abord, seigneur de Villoteaux, d'Amb et des deux Trémoille en 1598; renvoie en possession, pour un moment, les Baduel, adjudicataires quatre ans après de la maison, décrétée sur Mauger, avocat en conseil privé. Noble homme Baduel Tinant, secrétaire-interprète de Louis XIII ès-langue germanique, préside, en l'année même où ce monarque rend son âme à Dieu, à la vente que font la veuve et les enfants d'Henry Baduel à Claude Breget, médecin du roi en son Châtelet. Mais on appelle alors échange toute vente d'immeubles contre transport de rentes; c'est ainsi que Breget passe pour avoir acquis par voie d'échange la propriété des Baduel, laquelle en 1625 payait son cens de

6 deniers parisis par an au baron de Gisnors et de Hesmes, seigneur du fief de la Trémoille. Le financier Benigne Bernard, secrétaire du roi, maison et couronne de France, a succédé au baron de Gisnors, lorsque Breget passe de vie à trépas; la veuve du médecin, de concert avec sa famille, cède à son gendre Blouin, un avocat, l'hôtel qu'elle habite avec lui et qui relève alors du président au parlement Musnier. Le droit d'ensaisiner, de par le fief, revient ensuite à Charles de Laval, marquis de la Trémoille, du chef de son épouse, dont feu le président Musnier était le père. Quant à l'immeuble, il passe des Blouin, par héritage, à Mareschal de Montfleury, conseiller au Châtelet.

Seulement l'immeuble qui nous occupe se composait de trois corps de logis distincts, dont un petit. Précisons donc aussi l'histoire de la maison que Serret, notaire, possédait en 1640. La présidente Sanguin, née Séguier et partant cousine du chancelier, l'achetait sous la régence d'Anne d'Autriche; c'était la veuve de Cristofle Sanguin Tinant, seigneur de Livry, président aux enquêtes et prévôt des marchands; c'etait la mère d'un poète et de quel poète! Denis Sanguin de Saint-Pavin, bossu et rieur comme Scarron, était pourvu de l'abbaye de Livry; mais il en avait fait un séjour de plaisir, dont l'esprit relevait l'élégance; il y était l'hôte du grand Condé, et il y fut en butte aux épigrammes de Despréaux.

En 1657, treize ans avant la mort du poète, sa mère

trouve un acquéreur dans son locataire Jean-Phelippes Patu, trésorier général du sceau. Au bout de quatre-vingts ans, messires Claude-Guillaume Lambert et Roualle de Boisgelou, membres du grand conseil, époux de deux D^{lles} Patu, s'entendent avec leur belle-sœur, veuve d'un conseiller au parlement, et Louis Patu, conseiller aux comptes, pour vendre cette maison, dite *la Rose-Rouge*, au sieur Raton, tailleur d'habits, qui a pour successeur son fils, un avocat. Bref Mlle Mareschal de Montfleury, déjà propriétaire de l'autre bâtiment en 1785, traite de celui-ci, et sans doute du petit qui reste ; Bochard, marquis de Champigny, ratifie cette acquisition, comme seigneur du fief de la Trémoille. La réunion définitive des trois corps de bâtiment n'a lieu qu'en 1792, entre les mains d'un autre détenteur, qui cède, le 9 nivôse an XII, à Maugis, plus tard conseiller à la cour royale de Paris, grand'père de Mme Saunac, dont le mari est aussi magistrat et dispose actuellement de la totalité du 13.

D'autres maisons, qui ne sont pas puînées, mais qu'on a bien pu rajeunir, entourent l'hôtel dont nous venons d'esquisser la biographie ; et qui tenait d'un côté au comte de Mailly en 1789 ; bien que petites en général, ces maisons envoyaient alors le tiers-état aux États-généraux. Aujourd'hui les deux autres ordres n'auraient plus guère d'électeurs parmi les habitants de la rue des Bourdonnais, si j'excepte le n° 10, où demeure un littérateur, M. le comte de Saint-Geniès. Le facteur, si la qualité de comte ou d'homme de lettres figure sur une enveloppe de lettre, n'a plus besoin de lire le reste; il sait d'avance quel nom, quel numéro.

4° *Ancienne rue de l'Arche-Marion, réunie en* 1852 *à celle Bourdonnais :* 1 *maison,* 0 *lanterne en* 1714. — Quelle était donc cette maison isolée ? Voici le 3, dont l'escalier encore manque de rampe, mais qui peut-être manquait aussi d'escalier à cette époque-là. Voilà le 4, une construction qui est bien plus que centenaire, mais qu'on a rebâtie il y aura tantôt 60 ans. Dans le doute, rabattons-nous sur l'arche, dont l'arcade avait deux piliers souvent témoins, le soir, de duels entre gardes-françaises. A l'étage supérieur était bien une prison, le For-l'Evêque, mais elle épargnait les duellistes, pour se réserver aux débiteurs et aux acteurs. En 1530, un abreuvoir et des étuves avaient été établis sur la Seine, en face de ce bout de rue; en 1565, la femme qui les tenait s'appelait Marion. Dans la seconde moitié du XVᵉ siècle, le prédécesseur de Marion avait eu nom Jean de la Poterne, et l'abreuvoir avait alors quitté la dénomination *Thibautodé*, comme la ruelle celle *des Jardins*, pour s'appeler tous deux *Jean de la Poterne*.

Paris. — Imprimerie de Pommeret et Moreau, 42, rue Vavin.

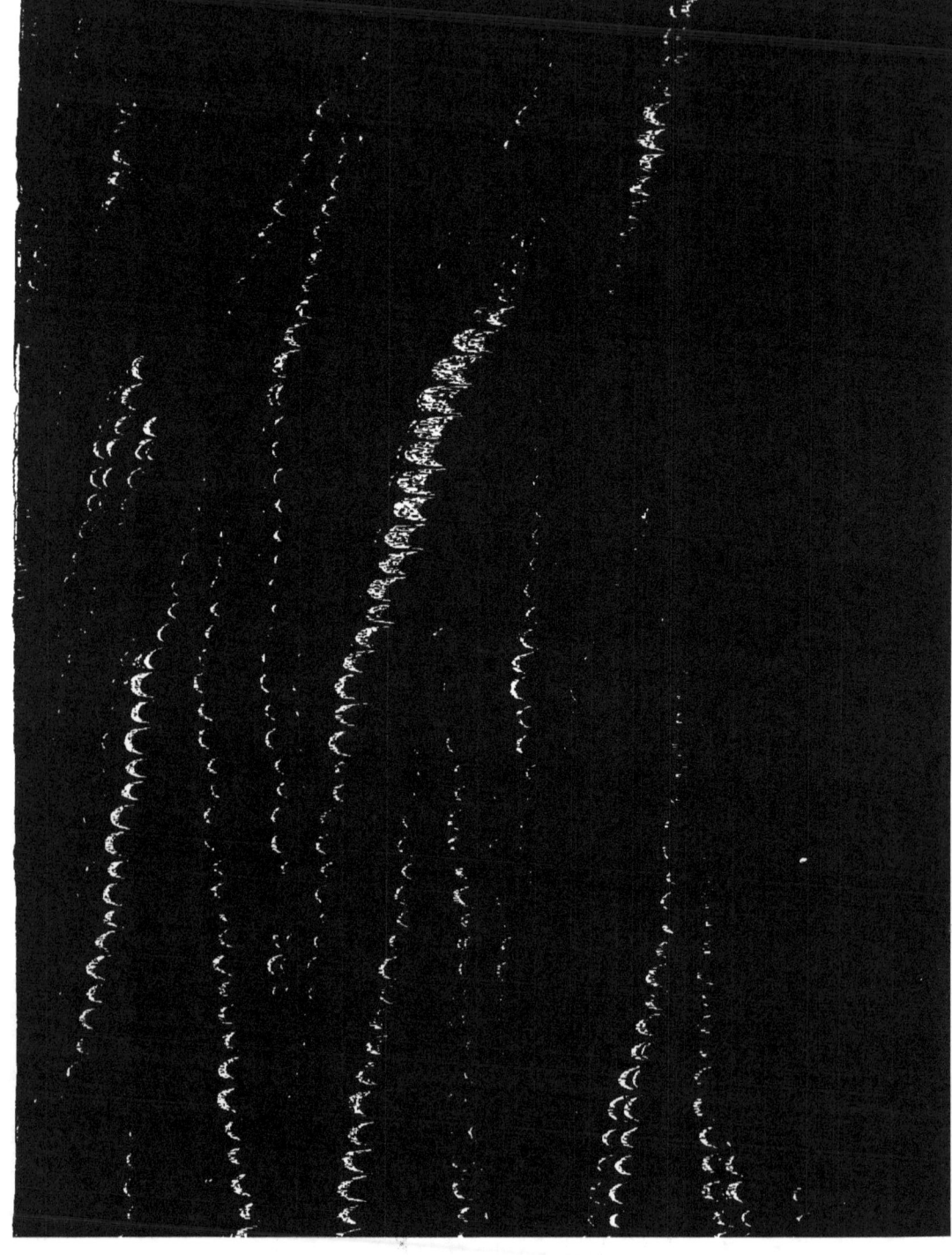

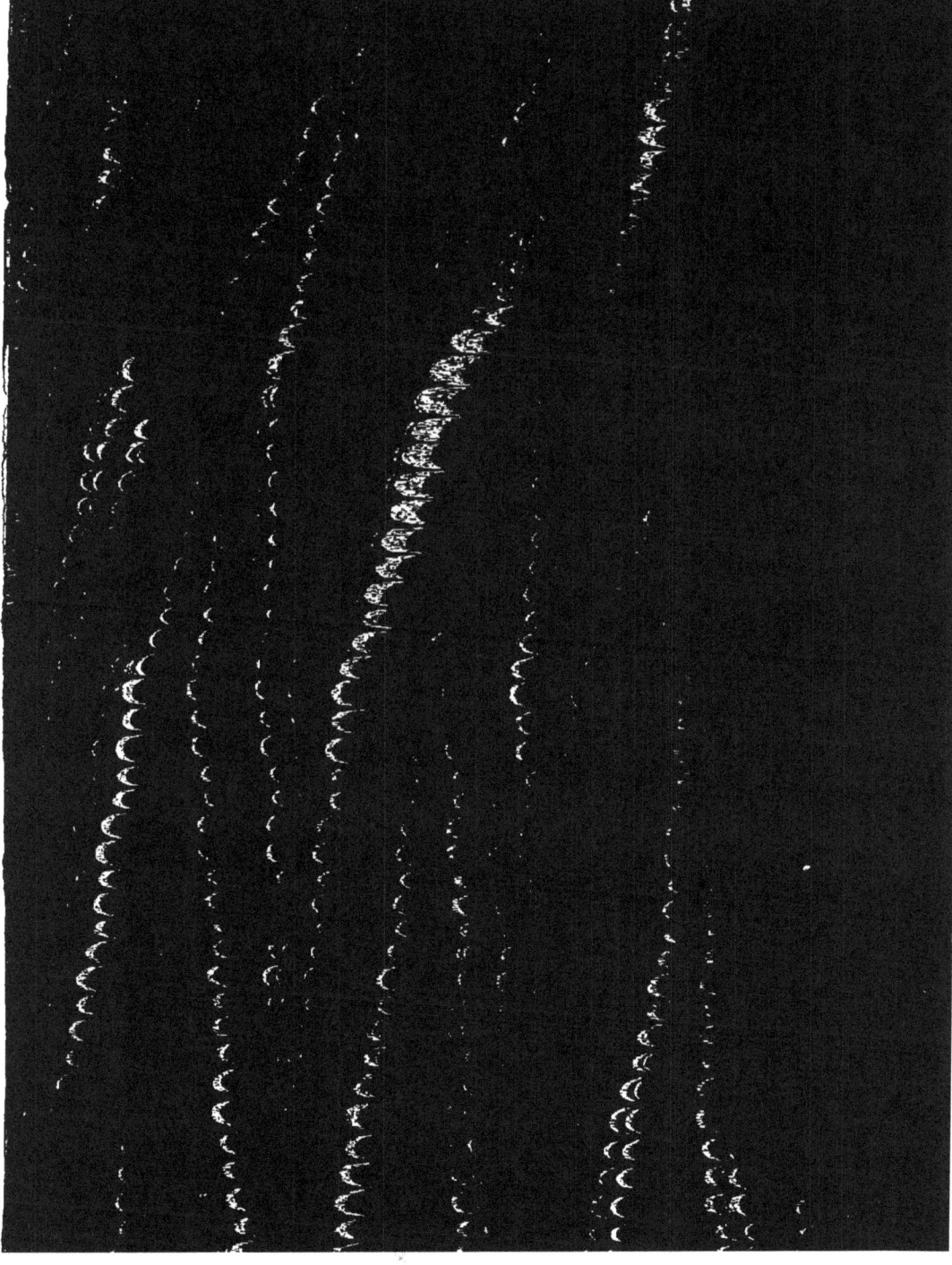

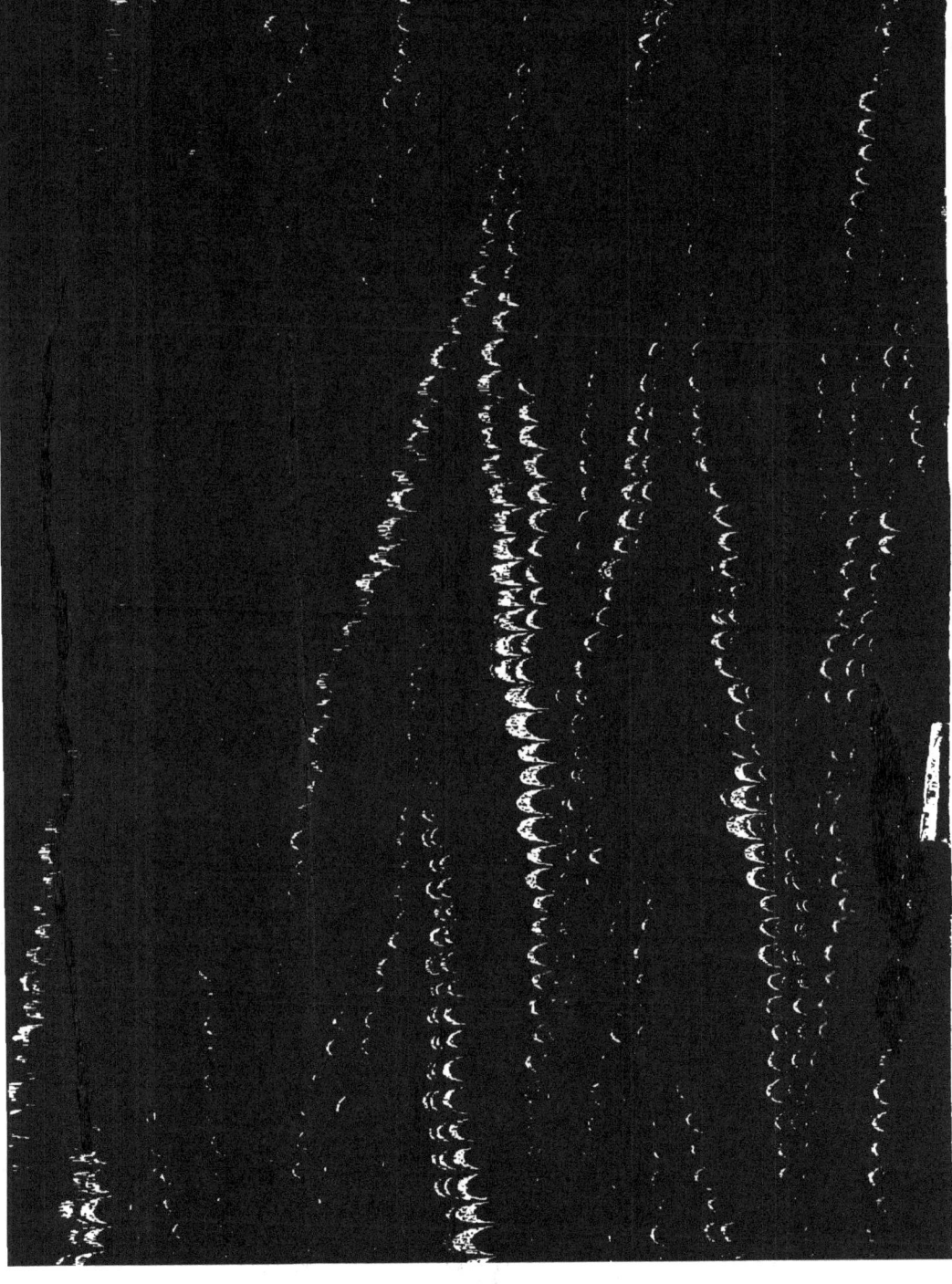

www.ingramcontent.com/pod-product-compliance
Lightning Source LLC
Chambersburg PA
CBHW060231230426
43664CB00011B/1605